Le Poker

POUR LES NULS

Richard D. Harroch

Lou Krieger

François Montmirel
pour la traduction et l'adaptation française

FIRST
Editions

Ce livre à vocation technique ne constitue en aucun cas une incitation au jeu d'argent. Le poker est un jeu illégal dans certains pays. Le lecteur est prié de se renseigner.

Le Poker pour les Nuls
Titre de l'édition américaine : Poker for Dummies

Publié par
Wiley Publishing, Inc.
111 River Street
Hoboken, NJ 07030 – 5774
USA

ISBN 2-75400-123-9
Dépôt légal : 4e trimestre 2005
Nous nous efforçons de publier des ouvrages qui correspondent à vos attentes et votre satisfaction est pour nous une priorité. Alors, n'hésitez pas à nous faire part de vos commentaires :

Éditions Générales First
27, rue Cassette
75006 Paris – France
e-mail : firstinfo@efirst.com
Site internet : www.efirst.com

Traduction et adaptation : François Montmirel
Production : Emmanuelle Clément
Mise en page : KN Conception
Imprimé en France

En avant-première, nos prochaines parutions, des résumés de tous les ouvrages du catalogue. Dialoguez en toute liberté avec nos auteurs et nos éditeurs. Tout cela et bien plus sur Internet à : www.efirst.com

Sommaire

· ·

Le Poker pour les Nuls

Les auteurs

Lou Krieger a appris le poker à l'âge de 7 ans, en regardant son papa jouer sa partie rituelle du jeudi soir qui se tenait sur la table de la cuisine et où se retrouvaient les ouvriers des environs de Brooklyn.

Fort de cet apprentissage paternel, Lou a joué au collège, il a joué au lycée, il a joué à l'université. S'il n'en est pas mort, c'est parce qu'il s'est toujours arrangé pour trouver des adversaires moins bons que lui. Mais il s'est mis à jouer vraiment sérieusement lorsqu'il est allé vivre à Las Vegas. Là-bas, il n'a pu sauver sa peau que grâce à une chance inouïe.

« Pendant que je jouais au stud à 7 cartes, se souvient Lou, je regardais d'autres joueurs disputer une partie de Texas hold'em. Ça avait l'air sympa, comme jeu. Je me suis levé et j'ai suivi la partie pendant une demi-heure. Ensuite, je me suis assis pour jouer à mon tour. Une heure et cent dollars plus tard, j'étais devenu accro. Je me fichais complètement de perdre. En ressortant, je me suis demandé comment j'avais pu agir ainsi et j'ai compris que le poker pouvait être dangereux. Alors j'ai acheté des bouquins et j'ai étudié. »

Comme il ne vous a pas encore complètement découragé de jouer, il poursuit : « J'ai beaucoup lu et étudié le poker. J'ai joué en même temps, histoire de voir si je progressais. Et effectivement, mes résultats s'amélioraient. Jusqu'au jour où je n'ai plus perdu. C'était une première victoire : j'étais sur la bonne voie. Car le plus difficile restait à faire : gagner et récupérer mon argent ! Cela n'a été possible qu'au prix de nombreux efforts et en enregistrant scrupuleusement mes résultats. »

Comme il n'avait pas sa plume dans sa poche, au début des années 1990, Lou Krieger a commencé à signer des articles dans Card Player. Il a écrit plusieurs manuels, dont *Poker, des bases à la stratégie* (Bornemann). Quand il n'écrit pas sur le poker, Lou y joue dans les casinos de Californie du Sud. Il vit aujourd'hui à Long Beach, en Californie.

Richard Harroch est avocat d'affaires depuis plus de vingt ans. Il est spécialisé dans les start-up et les sociétés en création. Il fait partie du gotha des juristes américains et collabore avec un grand cabinet de San Francisco, Orrick, Herrington & Sutcliffe LLP. Il est diplômé de U.C. Berkeley et de l'UCLA, où il est rédacteur en chef de la revue Law Review. Il est l'auteur de nombreux ouvrages juridiques. Il a aussi participé à la création d'un site web juridique important.

Richard a participé de nombreuses fois aux World Series of Poker de Las Vegas et a co-écrit *Gambling for Dummies*.

Francois Montmirel signe depuis 1984 des articles, des manuels, des traductions qui font autorité dans le monde du poker. Il a obtenu deux titres internationaux en 1998 et en 2000, et s'est classé finaliste du Championnat d'Europe 2005.

Le Poker pour les Nuls

Remerciements

Un livre comme celui-ci est toujours le résultat d'un effort commun. Ne croyez jamais l'auteur qui prétend le contraire. Sans les efforts de l'éditeur d'origine Mark Butler, qui a cru en ce projet et l'a fait vivre pendant deux ans, ce livre n'aurait jamais poussé ses premiers cris (ni ses derniers, d'ailleurs).

Les conseillers éditoriaux sont des gens parfois talentueux et c'est justement des gens comme ça qu'on a rencontrés pour cet ouvrage : Tim Gallan et Patricia Yuu Pan en ont fait quelque chose dont nous sommes fiers. Parmi les intervenants qui nous ont appuyés dans le contenu même du livre, nous serions de fieffés ingrats si nous ne remerciions pas Mike « Mad Genius » Caro pour son travail sur les « tells » – le langage du corps du poker – et pour certaines tables statistiques ; Nolan Dalla pour ses textes biographiques sur les légendes du poker ; Dan Paymar pour ses infos sur les vidéo-pokers ; Kathy Watterson pour son chapitre consacré au poker sur Internet, complété par François Montmirel, et sur les programmes de poker sur ordinateur ; enfin, nous remercions également Linda Johnson.

Le monde du poker est trop grand et notre livre est trop petit pour remercier individuellement chaque personne comme nous le voulons : donneurs, joueurs, serveurs, porteurs, voituriers, caissiers, cadres des clubs et des casinos, superviseurs, directeurs d'établissement, masseuses, qui nous ont gracieusement fait part de leur expérience en tant que professionnels du monde du jeu. Nous leur devons à tous un chaleureux merci. Et merci aussi aux amis et aux familles des auteurs qui ont bien voulu les encourager – même si le poker implique un risque par définition.

Remerciement spécial à l'équipe de Card Player, une source sans cesse renouvelée de savoirs, de conseils et de techniques que nous chercherons nous aussi à faire partager à ceux qui auront la patience de nous lire.

_____

Dédicaces

De la part de Lou : à Abby, David et Karen, et à tous les cousins de Lubchansky dont les aïeux ont pris le bateau pour l'Amérique avec, pour tout bagage, une valise et le rêve des immigrants. Leur rêve m'a permis d'atteindre un confort de vie et, si je fais ce que j'aime aujourd'hui, c'est en partie grâce à eux.

De la part de Richard : aux partenaires de mon cabinet juridique qui ont joué au poker avec moi pendant des années. Merci pour les sous.

Introduction

· ·

Le poker est LE jeu de cartes américain par excellence. Mais depuis quelques années, le poker est en train de vivre une véritable révolution. Si vous aviez demandé à un ami ou à un voisin, il y a tout juste cinq ans, quelle image il avait du poker, vous auriez obtenu l'un de ces trois descriptifs :

➤ Le poker est un jeu de cartes qui était pratiqué sur les bateaux à aubes du Mississippi par des joueurs avec des moustaches comme des guidons de vélo, des mains rapides et un mini revolver caché sous leur veste. Les plus grandes légendes de l'Ouest adoraient y jouer : Billy The Kid, Doc Holliday, Wild Bill Hicock, Bat Masterson et James West. Alors bienvenue à Dodge City, *partner* ! Va donc remettre ton artillerie au shérif et viens taper le carton avec nous !

➤ Pour la plupart d'entre nous, le poker, c'est avant tout un film : *L'Arnaque*. Imaginez les truands du Chicago des années trente, ambiance « Incorruptibles », une table ronde, une cave enfumée, des types en bras de chemise maculée avec holster alourdi par leur .38. Une bouteille de scotch sert de carburant et une espèce de gorille mieux taillé qu'un rugbyman est campé devant la porte de sortie.

➤ Il y a aussi une version plus humaine. Celle de Tonton Jack et de Tata Sally qui s'affrontent avec des amis autour de la table de la cuisine, pour quelques *pennies*, et qui se font battre de temps en temps par leurs neveux et nièces.

Aucune de ces images ne suffit à dépeindre le poker, mais toutes ensemble en donnent une idée assez fidèle. Pour leur plus grand malheur, les auteurs de ce livre (vos serviteurs) sont trop jeunes pour avoir connu personnellement Doc Holliday et Al Capone. En fait, ils doivent tout à Tonton Jack, à Tata Sally et à la table de la cuisine.

Depuis la fin des années 1980, le poker a connu une véritable renaissance. Celui d'aujourd'hui est plus médiatique, moins sulfureux et s'adresse aux classes moyennes. Comme le bowling, le billard et le golf avant lui, le poker connaît une popularité grandissante et ce n'est qu'un début, vous pouvez nous faire confiance (sur ce coup, pas de bluff !). C'est aux États-Unis d'abord que le poker a connu un regain de popularité, grâce à l'autorisation du poker dans un nombre croissant d'États. L'Europe suit le même chemin grâce à la retransmission télévisuelle de nombreux tournois et au réseau mondial, Internet.

À propos de ce livre

Vous n'avez jamais joué sérieusement au poker avant et vous vous demandez si vous avez vraiment besoin de ce livre que vous tenez entre vos mains ? Vous vous dites que vous feriez peut-être mieux de vous asseoir autour d'une table avec quelques amis et d'apprendre sur le tas ?

On peut évidemment apprendre à jouer au poker à la dure. Mais d'après nous, ce n'est pas la meilleure initiation possible. L'école des coups durs peut vous coûter cher à la longue, car n'oubliez pas une chose essentielle : on ne peut pas jouer au poker sans argent. Le poker ne peut pas se concevoir sans un enjeu.

Avec l'avènement de la société informatique, des programmes de tous ordres se sont développés. Un certain nombre de ces programmes se sont intéressés à l'apprentissage du poker et enseignent les bases de ce jeu. Ils servent surtout de tuteur pour l'entraînement. Mais avec ou sans méthode d'apprentissage, ceux qui ne suivent pas et ne progressent pas assez vite sont rapidement laissés au bord de la route.

Un livre de référence comme *Le Poker pour les Nuls* explique les règles de base des formes principales du jeu. Il vous fournit une approche stratégique pour apprendre à jouer convenablement dans un laps de temps réduit.

Vous rencontrerez nécessairement des joueurs qui se vantent de n'avoir jamais ouvert un livre sur le poker (certains n'ont peut-être même jamais ouvert de livre tout court !). Il en est qui méprisent même la nouvelle génération de ces joueurs qui « étudient » leur jeu de prédilection comme de bons élèves. Si certains joueurs autodidactes sont vraiment des cracks, l'immense majorité d'entre eux n'ont qu'une connaissance empirique du poker et ils peuvent commettre les mêmes erreurs depuis plusieurs décennies, sans s'en rendre compte.

Tant que l'on n'est pas conscient de ses erreurs, il est impossible de les *rectifier*. Et ne comptez pas sur vos adversaires pour vous faire prendre conscience de vos erreurs. On joue au poker pour de l'argent, pas pour la gloire. Si un jour vous voyez une faiblesse dans le jeu de votre adversaire, vous allez au contraire essayer de l'exploiter.

À qui s'adresse ce livre

Ce livre est fait pour vous, que vous soyez débutant, très débutant ou très très débutant ! Peu importe que vous ne sachiez pas ce qu'est un jeton, une quinte flush ou une double paire splittée. Nous nous chargeons de vous apprendre toutes les bases.

Vous avez peut-être déjà joué au poker, il y a très longtemps, et vous ne vous souvenez pas de grand-chose, à part que vous aviez perdu. Connaître les règles d'un jeu ne suffit pas pour gagner. Si c'était le cas, nous autres professionnels pointerions au chômage et ce serait dommage ! Là encore, ce livre va vous aider : nous vous révélons les conseils de professionnels et nous vous confions des stratégies qui ont fait leurs preuves. Après avoir lu ce livre, vous quitterez la table la tête haute et les poches pleines. Vous verrez, ça fait plaisir !

Et si vous êtes un expert du poker ? Là encore, la lecture de ce livre ne vous sera pas inutile. Certaines suggestions qui s'y trouvent peuvent vous étonner, d'autres vous paraître paradoxales. Au pire, si vous n'avez plus rien à apprendre, vous serez charmé et amusé par les nombreuses anecdotes que vous trouverez dans les pages de ce livre.

Comment utiliser ce livre

Ce livre est un ouvrage de référence, pas un professeur. Donc chacun pourra le lire à sa façon, dans l'ordre qui lui fera plaisir, linéairement ou pas, peu importe. Par exemple, vous ne connaissez pas toutes les règles mais vous voulez en savoir plus sur la gestion de l'argent ? Alors, rendez-vous directement au chapitre 9. Si ce sont les règles de base qui vous intéressent, commencez par lire les sept premiers chapitres. Et si vous voulez flatter les auteurs, c'est-à-dire nous, poursuivez la lecture d'ici à la fin. Vous ne serez pas déçu !

Parlez-vous poker ? Vous rencontrez un mot que vous ne connaissez pas ? Pas de panique : le chapitre 15 comporte un lexique franco-américain touffu qui devrait satisfaire à peu près toutes vos recherches d'expressions pokériennes. Ce chapitre vous initie au vocabulaire du poker, qui est un franglais à faire hurler les défenseurs de la langue française – messieurs, veuillez nous en excuser par avance, mais c'est comme ça ! N'hésitez pas à vous y reporter chaque fois qu'un terme vous arrête. Ça finira par rentrer, vous verrez !

Les conventions employées dans ce livre

Ce livre a été conçu avec un système de conventions qui le rendent cohérent et facile à comprendre. En voici la liste :

- Les cartes sont désignés par des chiffres... et des lettres. Voici les équivalents :

  A : abréviation d'*Ace* (l'As des cartes américaines)

  J : abréviation de *Jack* (le Valet des cartes américaines)

  K : abréviation de *King* (le Roi des cartes américaines)

  Q : abréviation de *Queen* (la Dame des cartes américaines)

  T : abréviation de *Ten* (10)

Par conséquent, une main formée de T-J-Q-K-A est en fait formée de : Dix-Valet-Dame-Roi-AS.

Par convention, les cartes « numériques » sont exprimées en un chiffre. Donc la main 8-9-T-J-A est en fait formée de : Huit-Neuf-Dix-Valet-As.

- **Club/casino** : cette appellation revient en permanence pour désigner l'établissement où se disputent les parties. Dans certains pays comme l'Angleterre, il existe des clubs ET des casinos pour jouer au poker. Dans d'autres, il n'y a pas de club mais des casinos uniquement. Et en France, il n'y a pas de casino qui propose le poker mais uniquement des clubs, que l'on appelle aussi « cercles »...

- **Dollars ou euros?** Certains exemples sont exprimés en dollars, d'autres en euros. Ç'aurait pu être des « brouzoufs », comme dans *Les Visiteurs* ! Mais par souci de véracité, nous avons adopté cette règle :
  - dollars, pour illustrer des exemples qui se déroulent aux USA
  - euros, pour illustrer les exemples neutres.

Aperçu des différentes parties de ce livre

Comme nous sommes des garçons ordonnés, nous avons regroupé les sujets en sections, elles-mêmes regroupées en chapitres, eux-mêmes regroupés en parties. Même en regroupant comme ça, on arrive à cinq parties, ce qui montre qu'il y a de la matière.

Première partie –
Comment jouer : le B.A.-BA du poker

Le poker est un nom générique qui recouvre plusieurs formes voisines de jeu. Du Texas hold'em au stud à 7 cartes en passant par l'Omaha high-low, nous vous montrons comment fonctionne chaque poker, mais en plus nous vous gratifions des meilleures méthodes en vogue pour gagner.

Deuxième partie – Stratégie avancée :
passons aux choses sérieuses !

Jouer et gagner au poker implique plus que de la chance. Cela comporte aussi deux aspects du jeu : le bluff et la gestion financière. Le chapitre 8 vous propose des points de repère sur les bluffs, comment en monter et comment deviner ceux des adversaires. Au chapitre 9, nous utilisons la magie des chiffres pour vous aider à prendre la bonne décision quand vous gagnez, quand vous perdez, et quand votre résultat est stable.

Troisième partie –
Du poker, des écrans et des tournois

Vous pouvez jouer au poker de bien des façons différentes. On peut ainsi affronter un adversaire dont le cerveau est en silicium, soit en jouant avec un logiciel spécialisé d'apprentissage, soit en se connectant à Internet, soit en jouant sur un vidéo-poker. On peut aussi entrer en compétition, comme le montre le chapitre consacré aux tournois.

Quatrième partie – Pour aller plus loin

Cette courte partie contient des informations qui ne pouvaient pas entrer dans les autres. Le chapitre 15 vous initie au vocabulaire du poker, y compris anglais, et aux mythes du poker. Le chapitre 16 passe en revue les ressources dans lesquelles vous puiserez de quoi vous abreuver.

Cinquième partie – La partie des Dix

Tous les livres de la collection « Pour les Nuls » comportent une partie des Dix et celui-ci ne fait pas exception. Vous y trouverez les dix façons de décrypter votre adversaire, les dix légendes du poker, les dix clés pour gagner, les dix leçons que vous donnent le poker pour votre vie, etc.

Icônes utilisées dans ce livre

Les icônes placées en marge vous permettent d'accéder plus rapidement aux informations. Voici leur signification :

Cette icône signale une suggestion destinée à vous faire mieux jouer.

Le but de cette icône est de vous éviter un mauvais pas.

Cette icône signifie que l'information que vous êtes en train de lire est très importante.

Première partie
Comment jouer : le B.A.-BA du poker

« On dirait bien que tu as préféré jouer aux cartes plutôt que de réviser tes maths. »

Dans cette partie...

Il existe plusieurs variantes du poker et vous découvrirez comment les jouer à peu près toutes. Du stud à 7 cartes à l'Omaha, vous allez connaître les rouages des pokers, vous familiariser avec les stratégies qui fonctionnent... et même, pour le même prix, découvrir des méthodes pour vous perfectionner.

Chapitre 1

Les bases du poker

• •

Dans ce chapitre :

▶ Le poker et le rêve américain

▶ Une première approche des bases du poker

▶ Les combinaisons

▶ Comment construire une base solide pour gagner

▶ Se familiariser avec les règles et l'éthique

▶ Reconnaître différents types d'adversaires

▶ Jouer au casino ou en cercle

▶ Entrer dans une partie

▶ Le poker de club et le poker chez soi

• •

« Si vos adversaires sont faibles et ne savent se défendre, vous avez choisi la bonne partie. »

Mike Caro, sommité pokérienne reconnue

L e poker est le jeu de cartes américain par excellence et sa popularité continue de se répandre comme une traînée de poudre. Du Mississippi (au sud) au Michigan (au nord), du Nouveau Mexique (au sud) au Dakota du Nord (au nord, vous l'aurez compris), il gagne constamment du terrain. Vous voulez jouer ? Vous pourrez alors le faire dans des répliques fidèles des mythiques bateaux à aubes du XIXe siècle ou dans des casinos des réserves indiennes. En Europe, vous pourrez jouer, selon les pays, dans les casinos ou dans des clubs plus ou moins dédiés. Vous pouvez le pratiquer aussi bien dans des petits clubs à deux tables que dans de véritables usines à jeu possédant plus de cent cinquante tables, comme on en trouve à Los Angeles, avec des niveaux d'enchères compris entre 1-2 dollars et 200-400 dollars.

Cet ouvrage s'adresse principalement à des débutants. Si vous jouez chez vous mais n'avez jamais joué en club ni en casino, il pourra aussi vous aider. Même si vous vous considérez comme une fine lame du poker, ce livre ne pourra qu'affûter davantage vos armes.

Le poker et le rêve américain

Le poker représente un univers en miniature de tout ce qui constitue les vertus américaines. Il fait partie intégrante de ce gigantesque puzzle que les Américains ont passé plus de deux cent vingt ans à construire pièce par pièce. Appelons cela le « rêve américain » – cette croyance dans la vertu et le travail opiniâtre, cette idée profondément enracinée que quelqu'un qui travaille dur réussira un jour ou l'autre. C'est une chanson d'immigrant, c'est un mantra d'espoir, c'est un hymne pour tous.

Le poker ressemble à un jeu de cartes comme un autre. Il semblerait que tout le monde, ou à peu près, sache y jouer. Et pourtant, rien n'est plus faux. S'il est vrai que l'apprentissage des règles se fait en deux temps trois mouvements, savoir gagner prend infiniment plus de temps. Cela étant, si vous êtes prêt à consacrer un peu de temps – et un peu d'argent ! - à cette tâche, vous êtes à peu près certain d'y parvenir. On gagne au poker comme on réussit dans la vie : en faisant face franchement, en ayant une longueur d'avance sur les autres, en travaillant plus et mieux que la concurrence.

Les origines du jeu

Une profusion de westerns et de chansons sur les hors-la-loi nous a convaincu que le poker était un jeu typiquement américain. Pourtant, il trouve ses racines dans un lointain passé. Les Perses de l'Antiquité pratiquaient un jeu qui ressemblait fort au poker d'aujourd'hui. Dès le XVIe siècle, les Allemands comptaient parmi leurs jeux de prédilection un certain *Pochen*. Plus tard, les Français aussi ont eu « leur » poker sous le nom de *poque*. Nos compatriotes auraient emporté ce jeu dans leurs bagages quand ils sont venus à La Nouvelle-Orléans pour peupler la Louisiane, et le jeu a trouvé avec les bateaux à aubes qui remontaient le Mississippi à partir du premier quart du XIXe siècle un formidable moyen de se répandre dans les terres intérieures. Deux autres jeux français de cette époque comportaient aussi des rudiments du poker : le *brelan* et la *bouillotte*.

La poque n'a pas tardé à se transformer en *poker*, et les règles ont évolué année après année jusqu'à la guerre de Sécession, par exemple en permettant aux joueurs de tirer des cartes afin d'améliorer leur main. Le *stud poker*, si populaire aujourd'hui, est apparu à peu près à cette époque (voir chapitres 3 et 5 pour un exposé sur les studs).

Le poker sur pellicule

Les deux films qui retracent avec le plus de justesse l'univers du poker sont sans conteste *Le Kid de Cincinnati* (Norman Jewison, 1965, avec Steve McQueen) et *Les joueurs* (John Dahl, 1998, avec Matt Damon). Chacun présente d'une manière pointue ce que ressentent les joueurs de poker au plus profond d'eux-mêmes : le rapport à la chance, l'obligation de résultat, la rage de vaincre, le panache... La trentaine d'années qui les sépare montre que, si les variantes utilisées diffèrent (stud à 5 cartes pour le premier, Texas hold'em pour le deuxième), les émotions restent aussi fortes.

Mais d'autres films proposent aussi une évocation fascinante du poker. Dans *Havana* (Sidney Pollack, 1991), Robert Redford campe un joueur professionnel à la recherche d'une grosse partie sur fond d'une Havane vivant ses dernières heures américaines. *La musique du hasard* (Philip Haas, 1994, avec Mandy Patinkin) met en scène deux jeunes ambitieux qui cherchent à rouler deux vieillards... et qui se trouvent pris au piège. Le western est évidemment très riche en poker : *Le gentilhomme de la Lousisiane* (Rudolph Maté, 1952, avec Tyrone Power), *Les années sauvages* (Rudolph Maté, 1956, avec Tony Curtis), *Cinq cartes à abattre* (Henry Hathaway, 1968, avec Dean Martin) ou *Il était une fois dans l'Ouest* (Sergio Leone, 1969, avec Charles Bronson) en sont des exemples parmi d'autres. Mais la palme revient à *Maverick* (Richard Donner, 1994, avec Jodie Foster), sompteuse comédie qui pullule d'arnaques hilarantes.

Le cinéma français n'est pas en reste, avec les tricheries mortelles de Gérard Depardieu dans *Sept morts sur ordonnance* (Jacques Rouffio, 1976), les parties « politiques » de *L'affaire* (Sergio Gobbi, 1993, avec Robert Hossein), les bas-fonds vus par un flic désabusé dans *Flag* (Jacques Santi, 1987, avec Richard Bohringer) ou la pègre et ses violences dans *Poker* (Catherine Corsini, 1986, avec Pierre Arditi). Le poker sert aussi de toile de fond à des drames psychologiques. C'est le cas pour le surprenant *Poker d'enfer à Noël* (Pupi Avati, 1986, avec George Eastman) ou à des épisodes humoristiques, comme dans *Sénéchal le magnifique* avec Fernandel (Jean Boyer, 1957).

Certains films sont entièrement consacrés à la tricherie, sujet inépuisable pour faire vibrer les salles obscures. C'est le cas de la scène du train de *L'Arnaque* (George Roy Hill, 1974, avec Paul Newman), de la scène du club d'*Engrenages* (David Mamet, 1987, avec Joe Mantegna) ou des diverses scènes de *Shade, les maîtres du jeu* (Damian Nierman, 2002, avec Sylvester Stallone). Les séries télé aussi n'hésitent pas à inclure du poker, qui est un ressort dramatique classique dans les polars, comme dans l'épisode « Un poker de haute volée » des *Maîtres du jeu* (Michael Vittes, 1997, avec Ice-T), ou « Brelan d'as » d'*X-Files* (Bryan Spicer, 1999, avec David Duchovny).

On joue au poker dans le monde entier et, finalement, il y a presque autant de versions du poker que de joueurs, surtout si vous jouez chez vous. Vous pouvez jouer au poker dans de nombreux casinos et dans des clubs dans presque tous les États-Unis, mais aussi en Angleterre, en Irlande, en France, aux Pays-Bas, en Autriche, en Allemagne, en Finlande, en Espagne, en Italie, en Australie, en Russie, dans les pays Baltes, en Suède, en Nouvelle-Zélande, à Aruba, au Costa Rica et dans d'autres pays encore. Les gens jouent autour d'une table de cuisine pour quelques centimes ou comme professionnels, dans des casinos, pour des milliers d'euros ou de dollars.

Le poker et la loi

Si la loi française reconnaît à tous les jeux une part d'adresse ou d'habileté et une part de hasard, elle fait une distinction entre les jeux dits d'adresse, de combinaison ou de commerce et les jeux dits de hasard. Dans les jeux d'adresse, de combinaison ou de commerce, l'habileté prédomine : ainsi, les courses à pied, à cheval, le billard, le jaquet (backgammon), les dominos, certains jeux de cartes comme le bridge-contrat ou… la belote (sic). Les petits chevaux, le loto, la roulette, les jeux de dés et le poker comptent parmi les jeux de hasard au regard de la loi (chambre criminelle du 28/05/1930).

D'un point de vue pénal, seuls les jeux de hasard fournissent matière à répression. En pratique, les jeux de hasard sont interdits, en privé et *a fortiori* en public. Certaines dérogations sont concédées à des casinos, des cercles et des sociétés dédiées comme la Française des Jeux.

Mais alors, je suis hors-la-loi si je joue au poker, vous demandez-vous ? En matière de poker, les Renseignements généraux tolèrent que des tournois soient organisés au niveau local, mais sans prosélytisme. En revanche, il est interdit de redistribuer aux gagnants le montant des achats de jetons ; les gains peuvent être des objets, des voyages, etc. qui auront été achetés par l'argent des cotisations. C'est la même chose pour les lotos qui ont lieu dans nos campagnes.

Quant au poker direct dit « parties d'argent » ou cash-games, il est proscrit, y compris en privé… même si, d'un point de vue purement pratique, ces parties sont tellement discrètes qu'elles ne pourraient pas être poursuivies *a priori*.

Avant d'organiser un tournoi ou une partie, renseignez-vous bien : au besoin, contactez les Renseignements généraux ou les sites spécialisés dans le poker. La loi change constamment et elle peut évoluer dans un sens inattendu.

Le poker et la loi dans trois pays francophones

En Belgique

En complément de la loi du 07/05/1999, les arrêtés du 19/07/2001 et du 02/03/2004 fixent les jeux exploités dans les casinos, les salles de jeux automatiques et les débits de boissons. Le poker n'y figure pas parce qu'il n'y a pas de cadre légal pour le poker en Belgique. Il tombe donc par défaut dans le cadre des lois régissant les « jeux d'argent », ce qui en clair signifie qu'il est interdit, y compris dans les casinos.

Nul n'est censé ignoré le sacro-saint article 410 du Code pénal :

Art 410. - Ceux qui auront tenu une maison de jeux de hasard et y auront amené le public, soit librement, soit sur la présentation des intéressés ou affiliés, les banquiers de cette maison, tous ceux qui auront établi ou tenu des loteries non autorisées par la loi, tous administrateurs, préposés ou agents de ces établissements seront punis d'un emprisonnement de deux mois au moins et de six mois au plus, et d'une amende de 360 F (55 euros) à 30 000 F (4 500 euros).

Il se complète entre autres de la loi n°83-628 du 12 juillet 1983, qui dispose notamment :

« Seront punis d'un emprisonnement de trois mois au plus et d'une amende de 360 F (55 euros) à 15 000 F (2 290 euros) ou de l'une de ces deux peines seulement ceux qui auront établi, ou tenu, sur la voie publique et ses dépendances ainsi que dans les lieux publics ou ouverts au public et dans les dépendances, même privées, de ceux-ci, tous jeux de hasard non autorisés par la loi dont l'enjeu est en argent. (…) »

« Dans tout les cas seront confisqués les fonds ou effets qui seront trouvés exposés au jeu ou mis à la loterie, les meubles, instruments, ustensiles, appareils employés ou destinés au service des jeux ou des loteries, les meubles et les effets mobiliers dont les lieux seront garnis ou décorés. »

Il est donc strictement interdit (et réprimé) dans les lieux publics, les lieux collectifs/associatifs et tout lieu qui n'est pas strictement privé, comme le serait l'appartement ou la maison d'un particulier. Interdiction de publicité (au sens très large), de racolage, de prélèvement par l'organisateur.

Comme en France, une partie strictement privée entre amis à domicile, sans prélèvement ni publicité peut être considérée comme « tolérée », sans toutefois être légale au sens propre.

Au Québec

Poker interdit autant en club que dans les casinos, toléré chez les particuliers entre amis, dans une maison et moyennant des mises modérées. C'est clairement illégal de prélever dans un tournoi ou une partie. C'est illégal aussi qu'un bar tienne une partie de poker même sans prélèvement, puisqu'il fait un profit en vendant de la bière. Les tournois de poker *seraient* tolérés dans les bars quand la totalité des mises sont distribuées aux gagnants et qu'aucun profit n'est encaissé par le bar.

Ce qui est plus flou, ce sont les tournois ou parties régulières dans des endroits publics sans prélèvement. Ils peuvent être interprétés comme une maison de jeu si les parties sont fréquentes, mais aucune arrestation n'a été signalée dans de telles circonstances.

Article 201 : Est coupable d'un acte criminel et passible d'un emprisonnement maximal de deux ans quiconque tient une maison de jeu ou une maison de pari.

En Suisse

Il existe une loi qui interdit les jeux de hasard ou de semi-hasard. Les casinos ont le droit d'organiser des tournois ou d'ouvrir des cash-games (Lugano, Berne, probablement Montreux, Baden et d'autres). Chaque règlement communal interdit formellement le jeu pour de l'argent dans les lieux publics.

La montée en charge du poker un peu partout dans le monde et notamment en Europe entraîne la prise de conscience des pouvoirs publics qui débouche sur des réglementations nouvelles, dans un sens (permissif) ou dans l'autre (prohibitif). On est donc prié de se renseigner avant d'organiser quoi que ce soit.

Le poker est bon pour vous

Rassurez-vous, en jouant au poker, vous ne courez pas à votre propre perte. Au contraire, nous sommes convaincus que comme le rêve américain, le poker est bon pour vous : il enrichit l'âme, il renforce l'intellect, élève l'esprit, et, quand il est bien joué, il engraisse le portefeuille.

Par-dessus tout, le poker oblige le joueur à faire face à la réalité et à s'en accommoder sans tricher. Évidemment, certaines personnes ignorent ces réalités – c'est le cas de beaucoup de joueurs. Ce sont aussi ceux qui perdent de façon cyclique, et qui, plutôt que d'essayer de résoudre les déficiences de leur jeu, persistent à s'en prendre au destin, au donneur, aux cartes ou à n'importe quoi d'autre – sauf à eux-mêmes, bien sûr !

Mais le poker peut aussi être mauvais pour vous, bien sûr, surtout si vous méconnaissez les stratégies primordiales et si vous n'avez pas identifié vos propres faiblesses. Mais ne désarmez pas, allons, vous n'êtes plus seul ! Nous sommes là, prêts à aider jusqu'aux plus nuls de nos lecteurs et à faire leur éducation pokérienne.

Peut-être Anthony Holden – auteur anglais et joueur de poker – est-il celui qui a formulé le mieux cette idée. Dans son livre *Big Deal : A Year As A Professional Poker Player*, il écrit : « Qu'il le veuille ou non, le caractère d'un homme est mis à nu à une table de poker ; si les autres joueurs le décryptent mieux que lui ne les décrypte, il ne doit s'en prendre qu'à lui-même. Sauf à être capable et préparé à se voir lui-même comme les autres le voient, avec ses défauts, il sera perdant comme il l'est dans la vie. »

Votre mission, si vous l'acceptez (et vous avez tout intérêt à l'accepter si vous voulez gagner un jour !), sera la suivante : soyez toujours prêt à examiner et à analyser votre propre caractère et le jeu. En suivant ce principe, et si vous le faites avec un minimum de talent, vous pouvez devenir un joueur qui gagne.

Avant d'arborer votre « poker face »

À l'instar d'une maison, le poker a besoin de fondation. Et ce n'est qu'une fois les fondations terminées que l'on peut commencer à construire le bâtiment proprement dit. Puis vient le temps d'ajouter une touche décorative. Mais il est hors de question de commencer la déco tant que les fondations ne sont pas terminées, que l'on soit bien d'accord ! Le bâtiment doit d'abord tenir à peu près droit, et après seulement on colle le papier peint pour faire joli. C'est notre souci ici : commencer par le commencement, non pour nous conformer bêtement à je ne sais quel dogme classique, mais parce qu'on n'a encore rien trouvé de mieux pour assimiler ce dont vous aurez besoin pour jouer.

Programme et discipline

Certains joueurs de poker présentent les caractéristiques propres aux génies purs. Ce sont des talents supérieurs, au même titre que Picasso l'était en matière de peinture, et nous serions bien en peine d'expliquer pourquoi. Mais même en l'absence de génie – et la plupart des joueurs de poker qui gagnent à long terme ne sont certainement pas de grands savants –, le poker est une matière que l'on peut acquérir. Les qualités propres à chacun d'entre vous sont naturellement mobilisées pour réussir, et, même si le talent peut aider, il n'est pas nécessaire d'en avoir *beaucoup*. Après tout, vous n'avez pas à vous appeler Keith Jarrett pour jouer au piano, Dalí pour peindre ou Tony Parker pour jouer au basket. Pour devenir un joueur gagnant au poker, vous devez avoir un *programme* solide pour apprendre le jeu et respecter une *discipline*.

✔ **Déterminer une stratégie** : Si vous aspirez à être gagnant au poker, vous devez procéder par étapes. De même que l'école vous a inculqué les principes de base d'une éducation de choix il y a deux ou trois décennies, de même vous devrez passer par un programme éducatif, comme c'est le cas pour les meilleurs joueurs de poker actuels. Car l'expérience ne suffit pas pour gagner. Il faut aussi acquérir des principes. Le programme d'apprentissage figure au chapitre 16. Il se complète de lectures utiles, de contacts *online* et *offline*.

✔ **La discipline** : Tout le savoir stratégique du monde ne saurait garantir le succès à un joueur de poker quel qu'il soit. Vos qualités personnelles sont également importantes. Le succès requiert une certaine disposition d'esprit et un certain mental, en plus du savoir-faire stratégique. Les joueurs qui ne sont pas assez autodisciplinés, par exemple, ont beaucoup de mal à gagner, que leur stratégie soit hyperévoluée ou minable. Par exemple, si un joueur n'a pas la discipline suffisante pour se débarrasser des mains dangereuses, tout le savoir du monde ne pourra compenser ce défaut.

La connaissance sans discipline est un potentiel irréalisé. Jouer avec discipline est la clé pour éviter de perdre sa chemise – ou même son short !

Si vous pouvez apprendre à jouer au poker à un niveau qui ressemble à celui d'un intermittent du spectacle payé à la journée, vous serez assez bon pour gagner sur le long terme. Pas besoin d'être un champion du monde comme Doyle Brunson, Phil Hellmuth, Johnny Chan, Tom McEvoy ou encore notre champion national, Patrick Bruel, pour gagner de l'argent en jouant au poker. Si vous avez un véritable talent, le jeu vous permettra d'acquérir un revenu supplémentaire ou – mieux encore – d'en vivre totalement. Si vous essayez simplement de devenir le meilleur joueur de poker que vous pouvez être, ce sera déjà pas mal !

L'objet du jeu

L'objet du poker consiste à gagner de l'argent en s'appropriant le pot, constitué des enchères qui ont été faites par les différents participants au coup. Un joueur mise une enchère dans l'espoir d'avoir la meilleure main ou pour donner l'impression qu'il détient une main meilleure, ce qui convainc ses adversaires de *passer* (abandonner) leurs cartes. L'argent économisé a autant de valeur que l'argent gagné : par conséquent, savoir quand jeter sa main, lorsque l'on estime être battu, est aussi important que de savoir quand miser de l'argent. Dans la plupart des variantes du poker, la main gagnante est constituée de la meilleure combinaison de cinq cartes en présence.

Le nombre de joueurs

Selon le poker pratiqué, il y aura entre deux et dix joueurs. La plupart des tables de casino sont occupées par huit joueurs en stud à 7 cartes, neuf ou dix joueurs en Texas hold'em.

Les cartes

La plupart des pokers se jouent avec 52 cartes. Il peut arriver, notamment en poker fermé ou en nullot, d'ajouter un Joker. Il ne remplace généralement pas n'importe quelle carte, mais plutôt un As dans le cas du poker fermé, ou pour compléter une couleur ou une quinte. Par exemple, dans une variante du poker appelée nullot, si vous avez 7-6-2-A-Joker, vous possédez en fait 7-6-3-2-A.

Les jetons

Vous pouvez utiliser des centimes ou des cacahuètes pour jouer chez vous, mais rien ne vaut les vrais jetons de poker. À l'origine fabriqués en argile, on les trouve maintenant dans une matière synthétique ou composite. (Les jetons en plastique sont un peu plus glissants, ce qui les rend plus difficiles à manipuler.)

Les jetons sont disponibles dans une large gamme de couleurs et de modèles. Les modèles et les décorations des bordures varient selon les établissements de jeu pour des raisons de sécurité. Mais on trouve généralement la correspondance suivante entre la couleur dominante et la valeur :

1	blanc
5	rouge
25	vert
100	noir
500	violet ou mauve

Si vous voulez ajouter une dose de style de jeu « à la Las Vegas » dans votre partie à domicile, essayez de vous procurer des jetons véritables (ils ont tous le même diamètre quelle que soit leur valeur). Voici les quantités de jetons qu'il vous faut, selon le nombre de joueurs :

3 ou 4 joueurs :	300 jetons
5 ou 6 joueurs :	400 jetons
7 ou 8 joueurs :	500 jetons
Au-delà :	1000 jetons

Les bases du jeu

Le poker est un jeu facile à apprendre même si on peut passer une vie entière à essayer de le maîtriser… sans y arriver ! Vous gagnez de l'argent au poker en gagnant des pots – c'est-à-dire l'ensemble des mises qui ont été postées pendant le coup.

Il existe deux façons de gagner un coup :

- ✔ **À l'abattage**. Vous abattez votre main qui se révèle être la meilleure en lice à la fin d'un coup. C'est ce qui se passe quand il reste au moins deux joueurs après le dernier tour d'enchères. Dans ce cas, les joueurs retournent leurs cartes et les mains sont comparées. Celle qui contient la meilleure combinaison remporte le pot.

- ✔ **Faute d'adversaires**. Si vous faites une enchère et si tous vos adversaires passent (ce qui signifie qu'ils jettent leurs cartes, donc qu'ils abandonnent leurs mises et donc leur droit au pot), vous n'avez plus d'adversaire et vous remportez le pot par défaut. Et le plus fort, c'est que rien ne vous oblige à montrer vos cartes. Donc peu importe ici si vous étiez en train de bluffer ou si vous aviez une main très forte, ce n'est plus le problème.

Dans des pokers comme le stud à 7 cartes ou le Texas hold'em, la meilleure main est la main la plus haute (pour plus de détails sur les mains hautes, voir la section intitulée « Hiérarchie des combinaisons » dans ce chapitre). Dans d'autres pokers, comme le nullot ou le stud à 7 cartes *low*, la meilleure main est la plus basse (la plus basse étant 5-4-3-2-A, la suivante étant 6-4-3-2-A).

Dans les pokers *high-low*, le pot final est divisé en deux parties. Par exemple, dans le stud à 7 cartes *high-low* ou l'Omaha *high-low*, le pot est partagé entre la meilleure main haute et la meilleure main basse (si tant est qu'au moins un joueur possède une main basse, car dans ces deux variantes la main basse doit être au Huit maximum). La pire des mains basses est donc 8-7-6-5-4… qui se trouve aussi être une bonne main haute, puisque c'est la quinte au Huit. La meilleure main basse est la *roue*, c'est-à-dire 5-4-3-2-A. Dans ces variantes, une main haute est toujours possible, alors qu'il peut ne pas y avoir de main basse. S'il n'y a pas de main basse, il n'y a pas de partage du pot et la main la plus haute remporte la totalité du pot.

La plupart des parties font appel à des *antes* ou à des *blinds* (voir l'encadré « Petit lexique des enchères » dans ce chapitre). Dans le cas des *antes*, chaque joueur doit poser un jeton en guise de droit d'entrée avant de recevoir ses cartes. Dans le cas des *blinds*, seuls un ou deux joueurs doivent poster ces mises en aveugle. Comme les *blinds* « glissent » d'un joueur à un autre après chaque coup, tous les joueurs sont *blindeurs* à tour de rôle, ce qui ne pénalise personne.

À chaque fois qu'un tour de donne a été fait, les joueurs ont le choix entre *checker* (prononcer « tchéquer », ça fait tout de suite plus d'effet), *ouvrir, passer, suivre* et *relancer*. Quand un joueur décide de ne plus prendre part au pot, il attend son tour de *parler*. Quand la parole arrive à lui, il dit « passe » et/ou jette ses cartes (qu'il n'y ait pas d'ambiguïté entre nous : il ne les jette pas à la figure du donneur, il les pousse simplement devant lui, sans les montrer évidemment). Se mettant ainsi « hors-jeu » de lui-même, il perd tout droit au pot et y abandonne ce qu'il y a déjà misé. Si un joueur ouvre ou relance et si aucun joueur ne suit son enchère ni ne la relance, le pot revient d'office à ce joueur (c'est le deuxième cas de gain du pot, voir ci-avant), les cartes sont rassemblées, mélangées puis un autre coup est donné. En revanche, si le relanceur est suivi par au moins un joueur et si nous sommes à la fin du coup, alors il y a abattage et c'est la meilleure main qui remporte le pot (c'est le premier cas de gain du pot vu précédemment).

Il existe plusieurs règles spécifiques à chaque variante, mais les règles communes à toutes sont, on le voit, d'une simplicité biblique. Cette simplicité cache en réalité un terrain stratégique immense, fascinant, et, pour beaucoup, source intarissable de plaisir.

Hiérarchie des combinaisons

Le stud à 7 cartes et le Texas hold'em sont les deux formes les plus répandues de poker ayant pour principe que la main la plus haute gagne. Elles se pratiquent avec un jeu de 52 cartes sans Joker, composé de quatre *familles* : pique, cœur, carreau, trèfle, divisées en deux couleurs : pique et trèfle sont noirs, cœur et carreau sont rouges. Chaque famille comporte 13 *valeurs*, qui sont, en ordre décroissant : As, Roi, Dame, Valet, Dix, Neuf, Huit, Sept, Six, Cinq, Quatre, Trois et Deux. Par convention, l'As peut valoir 1 dans la plus petite quinte : 5-4-3-2-A, que l'on appelle aussi *roue*.

Bien que le stud à 7 cartes et le Texas hold'em se jouent avec sept cartes, on ne prend en compte que les combinaisons de cinq cartes. La hiérarchie de ces combinaisons est fonction de leur probabilité : plus une combinaison est rare, plus elle est forte. La figure 1-10 dévoile la hiérarchie des combinaisons d'un seul coup d'œil.

Quinte royale et quinte flush

Une *quinte royale* est une *quinte flush* à l'As, et c'est la meilleure main possible du poker. Il n'y en a que quatre :

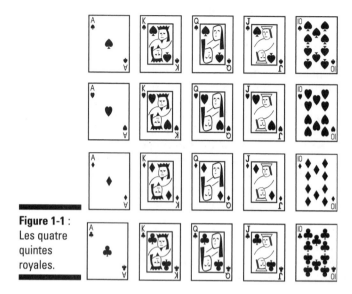

Figure 1-1 :
Les quatre
quintes
royales.

Une *quinte flush* est formée de cinq cartes consécutives et dans la même famille, comme par exemple :

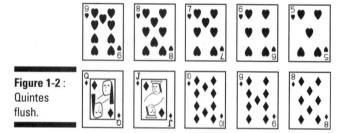

Figure 1-2 :
Quintes
flush.

Carré

La main constituée des quatre cartes d'une même valeur, plus une carte quelconque, est un *carré*. En voici un exemple :

Figure 1-3 :
Carré.

Plus la valeur des quatre cartes accordées est élevée, plus la main est forte. Par exemple, un carré de Rois a raison d'un carré de Valets.

Full

La main constituée de trois cartes de même valeur et de deux cartes de même valeur s'appelle un *full*. La valeur d'un full est égale à celle des trois cartes accordées et non de la paire. Il peut arriver, dans les pokers à tableau (Texas hold'em, Omaha) que deux joueurs possèdent un full ayant le même groupe de trois cartes accordées. Dans ce cas, la comparaison se fait sur la paire. La main suivante est appelée « full aux Neuf par les Cinq » :

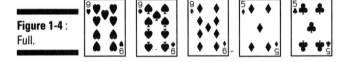

Figure 1-4 : Full.

Couleur

Une *couleur* est formée de cinq cartes appartenant à la même famille. Les cartes ne sont pas consécutives (sinon, il s'agirait d'une quinte flush). Si deux couleurs ou plus se rencontrent, la gagnante est celle qui possède la carte la plus haute. Si elles ont la même carte la plus élevée, on compare la deuxième, etc. Dans les deux couleurs ci-dessous, c'est celle avec l'As de cœur qui est la meilleure :

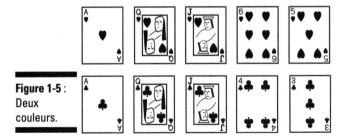

Figure 1-5 : Deux couleurs.

Quinte (ou suite)

Une main composée de cinq cartes qui se suivent et de familles quelconques constitue une *quinte*. Si deux quintes ou plus se rencontrent, la gagnante est celle qui possède la carte la plus haute. Dans l'exemple ci-dessous, la quinte au Valet triomphe de la quinte au Neuf.

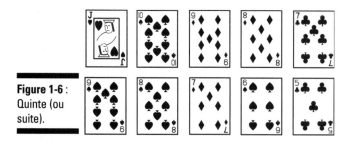

Figure 1-6 :
Quinte (ou
suite).

Brelan

Une main constituée de trois cartes de même valeur et de deux cartes quelconques est appelée *brelan*. On appelle « brelan de Huit » la main suivante :

Figure 1-7 :
Brelan.

Double paire

La main constituée de deux cartes de même valeur accompagnées de deux cartes d'une autre valeur et d'une carte quelconque est appelée *double paire*. La valeur de la double paire est déterminée par la plus haute des deux. Si deux joueurs possèdent chacun une double paire, c'est celui qui a la plus haute paire qui gagne. S'ils ont l'un et l'autre la même plus haute paire, on compare les deux paires plus petites entre elles et c'est celui qui a la plus haute qui l'emporte. S'ils ont chacun des doubles-paires de mêmes valeurs, c'est la carte quelconque qui départage.

Dans l'exemple ci-dessous, la double paire aux Dames par les Huit a raison de la double paire aux Dames par les Cinq :

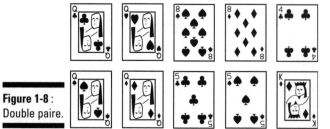

Figure 1-8 :
Double paire.

Paire

Une main comportant deux cartes de même valeur et trois cartes quelconques est appelée *paire*. Si deux joueurs possèdent la même paire, c'est la valeur des cartes quelconques (appelées *kickers*) qui les départage.

Carte isolée

Quand une main comporte cinq cartes qui ne forment aucune des combinaisons ci-dessus, elle contient donc cinq cartes quelconques et la valeur de sa main est celle de *la plus forte carte* qu'elle contient. Par exemple, si Henri possède A-Q-9-6-3 et si Adrien possède A-J-10-3-2, Henri gagne parce que A-Q est supérieur à A-J.

Mains basses, ou low

Dans les jeux de partage, comme l'Omaha *high-low* ou le stud à 7 cartes *high-low*, la meilleure main basse, composée des cinq cartes quelconques inférieures ou égales au Huit, remporte la moitié du pot (l'autre moitié étant attribuée à la main la plus haute). Dans les trois mains suivantes, celle du dessus triomphe de celle du milieu mais est battue par celle du bas :

Figure 1-9 :
La main du dessus triomphe de celle du milieu, mais est battue par celle du bas.

Déterminer qui possède la meilleure main basse requiert une certaine pratique. Pour ce faire, vous devez commencer par comparer la carte la plus haute, puis la carte suivante, etc.

Les enchères

Sans enchères, le poker serait un simple jeu de hasard et la meilleure main gagnerait à tous les coups. Ce ne serait vraiment pas drôle ! Les mises constituent la clé de voûte du poker. La formule gagnante du poker consiste à minimiser les pertes avec une mauvaise main et maximiser les gains avec une bonne main.

A chaque tour d'enchères le premier joueur à parler *checke* ou ouvre (mise la première enchère). S'il *checke*, le joueur suivant est soumis à son tour à la même alternative (checker ou ouvrir) ; mais s'il ouvre, le joueur suivant doit choisir entre passer, suivre et relancer.

Quand un joueur passe, il perd les jetons qu'il a déjà versés au pot et n'a donc plus aucun droit sur le pot : il est hors du coup. Après le dernier tour d'enchères, un abattage entre les joueurs encore en lice désigne le gagnant. Le gagnant peut aussi être un joueur qui a posté une relance et qui n'a été payé par personne. Dans ce cas, il empoche le pot sans avoir à montrer ses cartes puisqu'il n'a plus d'adversaire.

Il existe quatre structures d'enchères :

✔ Dans les enchères à *limites fixes*, on ouvre et on relance d'un montant prédéterminé. Cette limite varie dans un même coup suivant le stade du coup. En stud, la limite double généralement après la donne de la cinquième carte. Donc, s'il s'agit d'une partie à 10-20 euros, les enchères progressent lors des deux premiers tours de 10 en 10, puis de 20 en 20 lors des trois derniers tours. En Omaha ou en Texas hold'em, qui comptent quatre tours d'enchères, la petite limite s'applique lors des deux premiers tours d'enchères et la grosse limite s'applique lors des deux derniers. Selon les conventions, le nombre de relances par tour est limité à trois ou quatre.

✔ Dans les enchères dites *spread limit*, la variation se fait dans une fourchette prédéterminée. Par exemple, si la fourchette est 2-10 euros, toutes les enchères sont comprises entre 2 et 10 euros inclus, avec la condition qu'une relance doit être au moins égale à l'enchère précédente.

✔ Dans les enchères au *pot limit*, les mises sont plafonnées à la hauteur du pot. Quand un joueur veut miser le maximum autorisé (en disant « pot »), pour calculer ce montant, il doit d'abord inclure sa mise pour suivre, puis ajouter le montant total du pot ainsi obtenu. Par exemple, si le pot contient 40 et si un joueur a ouvert à 20 au deuxième tour d'enchères, une relance à « pot » à cet instant se calcule en deux temps : le joueur mise d'abord 20 pour suivre, puis relance du total, soit 80. Son enchère totale est donc égale à 20 + 80, soit 100. Et le nouveau pot est égal à 160.

> En revanche, si le pot n'a pas encore été ouvert, il va de soi qu'une ouverture à « pot » se fait directement au montant visible : si le pot contient 50, l'ouverture maximum est alors de 50.
>
> ✔ En *no limit*, les enchères sont plafonnées à ce que le joueur possède devant lui comme jetons. Quand il décide de tous les miser, on dit qu'il fait *tapis* ou *all-in*.

Petit lexique des enchères

Voici les termes clés pour décrire les actions diverses pendant le coup, suivis, entre parenthèses, de leur équivalent en anglais qui vous permet de vous exprimer dans tous les clubs de poker du monde :

Ante (*ante*). Modique droit d'entrée au pot, misé avant de recevoir les cartes. Par abus de langage, on l'appelle aussi chip.

Blind (*blind*). Ouverture obligatoire versée avant les cartes, qui permet au blindeur de parler en dernier lors du premier tour d'enchères. Il peut être suivi d'un *surblind*, fait par le joueur immédiatement après le *blindeur*. Le *surblind* peut être obligatoire ou optionnel. Son montant est égal au double du *blind*. Le *surblind* est aussi appelé « gros *blind* ».

Check (*to check*). Ne rien miser tout en restant encore en lice. Possible seulement s'il n'y a pas encore eu d'ouverture. Se prononce « tcheck ».

Embuscade (*check and raise*). Sur un pot non encore ouvert, checker avec une bonne main pour laisser un adversaire ouvrir, de façon à relancer à son tour ensuite. Permet de gonfler le pot artificiellement. Manœuvre semant souvent le doute dans le camp adverse.

Enchère (*to bet, to stake*). Mise faite par le joueur. Il existe trois enchères possibles : ouvrir, suivre et relancer. Appelé également « enjeu ».

Passer (*to fold*). Abandonner le coup, et donc les enjeux déjà versés au pot. On dit aussi « sans moi », « je me couche », etc.

Relancer (*to raise*). Renchérir la hauteur de l'enjeu en cours.

Suivre (*to call*). Miser à la hauteur de l'ouverture ou de la relance pour se maintenir dans le coup. On dit aussi « coller ».

Sur-relancer (*to reraise*). Relancer une relance.

Quelques directives pour la route

Appelez-les règles, lois, conventions ou étiquette… Voici les directives à respecter, communes à toutes les formes de poker. S'il existe encore des différences mineures d'un établissement de jeu à l'autre, avec le temps on y rencontre des directives qui sont de plus en plus similaires.

Faire tapis (all-in)

Si votre tapis ne contient pas assez de jetons pour couvrir l'enchère en cours, ou si vous voulez relancer du total des jetons qui vous restent, on dit alors que vous faites *tapis* ou que vous êtes *all-in* : vous versez au pot la totalité de vos jetons restants. Quoi qu'il arrive alors, vous ne pouvez évidemment prétendre qu'aux enchères que vous avez couvertes. Cela implique que si des surenchères ont lieu après vous, elles seront réunies dans un pot secondaire (*side-pot*) auquel vous ne participez pas. À la fin du coup, on commence par attribuer le ou les pots secondaires, et le pot principal en dernier. Vous n'êtes bien sûr éligible que dans le ou les pots au(x)quel(s) vous avez participé.

Vous ne pouvez pas retirer des jetons de votre tapis tant que vous jouez : vous devez laisser sur la table aussi bien les jetons que vous avez achetés que la totalité de vos gains. De même, il n'est pas possible de racheter des jetons en cours de coup : vous ne pouvez le faire qu'entre deux coups. Cela rend bien sûr ridicules ces scènes de western où les enchères se font sur parole et où un joueur, qui possède un jeu en béton et qui est relancé au-delà de son tapis par un adversaire, pose une cartouche sur ses cartes, se lève et fonce à bride abattue chercher tout son argent à son ranch pour revenir et relancer de la totalité. Dans le poker moderne, on ne peut être engagé qu'à concurrence de son tapis, et c'est souvent déjà pas mal ! Si un joueur qui fait *all-in* perd le coup, soit il achète de nouveaux jetons pour poursuivre la partie, soit il quitte la table.

La relance interdite

Dans tout bon film sur le poker qui se respecte, vous trouvez la scène suivante : un joueur pose la liasse de 100 dollars que le joueur précédent vient de miser, regarde son adversaire au fond des yeux et dit : « Et je te relance de 400, rascal ! » Cette scène fait toujours son petit effet, mais elle n'a absolument jamais lieu sur les tables de poker modernes. Relancer en deux temps est *interdit*. Au poker, toutes les enchères doivent se faire d'un bloc. Dans un cercle ou un casino, c'est ce que l'on appelle *string raise*. Quand un joueur commet l'erreur de relancer, il n'a que le droit de suivre. Mais quand vous voyez un joueur qui commet l'erreur, que le donneur le lui signale, si vous entendez un autre adversaire dire « ce n'est rien, j'accepte la relance », vous pouvez conclure que votre main est en grand danger ! Dans l'exemple précédent, le relanceur aurait dû poser devant lui ses 500 dollars en une fois.

La relance interdite permet au joueur de guetter la réaction de l'adversaire après l'avoir payé, donc de prendre une décision intermédiaire et non de la prendre avant de payer, ce qui est déloyal.

Comment relancer

Si vous voulez relancer, commencer par dire : « Je relance » ou *raise*. Vous pouvez ensuite annoncer le montant de la relance si vous n'êtes pas en limites fixes. Cela vous permet de compter tranquillement vos jetons avant de les miser, et surtout cela clarifie votre action vis-à-vis des adversaires.

Ne pas jeter ses jetons

Évitez de jeter vos jetons d'enchères en vrac dans le pot. Il est beaucoup plus intelligent de les déposer devant soi. Pour deux raisons : d'abord parce que cela permet de voir que vous avez misé la somme exacte ; mais aussi parce qu'un autre joueur peut vous relancer ensuite, ce qui vous obligerait alors à jeter encore des jetons au pot.

Si vous allez pour la première fois dans un cercle ou dans un casino, il n'y a pas de mal à poser des questions ou à demander des précisions au donneur qui vous expliquera les conventions du jeu. Après quelques séances, vous serez familiarisé avec les procédures.

Protéger sa main – Les cartes parlent

Dans un casino ou dans un club, à l'inverse des parties privées, vous êtes toujours responsable de votre main. Si vous jetez vos cartes parmi celles qui sont déjà hors-jeu, elles deviennent elles aussi hors-jeu et ne peuvent en aucun cas être récupérées, donc elles ne peuvent plus gagner. La règle qui prévaut dans tous les établissements est : *les cartes parlent (cards speak)*. Cela signifie que votre main se suffit à elle-même pour signifier sa valeur. Les donneurs peuvent cependant faire des erreurs, comme tout être humain. Si vous pensez que votre main est la meilleure, retournez-la et annoncez-la. Placez-la à mi-chemin entre le pot et vos propres jetons et gardez les doigts dessus jusqu'à ce que le donneur ait statué sur son sort.

Si vous n'êtes pas certain de posséder la meilleure main, retournez vos cartes faces en l'air et laissez le donneur déterminer leur valeur. La plupart des établissements possèdent des caméras qui peuvent régler un différend quelconque après le déroulement d'un coup s'il y a doute.

Le tapis réel

Tous les pokers, qu'ils soient en casinos, en clubs ou en partie privée, sont joués à *tapis réel*. Autrement dit, vous ne pouvez pas rajouter de jetons pendant un coup. Si vous arrivez à court de jetons pendant un coup, vous ne participez au coup qu'à hauteur de votre enjeu. Vous ne pouvez pas compléter avec des jetons qui sortent de votre poche ni avec des billets qui sortent de votre portefeuille, même si certaines parties privées l'autorisent. Pour ajouter des jetons à votre tapis, vous devez attendre que le coup soit terminé. De même, il va de soi que les enchères « sur parole » sont totalement interdites. Comme leur nom l'indique, il s'agit de ces enchères qui sont faites oralement, sans contrepartie financière autre que la confiance que l'on porte au joueur qui les émet… : cela peut mal finir !

« Time ! »

À chaque fois que vous doutez d'un élément quelconque en cours de jeu, vous pouvez recourir à la procédure de suspension provisoire du coup en disant « *time !* ». Cela vous permet de poser la question au donneur. Évidemment, il ne s'agit pas d'abuser de cette action qui ralentit le jeu et casse le rythme psychologique d'une partie, surtout si la table où vous êtes est soumise à un prélèvement horaire. Notez que cette procédure s'entend surtout aux États-Unis.

Les donneurs et les cartes

Les donneurs – et les cartes – sont généralement soumis à des rotations d'une demi-heure. En plus, les joueurs qui ne sont pas satisfaits des cartes peuvent généralement demander à changer de jeu. Cette largesse est accordée après qu'un jeu a servi pendant au moins un tour de donne.

L'éthique et l'étiquette

Les règles et l'éthique permettent au jeu de se dérouler sans accroc et rapidement, avec le souci de ne léser personne. Ces conventions dépendent davantage du jeu lui-même que des cartes en tant que telles. Paradoxalement, celui qui joue au poker dans un casino pour la première fois mettra plus de temps à assimiler les conventions relevant de l'étiquette que les règles propres au jeu.

Gardez en tête les points de protocole suivants :

✔ **Parlez à votre tour**. Les cartes tournent dans le sens horaire et la parole aussi. Et chaque joueur est censé parler quand c'est à son tour de le faire. Si quelqu'un ouvre et si cela vous décide à jeter vos cartes, attendez que votre tour soit venu pour le faire… et ne faites aucun geste qui permette de deviner votre action. On comprend que parler avant son tour soit impoli. Mais pire, cela donne une information aux adversaires, information qui peut s'avérer précieuse. Par exemple, si un joueur sait que vous allez jeter vos cartes, cela lui fait un adversaire de moins et il peut être poussé à bluffer davantage. Au poker comme à confesse, c'est chacun son tour.

✔ **Maintenez vos cartes bien en vue**. Pour maintenir l'intégrité du jeu, les joueurs doivent laisser leurs cartes posées à plat sur la table pendant le coup et ne pas les cacher. Le meilleur moyen de « protéger » sa main est encore de la garder à plat sur le tapis. Pour en prendre connaissance, vous les ployez vers le haut en soulevant avec le pouce le bord qui est vers vous. Dans un jeu comme le Texas hold'em qui ne comporte que deux cartes, il est habituel de laisser les cartes sur la table après en avoir pris connaissance et de poser un ou deux jetons dessus, ce qui au surplus rappelle au donneur que ces cartes sont bien en jeu.

✔ **Évitez de commenter les coups**. Commenter le coup avec les autres joueurs, même si vous avez quitté le jeu, peut fournir malgré vous des informations à certains des joueurs qui sont encore en jeu. Si vous ne pouvez vraiment pas vous empêcher de commenter un coup, attendez-en donc la fin.

✔ **Donnez des pourboires**. Dans les clubs et les casinos, le personnel du jeu est généralement rémunéré grâce aux pourboires, qui constituent parfois même la totalité de leur salaire. Les petits pots ne donnent pas évidemment lieu à pourboire. Pour déterminer le montant du pourboire, observez les autres joueurs. Par exemple, les parties en limites fixes inférieures à 10-20 donnent lieu à des pourboires de 0,5, et celles qui sont supérieures, à des pourboires de 1.

À quoi vont ressembler vos adversaires ?

Le style de vos adversaires va varier avec les limites d'enchères pratiquées. Dans les petites parties, vous avez peu de chance de croiser le dernier champion du monde, qui a empoché avec son titre la bagatelle de plusieurs millions de dollars. Vous n'y trouverez pas non plus les légendes du poker, ni même les huit meilleurs joueurs de votre ville (sauf si c'est une très petite ville). Il existe plusieurs façons de classifier les adversaires, mais pour simplifier les choses, nous les avons réunis en quatre groupes : les joueurs récréatifs, les habitués des clubs, les professionnels et les joueurs sous contrat.

Les joueurs récréatifs

Les joueurs récréatifs adorent jouer mais ne sont pas obnubilés par la victoire. Ils jouent d'abord pour le plaisir. Pour eux, le poker est un divertissement, et peu importe ce qu'ils y perdent, ce sera toujours moins cher que d'élever des chevaux, restaurer de vieilles voitures, entretenir une danseuse qui adore les vêtements griffés et autres passe-temps onéreux. Il va de soi que ces joueurs sont des proies de choix. Si vous ne pouvez pas battre une table qui comporte uniquement ce type de joueurs, il est peut-être temps pour vous d'envisager autre chose que le poker. Attention : personne n'admettra être un joueur récréatif car c'est péjoratif…, disons même que c'est synonyme de « pigeon ». Si un joueur le reconnaît cependant, méfiez-vous dès qu'il relance. Et souvenez-vous du fameux adage : « Si après une demi-heure de jeu, vous n'avez toujours pas repéré qui était le pigeon, c'est que le pigeon, c'est vous ! »

Les habitués des clubs

Ce groupe se compose d'un nombre important de sous-catégories : des retraités, des ménagères, des étudiants, des intérimaires, et toute autre personne que vous pouvez imaginer. Certains habitués ont des sources de revenus indépendantes et jouent souvent dans de grosses parties. Vous devez considérer que les habitués ont une plus grande expérience du jeu que vous. Même si vous êtes meilleur joueur mais que vous faites la transition entre les parties privées et le jeu en casino/club, ce sont eux qui auront l'avantage sur vous, au moins au début. Il vous faudra un temps d'adaptation, car on ne joue pas au poker de la même manière en partie privée qu'en établissement.

Les joueurs récréatifs et les habitués constituent le gros des adversaires que vous rencontrerez. Certains sont bons, d'autres moins, mais tous jouent régulièrement.

Les professionnels

Vous trouverez des professionnels et des semi-professionnels dans la plupart des grosses parties. D'une manière générale, vous n'en rencontrerez pas dans les parties en limites fixes inférieures à 10-20 euros. S'il est vrai qu'un pro gagnera plus facilement dans les parties moins chères car il y affrontera des joueurs plus faibles, il sera difficile pour lui d'assurer son train de vie car les mises y sont trop faibles. Plus vous jouez à des tables chères, plus vous rencontrez des joueurs professionnels.

Les joueurs sous contrat

Les joueurs sous contrat engagent leur propre argent mais reçoivent un salaire du club ou du casino pour aider à démarrer ou à relancer des parties. Vous les trouverez surtout tard dans la nuit quand l'établissement cherche à revitaliser l'ambiance, et tôt le matin ou l'après-midi pour aider à faire démarrer les tables.

La vie de ces joueurs est dure. Par définition, ils jouent surtout sur des tables peu garnies en joueurs ou des tables qui ont du mal à décoller, et il est difficile de gagner dans ces conditions. En plus, à l'instant où un joueur veut un siège, c'est bien sûr lui qui doit quitter la table en premier, qu'il gagne ou qu'il perde. Il joue généralement mieux que les habitués mais pas aussi bien que les pros. Il a la caractéristique de jouer conservateur.

Beaucoup de joueurs qui ne connaissent pas les clubs paniquent à l'idée d'affronter ces joueurs salariés. Comme le club paie le joueur, ils pensent qu'il possède un avantage sur eux. C'est faux. Il joue avec son argent propre et le club n'a pas à savoir s'il gagne ou s'il perd. J'imagine que s'ils avaient le choix, les clubs emploieraient plutôt un joueur faible qu'un fort, simplement parce qu'un joueur plus faible est moins menaçant. Le joueur salarié idéal serait un joueur faible avec une personnalité de gagnant… mais un capital illimité. C'est bien pourquoi certains clubs peuvent être tentés d'utiliser certains joueurs en leur ouvrant grand la caisse… et en les alimentant grassement en jetons. Mais ce procédé est malhonnête et doit être dénoncé.

Jouer en club ou en casino

Rappelons que, si le poker est répandu dans les casinos américains et dans bon nombre de casinos européens, il ne l'est pas encore dans les casinos français à la date de parution de cet ouvrage. En France, on y joue dans certains cercles… et bien sûr chez soi, en partie privée. Cela n'empêche pas les joueurs français d'aller à l'étranger pour voir si la feutrine des tapis de poker y est plus verte. Par nature, le jeu en casino diffère clairement de la partie privée. Pour commencer, on n'y retrouve pas cette ambiance de camaraderie et ces variantes alambiquées sorties de cerveaux tortueux. Le poker de casino est plus réglementé, comme il est de rigueur pour des tables ouvertes au public. L'avantage est que ces établissements, la plupart du temps, proposent plusieurs types de tables avec des tarifs différents et, souvent, des horaires larges (à Las Vegas, le poker est ouvert 24 heures sur 24, sept jours sur sept).

Un autre avantage des gros établissements est celui de la sécurité du jeu. Ces lieux proposent des donneurs professionnels, des cadres compétents et un système de vidéo-surveillance interne qui garantissent un poker équitable pour tous. Comme les joueurs déambulent avec des sommes parfois importantes sur eux, des équipes impressionnantes de vigiles sont présentes. Les parkings sont bien éclairés, surveillés en permanence et aucune exaction n'y est à déplorer. Les casinos ont aussi prévu les facilités financières : la plupart du temps, ils acceptent les chèques (de clients connus) et les paiements en cartes bancaires, ce qui ne les empêche pas de proposer à leurs clients des distributeurs de billets, pour les dispenser de courir les rues afin de trouver du liquide. Certains établissements proposent même sur place des guichets bancaires réservés aux joueurs, où ceux-ci peuvent ouvrir un compte dédié, ce qui leur évite d'entrer et de sortir avec des sommes importantes.

Dans un club ou un casino, il n'y a aucune pression psychologique pour rester assis. Généralement, personne ne vous reprochera de quitter la partie gagnant. Il y aura toujours quelqu'un pour prendre la suite. En revanche, vous devez payer pour jouer. La contribution peut se faire sous forme de paiement horaire, mais le plus souvent il s'agit d'un prélèvement sur les pots. En partie privée, les joueurs n'ont à payer que leur part des frais directs de boisson et d'alimentation, voire de matériel.

Les gros casinos présentent l'avantage de proposer des tables variées, ce qui vous permettra de trouver plus facilement la partie qui vous conviendra. Si vous n'avez pas envie de jouer au Texas hold'em, vous pourrez trouver des tables d'Omaha, de stud à 7 cartes, d'Omaha high-low… Si la table est garnie de joueurs faibles, vous pourrez en tirer profit continuellement. En partie privée, les joueurs faibles deviennent très vite des ex-joueurs.

Vous remarquerez probablement que le rythme du jeu en casino est plus rapide qu'en partie privée. Il est vrai que les donneurs sont payés pour assurer un rythme minimum à la partie. Si vous jouez à une table avec paiement horaire, vous paierez la même somme quel que soit le nombre de coups joués. Conséquence : les donneurs agissent promptement. On attend des joueurs qu'ils en fassent autant.

Certaines choses qui adviennent dans des parties privées ne se passeront pas en casino ; personne ne fouille dans les cartes « brûlées » ; le donneur tient le jeu ; vous jouez votre main sans l'aide d'un voisin ; etc.

D'autres raisons pour jouer au poker en club/casino

Le jeu en casino a certainement des avantages sur le jeu en partie privée – variété, sécurité, efficacité du jeu. Si vous n'avez jamais essayé le jeu en club ou en casino et si vous hésitez à le faire, voici deux raisons supplémentaires pour vous convaincre :

✔ Même les plus dures des parties présentent un aspect social : riches, pauvres, jeunes, vieux, étudiants, cadres, stars, ménagères s'y croisent ; clientèle de toutes origines, couleurs ou croyances – vous les rencontrerez tous dans les casinos.

✔ Si vous êtes doué, vous aurez un hobby qui rapporte. Le golf, le tennis, le yachting coûtent de l'argent, mais des milliers de personnes traversent l'Amérique pour gagner de l'argent au poker.

Comment entrer dans une partie

Quand vous entrez dans un club/casino, dirigez-vous vers l'endroit où trône un grand tableau avec des colonnes remplies de groupes de deux ou trois lettres. Il s'agit des initiales des joueurs qui se sont inscrits d'avance aux tables. Par exemple, vous pouvez avoir sept joueurs déjà inscrits à la table de hold'em 2-4 que vous convoitez. À vous alors d'écrire (ou de faire écrire par l'employé) vos initiales sous celles des joueurs déjà inscrits. Vous pouvez de même ajouter vos initiales à d'autres tables : Omaha 4-8, dealer's choice 2-2…

C'est tout ce que vous aurez à faire pour le moment. C'est aussi simple que de prendre un ticket d'attente à la sécurité sociale. Il ne vous reste plus qu'à patienter… jusqu'à ce qu'une nouvelle table ouvre et que vos initiales soient appelées au micro. Chaque fois qu'une place se libère, le joueur dont les initiales suivent est appelé pour prendre la place du sortant.

Certains clubs n'utilisent pas de tableau. Dans ce cas, il vous suffit de dire vos initiales à l'employé ainsi que les tables auxquelles vous vous inscrivez. Ce dernier va inscrire ces informations sur un grand cahier. Dans les petits clubs qui n'ont qu'une ou deux tables, demandez au donneur directement si un siège est libre ou s'il y a une liste d'attente.

Acheter des jetons

Quand vous vous assoirez, le donneur ou un employé vous demandera combien vous voulez de jetons. Chaque table impose un tapis minimum. Donnez votre argent à l'employé et vous recevrez les jetons correspondants. Les grands casinos ont des employés dédiés à cette tâche. Ils prennent votre argent et, selon vos directives, vont annoncer à la table que « votre place joue pour 200 euros ». Cela signifie que, le temps qu'ils reviennent avec vos jetons, vous avez devant vous un tapis « virtuel » de 200 euros dont vous pouvez vous servir pour vos enchères. Le donneur pourra vous prêter des jetons en attendant, et il arrive même que des adversaires avec un gros tapis le fassent aussi. Vos jetons personnels devraient vous arriver avant la fin du premier coup.

Le mélange et la donne

Vous remarquerez qu'en club/casino, la procédure de mélange des cartes est autrement plus rigoureuse qu'en partie privée avec des donneurs amateurs voire improvisés. Les joueurs de partie privée sont généralement peu rompus aux gestes qui font un bon mélange, et d'ailleurs beaucoup ne possèdent pas la dextérité manuelle pour y arriver. Les donneurs de casino bien formés commencent par rassembler les cartes, faces tournées vers eux-mêmes, parfois après avoir brassé les cartes à plat sur le tapis. Puis intervient une procédure à quatre étapes : mélange, mélange, mini-coupes furtives, mélange. Il ajoute souvent une coupe. La procédure est efficace, rapide et effectuée avec le souci qu'aucune carte ne soit aperçue par les joueurs.

En quoi le poker de casino diffère du poker en partie privée

Si vous observez des parties en club en attendant votre place, vous remarquerez que les joueurs entrent dans moins de coups qu'en partie privée. L'atmosphère détendue et amicale de la partie privée incite les protagonistes à participer le plus possible aux coups. Ce n'est pas le cas en casino, où les joueurs sont autrement plus sélectifs. En effet, les erreurs les plus criantes consistent à jouer trop de coups et à suivre lors des premiers tours alors que l'on devrait passer.

Plus serré qu'en parties privées

Les parties bon marché des casinos, quoique plus serrées que leurs cousines jouées à domicile, sont encore… trop larges. Dans les parties serrées, seuls les joueurs avec les mains les plus fortes entrent dans les coups ; dans une partie large, plus de joueurs entrent dans plus de coups qu'ils ne devraient. Si vous jouez simplement mieux les mains de départ que vos adversaires dans ces parties à petites limites, vous serez généralement favori… donc votre gain à long terme sera supérieur.

Pour autant, vous serez loin d'être favori dans toutes vos parties. Comme il va vous falloir un temps d'adaptation – disons entre cinq et dix séances –, autant que cette période vous coûte le moins, donc il vaut mieux la jouer dans les parties peu chères.

Si vous sortez d'une partie privée amicale, une partie sympa pleine de tapes dans le dos et de contrepèteries salaces, et si vous vous plongez dans une salle de club ou de casino, vous allez vite comprendre que si vous jouez chaque coup, ou même une majorité, vous allez passer un sale quart d'heure ! Il vous faut des points de repère. Cela vaut pour toutes les formes de poker.

Les joueurs sont plus sélectifs

Bobby Baldwin, ancien champion du monde de poker et actuellement président du Bellagio Hotel de Las Vegas, se souvient de ses premiers jours de souffrance à la table : « J'étais perdu, je me demandais quelles mains je devais jouer et comment je devais les jouer, lesquelles il fallait suivre, lesquelles il fallait relancer, lesquelles il fallait jeter. Sans points de repère, vous consacrez 90 % de votre concentration à décider de ce que vous allez faire avec telle ou telle main. Toute cette énergie mentale devrait être dévolue à étudier vos adversaires et à essayer de décrypter les petits détails qui rendent ce coup légèrement différent des coups que vous avez déjà rencontrés. »

Le conseil de Baldwin est succinct : « Ne vous asseyez jamais à une table sans avoir préconçu une grille qui vous dit quelles seront vos mains minimum pour suivre et vos mains minimales pour relancer. »

À RETENIR

Les bons conseils de Johnny Moss

« Pour apprendre n'importe quelle forme de poker, vous devez trouver les meilleurs joueurs et les affronter. »

« Toutes choses égales par ailleurs, l'homme le plus concentré gagnera toujours. »

« Si vous avez peur de perdre votre argent, vous n'arriverez pas à jouer pour gagner. »

« Personne ne gagne constamment. Donc quand vous perdez, vous devez savoir pourquoi, puis l'oublier. »

(De Johnny Moss, *Champion of Champions*, par Don Jenkins)

Après tout, vous n'avez pas à jouer toutes les mains que vous recevez ! Le fait de jeter les mains faibles qui coûtent de l'argent à long terme revient à revaloriser votre jeu. Chaque forme de poker possède ses bonnes mains, et vous vous rendrez compte desquelles il s'agit au fil des pages de ce beau livre. Pour l'heure, il vous suffit de vous souvenir que vous allez passer plus de mains que vous n'allez en jouer.

Le jeu est plus rapide

Les premières fois que vous allez jouer en casino ou en club, vous risquez d'être gêné par la rapidité du jeu. Vous pouvez aussi penser que les joueurs sont meilleurs que les rigolos avec lesquels vous tapez le carton chez vous. Mais après vous être familiarisé avec l'environnement, vous jugerez que votre technique est revenue au niveau de vos adversaires. La plupart d'entre eux ne sont pas des débutants, comme vous ! Les joueurs récréatifs veulent se détendre, quant aux habitués, on y trouve à la fois des bons et des mauvais et ils se penchent rarement sur l'étude en profondeur du jeu. Bien que beaucoup d'entre eux jouent en club depuis de nombreuses années, ils se contentent de reproduire et même de renforcer les erreurs qu'ils commettent depuis des décennies.

N'ayez pas de complexe quant à votre finesse de jeu la première fois que vous irez jouer dans un casino ou un club. En étudiant bien le jeu et en le pratiquant, vous ne tarderez pas à combler votre retard. Commencez à jouer aussi bien, voire mieux, que vos adversaires. Souvenez-vous que si vous allez dans une région où le poker a été légalisé il y a peu, vous n'allez pas trouver beaucoup de joueurs d'expérience. Vous pourrez donc regarder devant vous en confiance sans jamais vous retourner. Imaginez-vous comme un gagnant permanent. Vos adversaires peuvent progresser lentement, simplement par mimétisme. Mais en jouant souvent et en étudiant le jeu, vous devrez pouvoir progresser plus vite qu'eux.

Le poker dans les romans

En matière de littérature, le poker est un sujet de choix, qui vaut par sa charge émotionnelle et son rapport au hasard. C'est ce qui ressort, par exemple de l'ouvrage mystique *Oscar et Lucinda*, de Peter Carey (Plon, 1990) ou de celui, encore plus déroutant, de Tim Powers, *Poker d'âmes* (J'ai Lu, 1992). On trouve évidemment des livres qui ont suscité de grandes adaptations cinématographiques : *Le Kid de Cincinnati* (Richard Jessup, Plon, 1963), *Havana* (Paul Monette, Presses de la Renaissance, 1991), *L'Arnaque* (Robert Weverka, Presses de la Cité, 1974), *La musique du hasard* (Paul Auster, Actes Sud, 1991).

Il existe pourtant un grand livre du poker, où il n'est question que de ça : *La gagne*, de Bernard Lentéric (Olivier Orban, 1980), qui raconte l'épopée vengeresse d'un jeune doué pour le bluff, et qui lance un défi aux plus grands. Un autre est comme une friandise : *Piqué de poker*, signé Philippe Balland (Balland, 1989), récit caustique sur la difficulté de réunir les adversaires pour « monter » une partie le soir même. Toujours dans le domaine français, *Easy Money* (Patrick Green, Stock, 1996) met en scène les hauts et les bas d'un tricheur d'aujourd'hui, comme *Parodie*, de Cizia Zykë (Hachette, 1987). Dans *La Grande Arnaque*, de Leonard Wise (Belfond, 1977), apparaît ce qui est probablement la première évocation d'un grand tournoi de poker mondial en littérature. Mention spéciale pour l'excellent *Un oursin sur les tapis verts* de Philippe Bouvard (Stock, 1975), livre qui suppure le jeu à chaque page et qui comporte plusieurs chapitres pathétiques sur le poker.

Côté polar, le poker peut servir de trame principale, comme dans *Poker pour l'enfer* (Jacques Demar, Plon, 1967) qui se passe en prison, avec des détenus qui jouent leur liberté au poker. C'est aussi le cas pour *Brelan de Nippons* de Tito Topin (Gallimard, 1982), *Rachel* de Michel Steiner (Lignes Noires, 2000) ou *Poker Sauvage* (Mark Joseph, Albin Michel, 2001). Le poker intervient aussi en épisodes plus ou moins furtifs : *Bluff Mortel* de Gérard de Villiers (Presses de la Cité, 1981), le classique *Au bout du rouleau*, de Georges Simenon (1946) ou *Les grands chemins* de Jean Giono (Gallimard, 1951) en sont des exemples. C'est aussi le cas pour *Le poker du capitaine Leslie* (Bernard Gorsky, Albin Michel, 1975), où Leslie met en jeu son propre bateau dans une partie qui s'y déroule !

L'auteur belge Stanislas-André Steeman a apporté sa pierre avec *Poker d'enfer* (Presses de la Cité, 1955), qui relate une partie mortelle sur un paquebot. En poche ancien, deux bijoux sortent du lot : *Le flambeur* (Noël Vexin, Ditis, 1958) et l'amusant *L'Aristo chez les tricheurs* (Flamme d'Or, 1954).

Chapitre 2
L'essentiel de la stratégie

Dans ce chapitre :

▶ Ce qu'est et ce que n'est pas le poker

▶ Comprendre les bases du jeu

▶ Les probabilités en perspective

▶ Les stratégies gagnantes

▶ Ce qu'il faut faire quand tout va de travers

La connaissance de la stratégie de base est indispensable à tous les joueurs de poker. Si vous n'avez aucune base pour vous aider à prendre vos décisions (suivre, passer, relancer ou sur-relancer), autant jouer au Loto. Il vous arrivera peut-être de gagner de temps en temps puisque la chance tourne. Mais sachez que, sans stratégie, vous n'exercerez aucun contrôle sur le jeu au cours d'une partie de poker.

Si vous demandez à cent joueurs de poker pris au hasard quel est l'objectif du jeu, la plupart vous répondront qu'il s'agit de gagner le pot, mais peu seraient capables d'en dire plus.

Le but du poker – en plus du plaisir d'y jouer – est de *gagner de l'argent*, et non des pots. Si votre but était de remporter le plus de pots possible, ce serait facile à faire. Il vous suffirait de jouer tous les coups jusqu'au bout. Vous gagneriez un nombre important de pots... le nombre maximum, en fait ! Vous gagneriez également le plus grand nombre de coups possible. Mais, revers de la médaille, vous perdriez beaucoup, beaucoup, beaucoup d'argent !

Donc mettons-nous d'accord une bonne fois : l'objectif du poker est de gagner de l'argent. Pour y parvenir, il faut savoir tempérer ses ardeurs en se montrant *sélectif* : rien ne sert de jouer tous les coups. D'ailleurs, les meilleurs joueurs jouent peu de coups, mais quand ils décident d'entrer sur un coup, ils le font de manière agressive pour maximiser les gains quand les probabilités leurs sont favorables.

C'est l'essence du poker : tout le monde peut gagner sur le court terme mais, sur le long terme, les meilleurs joueurs gagnent plus d'argent avec leurs bonnes mains qu'ils n'en perdent avec leurs mains faibles.

Si l'on prend en compte le critère de la chance à court terme, le poker est un jeu où même des joueurs faibles peuvent avoir des nuits gagnantes. Cela ne se vérifie pas dans la plupart des autres jeux (comme les échecs) ou des sports de compétition comme le golf ou le tennis. Qui parmi nous gagnerait une partie contre André Agassi (au tennis) ou Gary Kasparov (aux échecs) ? Pourtant, la plupart d'entre nous sont persuadés qu'ils sont de bons joueurs de poker.

Si vous faisiez un sondage à une table de poker, la majorité des joueurs se noteraient eux-mêmes largement au-dessus de leur valeur réelle. Mais la réalité est tout autre, car, sur le long terme, les bons joueurs battent toujours les moins bons – mais les moins bons gagneront de temps en temps pour se permettre de revenir s'asseoir à la table de leurs tourments.

C'est le subtil mélange entre technique et chance pure qui fait tout l'attrait du poker. Cet équilibre récompense également les bons joueurs qui sont réalistes quant à la façon dont ils évaluent leur technique par rapport à celle de leurs adversaires. Ce chapitre est là pour vous sensibiliser à toutes ces finesses.

Ce qu'est le poker et ce qu'il n'est pas

Le poker n'est pas un jeu mais une gamme de jeux qui ont en commun comme éléments stratégiques et tactiques toute une hiérarchie des combinaisons, un système d'enchères et le bluff. Dans certaines formes de poker, comme le stud à 7 cartes, le Texas hold'em, le poker fermé et l'Omaha, la combinaison la plus haute l'emporte. Par exemple, la quinte flush, qui est moins courante que le full, l'emporte sur le full. C'est aussi pourquoi le brelan gagne contre la double paire, qui à son tour triomphe de la paire.

Dans d'autres pokers, c'est la main la plus *basse* qui l'emporte : le nullot fermé, le stud à 7 cartes *low* par exemple. Il existe trois prises en compte de la valeur des cartes :

 ✔ l'As vaut 1 et on ne tient pas compte des quintes et des couleurs : la meilleure main est alors la « roue » : 5-4-3-2-A, même si elle est monocolore (c'est le cas dans le nullot fermé A-5 ou le stud à 7 cartes *low*) ;

 ✔ l'As vaut 1 mais on tient compte de la quinte et de la couleur ; la meilleure main est alors le « six-zéro » : 6-4-3-2-A (c'est le cas généralement dans le nullot fermé à la française) ;

✔ l'As ne vaut pas 1 et on tient compte de la quinte et de la couleur ; la meilleure main est alors le « sept-deux » : 7-5-4-3-2 (c'est le cas dans le « *deuce to seven* » américain). Ce poker, très peu joué en dehors des États-Unis, et d'ailleurs peu joué même là-bas, suscite des niveaux d'enjeux importants.

Comme si cela ne suffisait pas pour vous emmêler les crayons, il existe également des variantes à partage (*split games*), dans lesquelles les pots sont partagés entre la plus basse et la plus haute des combinaisons. S'il y a toujours une combinaison haute à chaque coup, même faible (simple paire par exemple), il arrive qu'il n'y ait pas de combinaison basse. En effet, dans ces variantes, une combinaison basse doit être au « Huit ou mieux » (« *eight or better* »), donc la main 8-6-4-3-2 est acceptée mais pas 9-4-3-2-A. Quand il n'existe aucune main basse pour gagner la moitié du pot, la seule main haute gagne la totalité du pot, c'est ce que l'on appelle faire le « scoop ».

Dans les clubs/casinos, les deux pokers de partage les plus répandus sont l'Omaha *high-low* (dont le nom original exact est « *Omaha high-low split eight or better* ») et le stud à 7 cartes *high-low* (dont le nom original exact est « *Seven stud high-low split eight or better* »). On les écrit en abrégé « Omaha/8 » et « stud/8 »).

On a tous débuté un jour

À nos débuts, nous sommes bien souvent de piètres joueurs – vous, moi, le type qui a « rasé la table » hier soir, chaque joueur qui a gagné un titre aux *World Series of Poker* (WSOP). Nous avons tous été mauvais, mauvais à un point qu'aujourd'hui, on peut en rougir de honte. Souvenons-nous que Michael Jordan a été renvoyé de son équipe universitaire de basket. Que le premier manuscrit de Michel Houellebecq a été refusé par toutes les maisons d'édition. La seule tare que l'on avait à reprocher à Jordan et à Houellebecq était qu'ils étaient débutants, certes des débutants bourrés de talent, mais des débutants quand même.

Dans le monde de la prestidigitation, un Suédois du nom de Lennard Green s'était présenté en 1988 au concours triennal de la Fism, l'instance mondiale suprême des magiciens. Il a présenté des tours tellement novateurs que le jury a pensé qu'il utilisait des cartes truquées et un complice, chose qui est mal vue dans ce genre de compétition. Il n'a même pas eu de lot de consolation. Le jury a réparé son erreur en 1991 en couronnant le prestidigitateur comme il le méritait. Le talent finit toujours par être reconnu, même s'il est parfois posthume. Dans le cas du poker, le talent brut ne suffit pas pour gagner, il faut réussir à le canaliser, et travailler dur pour l'affiner et le rendre vraiment… rentable.

Voilà pourquoi il ne faut pas vous étonner si vous n'avez pas de bons résultats dès vos premières parties, même si vous pensez bien jouer. Plus vous jouerez et plus vous vous apercevrez que le poker est un jeu complexe qui exige expérience, finesse et discipline. Vous pouvez vous améliorer, et vous vous améliorerez si vous y mettez le prix. Par prix, nous entendons peu d'argent mais beaucoup de temps et d'opiniâtreté. Tous les champions de poker d'aujourd'hui sont passés par là. L'exemple de Phil Hellmuth, champion du monde 1989 et encore aujourd'hui l'un des plus grands, est éloquent. Quand il est arrivé à Las Vegas, fort de ses succès locaux dans son État natal du Wisconsin et d'un solide matelas financier, il s'est fait « nettoyer » en quelques semaines, pour finalement pouvoir repartir grâce à l'aide d'un ami. Ça a été le début de sa grande aventure… Certains joueurs s'améliorent progressivement, d'autres par bonds furtifs, jusqu'à ce qu'ils atteignent leur but.

Tu commenceras par les fondations…

Vous possédez forcément un potentiel comme joueur de poker, et si gagner au poker est un but pour vous, vous devez vous construire des bases solides qui vous permettront d'exprimer ce potentiel le plus rapidement possible. Tous ceux qui sont passés du stade de néophyte à celui d'amateur, puis d'expert, et enfin de star, partagent au moins une chose : ils ont construit des fondations solides, et ces fondations leur ont permis de déployer leurs ailes et de s'envoler.

Au poker comme dans la vie, vous ne pouvez pas prendre votre envol tant que vous ne maîtrisez pas les fondamentaux. Si vous en êtes encore aux tout débuts, vous n'êtes pas encore prêt à vous envoler. En revanche, une fois vos fondamentaux intégrés et lorsque vous arriverez à ressentir les choses de manière instinctive, alors vous pourrez vous éloigner des bases et progresser.

… puis tu improviseras

Quand vous écoutez les plus grands musiciens de jazz, vous êtes plongé au cœur même de l'improvisation. Mais cette improvisation repose sur une maîtrise totale de la musique, dont le solfège est la base. Charlie Parker, Miles Davis, le Modern Jazz Quartet, Sonny Rollins, Gerry Mulligan, Charles Mingus, Thelonius Monk : ces géants du jazz sont des maîtres de l'improvisation, mais leur innovation et leur créativité reposent sur une plate-forme musicale commune faite de connaissance du rythme, de compréhension des harmonies, de jeu en groupe, plus une faculté innée à combiner mélodies et harmonies. Sans ces bases, rien n'est possible : c'est le passage obligé qui demande de l'abnégation au départ, des années d'apprentissage difficile, sans compter de multiples concerts dans des conditions minables, mais c'est par là que passe l'apprentissage. Au final, quand le talent du musicien s'exprime, quand son génie se déploie, apparaissent des morceaux uniques qui illuminent nos nuits d'une magie indescriptible.

Les concepts de base du poker

Vous devez concentrer vos premiers efforts sur les concepts de base du poker. Quand bien même vous penseriez les comprendre, ce savoir doit être mis en pratique en permanence. La connaissance et les aptitudes qui feront un joueur de poker habile ne sont pas comme des pilules à avaler en une seule fois : c'est une thérapie à long terme.

Andrés Segovia, le plus grand guitariste classique de sa génération, n'a pas consacré la majorité de son temps à apprendre de nouvelles pièces ou à répéter le répertoire classique d'un concertiste. Il passait cinq à six heures par jour à jouer des gammes et des études. Segovia passait 75 % de son temps à répéter les bases de la musique, et il le faisait quotidiennement ! Vous pourrez vous inspirer de Segovia. Cette analogie entre la musique et le poker n'est pas gratuite : elle a valeur d'exemple.

Comprendre les blinds et les antes

Chaque coup de poker débute par des *antes* ou des *blinds* :

- Un *ante* est une petite part d'enchère postée par tous les joueurs présents pour former un pot avant les cartes ;
- Un *blind* est une enchère forcée postée par un ou plusieurs joueurs avant les cartes.

Dans les studs, on utilise généralement les antes. En Texas hold'em et en Omaha, on utilise généralement les *blinds*. Que le coup commence par des *antes* ou des *blinds*, le pot doit contenir quelque chose avant que les cartes ne soient données. Sans ces enchères obligatoires, les joueurs pourraient se permettre d'attendre sans miser avant d'entrer dans un pot, et entrer dans un pot vide serait très ennuyeux. Les *antes* et les *blinds* ont donc le même double objectif : constituer un pot de départ et inciter les joueurs à entrer dans le pot, les pousser à l'action.

Connaissez vos adversaires

Supposons que vous jouiez au Texas hold'em et que vous ayez reçu A-K à cœur. Vos adversaires sont Rick et Barbara, joueurs réputés pour leur tendance à coller aux enchères. Vous voyez le flop :

Figure 2-1 :
Le flop.

« Fantastique, vous dites-vous, j'ai l'avantage de la position, j'ai deux overcards et un tirage max à couleur ». Vous vous souvenez de quelque chose à propos de semi-bluff et de cotes implicites, et quand vos adversaires *checkent* l'un après l'autre, vous ouvrez. Ils suivent. La *turn* est le Quatre de pique, et encore une fois, *check-check*. Vous ouvrez, pensant qu'ils vont passer et que vous allez gagner. Peut-être même possédez-vous la meilleure main et allez-vous pouvoir arracher le coup sans abattage. Peut-être qu'un cœur, un As ou un Roi arrivera à la *river* (la dernière carte du tableau). Mais vous affrontez des joueurs endormis, remerciez-les ! Chaque nuit, des joueurs sont persuadés que celui qui leur prendra un coup n'est pas encore né.

La *river* ne vous apporte hélas aucune aide : le Quatre de trèfle. Le tableau est donc le suivant :

Figure 2-2 :
Le tableau.

Rick et Barbara *checkent* encore. Vous pourriez possédez encore la meilleure main si vous abattez, mais vous préférez ouvrir… et vous êtes payé, évidemment. Vous perdez contre Rick qui n'a que 6-5 dépareillés.

« Qu'est-ce qui a dérapé ? vous demandez-vous. J'avais la parfaite opportunité de semi-bluffer et je l'ai fait. » Parfaite, oui, si l'on tient uniquement compte des cartes visibles dans vos mains et sur la table. Mais elle était très imparfaite du point de vue de vos adversaires. Votre erreur a été de vous limiter aux cartes dans le choix de votre stratégie. Vous avez totalement éludé une question centrale : le semi-bluff ne fonctionne pas contre des joueurs « colleurs », des joueurs qui paient tant qu'ils ont un petit jeu ou un tirage. Vous devez montrer la meilleure main à ce type de joueur pour pouvoir gagner le coup. Sachant qu'il n'y avait rien à faire qu'attendre pour gagner le coup, vous auriez économisé au moins l'enchère de la dernière carte.

Rien ne clochait dans la stratégie elle-même, elle aurait pu fonctionner avec les mêmes cartes mais avec des adversaires différents. *Connaître vos adversaires* est aussi important pour gagner au poker que comprendre les concepts stratégiques.

ATTENTION !

Même les pros commettent des impairs

Même les joueurs professionnels de classe internationale font des erreurs. Cette situation est arrivée il y a quelques années à la table finale du tournoi principal au Diamond Jim Brady Tournament du Bicycle Club, un des festivals internationaux de poker les plus prisés aux États-Unis.

Trois joueurs étaient encore en lice. À un moment, X possédait la moitié des jetons, et le reste se partageait à 50-50 entre Y et Z. Les prix étaient les suivants : 230 K\$ pour le premier, 115 K\$ pour le deuxième et 55,2 K\$ pour le troisième. Dans une situation de duel contre X, Y a fait *all-in* (a tout misé) au flop qui contenait deux carreaux, ce qui lui donnait un tirage à couleur.

Pour Y, le choix était simple quand il a constaté son tirage : c'était *all-in* ou rien. Si la couleur entrait, il gagnait le coup et doublait son tapis, ce qui lui donnait une solide option pour la deuxième place. Si la couleur n'entrait pas, il sortait du tournoi avec la demi-centaine de milliers de dollars attachés. Comme il restait deux cartes à tomber (la turn et la river), il avait une probabilité de 35 % de toucher sa couleur... et donc de 65 % de sortir du tournoi.

Même en gagnant ce coup, remarquez bien qu'il n'avait en rien la garantie de gagner le tournoi ni même de terminer deuxième. Ce faisant, il s'autorisait à avoir une situation de 1,9 contre 1 où, même si ce qu'il espérait arrivait, rien n'assurait qu'il sorte du tournoi avec un meilleur prix.

Ce qui devait arriver arriva : Y attend toujours sa couleur et il s'est éliminé lui-même du tournoi. Par la suite, Z a fait un remarquable comeback et a fini par s'adjuger la première place.

L'erreur de Y a profité davantage à Z qu'à X. En effet, en quittant le tournoi contraint et forcé, Y a assuré du même coup au moins la deuxième place à Z, qui, sans bouger le petit doigt ni prendre le moindre risque, est passé d'un gain minimum de 55,2 K\$ à 115 K\$, soit un gain de 59,8 K\$! Inversement, si Y avait gagné, c'est lui qui aurait été *chip leader* (meilleur tapis) et X serait retombé à hauteur de Z, ce qui ne changeait rien aux chances de celui-ci. Z était donc forcément gagnant dans l'opération.

La question demeure : pourquoi un joueur de tournoi de premier ordre prend-il la décision d'entrer dans un coup en étant *outsider*, en prenant un risque sous-rémunéré par le pot ? Il est vraisemblable que Y était tellement concentré sur la situation qu'il n'en a pas réalisé la portée à l'échelle des gains, et qu'il faisait le jeu de Z !

Ce manque de clairvoyance s'explique amplement par la concentration intense nécessaire pour survivre dans les trois premiers tours d'un tournoi de *hold'em no limit freeze-out* à 10 K\$. Il est logique que cela puisse conduire à une erreur.

Parfois, on a besoin de considérer un problème de jeu sous divers angles. Entre la vue d'ensemble et les détails de fourmi, il faut trouver la bonne distance pour pouvoir prendre la bonne décision.

La stratégie dépend de la situation. Les joueurs habiles arrivent à se faire une idée générale de la situation en même temps qu'ils remarquent les petits détails. Comprendre les concepts stratégiques est une part de la bataille mais n'est pas la bataille tout entière : il est aussi important de savoir comment et dans quelles circonstances il faut les appliquer. Quand vous serez capable de le faire, vous pourrez dire que vous êtes devenu un meilleur joueur et un joueur plus créatif.

Préparez-vous à gagner

Le succès exige de la préparation. La connaissance, plus la préparation et l'expérience (et le talent inné que l'on peut avoir) sont aussi importants que le savoir-faire. Il faut tout cela pour gagner au poker. Si vous possédez ce savoir-faire et si vous perdez, ou si vous ne gagnez pas autant que vous le devriez, reportez-vous au chapitre 20, « (Presque) dix choses à considérer avant de devenir pro ».

Le premier pas dans les changements de comportement et l'élimination des mauvaises habitudes consiste à être *responsable*. Vous devez être intimement conscient que ce qui vous arrive à une table de poker dépend entièrement de vous-même. Si vous rejetez les raisons de vos échecs sur des éléments extérieurs, vous n'entrez pas dans un processus de progrès comportemental : vous contournez le problème sans le résoudre, et cela peut durer des années.

Un peu de probabilités

Considérez un simple jet de pièce avec un nombre assez important de jets successifs : croyez-vous que le nombre de piles et de faces soit exactement le même ? Si c'est le cas, vous devez aussi penser que ce type de simulation doit donner des résultats identiques après trois millions de jets.

La compréhension des fluctuations du poker peut fournir une perspective quand vous considérez vos résultats à court terme. Non seulement les fluctuations persistent longtemps avant d'être attribuées uniquement à l'habileté, mais il n'y a aucune garantie pour que vous équilibriez les comptes après le dernier coup joué. La théorie des probabilités permet à vos résultats d'être en adéquation avec votre habileté.

Une simulation à court terme

Nous avons utilisé un ordinateur pour effectuer une simulation de 60 000 coups de hold'em 20-40. Si vous jouez au poker comme vous allez au travail, cela correspond à peu près à un an de jeu à raison de huit heures par jour (30 coups par heure, 8 heures par jour, 250 jours par an). L'objectif était de définir combien de temps cela prendrait pour atteindre le « long terme », cette zone magique qui écrase les aléas de la chance (et donc de la malchance) pour ne faire apparaître que les effets de l'habileté (et donc de l'incompétence).

Des profils de joueurs identiques ayant été chargés dans la machine, l'espérance de gain à long terme doit être égale à zéro. Avec des profils identiques, chaque joueur gagne et perd à son tour. Sur le long terme, ils sont « à jeu », c'est-à-dire ni gagnants, ni perdants.

Pourtant, les calculs ont mis en évidence quatre gagnants et cinq perdants. En moyenne, le joueur assis à la place 9 perdait 3,18 dollars de l'heure alors que le joueur assis à la place 6 gagnait 1,99 dollar de l'heure. Cela représente une amplitude de plus de 5 dollars de l'heure, ce qui est important. Cela montre clairement qu'une année complète de jeu ne suffit pas pour atteindre le « long terme ».

Une simulation à long terme

Si une année ne suffit pas pour atteindre le long terme, qu'en est-il d'une vie entière ? Nous avons donc à nouveau interrogé l'ordinateur, mais en portant cette fois le nombre de coups joués à trois millions, soit cinquante ans de jeu !

Il est apparu que le gros gagnant avait un gain de 60 214 dollars. Le gros perdant avait une perte de 35 953 dollars. Ce qui équivaut respectivement, pour une heure en moyenne, à un gain de 60 cents contre une perte de 35 cents, soit une amplitude de 95 cents. Les autres joueurs avaient des résultats intermédiaires.

A-t-on atteint le long terme ? Ou est-ce que ces 95 cents nous disent : « Non, une vie humaine entière n'est pas encore le long terme » ? La théorie des probabilités peut nous aider à répondre.

La théorie des probabilités n'a jamais promis que les comptes seraient *équilibrés* sur le long terme. Voici ce qu'elle dit en fait : la pièce fait apparaître des piles et des faces de façon équiprobable ; le nombre de faces et de piles ne sera pas exactement égal, mais nous tendrons vers cette égalité. Comme l'épreuve du lancer de pièce a un résultat inconnu à l'avance et qu'*a priori*, il y a une probabilité identique d'obtenir pile ou face, il est normal qu'il y ait un écart entre le nombre de piles et le nombre de faces obtenus. La pièce n'a pas de mémoire qui lui permette de se dire : « Il y a plus de piles que de faces, donc je vais maintenant faire sortir des faces pour rejoindre l'équilibre » !

Si vous reportez ce raisonnement sur nos neuf joueurs de hold'em, chacun avait une chance égale de gagner car tous avaient la même stratégie. Le fait qu'ils n'aient pas obtenu les mêmes résultats ne remet pas en cause la théorie des probabilités. Simplement, le résultat neutre *a posteriori* est la meilleure prédiction que l'on peut faire *a priori*. Il n'y avait aucune raison pour que quelqu'un prédise, arguments à l'appui, que le joueur 3 allait gagner 60 cents par heure et que le joueur 1 allait en perdre 35. Peut-être que la meilleure fourchette d'estimation d'une vie de jeu au poker est de dire que 1 à 1,5 % des résultats sont attribuables à la chance.

Combien faut-il de joueurs médiocres pour rendre une partie rentable ?

Dans une autre simulation, deux joueurs moins bons ont été mis en scène : l'un jouait extrêmement serré et l'autre beaucoup trop large. Les sept autres étaient inchangés par rapport à l'expérience précédente. Nous avons lancé une simulation sur 50 ans. Résultat : Monsieur Trop-serré perd trois millions de dollars et Monsieur Trop-large en perd quatre. Cet argent est bien sûr réparti entre les sept autres joueurs, le plus gros gagnant empochant 1,2 million et le moins bon empochant 800 000 dollars.

Ce sont des résultats significatifs qui mettent en évidence l'importance de la sélection de la table. En changeant simplement deux joueurs de la table de départ, le gros gagnant est passé de 60 cents horaires à 12 dollars horaires, soit *20 fois plus*.

La sélection de la table, selon les résultats de cette simulation, est cruciale dans le succès à long terme du joueur. Pourquoi est-ce si important ? Chaque décision à la table renvoie au coup dans lequel vous vous trouvez. La sélection de la table, elle, a des implications dans tous les coups que vous allez jouer ou ne pas jouer. Ce qui nous renvoie bien à une vision à long terme.

Le poker en perspective

Le boom de l'information n'a épargné personne et le poker ne fait pas exception. Depuis 1985, on a davantage écrit sur le poker que depuis la naissance du jeu !

Comme vous avez décidé de vous classer parmi les meilleurs, vous avez décidé de l'endroit où vous allez commencer. Si vous recherchez l'excellence, le premier pas – et peut-être le plus important – consiste à développer une perspective qui vous permette de mettre chaque bout d'information et chaque élément de donnée dans une structure hiérarchisée. Après tout, certaines choses sont plus importantes que d'autres et vous pouvez aussi bien concentrer vos efforts là où ils porteront le plus de fruits.

Pourquoi certaines tactiques sont importantes et pourquoi d'autres ne le sont pas

Imaginez que nous vous enseignions une tactique extraordinaire qui requière beaucoup de technique et de pratique, mais qu'une fois celle-ci maîtrisée, vous obteniez une enchère de plus que l'adversaire. Et si en plus nous vous garantissions que cette tactique est absolument infaillible, cela vous plairait-il ?

Mais supposons que cette tactique fonctionne uniquement dans des circonstances rares qui n'arrivent qu'une fois par an. Voulez-vous toujours investir autant de temps et d'efforts dans cette tactique ? Probablement pas. Bien que l'exécution de cette tactique très fine vous fasse passer pour un joueur d'exception aux yeux de vos adversaires, le fait que vous ne puissiez l'utiliser qu'une fois par an la vide de son sens. À l'échelle d'une année entière de jeu, une enchère de plus est négligeable.

Décisions fréquentes

Ce sont les opportunités tactiques les plus *fréquentes* qui comptent. Même quand la quantité d'argent attribuée à une mauvaise décision est faible, au final la perte en face devient importante si cette erreur est faite souvent. Par exemple, en hold'em, vous devez décider à chaque tour si vous défendez ou non votre petit *blind*, et non le faire systématiquement car sinon, à la fin de l'année, cette erreur se multipliera et aura dégagé une perte conséquente.

Pour nous distraire, évaluons cette perte. Si vous jouez un Texas hold'em à 10-20 euros, avec des *blinds* de 5-10, vous décidez de défendre votre petit *blind*, même si vous recevez la pire main possible, c'est-à-dire 7-2 dépareillés. Pour simplifier, nous supposerons que votre petit *blind* n'est jamais relancé. À partir d'une distribution au hasard des cartes, vous recevez à peu près une fois sur trois une main qui ne mérite que la poubelle. Au rythme de 30 coups par heure, vous aurez donc le petit *blind* trois fois toutes les heures, en admettant que vous jouiez en table pleine (10 joueurs). Si vous suivez constamment le *surblind*, vous le ferez à fonds perdu une fois par heure. La perte est seulement de 5 euros de l'heure. Mais après 1 000 heures de jeu (un an si vous jouez cinq heures par jour), la reproduction régulière de cette erreur vous aura fait perdre... 5 000 euros. Ça s'accumule assez vite, n'est-ce pas ?

Décisions coûteuses

Jouer correctement requiert beaucoup de jugement – de celui qui vient de l'expérience, pas des livres. Peu importe le niveau d'habileté d'un joueur, il n'atteindra jamais le point où il prend ces décisions correctement. Ne vous en faites pas : ce n'est pas important. Gardez-vous simplement d'erreurs catastrophiques, et vous serez déjà sur la bonne voie.

Les décisions qui coûtent cher, même si elles sont rares, n'en sont pas moins essentielles. Par exemple, supposons que vous n'arriviez pas à décider de suivre ou de passer quand toutes les cartes sont sorties et quand votre adversaire a ouvert dans un pot fourni. Si vous suivez alors que vous auriez dû passer et si votre adversaire gagne le pot, c'est une erreur, certes, mais pas si coûteuse. Elle ne vous aura coûté qu'une enchère. Inversement, si dans ces circonstances vous jetez la main gagnante, c'est une erreur criante parce qu'elle coûte la totalité du pot.

Que l'on ne se méprenne pas : nous ne sommes pas en train de dire qu'il faut systématiquement suivre et ne jamais passer ! Simplement, il faut savoir prendre la bonne décision quand il faut. Si le coût d'une erreur qui consiste à passer le pot est 10 fois supérieur au coût de celle qui consiste à suivre, vous avez juste à suivre à bon escient plus de 10 % du temps pour rentabiliser la décision.

Les décisions et les actions qui s'ensuivent

L'importance des choix tient aussi à leur position dans l'arbre des décisions. En effet, les choix successifs dépendent toujours de votre décision initiale. Prendre une décision de base erronée rend la suite des choix incorrecte, quelle qu'elle soit. C'est pourquoi le choix des mains avec lesquelles vous entrez dans un coup est autrement plus décisif que les décisions dans les tours d'enchères à venir. Si vous adoptez la philosophie de « toutes les mains peuvent gagner », vous creusez votre propre tombe, car même en étant un excellent joueur, vos décisions ultérieures ne pourront pas rattraper le coup.

La décision la plus importante du poker

Choisir la bonne partie est la décision la plus importante que vous aurez à prendre. Si vous choisissez la mauvaise partie, vous aurez bien du mal à tirer votre épingle du jeu. En revanche, si vous choisissez la bonne, vous pourrez sortir bénéficiaire même les jours où la chance vous aura donné des cartes un peu en-dessous de la moyenne.

Les standards de départ

Après avoir choisi la meilleure partie et sélectionné la meilleure place (voir encadré « Comment avoir la meilleure place du club »), qu'est-ce qui importe maintenant pour avoir un jeu gagnant ? Les décisions précédentes déterminent les choix suivants : ce qui est primordial, ce sont les mains avec lesquelles vous allez entrer.

C'est dans la nature humaine de rechercher la meilleure façon de gagner. Il en va de même chez les joueurs de poker. Il y a des mains qui ont un retour sur investissement positif et d'autres qui vous coûteront sur le long terme. Dans le feu de l'action, vous n'avez pas le temps d'évaluer toutes les possibilités de votre main et vous devez les connaître avant de vous asseoir ! C'est pourquoi les normes que vous vous fixez dans vos mains de départ sont si importantes. Si vous incorporez d'emblée des mains solides dans votre jeu, vous avez des années-lumière d'avance sur le joueur qui ne le fait pas – peu importe depuis combien d'années il joue, ni comment il se comporte dans les phases suivantes du coup, la question n'est pas là.

Les standards de départ que vous retenez pour votre jeu vous indiquent aussi une base pour certaines exceptions que vous appliquerez seulement dans des conditions bien particulières. Ces conditions sont impossibles à reconnaître – et à exploiter financièrement – sauf si vous avez mis sur pied vos standards de mains de départ et si vous les avez tellement bien intégrés qu'ils sont chez vous une seconde nature. Sachez que vous pourrez vous écarter de vos standards seulement quand vous les aurez parfaitement maîtrisés.

Sélectionner les mains

La sélection des mains est l'une des clés de la victoire. La plupart d'entre nous jouent trop de coups. Je ne parle pas ici que des débutants ! Certains joueurs se frottent au poker depuis des années et leur principal défaut est qu'ils jouent trop de mains parce qu'ils ne sont pas assez sélectifs.

Après tout, la majorité des joueurs de poker sont des joueurs *récréatifs*. Ils ne jouent pas pour gagner leur vie : ils jouent pour se distraire. Leur premier objectif n'est pas de gagner de l'argent, même si cela leur plaît quand cela se produit, mais de se détendre, d'avoir le *frisson*.

Voici la différence entre un joueur récréatif et un joueur « utilitaire » dont le but est d'empocher de la monnaie sonnante et trébuchante :

✔ Le joueur récréatif cherche des raisons pour jouer des mains injouables (dites « marginales », car jouées en marge des standards rationnels) et même à les conserver dans les tours d'enchères suivants malgré le danger.

✔ Le joueur utilitaire cherchera les raisons pour jeter sa main… et les trouvera très souvent ! Il va donc éviter les situations dangereuses et se défaire des mains potentiellement à risque et sous-rémunérées par les enchères.

La formule magique : sélectivité + agressivité

Le poker gagnant est à la fois sélectif et agressif. Tous les joueurs de premier plan connaissent ce concept et l'appliquent. Tous les manuels de poker le mettent en évidence et celui-ci ne fait pas exception, comme vous le voyez ! Vous n'êtes pas convaincu ?

Considérez d'abord la *sélectivité*. Imaginez-vous quelqu'un qui suivrait toutes les enchères jusqu'à leur terme sans se préoccuper de ses cartes ni de celles de l'adversaire, avec la seule exception qu'il jette ses cartes s'il n'améliore même pas le tableau. Ses adversaires vont vite comprendre qu'il ne sert à rien de le bluffer ! Bien sûr, chaque fois qu'ils se verront favoris, même de peu, ils miseront, puisqu'ils savent qu'il suivra de toute façon leur enchère. Ces enchères ne vont pas tarder à le ruiner.

Si la sélectivité s'impose d'elle-même, qu'en est-il de *l'agressivité* ? Considérons cette fois un joueur qui ne serait pas agressif pour deux sous, un joueur passif. Il mise rarement sauf s'il possède une main imbattable, ce qui n'arrive pas tous les jours. Vous devrez vous habituer à vous risquer dans des coups où vous serez favori tout en n'étant pas certain à 100 % de gagner : c'est la loi du poker. Même si vous possédez la « main max » à un moment du coup (autrement dit la meilleure combinaison compte tenu des cartes visibles), tant que toutes les cartes n'auront pas été données, il y a peu de cas où vous serez absolument sûr de gagner. Voila ce que cela signifie : vous ne pourrez pas gagner si vous donnez une *carte gratuite* à votre adversaire. L'essence même du poker va vous amener à protéger votre main en jouant gros à un moment donné pour empocher le pot tout de suite. C'est une erreur typique de débutant que de « sous-jouer » sa main en laissant l'adversaire tenter son tirage pour une somme dérisoire. S'il veut tenter son tirage, vous devez le *lui faire payer cher*, tellement cher que cela ne vaut plus le coup pour lui de payer pour voir la carte suivante.

TRUC

Les bonnes parties requièrent des joueurs médiocres

Supposons que vous soyez le meilleur joueur de poker du monde (on peut rêver). Qu'est-ce que vous préférez : être assis à une table où se trouvent les neuf joueurs suivants dans l'ordre de l'excellence ou affronter neuf joueurs qui ne comprennent rien au jeu ? Répondez franchement, le poker est plus proche d'un jeu de caserne que d'un jeu de couvent ! Vous avez trouvé : la deuxième situation, même si elle vous apprendra moins, vous rapportera autrement plus que la première !

En voici la raison. La plus grande part de l'argent que vous allez empocher à une table de poker ne provient pas de l'excellence de votre jeu mais de la nullité de vos adversaires. Dans ces conditions, peu importe que vous soyez le meilleur joueur de poker du monde. Car vous ne serez jamais tellement meilleur que celui qui vous talonne, et vos adversaires, fussent-ils issus du meilleur gang de joueurs au monde, ne

vont pas vous considérer comme l'homme à abattre. Tandis que les joueurs médiocres, eux, sont vraiment des proies. Ils restent uniquement dans l'espoir de toucher la carte miracle. Ils voient le poker comme une sorte de loterie, donc une affaire de chance pure : ils se voient constamment à une carte du gain. Ils y croient si fort que leur poker leur coûte plus de jour en jour.

La triste vérité est que ces joueurs ne réalisent pas à quel point ils jettent leur argent par les fenêtres. Ce sont des fous du poker. Il existe un fossé immense entre le bon joueur et le fou du poker, autrement plus grand que celui qui sépare le meilleur joueur de poker du monde et n'importe lequel de ses prétendants à la couronne mondiale. Le joueur mythique qui gagne sa vie au poker – peut-être celui que vous voulez devenir – est infiniment plus proche du meilleur joueur du monde que du fou du poker.

La patience

La patience renvoie évidemment au volet « sélectivité ». Peu de joueurs contestent l'obligation d'être sélectif, mais la plupart du temps ils ne le sont pas assez. Après tout, le poker est un jeu, et ceux qui s'y adonnent sont venus pour jouer leurs cartes, pas pour les jeter systématiquement.

C'est pourtant la vérité : quand les cartes ne comblent pas vos désirs, il est facile de multiplier les exceptions et d'entrer dans les coups avec des mains marginales. Mais agrandir ainsi l'éventail des mains à jouer est un luxe qui coûte généralement très cher.

Pourtant le choix est simple : vous pouvez d'un côté avoir envie de vous amuser, ou de voir beaucoup de cartes tout en payant l'inévitable tribut, ou de l'autre côté sacrifier à la patience nécessaire pour gagner régulièrement.

La position

Au poker, la position signifie le pouvoir. Le fait est qu'il est presque toujours avantageux de parler *après* vos adversaires plutôt qu'avant, car vous connaissez leurs décisions et vous pouvez alors prendre la vôtre en connaissance de cause. Leurs actions sont autant d'indices qui révèlent les valeurs réelles ou potentielles de leurs mains. Ceci est vrai dans n'importe quelle variante du poker, et notamment dans celles où la position des joueurs est fixe, comme le Texas hold'em ou l'Omaha. Dans ces variantes, la position est fixée pour le coup tout entier. En stud, en revanche, la position peut varier car le premier à parler est déterminé par les cartes visibles qu'il possède.

TRUC

Comment avoir la meilleure place du club/casino

Sélectionner la meilleure place disponible dépend de l'habileté de vos adversaires. Pensez à leur style de jeu et à leur expérience.

Ainsi, il vaut mieux avoir à sa *gauche* :

✔ les joueurs timides qui jetteront souvent leurs cartes après votre ouverture ou votre relance ;

✔ les joueurs qui ont tendance à suivre souvent sans trop relancer ;

✔ Les joueurs prévisibles.

Il vaut mieux avoir à sa *droite* :

✔ les joueurs très agressifs, notamment ceux qui relancent trop souvent ;

✔ les joueurs ayant une grande expérience ;

✔ les joueurs imprévisibles.

Que faire quand tout va de travers

Hélas, aucun élixir magique n'est capable d'éliminer les fluctuations de mains que les joueurs connaissent au poker. La seule consolation dans ce domaine est que tous les joueurs de poker sont soumis aux mêmes caprices du hasard, ballottés comme des colis mal arrimés à fond de cale dans un bateau affrontant la tempête. Quand tout semble perdu, souvenez-vous de ceci : *même l'adversité est une opportunité*. En fait, perdre donne l'occasion d'examiner et d'affiner son propre jeu.

Voici comment. La plupart des joueurs prennent peu de temps pour faire leur autocritique quand ils gagnent. Il faut dire que c'est tellement agréable d'accumuler les piles de jetons, surtout quand on les change en sortant à la caisse ! En revanche, lorsqu'ils perdent, ils étudient de près les circonstances de l'insuccès en se demandant si celui-ci est dû ou non à une erreur, et si oui, comment ensuite ne plus la commettre. « Comment puis-je agir différemment ? », se demandent-ils constamment. Perdre les fait redescendre sur terre, et ils sont prêts à remuer ciel et terre pour connaître les raisons de leurs pertes et essayer d'éviter celles sur lesquelles ils peuvent agir.

Si vous êtes dans un « trend perdant »

Même si cela n'empêchera aucune défaite future, nous recommandons à tout joueur qui traverse un « *trend* perdant » de procéder ainsi : changer de *braquet*. Il nous arrive de changer de braquet pendant une partie de poker, parfois consciemment, parfois inconsciemment, comme si c'était une stratégie voulue.

Changer de braquet, c'est s'adapter : quand vous perdez, il faut baisser la pression, calmer le cheval fougueux qui vit en vous. Le temps est venu de réduire la vitesse pour avancer plus doucement. Halte aux mains marginales : concentrez-vous sur des mains de premier choix pour minimiser les risques. Cela signifie que vous allez jeter vos cartes très souvent, ce qui requiert de la discipline, surtout quand certaines de ces mains auraient gagné le coup.

Quand ils perdent, la plupart des joueurs cherchent à minimiser les fluctuations dans leur capital de jeu et à s'assurer quelques gains. Le fait de réduire le braquet permet d'y arriver parce que vous ne jouez plus des mains moins risquées. En vous limitant à jouer des mains qui ont une plus grande probabilité de gain, vous minimisez les fluctuations dues aux mains spéculatives ou potentielles. Bien sûr, vous réduisez aussi votre taux horaire de gain, mais c'est un mal pour un bien : cela vous évitera de vous retrouver dans une nouvelle phase perdante. Vous pouvez même gagner encore un peu, cela vous demandera juste plus de temps.

Réduisez la cible

Réduire le braquet empêche également vos adversaires de vous pousser à la faute. Quand vous gagnez, votre image est très différente de celle que vous présentez quand vous perdez. Gagnez, et vous pourrez parfois bluffer en toute impunité, ce qui est autrement plus difficile à faire quand vous perdez. Après tout, vos adversaires vous ont vu perdre coup sur coup et ils pensent que vous allez continuer à perdre. Quand vous ouvrez, ils suivent – voire relancent – avec des mains qu'ils auraient jetées si vous aviez eu la chance de votre côté.

Chapitre 3

Le stud à 7 cartes

• •

Dans ce chapitre :

▶ Les antes, la donne, et la structure d'enchères

▶ Quand passer et quand poursuivre

▶ Les mains gagnantes

▶ Les cartes « live »

▶ Le stud à 7 cartes en profondeur

▶ Les mains de départ

▶ Comment gérer le coup au-delà du troisième tour d'enchères

• •

*L*e stud à 7 cartes est le poker le plus populaire de la famille des studs. On dit qu'il serait apparu pendant la guerre de Sécession (1861-1865). Il existe aussi des variantes à cinq et six cartes mais elles ne sont pas aussi répandues. Avec trois cartes cachées et quatre autres visibles pour chaque joueur en fin de coup, le stud à 7 cartes combine à la fois les surprises du poker fermé et les repères visuels dus au poker ouvert qui donnent l'information minimale aux adversaires.

Une aventure européenne

Le stud à 7 cartes a connu une popularité inattendue dans les années 1990 en Europe. C'est ce poker-là que les casinos allemands et autrichiens ont décidé de proposer dans leurs salles. En-dehors des établissements britanniques, ils ont été les premiers casinos à offrir le poker à leurs clients. Le premier championnat européen est le PokerEM, qui a été inauguré en 1990 en Autriche. Il se dispute en stud à 7 cartes et constitue chaque année une des étapes phares du circuit sur le Vieux Continent.

Le coup de stud à 7 cartes compte cinq tours d'enchères successifs contre quatre pour le Texas hold'em et l'Omaha. Cela génère des pots plus que rondelets ! Pour être un joueur gagnant, il faut plus que jamais avoir un esprit alerte et savoir dissimuler. Mais ce n'est pas tout : comme les cartes des joueurs qui ont quitté le coup sont retirées de la table au fur et à mesure, il est utile de les *mémoriser* pour la suite du coup car ce sont autant de cartes qui n'apparaîtront plus dans le coup. Grâce à elles, le joueur de talent peut évaluer avec une plus grande justesse les probabilités qu'il a d'améliorer sa main et les cotes des mains adverses.

En stud à 7 cartes, presque toutes les combinaisons sont possibles, contrairement au Texas hold'em où les deux cartes détenues en propre par le joueur limitent considérablement les possibilités d'amélioration. En stud à 7 cartes, même avec quatre cartes quelconques visibles, le joueur peut avoir un full ou un carré grâce à ses trois cartes cachées. Une couleur, voire une quinte flush, est possible dès lors que l'affichage du joueur (ses quatre cartes visibles) contient deux cartes assorties.

Avec des possibilités qui apparaissent nombreuses à ce point, le stud à 7 cartes est un peu comme un puzzle. On doit combiner à la fois la connaissance des cartes exposées et celle des cartes jetées précédemment par les adversaires pour discerner la probabilité que l'adversaire possède telle ou telle main.

Comme le stud à 7 cartes se joue en cinq tours d'enchères successifs au lieu de quatre, disputer un pot peut devenir dispendieux, surtout si vous possédez une main puissante, mais « seconde », c'est-à-dire un cran en-dessous de celle de l'adversaire.

Si vous n'avez jamais joué au stud à 7 cartes

Le stud à 7 cartes requiert de la patience. Comme on vous donne trois cartes d'entrée de jeu – une ouverte et deux fermées –, il est important que ces trois cartes puissent s'articuler entre elles pour asseoir un bon potentiel. N'hésitons pas à affirmer que la décision la plus importante à prendre en stud à 7 cartes consiste à entrer ou ne pas entrer dans le coup.

L'autre décision importante du stud à 7 cartes intervient au moment où vous abordez le troisième tour d'enchères : à cet instant, vous possédez déjà cinq cartes, donc de quoi former une combinaison complète. Dans un jeu à limites fixes (le stud à 7 cartes est majoritairement joué en limites fixes), par exemple 6-12 euros, le troisième tour d'enchères est le moment où les mises s'incrémentent doublement, c'est-à-dire où elles augmentent de 12 en 12 alors qu'elles s'incrémentaient de 6 en 6 lors des deux premiers tours d'enchères. C'est pourquoi il est crucial de savoir à ce moment-là ce que vous allez faire, car votre décision aura alors un poids double sur le résultat financier du coup. On peut même dire que, si vous suivez les enchères du troisième tour d'enchères, vous achetez un ticket pour la fin du coup (c'est un raccourci de l'affirmer, mais on n'est pas loin de la vérité en le faisant).

Comment gagner

Pour être gagnant au stud à 7 cartes, il faut plus que de la technique. Il faut aussi de la force de caractère, de la détermination et du cran.

- **Soyez patient** : au poker, l'argent transite de l'impatient vers le patient. Si vous manquez de patience, vous ne serez *jamais* un bon joueur, quelle que soit votre technique. Le stud est un jeu d'attente, un jeu qui exige une patience d'ange.

- **Soyez observateur** : si vous ne vous intéressez pas de très près aux cartes visibles, même si elles ne sont plus sur la table, vous aurez bien du mal à gagner sur le long terme. Car si vous ne connaissez pas les cartes qui ont transité, vous pouvez vous maintenir dans le jeu en vain, en espérant toucher des cartes… qui ne sont déjà plus disponibles !

- **Soyez déterminé** : ne jouez que les mains « *live* ». Cette technique renvoie directement à la qualité d'observation. Ne gaspillez pas votre argent sur des mains qui ont peu de probabilité de se concrétiser : soyez empirique.

- **Soyez studieux** : comme vous allez jeter la plupart de vos mains de départ, vous allez dégager beaucoup de temps libre que vous utiliserez à observer vos adversaires. Apprenez leurs mains préférées et comment ils les jouent. Observez leurs tics, leur gestuelle, soyez à l'affût des gestes révélateurs et récurrents.

- **Soyez agressif** : n'ayez pas peur de relancer ou de sur-relancer si vous vous sentez favori. N'hésitez pas non plus à jouer *l'embuscade*, c'est-à-dire à *checker* puis à relancer quand la parole vous revient. C'est une bonne solution pour piéger vos adversaires quand vous détenez une forte main.

- **Soyez judicieux** : ne « craquez » pas, ne jouez pas toutes les mains que vous recevez car c'est une des façons les plus sûres de perdre de l'argent ! Habituez-vous à jeter vos cartes dès le premier tour pour attendre une meilleure opportunité.

Un exemple de coup

La figure 3-1 montre un coup de stud à 7 cartes après distribution de toutes les cartes.

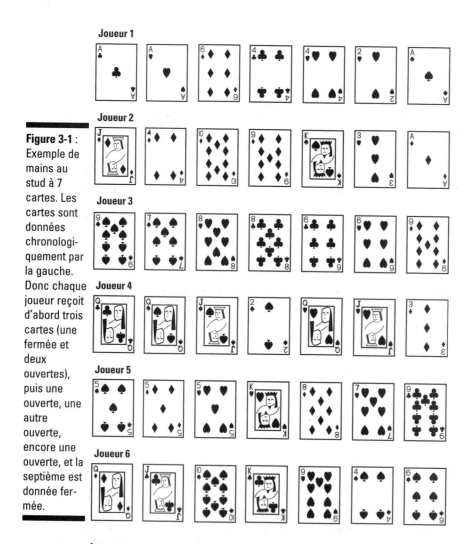

Figure 3-1 : Exemple de mains au stud à 7 cartes. Les cartes sont données chronologiquement par la gauche. Donc chaque joueur reçoit d'abord trois cartes (une fermée et deux ouvertes), puis une ouverte, une autre ouverte, encore une ouverte, et la septième est donnée fermée.

À la fin du coup, quand toutes les cartes ont été données, les résultats sont les suivants :

Le **Joueur 1** possède un full aux As par les Quatre. Il est probable qu'il relance.

Le **Joueur 2** possède une couleur à l'As de carreau.

Le **Joueur 3**, parti avec un tirage à quinte, a terminé avec une double paire aux Neuf par les Huit.

Le **Joueur 4** possède un full aux Dames par les Valets. Il perd face au full du Joueur 1.

Le **Joueur 5** a un brelan de Cinq, la même main qu'il a reçue dès le premier tour de donne.

Le **Joueur 6** détient une quinte au Roi.

En stud à 7 cartes, chaque joueur constitue la meilleure combinaison possible de cinq cartes que ses sept cartes permettent. C'est naturellement la combinaison la plus haute qui l'emporte (dans la figure 3-1, c'est le Joueur 1 qui gagne le coup à l'abattage).

Même s'il est vrai que tous les coups de stud ne présentent pas un tel éventail de fortes combinaisons, l'exemple vous montre comment la meilleure main change d'un tour de donne à un autre… et aussi comment un joueur, même s'il touche la combinaison qu'il espérait, peut ne pas s'adjuger le pot pour autant !

Les antes, la donne et la structure d'enchères

Avant de donner les cartes, le donneur s'assure que tous les joueurs ont misé un ante, qui est une fraction d'enchère. Tous les coups de stud commencent par les antes, qui constituent le socle du pot.

Après les antes, les joueurs reçoivent chacun deux cartes fermées suivies d'une carte ouverte. La carte exposée la plus basse doit miser alors une enchère du nom de *bring-in*.

Et si deux joueurs ont la carte la plus basse ?

Si deux joueurs possèdent chacun la plus basse valeur exposée (par exemple, le Deux), c'est celui qui a la plus basse *famille* qui misera le *bring-in*. L'ordre décroissant des familles est pique, cœur, carreau, trèfle. Ainsi, si un joueur a un Deux de carreau et un autre a un Deux de trèfle, c'est ce dernier qui mise le *bring-in*.

Les enchères

Le joueur qui se trouve immédiatement à gauche du bring-in a trois options :

- Il peut jeter sa main ;
- Il peut suivre le *bring-in* ;
- Il peut relancer à une enchère complète (on dit aussi « compléter »).

Dans le cas d'une partie à 20-40 euros (20 étant l'enchère qui préside aux deux premiers tours et 40 celle des trois derniers), les antes sont communément de 3 et le *bring-in* est de 5. Donc le joueur qui suit le *bring-in* peut passer, suivre 5 ou relancer à 20, en quoi il complète à l'enchère normale.

Si ce joueur passe ou suit, le joueur suivant est confronté aux trois mêmes options, et ce sera le cas tant que personne n'aura complété.

Une fois que les joueurs ont soit passé, soit misé la même somme, une deuxième carte est donnée face en l'air et un autre tour d'enchères a lieu. Cette fois, les mises s'incrémentent avec des enchères complètes, ce qui signifie que le joueur qui désire ouvrir mise (dans notre exemple) directement 20. Le *bring-in* n'est utilisé que lors du premier tour d'enchères, quand les joueurs ont tous trois cartes. C'est le joueur qui possède le plus fort jeu ouvert qui doit parler en premier.

Le premier joueur à parler (donc celui qui possède le plus haut jeu ouvert) a le choix entre *checker* (il ne mise rien) et ouvrir. S'il décide d'ouvrir, il ouvre évidemment à la hauteur de l'enchère qui préside aux deux premiers tours, c'est-à-dire, dans notre exemple, 20.

Exception : quand un joueur possède une paire visible, il peut ouvrir au double de l'enchère en cours. Dans notre exemple, il peut ouvrir de 40 s'il le souhaite ; ensuite, les relances suivent les mêmes incréments. Mais s'il décide de n'ouvrir qu'à 20, les enchères suivantes iront de 20 en 20. Conclusion : c'est l'ouvreur qui décide, quand une paire est visible, si ce tour va se jouer à la petite enchère ou à la grosse.

Les relances

La plupart des clubs/casinos autorisent trois ou quatre relances par tour, sauf lorsque deux joueurs seulement s'affrontent, auquel cas il est admis que les relances se fassent sans limite de nombre.

En stud, l'ordre dans lequel les joueurs parlent (la position) est déterminé uniquement par les cartes qu'ils montrent. C'est toujours la plus haute combinaison affichée qui parle en premier (en *checkant* ou en ouvrant), les joueurs parlant ensuite étant ses voisins à partir de sa gauche. Exception : lors du premier tour, l'ouverture (*bring-in*) est payée par la plus petite combinaison.

Les enchères doubles

En limites fixes, les enchères doublent dès le troisième tour, c'est-à-dire dès que les joueurs possèdent cinq cartes chacun (avec l'exception de la paire affichée au deuxième tour – voir plus haut). Puis les joueurs reçoivent chacun une sixième carte, ouverte, et enfin, une septième qui est donnée fermée. À ce stade, les joueurs ont chacun quatre cartes ouvertes et trois cartes fermées. A lieu alors le cinquième et dernier tour d'enchères.

L'abattage

S'il reste au moins deux joueurs en lice après la fin du dernier tour d'enchères, les joueurs retournent leurs cartes faces en l'air et c'est la main qui possède la combinaison de cinq cartes la plus élevée qui remporte le pot.

Parties en spread limit

Beaucoup de parties de stud à 7 cartes préfèrent le *spread limit* aux limites fixes. Par exemple, il peut s'agir des limites 1-4 (cette forme se rencontre essentiellement aux États-Unis). Généralement, ces parties se jouent sans ante. La carte la plus petite doit miser un *bring-in* qui correspond au bas de la fourchette (dans notre exemple, c'est 1). Ensuite, les enchères doivent être comprises dans la fourchette. Par exemple, dans le cas des limites 1-4, un joueur peut, à n'importe quel moment, ouvrir ou relancer d'un montant compris entre 1 et 4. Avec une seule condition : il est interdit de relancer d'un montant inférieur à l'enchère précédente. Par exemple, si un joueur ouvre à 1, si un autre relance de 3, il est interdit ensuite de relancer de 2 : il faudra relancer soit de 3, soit de 4 (dans le cas d'une fourchette 1-4).

Savoir quand passer et savoir quand jeter

On l'a vu, le stud à 7 cartes requiert énormément de patience et de vivacité. La plupart du temps, vous allez simplement jeter vos cartes dès le premier tour parce qu'elles ne répondent pas aux critères minima que vous vous êtes fixés, ou qu'elles ne sont plus assez *live* (elles sont trop dupliquées chez les adversaires – voir le paragraphe « L'importance d'avoir des cartes *live* »).

Quelles mains sont appelées à gagner ?

Pour gagner au stud à 7 cartes, il faut généralement une très bonne main (au moins deux paires dont une au moins aux Valets). En fait, mathématiquement parlant, si les joueurs devaient rester tous jusqu'au bout du coup et recevoir chacun leurs sept cartes, on s'apercevrait que c'est au moins une double paire qui gagnerait dans 97 % des cas. Evidemment, une double paire ne présente aucune garantie de gain : dans 69 % des cas, la main gagnante serait au moins un brelan, et, dans 54 % des cas, au moins une quinte.

Donc quand tous les joueurs tiennent les enchères jusqu'au bout du coup, la quinte constitue la main gagnante *médiane* : la moitié du temps, la main gagnante est une quinte au moins, et l'autre moitié du temps, c'est une combinaison plus faible qui l'emporte.

Pour envisager de suivre au troisième tour d'enchères, vous devez avoir une main qui a la probabilité de s'améliorer vers une main nettement plus forte.

Puisque les quintes et les couleurs ne sont généralement pas constituées avant la sixième ou la septième carte, vous devrez relancer si vous avez une grosse paire (10 ou plus). Et si quelqu'un d'autre a déjà relancé avant vous, sur-relancez de plus belle si votre paire est supérieure à sa carte visible. Objectif : que les tirages à quinte et couleur jettent l'éponge pour vous permettre d'isoler un ou deux adversaires et de les vaincre avec votre grosse paire – peut-être transformée en forte double paire ou en gros brelan.

Suivez la cote

Voici quelques repères statistiques qui vous aideront à mettre en perspective vos chances au jeu du stud à 7 cartes.

- 424 contre 1 : Brelan d'entrée.

- 5 contre 1 : Une paire dans vos trois cartes de départ.

- 18 contre 1 : Trois cartes de départ assorties.

- 3,5 contre 1 : Faire full quand vous avez deux paires en quatre cartes.

- 6 contre 1 : Faire quinte quand vos trois premières cartes sont consécutives.

- 5 contre 1 : Faire couleur quand vos trois premières cartes sont assorties.

- 1,2 contre 1 : Améliorer à au moins deux paires quand vous partez avec 10-J-Q assortis.

- 1,4 contre 1 : Améliorer à deux paires si vous partez avec une paire en trois cartes.

- 4,1 contre 1 : Améliorer à au moins un brelan si vous partez avec une paire en trois cartes.

- 1,1 contre 1 : Faire couleur quand vos quatre premières cartes sont assorties.

- 4 contre 1 : Finir avec un full quand vos six premières cartes comportent un brelan et trois cartes quelconques.

D'une manière générale, les grosses paires sont plus efficaces contre peu d'adversaires, alors que les tirages à quinte ou couleur sont plus indiqués contre beaucoup d'adversaires. Les tirages ne valent rien avant la cinquième carte, c'est-à-dire le troisième tour d'enchères. En revanche, vous pouvez déjà avoir une grosse paire, une double paire ou même un brelan dès les deux premiers tours d'enchères. Il faut en profiter pour protéger votre main et évacuer le « trop-plein » d'adversaires à coups de relances répétées.

L'importance d'avoir des cartes live

Le stud est un jeu de cartes dites *live* :

✔ Si les cartes dont vous avez besoin pour vous améliorer sont visibles dans les mains adverses ou ont déjà été sorties du jeu, vos chances d'améliorer sont considérablement réduites. On dit alors que vos cartes sont mortes.

✔ Inversement, quand aucune de ces cartes hautement stratégiques n'est visible, vous gardez la possibilité de les recevoir ensuite : vos cartes sont *live*.

La plupart des débutants au stud à 7 cartes se félicitent de recevoir trois cartes assorties (c'est-à-dire de la même famille) pour démarrer le coup, et ils sont souvent prêts à suivre toutes les relances pour essayer d'améliorer. Mais ils oublient la plupart du temps que ce critère ne suffit pas : il faut encore que la combinaison convoitée soit faisable suivant des probabilités normales. Donc, avant de payer les relances adverses, il faut impérativement qu'ils observent bien les cartes visibles dans les mains adverses : si aucune carte de la même famille n'est visible, alors les chances restent intactes ; mais s'il y en a trois, quatre ou plus, les cartes améliorantes restantes sont moins nombreuses et il faut penser à abandonner le coup.

Même si votre quatrième carte reçue est de la même couleur que les trois premières et si aucune carte assortie n'est visible chez les adversaires, la cote pour terminer couleur est encore de 1,12 contre 1, c'est-à-dire de 47 %. Bien sûr, si vous la touchez, le pot va sûrement vous rapporter plus que 1,2 fois votre mise, donc c'est intéressant d'essayer. Mais souvenez-vous : même quand vous démarrez avec quatre cartes assorties, vous ne ferez votre couleur que dans 47 % des cas, c'est-à-dire moins d'une fois sur deux (voir plus de détails dans l'encadré « Suivez la cote »).

Si vous ne réalisez pas votre couleur à la cinquième carte, la probabilité de terminer couleur passe à 35 % – soit une cote de 1,9 contre 1. Et si vous ne la touchez pas non plus à la sixième carte, la probabilité de terminer couleur passe à 20 % – soit 4,1 contre 1 !

Ces chiffres s'appliquent aussi pour les tirages à quinte. Si vos quatre premières cartes sont 9-10-J-Q, il y a quatre Rois et autant de Huit qui vous donneront quinte. Mais si trois Rois et un Huit ont été vus chez les adversaires, la cote est autrement plus haute, c'est-à-dire que vous avez *moins de probabilité* de réaliser la quinte.

Les trois premières cartes sont décisives

Les standards de départ sont impératifs au stud à 7 cartes, tout comme dans n'importe quelle forme de poker. Les cartes doivent se combiner entre elles ou contenir une grosse paire pour permettre de poursuivre le coup avec de bonnes chances de finir avec une combinaison valable.

La position

La position (votre place à la table et la façon dont elle affecte l'ordre des enchères) est importante dans toutes les formes de poker. Notamment, le fait de miser en dernier est un avantage certain. Mais à la différence des parties comme le Texas hold'em ou l'Omaha, où la position du joueur est fixe pendant toutes les enchères selon l'emplacement du bouton, les positions *varient* en stud. Puisque c'est le joueur possédant la plus haute main visible qui parle en premier, ce joueur peut être différent à chaque tour d'enchères – mais il ne change pas entre la sixième et la septième carte, vu que cette dernière est donnée face en bas et ne change donc en rien les combinaisons visibles.

Les tours d'enchères successifs

Si vous décidez de poursuivre le coup au-delà du troisième tour d'enchères, votre prochaine décision clé aura lieu lors de la cinquième carte, c'est-à-dire quand les limites doublent. La plupart des experts en stud à 7 cartes ont coutume de dire que suivre au troisième tour d'enchères revient à aller jusqu'au bout du coup. Si vous êtes encore présent au troisième tour d'enchères, le pot est généralement assez conséquent pour que ce soit valable de continuer. En fait, même si vous pouvez seulement battre un bluff à la river (la dernière carte), vous devez généralement suivre si vos adversaires ouvrent.

En apprenant à prendre les bonnes décisions aux troisième et cinquième tours d'enchères, vous devrez gagner régulièrement dans la plupart des parties de stud à petit tarif. Dans les parties plus chères, ce sera plus difficile car vous affronterez des joueurs plus affûtés.

Le stud à 7 cartes en profondeur

Le stud à 7 cartes est un jeu de contrastes. Vous commencez avec une grosse paire, ou une paire moyenne encadrée de deux cartes hautes, et vous voulez n'affronter qu'un nombre réduit d'adversaires – que vous pouvez atteindre en ouvrant, en relançant ou en sur-relançant pour essayer d'évacuer les tirages adverses.

Si vous partez avec un tirage à quinte ou couleur, vous souhaitez à l'inverse que le plus d'adversaires possible soient présents, ce qui vous pousse à rendre le coup *le moins cher possible*, donc à éviter toute relance. Si vous avez la chance de toucher une carte menaçante ou deux, votre adversaire balancera entre une main déjà constituée chez vous ou en phase de constitution. Si c'est le cas, il peut être tenté d'ouvrir avec une grosse paire contre ce qui est en fait une quinte ou une couleur.

Telle est la nature profonde du stud à 7 cartes. Les paires doivent miser tôt et essayer de rendre chères les tentatives de tirages, alors que ces derniers vont miser tard dans le coup, une fois qu'ils auront été complétés le cas échéant.

Les mains de départ

La plupart du temps, vous jetterez votre main dès le premier tour d'enchères. Ce n'est pas parce que vous êtes pressé de gagner un pot ou deux ou enthousiasmé par le fait de jouer que vous devez oublier que le stud est avant tout un jeu de patience.

Si vous aimez passer de longues heures à pêcher à la ligne, à méditer au fond du jardin ou à rêver en somnolant, vous ne serez pas dépaysé en jouant au stud. Mais si vous trépignez d'impatience ou si vous êtes incapable de vous discipliner, non seulement vous aller perdre beaucoup de coups, mais en plus vous ressentirez une terrible frustration.

De nombreux joueurs perdent de l'argent parce qu'ils s'imaginent que cela n'est pas grave d'entrer dans un coup de plus, puis encore un autre, etc., croyant que cela leur donne plus de chances de toucher des cartes améliorantes. C'est évidemment un non-sens : non seulement ils perdent leur argent à flots, mais en entrant avec des mains inférieures aux prérequis, ils s'embarquent dans des coups où ils se font piéger par les adversaires qui possèdent la pointure au-dessus et les battent au poteau.

Avant de vous engager dans un coup de manière inconsidérée, vous devez être conscient de la force de vos cartes par rapport aux cartes adverses visibles, et du nombre de joueurs qui restent à parler après vous. Plus ils sont nombreux à parler après vous, plus vous devez être prudent.

En commençant avec un brelan servi

La meilleure des mains de départ est bien sûr le brelan, c'est-à-dire trois cartes de même valeur. Mais c'est un oiseau rare : vous ne le rencontrerez qu'une fois sur 425. Si vous jouez régulièrement, les statistiques nous disent que vous recevrez un brelan servi à peu près une fois tous les deux jours. Il demeure possible que vous receviez un brelan inférieur à celui de l'adversaire, mais cette probabilité, pour le coup, est franchement très basse. Si vous recevez un brelan d'entrée, considérez donc que vous avez la meilleure main en présence.

La plupart du temps, vous allez pouvoir gagner même si vous n'améliorez pas votre brelan. Comme vous finirez rarement quinte ou couleur, améliorer votre brelan se fera dans 40 % des cas, le plus souvent à full ou carré, ce qui vous rendra favori pour remporter le pot… d'autant que votre paire cachée sera indétectable par les adversaires et camouflera à merveille votre puissance destructrice.

En partant avec un brelan, vous allez indubitablement voir le coup jusqu'au bout, sauf parfois quand il sera évident que vous avez été battu.

Comme vous recevrez un brelan rarement, ce qui en fait une main précieuse, il sera frustrant de faire partir les adversaires simplement après avoir relancé ou sur-relancé, et ne gagner que les antes et le bring-in ! Comme vous avez à coup quasi-sûr la meilleure main au premier tour d'enchères, prenez votre temps : ne relancez pas le *bring-in*, suivez-le plutôt, laissez les adversaires recevoir une carte gratuite au besoin, et si l'un d'eux relance, contentez-vous de le suivre : c'est le meilleur moyen de les laisser toucher une paire, deux paires ou un tirage, et de les « verrouiller » sur le coup. Vous ne commencerez à vous exciter qu'au tour suivant.

L'inconvénient, évidemment, est que cela maintient sur le coup l'adversaire qui, peut-être, va finir avec la combinaison qui va vous battre au final. C'est toujours possible. Donc vous devez bien observer les cartes et les actions adverses pour analyser clairement la situation si vous n'améliorez pas votre brelan. En possédant le brelan, votre meilleure situation reste quand un adversaire relance avant vous. Vous pouvez alors éventuellement sur-relancer, ce qui devrait faire « décrocher » les tirages, qui devront payer deux enchères pour rester en jeu.

La plupart du temps, quand le pot est relancé dès le premier tour d'enchères, le relanceur possède soit une grosse paire, soit une paire plus modeste avec gros *kicker* (As, Roi). Mais votre brelan est autrement plus fort que cette main. Après tout, il relance pour éjecter du coup les mains à tirage dans l'espérance de faire deux paires et d'empocher le pot. Il est loin de s'imaginer que non seulement vous êtes déjà plus fort que lui, mais qu'en plus vous avez un excellent potentiel d'amélioration.

Votre adversaire suivra probablement votre sur-relance et devrait vous suivre jusqu'à la *river*, surtout s'il détient deux paires. Voici le scénario typique : dans votre course à la victoire, vous gagnez trois enchères au premier tour, une autre au deuxième, une double enchère au troisième, au quatrième et au cinquième. Si vous jouez à la table 10-20, vous aurez donc empoché 100 euros, auxquels s'ajoutent le *bring-in* et les antes. Si vous réussissez à piéger une suiveuse supplémentaire qui passe au troisième tour, votre profit excède alors 150 euros !

En commençant avec une grosse paire

Les grosses paires (10, J, Q, K et A) sont le plus souvent jouables et ouvrent le champ de la relance. Votre but recherché, en relançant, est de réduire le camp adverse car votre relance va soudain rendre le maintien dans le coup trop cher pour certains adversaires. Rendez-vous compte qu'une simple paire haute est favorite contre trois cartes consécutives sans As (tirage bilatéral à quinte) ou assorties (tirage à couleur). Mais contre au moins deux tirages de ce type, la grosse paire n'est plus favorite. Donc si votre relance permet de n'en maintenir qu'un seul en jeu, vous restez favori.

Il est toujours meilleur d'avoir une paire cachée que de l'avoir splittée (c'est-à-dire dont l'une des cartes est visible). Pour plusieurs raisons : d'abord parce que personne ne peut la soupçonner ; ensuite parce que, si la deuxième carte visible double la première, l'adversaire croira que vous avez un brelan (alors que vous n'avez que deux paires) ; enfin, parce que, si une des trois autres cartes visibles vous donne un brelan, personne ne peut soupçonner que vous possédez ce brelan. Et vous allez pouvoir piéger vos adversaires.

Les grosses paires sont plus indiquées contre un petit nombre d'adversaires. C'est pourquoi vous devez relancer. Elles peuvent parfois gagner sans amélioration. Mais il reste préférable de faire deux paires : en affrontant un ou deux adversaires qui possèdent eux aussi deux paires, votre paire la plus haute fera la différence et vous adjugera le pot.

Je n'enlève rien à ce qui est écrit ci-dessus... mais prudence ! Il est impératif de ne pas vous risquer avec votre paire contre une paire adverse supérieure, sauf éventuellement si vous possédez des kickers supérieurs.

Figure 3-2 : Supposons que vous avez reçu la main suivante.

La carte visible de l'adversaire est la Dame de pique, la vôtre est le Valet de pique. S'il continue les enchères, vous êtes amené à penser qu'il détient la paire de Dames, le vilain ! Aussi longtemps que votre As est *live*, c'est-à-dire tant qu'aucun As n'est visible dans le camp adverse, vous pouvez continuer à affronter ce joueur. D'abord parce qu'il peut ne pas avoir une paire de Dames, mais par exemple une paire de Neuf camouflée, auquel cas vous avez toujours l'avantage. Ensuite parce que, même s'il a deux Dames, vous pouvez encore recevoir un As ou un Valet, ou même un Roi, qui vous donnera une chance supplémentaire de faire une paire supérieure.

En commençant avec une paire moyenne

Que vous ayez une paire de Deux ou plus n'a pas grande importance tant que votre *kicker* est supérieur à la carte visible adverse. Car si vous possédez des cartes hautes et *live* à la fois en plus de votre petite paire, vos chances de gagner dépendent du brelan possible mais surtout de la possibilité que vous avez d'apparier la carte haute, donc de constituer une double paire puissante. N'oubliez pas que la double paire aux As est supérieure à la double paire aux Rois.

Figure 3-3 :
Quelles que soient les deuxièmes paires en place, la double-paire As prévaut sur la double-paire Rois.

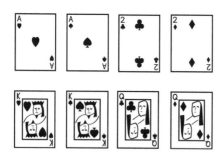

La paire petite ou moyenne se trouve généralement à nager à contre-courant : elle doit apparier l'un de ses gros *kickers* pour pouvoir gagner. Alors qu'une simple paire d'As ou même de Rois peut suffire à remporter un coup de stud, surtout quand deux joueurs seulement s'affrontent. Gagner avec une paire de Deux – ou tout autre petite paire – relève du miracle.

En commençant avec un tirage

Si vous avez reçu trois cartes assorties (c'est-à-dire qui sont toutes les trois à pique, ou à cœur, ou à carreau, ou à trèfle), ou encore trois cartes consécutives, vous avez un impératif : observer la table pour savoir si ce tirage est *live* ou non. On dira que le tirage est *live* quand peu ou pas de carte améliorante n'est visible dans le camp adverse. Cela vous laisse de bonnes chances pour recevoir les cartes qui complètent votre tirage. Sinon, votre taux d'amélioration tombe au plus bas et il peut s'avérer préférable de jeter vos cartes d'emblée.

En général, la limite est la suivante : si vous voyez au moins deux cartes assorties à votre tirage couleur ou trois cartes comprises dans votre tentative de quinte, ne jouez pas le tirage car il n'est plus assez live. Inversement, si vos cartes sont *live* et si vous pouvez recevoir une carte supplémentaire pour une somme modique, suivez. La carte suivante peut très bien tomber dans votre tirage, mais aussi elle peut apparier une grosse carte que vous possédez. Dans ce cas, la cinquième carte peut à son tour vous donner deux paires ou même un brelan.

Dans le cas du tirage à quinte, plus de trois cartes améliorantes visibles impliquent le rejet de la main. Par exemple, vous partez avec 9-8-7. Les cartes améliorantes sont les suivantes : 5 et 6 en bas, et 10 et Valet en haut. Donc si vous voyez deux Cinq et un Dix, jetez votre tirage. Mais si vous voyez un Valet et un Dix, vous pouvez vous maintenir avec le tirage.

Les tirages peuvent séduire car ils offrent la promesse d'une amélioration à des combinaisons très fortes. Les joueurs d'expérience sont aussi les plus difficiles à séduire. Ils sont armés d'une discipline à toute épreuve pour savoir quand jeter un tirage et attendre une meilleure opportunité pour investir leur argent.

Au-delà du premier tour d'enchères

Le deuxième tour d'enchères, c'est de la routine. Vous espérez que votre main va s'améliorer et que vos adversaires ne toucheront pas vos cartes améliorantes ou une carte qui s'avère améliorer leur main.

Quand un adversaire double sa première carte ouverte, il est probable qu'il possède un brelan, surtout s'il a relancé au premier tour. Quand c'est le cas, si vous n'avez pas amélioré fortement, c'est le signal typique de rejet de votre main.

La cinquième carte est le prochain point de décision. Au troisième tour d'enchères, c'est-à-dire celui où les enchères doublent – rappelons que le stud à 7 cartes se joue essentiellement en limites fixes ; en *pot limit*, le concept reste le même car les enchères du troisième tour sont elles aussi bien plus fortes. Si vous payez pour voir la cinquième carte, vous allez en général payer jusqu'à la fin du coup, sauf s'il devient évident que votre adversaire possède une main écrasante. Il est courant que des joueurs suivent au troisième tour d'enchères puis au quatrième aussi… mais jettent leurs cartes au cinquième, c'est-à-dire quand ils ont reçu leur septième et dernière carte. Simplement, leur tirage n'est pas rentré et leur main finale ne leur permet pas de battre l'ouvreur. Il reste donc rarement plus de deux ou trois joueurs au cinquième tour d'enchères.

On assiste souvent à la confrontation d'une grosse paire – ou de deux paires – contre un tirage à quinte ou couleur. En-dehors du type de confrontation qui se dessine, à moins d'avoir une grosse main ou un gros tirage, vous jetterez la plupart de vos mains dès la cinquième carte.

En fait, si vous jetez trop de mains à la sixième carte, vous pouvez être sûr que vous avez fait une erreur à la cinquième… en suivant l'enchère.

Si vous avez assez de chance pour réaliser ce que vous considérez comme la meilleure main à la sixième carte, jouez à fond les enchères : ouvrez, relancez, sur-relancez. Souvenez-vous que la plupart des joueurs iront jusqu'au bout du coup s'ils paient le troisième tour d'enchères. Quand vous avez une grosse main, ces deux tours terminant le coup sont typiquement les moments où vous allez devoir miser au maximum. Après tout, les grosses mains ne se rencontrent pas si souvent. Quand vous en avez une, vous devez miser le plus possible : ouvrir, relancer, sur-relancer.

Ce que je vous dis là vous semble du chinois ? Hmm… Peut-être n'êtes-vous pas fait pour le stud à 7 cartes, qui sait ! Souvenez-vous en tout cas de ces correspondances :

- ✔ troisième carte = premier tour d'enchères
- ✔ quatrième carte = deuxième tour d'enchères
- ✔ cinquième carte = troisième tour d'enchères
- ✔ sixième carte = quatrième tour d'enchères
- ✔ septième carte = cinquième tour d'enchères

Quand les cartes ont toutes été données

Si vous avez vu le coup jusqu'à la *river* (la dernière carte), vous devez suivre à cet instant si votre main peut battre un bluff éventuel. Cela ne vaut que si vous êtes en tête à tête. Les cinq tours d'enchères successifs expliquent que le pot, en fin de coup, soit généralement assez rondelet, et vous ne devez pas être effrayé par une ouverture qui peut être un bluff. Si votre adversaire a poursuivi un tirage tout le long du coup et ne l'a finalement pas touché, il aura beau jeu d'ouvrir au dernier tour d'enchères pour vous faire penser qu'il l'a bien touché (bluff). Même si vous ne possédez qu'une simple paire, vous pouvez quand même payer car votre mise, qui donne le droit de comparer les mains, ne représente souvent qu'une part négligeable du pot : 1/10ᵉ ou 1/20ᵉ, parfois moins !

Même si l'adversaire abat une main gagnante la plupart du temps, il vous suffira de gagner une fois de temps en temps le pot de cette façon pour rendre l'opération rentable sur le long terme. C'est une astuce que beaucoup de joueurs sous-estiment ou méconnaissent.

Le stud à 7 cartes est un jeu complexe avec un nombre important d'éléments stratégiques. À vous de vous améliorer à l'aide de notre encadré « Maîtriser une stratégie gagnante ».

Maîtriser une stratégie gagnante

À vous de devenir maintenant un joueur de stud à 7 cartes qui gagne ! Pour ce faire, vous devez maîtriser totalement ces éléments stratégiques :

✔ **Si vous avez une grosse carte ouverte** et si personne n'est encore entré dans le coup quand c'est à votre tour de parler, vous pouvez relancer et voler les antes. Par exemple :

Figure 3 – 4 : Les deux cartes de gauche sont cachées, seule la droite est visible des adversaires

✔ **Ce jeu requiert une patience à toute épreuve**, surtout au premier tour d'enchères. Si vous n'avez pas de grosse paire, de grosses cartes ou un tirage avec des cartes live, gardez votre argent.

✔ **Les tirages offrent une grande promesse.** Mais pour les jouer, il faut qu'ils soient live (les cartes améliorantes doivent être disponibles). Mais ce n'est pas la seule condition : si en plus les cartes qui forment votre tirage sont supérieures en valeur à celles de vos adversaires, cela vous permet de toucher ensuite des paires qui sont majeures, donc gagnantes, à défaut de réaliser le tirage.

✔ **Quand les cartes ont toutes été distribuées**, en fin de coup, si vous n'avez qu'un seul adversaire et qu'il ouvre les enchères, vous devez le suivre même si vous n'avez pas une main extraordinaire, mais suffisante pour battre un bluff de sa part.

✔ **Le stud à 7 cartes exige un don d'observation.** Non seulement vous devez savoir si vos propres cartes améliorantes sont live, mais vous devez aussi voir si celles qui amélioreront les mains adverses le sont aussi.

✔ **Le troisième tour d'enchères**, là où l'enchère standard double, est un point de décision primordial. Si vous achetez la cinquième carte, c'est-à-dire si vous suivez les enchères au troisième tour, vous vous engagez probablement dans le coup jusqu'à sa conclusion.

Chapitre 4

Le Texas hold'em

- -

Dans ce chapitre :

▶ Les bases du Texas hold'em…

▶ Le Texas hold'em approfondi

▶ Comment reconnaître les mains de départ

▶ Se familiariser avec les caractéristiques des relances

▶ Jouer avant le flop

▶ Jouer au flop

▶ Jouer à la *turn*

▶ Jouer à la river

▶ Ce qu'il faut faire si vous complétez votre tirage

▶ Comment faire les bonnes enchères quand le pot atteint une bonne taille

- -

*L*e Texas hold'em est la forme de poker la plus populaire en club/casino. Même si une bonne dose de technique est nécessaire pour maîtriser cette variante, on apprend facilement le hold'em. À la fois subtile et complexe, plus rapide et plus active que les autres pokers, cette variante est jouée habituellement sur des tables de neuf ou dix joueurs. C'est cette forme de poker qui connaît le plus grand succès actuellement et sa popularité ne cesse de grandir dans le monde entier. Et puis, si vous voulez devenir un jour champion du monde de poker, c'est dans cette discipline que vous devrez exceller : le champion du monde de poker est en fait champion de Texas hold'em!

Une diversité d'enchères

Aux États-Unis notamment, on pratique le hold'em à limites fixes : dans ce cas, les enchères sont standardisées. Par exemple, dans la partie 5-10, les enchères s'incrémentent de 5 en 5 lors des deux premiers tours, puis de 10 en 10 lors des deux derniers. On autorise trois à quatre relances par tour, sauf s'il n'y a que deux joueurs, où elles ne sont plus limitées en nombre. Mais le hold'em se pratique aussi en *spread limit* (voir chapitre 3, « Parties en *spread limit* »), en *pot limit* (enchères plafonnées au pot) et en *no limit* (enchères plafonnées au montant du tapis).

Règles de base

En hold'em, on commence par donner deux cartes fermées à chaque joueur, et cette première donne déclenche le premier tour d'enchères. Les joueurs peuvent soit suivre soit relancer le blind, soit encore passer leur main. Dans la version jouée en limites fixes (*limit hold'em*), les clubs et les casinos autorisent jusqu'à quatre relances par tour, mais ne limitent pas le nombre de relances s'il ne reste que deux joueurs.

Quand le premier tour d'enchères est terminé, trois cartes communes sont étalées faces en l'air au milieu de la table. Elles représentent le flop. Il est suivi par un deuxième tour d'enchères : chaque joueur doit checker ou ouvrir. Dès que les enchères sont ouvertes, les joueurs doivent choisir entre suivre, relancer et passer (jeter leurs cartes). Dès qu'une relance a eu lieu, les joueurs peuvent aussi sur-relancer.

Après ce deuxième tour d'enchères, une quatrième carte ouverte est donnée. C'est la *turn*. Un troisième tour d'enchères a lieu. Dans la version en limites fixes, l'enchère standard double à ce niveau : si vous êtes dans une partie 5-10, les enchères s'incrémentent de 10 en 10 après s'être incrémentées de 5 en 5 lors des deux premiers tours d'enchères.

Après ce troisième tour d'enchères, une cinquième carte ouverte est donnée. C'est la *river*. Elle-même et les autres cartes ouvertes forment le *tableau*. Un quatrième et dernier tour d'enchères a lieu. S'il reste au moins deux joueurs à la fin de ce dernier tour, les cartes sont abattues et les mains sont comparées : c'est la meilleure main de cinq cartes (parmi les sept constituées des cinq cartes du tableau et des deux cartes privatives) qui remporte le pot.

Voilà pour le déroulement du coup. Cette simplicité camoufle une sophistication telle que le Texas hold'em est un jeu infini qui fait de lui le plus populaire des pokers.

Figure 4-1 :
Exemple de tableau des cartes communes.

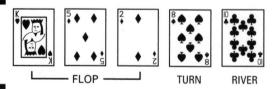

FLOP — TURN — RIVER

Les blinds

Avant la donne des cartes, les deux premiers joueurs à gauche du bouton (donneur virtuel) doivent poster chacun un *blind*. Ils remplacent en quelque sorte les antes du stud. Le plus souvent, le petit *blind* est égal à la moitié du gros. Donc si le premier joueur poste 5, le deuxième poste 10.

Les *blinds* ne sont pas du *dead money*, c'est-à-dire que ces enchères font partie du tour d'enchères en cours. On peut considérer que le *blind* est une *ouverture* forcée et que le *surblind* est une relance forcée. Pour compenser le désavantage d'être *blindeur*, c'est le joueur suivant, donc le troisième après le bouton, qui parle le premier. Donc le *surblindeur* parlera le dernier. Mais, dès le tour suivant, les choses reprennent leur cours normal et c'est le petit *blindeur* qui parle en premier s'il est toujours présent. Autre compensation : le *surblindeur*, s'il n'est pas relancé au premier tour, peut se relancer lui-même.

À la différence du stud, où la position du joueur dépend de ses cartes visibles, le bouton parle toujours en dernier – sauf dans le premier tour d'enchères où il parle avant le *blindeur*, en fin de tour de parole.

Le hold'em en général

Même si le Hold'em est passionnant, surprenant et enthousiasmant, vous devez savoir quelques petites choses utiles avant de vous lancer dans l'aventure et d'y risquer quelques euros. Cette section offre quelques-unes de ces petites choses qu'il est bon de savoir pour faire la transition entre le stud à 7 cartes et le Texas hold'em.

Le hold'em ressemble au stud mais on y joue autrement

Avec un total de sept cartes par joueur, dont certaines sont cachées et d'autres sont visibles, le hold'em a des points communs avec le stud à 7 cartes. Mais cette analogie de façade ne doit pas vous faire oublier les différences essentielles qui séparent les deux jeux.

Une différence majeure entre stud et hold'em : en hold'em, avant le deuxième tour d'enchères, vous connaissez cinq de vos sept cartes, c'est-à-dire 71 % de votre main finale – soit près des trois-quarts ! Après un seul tour d'enchères sur quatre, vous connaissez donc déjà près des trois-quarts de votre main. En stud à 7 cartes, après un tour d'enchères et la deuxième donne, mais avant le deuxième tour d'enchères, vous n'en connaissez que quatre sur sept, soit 57 % – un peu plus de la moitié.

Rester pour voir la *turn* ou la *river* implique que vous possédiez déjà une main forte, un tirage puissant ou la conviction que l'ouverture au tour suivant fera passer vos adversaires. Comme il y a seulement deux cartes de plus après le flop, sachant qu'au surplus ces cartes-là sont communes à tous les joueurs, il y a peu de *draw-outs* possibles (tirage qui aboutit à une main meilleure que celle de l'adversaire, qui possédait aussi un tirage).

En plus, comme le hold'em présente les cartes communes au milieu de la table, il est plus rare qu'un joueur arrive à vous battre sur une combinaison *totalement différente* de celle qui correspond au tirage proposé par le tableau. Par exemple, vous avez reçu J-J et votre adversaire a reçu 9-9. La présence de 5-5 au tableau vous donne à chacun deux paires. Mais c'est vous qui possédez la meilleure. Sauf si l'un des deux Cinq aide un des joueurs à compléter son tirage à quinte, le seul joueur qui est aidé par cette paire de Cinq serait le joueur qui possède un troisième Cinq dans sa main.

Les deux premières cartes sont décisives

Vous entendrez fréquemment des joueurs dire que toutes les mains de deux cartes peuvent gagner. C'est vrai dans l'absolu, mais c'est compter sans les probabilités. Voici la vérité : bien que l'on puisse toutes les jouer, elles ne vont pas gagner assez souvent pour que le jeu en vaille la chandelle ! Comme toutes les formes de poker, il vous faut des mains standards (voir Chapitre 2 pour plus de détails).

La position, encore la position, toujours la position

Rappelez-vous le vieil adage des agents immobiliers concernant la valeur d'un bien : l'emplacement, l'emplacement, l'emplacement. En hold'em, c'est la position, encore la position, toujours la position qui compte. L'endroit où vous êtes assis par rapport au bouton (votre position) est si important que certaines mains de deux cartes qui ne méritent pas mieux que d'être jetées en début de parole méritent une relance en fin de parole.

Dans une partie à neuf joueurs, on dissocie trois positionnements types :

- ✔ le *début de parole* : les deux *blindeurs* et les deux joueurs assis à leur gauche (appelés aussi UTG et UTG+1 ; UTG signifie « Under The Gun »);

✔ Le *milieu de parole* : les cinquième, sixième et septième joueurs ;

✔ La *fin de parole* : les huitième et neuvième joueurs (bouton et avant-bouton, voire dixième le cas échéant).

Comme les parties en club ou en casino sont le plus souvent administrées par des donneurs qui sont employés de la maison et qui ne prennent pas part au jeu, le donneur virtuel est signalé par un jeton spécial appelé « bouton ». Il est toujours le dernier à parler. Le bouton se déplace d'un cran après chaque coup dans le sens de la donne.

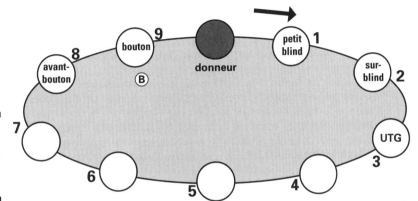

Figure 4-2 : Table typique de Texas hold'em à 9 joueurs.

Le joueur « UTG » (« Under The Gun ») est le premier à parler au premier tour d'enchères. Le début de parole comporte les joueurs 1 à 4 ; le milieu de parole, les joueurs 5 à 7 ; la fin de parole, les joueurs 8 et 9.

Le flop doit améliorer votre main

Peu importe la nature de vos deux cartes privatives : un flop défavorable peut la réduire à zéro. Ce qui est certain, c'est que le flop doit améliorer votre main. Si le flop ne renforce pas votre main ou offre un tirage à une main très forte, *vous devez passer*.

Supposons que vous suiviez au premier tour d'enchères avec A-J à carreau. Le flop est le suivant :

Figure 4-3 : Le flop est le suivant.

Vous n'avez pas une main forte. Cependant, vous possédez une main avec un très gros potentiel : un tirage à couleur max (c'est-à-dire à l'As). Car si un carreau tombe à la *turn* ou à la *river*, vous aurez la couleur. Et pas n'importe laquelle : la meilleure couleur possible.

Et même si vous ne rentrez pas la couleur mais si vous touchez à la *turn* ou la *river* un As ou un Valet, cela pourrait suffire pour remporter le pot.

Au-delà du flop

En règle générale, vous ne devez pas poursuivre au flop sans une forte paire et un *kicker* décent, ou un tirage à quinte ou couleur avec au moins deux adversaires pour assurer la bonne rentabilité du pot.

À cause des cartes communes, les joueurs possèdent assez souvent la même main, à l'exception de leur *kicker*. Quand cela se produit, c'est la valeur de leur *kicker* qui détermine lequel gagne le pot. C'est pourquoi les joueurs de hold'em adorent recevoir la main A-K (*Big Slick* en argot américain). Si le flop contient soit un As, soit un Roi, le joueur qui possède cette main aura forcément la paire max avec le *kicker max*.

Le climat de la partie est important également pour déterminer si vous devez suivre, ouvrir ou relancer. Il s'agit de la relative agressivité ou passivité des joueurs. Mais ressentir avec justesse le climat qui gouverne la table implique une certaine habitude du jeu *offline*. En l'absence de cette expérience, préférez rester prudent, cela coûte moins à la longue.

Le succès en hold'em exige de la patience et une bonne analyse de la position. Habituez-vous aussi à voir moins de bonnes mains qu'en stud à 7 cartes.

Le hold'em en détails

Si les combinaisons du poker se comptent par millions, les mains possibles du hold'em, elles, sont au nombre de 169. Ce nombre ne tient pas compte des familles de cartes : K-Q à carreau et K-Q à trèfle ne comptent que pour un. Pourtant, si trois carreaux apparaissaient au flop, K-Q à carreau aurait autrement plus de valeur que K-Q à trèfle ! C'est donc bien que la famille a une importante capitale. Mais comme disent les scientifiques prudents, *toutes choses égales par ailleurs*, avant le flop, rien ne permet de dire en quoi K-Q à carreau serait supérieur ou inférieur à K-Q à trèfle.

Chacune de ces 169 mains de départ tombe dans une de ces cinq catégories :

- ✔ paires
- ✔ cartes consécutives
- ✔ cartes quasi-consécutives
- ✔ cartes consécutives assorties
- ✔ cartes quasi-consécutives assorties

Et c'est tout. Cinq catégories et rien d'autre.

Si vous n'avez pas reçu de paire, vos cartes seront soit assorties (par exemple, deux trèfles) soit dépareillées (par exemple, un pique et un cœur). Elles peuvent aussi être consécutives (par exemple, 10-9) ou non-consécutives (par exemple, K-J, avec un manque, ou 9-6, avec deux manques, ou 10-6, avec trois manques, ou 8-3, avec quatre manques, ou 10-4, avec cinq manques, etc.)

Moins il y a de manques, plus il y a de quintes

Moins il y a de manques entre les deux cartes et plus les quintes sont probables. Exemple : vous possédez 10-6. La seule quinte possible est 10-9-8-7-6, formée avec l'adjonction de 9-8-7. Mais si vous possédez 10-9, vous pouvez faire quatre quintes : K-Q-J-10-9, Q-J-10-9-8, J-10-9-8-7 et 10-9-8-7-6. Mais chaque règle a ses exceptions :

Cartes consécutives ne pouvant faire qu'une seule quinte. A-K ne peut faire qu'une quinte (A-K-Q-J-10) et A-2 aussi (5-4-3-2-A). Bien que consécutives, les cartes du départ ne permettent pas plus d'une quinte parce qu'elles sont chacune à un bout du spectre des mains possibles.

Cartes consécutives ne pouvant faire que deux quintes. K-Q ne peut faire que deux quintes (A-K-Q-J-10 et K-Q-J-10-9) et 3-2 aussi (5-4-3-2-A et 6-5-4-3-2). C'est parce qu'elles sont chacune à une carte du bout du spectre des mains possibles.

Cartes consécutives ne pouvant faire que trois quintes. Q-J ne peut faire que trois quintes (A-K-Q-J-10, K-Q-J-10-9 et Q-J-10-9-8). Idem pour 4-3 (7-6-5-4-3, 6-5-4-3-2 et 5-4-3-2-A).

À part ces six mains en matière de consécutives, les sept autres permettent quatre quintes : J-10, 10-9, 9-8, 8-7, 7-6, 6-5 et 5-4.

Si vous partez avec une main comprenant trois manques (comme K-9), vous aurez très peu de chance de finir quinte. Mais n'en faites pas un drame : les quintes restent rares, même en partant avec un des groupes de deux cartes consécutives qui permettent quatre quintes ! Par ailleurs, si vous suivez nos conseils, vous verrez que vous jouerez rarement, si vous le faites, seulement les cartes avec trois ou même deux manques.

Les mains avec manques

Les mains avec manques ne sont pas, en général, aussi valables que les cartes consécutives, d'abord à cause des quintes qui sont plus rares. Mais il est vrai que, si vous visez une couleur, le manque n'a plus d'importance : un tirage à couleur avec A-K à cœur ou A-6 à cœur n'a aucune différence. Mais A-K reste préférable pour d'autres raisons : imaginez que la couleur ne rentre pas... Si vous touchez un autre As, vous pourrez quand même ressortir gagnant en partant avec A-K grâce au *kicker* max (le Roi), alors que vous serez probablement battu en partant avec A-6, car le 6 sera souvent battu par le *kicker* adverse.

Idem si vous touchez un deuxième Roi : vous aurez alors une paire de Rois, avec un *kicker* max (l'As) qui pourra gagner contre n'importe quelle autre paire (sauf paire d'As privative). Tandis que si vous touchez un deuxième Six, même avec l'As comme *kicker*, vous serez probablement battu par une paire supérieure. Donc retenez bien ceci : *plus vos cartes sont élevées, plus votre main est forte.*

Parler en dernier est un grand avantage

En parlant en dernier, vous vous permettez d'aller voir le flop même avec des mains relativement faibles. Car alors vous avez l'avantage de savoir combien d'adversaires sont encore dans le coup et comment ils s'y sont maintenus : en *checkant* ? en ouvrant ? en suivant ? C'est un grand avantage parce que certaines mains de départ se défendent mieux contre un nombre plus important de concurrents alors que d'autres au contraire ont une plus grande valeur contre un volant réduit de concurrents.

En fin de parole, vous saurez aussi lesquels de vos adversaires font preuve de force en ouvrant ou en relançant. Plus tard vous parlez, plus vous disposez d'informations. Et le poker est un jeu d'information – d'information incomplète, il est vrai, mais cela ne change rien au fond.

Les mains de départ

Certaines mains de départ sont si puissantes que l'on peut les jouer quelle que soit la position. Vous n'aurez pas la chance de recevoir ces mains très souvent, mais quand ce sera le cas, vous partirez déjà favori pour gagner le pot.

La table suivante montre que nous recommandons de jouer en n'importe quelle position toutes les paires de Sept et plus, ainsi que douze mains assorties et six mains dépareillées.

Mains jouables dans n'importe quelle position

Paires	Mains assorties	Mains dépareillées
A-A	A-K, A-Q, A-J, A-10	A-K, A-Q, A-J, A-10
K-K	K-Q, K-J, K-10	K-Q, K-J
Q-Q	Q-J, Q-10	
J-J	J-10, J-9	
10-10	10-9	
9-9		
8-8		
7-7		

Quand vous êtes le cinquième, sixième ou septième joueur à parler, vous êtes en milieu de parole et vous pouvez ajouter alors les paires de Six et de Cinq à votre arsenal, plus dix mains assorties et quatre mains dépareillées.

Mains jouables en début et milieu de position

Paires	Mains assorties	Mains dépareillées
A-A	A-K, A-Q, A-J, A-10	A-K, A-Q, A-J, A-10
K-K	**A-9, A-8, A-7, A-6**	
Q-Q	K-Q, K-J, K-10, **K-9**	K-Q, K-J, **K-10**
J-J	Q-J, Q-10, **Q-9, Q-8**	**Q-J, Q-10**
10-10	J-10, J-9, **J-8**	**J-10**
9-9	10-9, **10-8**	
8-8	**9-8**	
7-7		
6-6		
5-5		

En fin de parole, vous avez l'avantage de parler en dernier (bouton) ou avant-dernier (avant-bouton). Résultat : vous pouvez ajouter d'autres mains à votre répertoire. La plupart demeurent cependant des mains délicates qu'il ne faut jouer que si le pot n'a pas été relancé. De plus, vous devez être assez discipliné pour les jeter si le flop amène autre chose qu'une moisson abondante de cartes sympathiques.

Mains jouables en fin de parole

Paires	Mains assorties	Mains dépareillées
A-A	A-K, A-Q, A-J, A-10	A-K, A-Q, A-J, A-10
K-K	A-9, A-8, A-7, A-6	
Q-Q	**A-5, A-4, A-3, A-2**	
J-J	K-Q, K-J, K-10, K-9	K-Q, K-J, K-10, **K-9**
10-10	**K-8, K-7, K-6, K-5**	
9-9	**K-4, K-3, K-2**	
8-8	Q-J, Q-10, Q-9, Q-8	Q-J, Q-10, **Q-9**
7-7	J-10, J-9, J-8, **J-7**	J-10, **J-9, J-8**
6-6	10-9, 10-8	**10-9, 10-8**
5-5	9-8, **9-7, 9-6**	9-8, 9-7
4-4	**8-7, 8-6**	8-7
3-3	**7-6, 7-5**	
2-2	**6-5**	
	5-4	

Si vous êtes novice, si vous jouez sans discernement ou si vous suivez la philosophie selon laquelle « toutes les mains peuvent gagner », vous allez sûrement penser que ces recommandations sont trop draconiennes. Mais ce n'est pas le cas. En fait, elles seraient même trop larges.

Une main comme K-2 à *cœur*, bien que jouable en fin de parole, est comme une justification pour voir à tout prix le flop. Car si vous flopez un Roi, n'importe quel autre détenteur d'un autre Roi est meilleur que vous, grâce au *kicker*. Et si vous flopez un Deux, vous êtes certain d'avoir la plus petite paire possible. Ce n'est pas réjouissant ! Et même si vous avez une chance infernale en touchant un flop à *cœur* qui vous fait couleur, vous ne serez « max » que si l'As est au flop… Dans les autres cas, vous ne détiendrez que la couleur « seconde » ! En fait, avec cette main, l'un des meilleurs flops que vous puissiez toucher, en-dehors du carré et des fulls, est celui-ci :

Figure 4-4 : L'un des meilleurs flops que vous puissiez toucher.

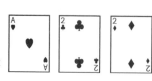

Vous avez ainsi le brelan avec les deux *kickers* max, et même deux cœurs pour une éventuelle couleur *max backdoor* (un tirage est *backdoor* quand il faut deux cartes pour le compléter). Plus important : la présence d'un As au flop garantit qu'un ou deux adversaires vont suivre s'ils possèdent un As en main.

Évidemment, K-2 n'est pas la seule main vulnérable en fin de parole ! Il y en des flopées d'autres qui le sont aussi. C'est pourquoi, pour pagayer correctement dans les eaux tumultueuses du hold'em, il faut une certaine dose d'expérience quand on possède un canoë qui chavire aussi vite.

La pêche à la chance

Il vous arrivera d'être chanceux. Lou Krieger, un des co-auteurs de ce livre, suit après avoir reçu K-4 à carreau. Le pot n'est pas relancé et six joueurs suivent, et comme il a une cote (un intérêt financier), il suit aussi.

Figure 4-5 : Flop

Il a flopé la couleur max ! Mais si le vrai coup de chance se limitait à ça, on pourrait gagner mais pas *rentabiliser*. Or, il se trouve que deux des adversaires de Lou possèdent… un As.

L'un d'eux ouvre fort pour chasser les éventuels tireurs à carreau, puis l'autre sur-relance… et un troisième et un quatrième aussi ! Il se trouve que le troisième joueur possède J-5… déjà deux paires ! Quant au quatrième… il possède 9-8 à carreau, donc il a aussi une couleur, mais inférieure à celle de Lou.

Les deux autres cartes du tableau n'ont rien changé à la situation et Lou a ainsi empoché un pot énorme, uniquement grâce à la chance. Ce genre de coup n'arrive pas tous les jours, mais il arrive. Et il rend valable le fait de suivre en fin de parole, quand il n'y a aucune relance et beaucoup d'adversaires, même avec une main aussi médiocre que K-4 assortis.

L'art de la relance

Relancer ajoute du piment au jeu… et de l'argent au pot. Relancer est un acte d'*agression* et pousse chacun à réfléchir à la suite à donner aux événements. Quand il y a une relance ou une sur-relance, le niveau d'excitation monte d'un cran. Parfois, après avoir relancé, vous serez sur-relancé. Mais que vous soyez le relanceur ou non, il est temps d'examiner ce qu'il faut faire quand une relance intervient.

Vous avez été relancé

Si le pot a été relancé avant vous, vous devez sérieusement *serrer le jeu*. Les joueurs d'expérience ont l'habitude de relancer en fin de parole quelle que soit leur main ou presque, à chaque fois que personne ou juste un joueur a suivi les *blinds*. Mais ce n'est pas une raison pour penser qu'il n'a jamais une bonne main et que c'est un satané bluffeur : il vaut mieux dans ce cas ne rester en jeu qu'avec une très bonne main.

Souvenez-vous que vous devez posséder une meilleure main pour suivre une relance que pour relancer vous-même. Après tout, si vous relancez, vos adversaires pourraient passer, vous permettant ainsi de ramasser les *blinds* par défaut. Si vous suivez une relance, vous devez considérer que votre adversaire possède une bonne main et vous ne devriez suivre que si vous pensez que votre main est favorite.

Un adversaire vous relance quand vous avez suivi

Quand un adversaire relance quand vous avez suivi, vous avez uniquement à vous demander si vous allez suivre pour voir le flop et décider de ce que vous allez faire ensuite. Mais si vous suivez et si un troisième larron sur-relance, vous devez envisager sérieusement de passer, sauf si vous avez une main très forte.

Supposons que vous ayez suivi avec une main comme 10-9 à cœur. Ce n'est pas parce que cette main est jouable dans une partie débonnaire que vous devez la jouer systématiquement. Dans une partie avec des joueurs agressifs, sa valeur baisse franchement car ce n'est qu'une main spéculative qui ne pèse pas lourd face aux relanceurs de fin de parole. Le mieux, pour jouer une telle main, est de se trouver soi-même en fin de parole, avec beaucoup de joueurs, dans un pot qui n'a pas encore été relancé. Et vous pourrez toujours la jeter si le flop est défavorable.

Quand relancer ?

Pour gagner au hold'em, vous devez faire preuve d'agressivité et de sélectivité. Suivre passivement les enchères ne vous suffira pas pour gagner sur le long terme ! Vous devez aussi trouver votre style de relance. Voici quelques cas typiques à relancer :

✔ Vous pouvez toujours relancer avec une paire d'As, de Rois, de Dames, de Valets et de Dix. En fait, si quelqu'un a relancé avant vous et si vous avez une paire d'As, de Rois ou de Dames, vous pouvez même sur-relancer. Vous possédez probablement la meilleure main. Sur-relancer protège votre main en réduisant le champ adverse, et donc minimise la probabilité de voir quelqu'un trouver un flop chanceux.

✔ Vous pouvez aussi relancer si vous avez A-K, A-Q, A-J ou K-Q assortis (c'est-à-dire de la même famille ; par exemple, deux trèfles). Si vos cartes sont dépareillées (c'est-à-dire de familles différentes), il en va de même sauf avec la main K-J.

✔ Si vous vous trouvez en fin de parole et si personne n'a suivi les blinds, vous pouvez généralement relancer avec n'importe quelle paire, n'importe quel As (par exemple A-4) et K-Q, K-J, K10 et K-9. Quand vous relancez dans cette situation, vous espérez vraiment que les *blindeurs* – qui possèdent, ne l'oublions pas, des mains au hasard – jetteront leurs cartes. Mais même s'ils jouent, votre As ou votre Roi sera vraisemblablement la meilleure main si personne n'améliore au flop.

Bien négocier le flop

Comme les premiers pas de Neil Armstrong sur la Lune ou la première fois que vous avez disputé un match de football, il y a des instants dans la vie qui font date pour un être humain. Des instants qui plantent des bastions, autant de points de repères pour vous situer le monde. La force du moment présent cristallise le souvenir.

Le hold'em a aussi ses moments-clés, et parmi eux le moment fort par excellence est l'apparition du flop. (Voir « Règles de base » pour plus d'informations sur le flop.) À la différence du stud à 7 cartes, où les cartes qui suivent le premier tour d'enchères sont égrenées une par une jusqu'à la fin du coup, dans le hold'em, les cartes précédant le deuxième tour d'enchères sont données en un paquet de trois, qui ensemble représentent le flop. Quand vous avez vu le flop, vous avez vu les 5/7e de votre main finale, c'est-à-dire 71 %. Donc un seul des quatre tours d'enchères vous permet de voir 71 % de votre main, près des trois-quarts !

Les implications de cette situation sont tout à fait claires : si le flop n'améliore pas votre main, vous devez envisager de quitter le coup. En effet, si votre main est médiocre à 71 % de sa constitution, il faut que les 29 % restants soient excellents pour vous donner une main valable. Le flop est donc *totalement discriminant* dans votre décision de rester ou non dans le coup. Après le flop, la relation entre les enchères et les cartes à venir est inversée : vous cherchez à dépenser 83 % du coût potentiel d'un coup pour les 29 % restants !

Ça passe ou ça casse

Ça passe ou ça casse : à vous de voir au flop ! Considérez que ça « passe » :

- ✔ si le flop améliore sensiblement votre main;
- ✔ si le flop offre un tirage valable, vous donnant un gros potentiel;
- ✔ si vous aviez déjà une grosse paire avant le flop.

Si vous n'améliorez pas à une grosse main ou un gros tirage avec un beau gain en perspective, alors jetez vos cartes illico.

Les flops que vous allez adorer, ceux que vous allez détester

Comme la plupart du temps vous n'allez pas aimer le flop, cela signifie que rares seront les flops qui vous plairont. Quand vous êtes assez chanceux pour toucher une quinte flush, un carré, un full ou une couleur max, votre souci majeur n'est plus de savoir si vous avez gagné (la victoire du coup est quasiment assurée), mais combien vous allez gagner. Il n'est plus question de victoire mais de *rentabilité*.

Vous devez commencer par bien examiner le flop en détail. En vous remémorant les enchères préflop, essayez de deviner si un adversaire ou plus a touché quelque chose ou a un tirage qui vous serait « second » (c'est-à-dire qui lui permettrait de toucher une main inférieure à la vôtre).

Voyons les différents flops que vous rencontrerez et comment vous allez les aborder :

Flops de rêve

- ✔ **Quinte flush** : misez le tapis, la maison, la voiture, tout ce que vous possédez. Vous ne pouvez décemment pas perdre.

Figure 4-6 :
Le flop et
votre main.

   Le flop

Votre main

- ✔ **Carré** : s'il y a deux paires au tableau, et si vous avez la plus petite des deux paires, il est possible – quoi que très peu vraisemblable – que vous perdiez contre un carré supérieur. Mais si le tableau ne présente qu'une seule paire, vous êtes max. Vous ne serez battu que par une quinte flush, sauf si quelqu'un touche un carré supérieur à la turn ou à la river. Mais pas de panique : la probabilité est si faible à l'échelle humaine que vous ne perdrez jamais avec un carré.

Figure 4-7 : Le flop et votre main.

   Le flop   Votre main

✔ **Full** : terrible main, mais vous devez bien regarder le tableau pour être certain que votre full est le meilleur possible avant d'engager votre Mercedes et la résidence de vacances. N'hésitez pas à relancer, c'est généralement une main gagnante.

   Le flop   Votre main

Figure 4-8 : Le flop et votre main.

   Le flop   Votre main

✔ **Couleur max** : si vous possédez une couleur à l'As quand toutes les cartes ont été données et si le tableau ne contient aucune paire – ce qui signifie qu'aucun full ni aucun carré n'est possible –, vous avez la main max. Donc immanquablement la main gagnante. Vous devez alors ouvrir, relancer et sur-relancer au maximum.

Figure 4-9 : Le flop et votre main.

   Le flop   Votre main

✔ **Quinte max** : si vous possédez la plus forte quinte possible, et s'il n'y a pas de possibilité de couleur ou de full, vous avez la meilleure main, point final. Là encore, vous devez enchérir au maximum.

   Le flop   Votre main

Figure 4-10 : Le flop et votre main.

   Le flop   Votre main

Flops sympas

- **Brelan avec paire en main et tableau inoffensif** : si vous êtes assez chanceux pour voir le flop 9-2-K en ayant la main 9-9, vous avez flopé un brelan et vous êtes assez puissant pour ne craindre personne ! Votre brelan est insoupçonnable, il n'y a pas de tirage à quinte ni à couleur et celui qui détient un Roi en main doit logiquement vous payer. Pour information, les 9-9 noirs sont la main fétiche de Phil Hellmuth, un des plus grands champions américains, depuis qu'elle lui a valu son titre en 1989.

Figure 4-11 :
Le flop et
votre main.

   Le flop   Votre main

- **Brelan avec paire au flop** : Si vous partez avec A-9 et si le flop est 9-9-8, là aussi vous avez un brelan, mais moins invisible que dans le cas précédent. Cette situation est moins bonne parce qu'un joueur qui détient 9-8 ou 8-8 a déjà un full. Mais cela se passera rarement, aussi vous pouvez miser sans crainte tant que le tableau n'est pas menaçant. Autre configuration possible : quand le brelan est moins haut que la troisième carte du flop.

   Le flop Votre main

Figure 4-12 :
Le flop et
votre main.

   Le flop Votre main

Bons flops

- **Deux paires** : Si vous flopez deux paires qui ne sont pas les deux paires max, vous avez une bonne main, même si elle est vulnérable. Maintenez-vous en jeu cependant, sauf s'il apparaît évident que vous êtes battu.

   Le flop Votre main

Figure 4-13 :
Le flop et
votre main.

   Le flop   Votre main

✔ **Paire max** : Beaucoup de coups de hold'em sont gagnés avec une seule paire, et cette paire unique est généralement celle qui splitte une carte de joueur et la carte max du tableau. Donc, ce qui importe, c'est la hauteur de votre *kicker*, car quand deux joueurs possèdent la même paire, c'est celui qui possède le meilleur *kicker* qui l'emporte.

Figure 4-14 : Le flop et votre main.

   Le flop Votre main

✔ **Overpair** : si le flop est 9-7-2 et si vous possédez 10-10, vous avez ce qu'on appelle une *overpair*, c'est-à-dire une paire supérieure au flop. C'est meilleur que la paire max, et cela suffit généralement pour relancer. Pensez à protéger votre main surtout quand votre paire est inférieure au Valet : si vous ne le faites pas, vous risquez de maintenir sur le coup des adversaires qui possèdent des overcards (A, K, Q, J) et qui peuvent donc faire une meilleure paire à la *turn* ou à la *river*.

Figure 4-15 : Le flop et votre main.

   Le flop Votre main

Flops dangereux

✔ **Problème de kicker** : même si vous flopez la paire max, votre main ne vaut en fait que ce que vaut votre *kicker*. Il est donc bien meilleur de faire la paire max avec le *kicker* max (généralement l'As) qu'avec un *kicker* médiocre. Ci-dessous, exemple avec *kicker* médiocre.

Figure 4-16 : Le flop et votre main.

   Le flop Votre main

✔ **Tableau assorti** : Les flops monocolores, qui ne contiennent que des cartes de même famille, sont dangereux. Quelqu'un a peut-être déjà réalisé sa couleur, ou possède peut-être le tirage max. Vous êtes alors en mauvaise posture même si vous possédez déjà un brelan : dans ce cas, la *turn* ou la *river* doit « doubler » pour vous donner full, et cela vous arrivera une fois sur trois environ.

Le flop

Figure 4-17 :
Le flop et
votre main.

Votre
main

> **Tableau consécutif** : Par exemple, 10-9-8. Comme précédemment, un
> joueur possède déjà peut-être la quinte, ou peut-être un tirage max à
> quinte. Là encore, prudence, même si vous possédez brelan ou deux
> paires.

   Le flop

Figure 4-18 :
Le flop et
votre main.

Votre
main

Overcards

Une overcard est une carte supérieure à la carte la plus haute du flop. Allez-
vous jouer les overcards ou non ? Beaucoup d'adversaires suivront
systématiquement avec des overcards. Supposons que vous suiviez préflop
avec K-J, que vous affrontiez trois adversaires et que le flop soit Q-3-6
rainbow. Qu'allez-vous faire si quelqu'un ouvre ? Allez-vous suivre en
espérant que la carte suivante soit K ou J, ce qui vous laisse six cartes
favorables ? Ou préférez-vous jeter vos cartes, dans l'attente d'un flop qui
vous convienne mieux ?

    Le flop

Figure 4-19 :
Le flop et
votre main

Votre
main

 Dans les éléments qui vont vous aider à prendre votre décision, vous
intégrerez la connaissance que vous avez de vos adversaires et les mains
qu'ils possèdent probablement. Examinez bien le flop. Est-ce le genre de flop
qui améliorera un joueur ou plus ? Ou est-il tellement médiocre qu'aucun
adversaire n'a apparemment de paire ? Prenez bien en compte aussi le
nombre de joueurs que vous affrontez. Plus vous avez d'adversaires, plus le
flop plaira au moins à l'un d'eux.

Si vous hésitez quant à la décision à prendre, préférez toujours rester
prudent jusqu'à ce que vous ayez l'expérience requise pour résoudre les
situations. C'est en sciant que Léonard de Vinci !

Le tirage au flop

   Le flop

Votre main

 Figure 4-20 : Le flop et votre main.

   Le flop

Votre main

Quand le flop vous amène un tirage à couleur ou à quinte, vous devrez décider si vous continuez ou non. Voici comment :

 Vous devez avoir assez d'adversaires pour rentabiliser votre tirage. En effet, plus vous avez d'adversaires, mieux votre prise de risques est rémunérée. De combien d'adversaires avez-vous besoin ? Au moins trois. Si vous possédez deux grosses cartes, comme A-Q, vous êtes probablement favori contre tout adversaire pris isolément, que vous complétiez ou non votre tirage. Vous pouvez en effet apparier une de vos cartes à la *turn* ou à la *river*. Parfois même, vos deux grosses cartes non appariées suffiront à remporter le coup.

Six conseils pour gagner au flop

Voici six conseils qui vous aideront à jouer le flop de façon gagnante :

✔ Si le flop n'améliore pas votre main, la plupart du temps vous devrez passer. Le flop définit votre main.

✔ Quand vous flopez une grosse paire, donnez à vos adversaires la possibilité de faire la main seconde, mais ne donnez pas de carte gratuite ensuite car cela pourrait vous être fatal.

✔ Si vous êtes novice en hold'em, restez prudent. Cela coûte moins.

✔ Quand vous avez une main avec des possibilités multiples, jouez-la rapidement. Sa valeur globale excède celle de chacun de ses composants.

✔ Soyez sélectif concernant les mains que vous envisagez de jouer à la fois avant et après le flop, mais soyez agressif quand vous avez une main qui le justifie.

✔ Si vous flopez un tirage, gardez-le tant que le pot promet une rémunération supérieure à votre risque ; sinon, jetez-le.

Possibilités multiples

Il vous arrivera de voir des flops qui vont vous offrir plusieurs possibilités d'amélioration. Supposons que vous partiez avec 8-7 à cœur et que le flop est 5-6-7 dont deux cœurs :

Figure 4-21 :
Le flop et
votre main.

   Le flop Votre main

Vous avez flopé la paire max, un tirage à quinte et un tirage à couleur ! Cette triple situation fait probablement de vous le favori du coup. S'il n'y avait eu qu'un seul cœur au flop, vous auriez eu à la place un tirage backdoor à couleur, c'est-à-dire qui nécessite l'arrivée de deux cœurs pour être complété (ce genre de tirage ne peut généralement pas être pris en compte car il est trop aléatoire).

Quand vous flopez une main qui vous donne plus d'une façon de gagner, elle est globalement plus forte que ses composants pris séparément. Votre paire peut gagner par elle-même. Vous pouvez améliorer à brelan ou deux paires. Vous pouvez toucher une quinte dès la *turn*, et une couleur aussi. Et si ce n'est pas le cas à la *turn*, il vous reste encore une carte (la river) pour le faire.

Voici un autre exemple : vous partez avec A-J à trèfle et le flop est A-9-4 dont deux trèfles. Les chances de gagner avec cette main sont élevées, même si vous n'améliorez pas. Mais le potentiel de votre main est étoffé par la présence du tirage max à couleur, qui sera réalisé si un trèfle tombe à la *turn* ou à la *river*. En plus, l'arrivée d'un Valet fera deux paires max et celle d'un As, brelan d'As.

Figure 4-22 :
Le flop et
votre main.

   Le flop   Votre main

Avec une main aussi prometteuse, vous souhaitez bien sûr que les adversaires mettent de l'argent. Vous devez donc ouvrir voire relancer pour être certain qu'ils paient le maximum. Attention : cette main ne permet pas de sous-jouer. En revanche, si vous pensez qu'un joueur va ouvrir si vous ne le faites pas vous-même, vous pouvez vous contenter de *checker* : vous pourrez le relancer après. C'est ce qu'on appelle le *check-raise* ou embuscade.

Bien négocier la turn

La *turn* est la quatrième carte du tableau. Certains champions ont émis l'idée bizarre que la *turn* se joue par elle-même. Mais comme vous ne pouvez pas non plus brancher le pilote automatique pour jouer la *turn*, ne vous engagez pas dans un coup incertain, sauf si vous avez déjà commis l'erreur de voir une *turn* que vous n'auriez pas dû. Si c'est le cas, vous avez déjà gâché votre argent.

La plupart du temps, vous n'irez même pas voir la *turn* – autrement dit, vous ne paierez même pas les enchères du flop. Vous aurez jeté la grande majorité de vos mains *pré*flop, et la majorité de celles qui auront survécu au *pré*flop ne survivront pas au flop. S'il n'y a pas de raison logique et incontournable d'être présent à la *turn*, *vous devez passer*. Il est très facile de faire fondre son capital en se permettant de suivre une enchère de trop par-ci par-là. Mises bout à bout, elles totalisent des sommes importantes. Et au poker, *l'argent économisé vaut autant que l'argent gagné*. Payer les enchères de façon large (au sens habituel du mot « largesse ») est un jeu de perdant, gardez-vous de l'adopter.

Donc, si vous êtes arrivé à la turn, c'est que forcément vous possédez une bonne main, un tirage prometteur, ou, éventuellement, parce que votre bluff peut rafler le pot.

TRUC

Sept combines pour améliorer votre jeu à la *turn*

Même si la *turn* n'est pas aussi difficile à jouer que le flop, voici quelques conseils concernant les choix critiques que vous aurez à affronter :

- Relancez quand vous avez les deux paires max à la *turn*, sauf si le tableau menace (par exemple s'il comporte trois cartes assorties).

- Si vous avez un tirage à quinte ou à couleur avec deux adversaires au moins, permettez-vous de suivre à prix modéré à la *turn*. Mais si le tableau comporte une paire et/ou si le pot a été ouvert, méfiez-vous du full toujours possible.

- Ouvrez ou faites *check-raise* si vous êtes certain d'avoir la meilleure main. Rendez le coup cher pour les joueurs qui sont à tirage.

- Si vous avez un tirage, essayez de faire en sorte que le coup vous coûte le moins cher possible. Donc si quelqu'un relance, passez, à moins d'avoir une cote suffisante.

- Si vous avez une main avec laquelle vous allez suivre, ouvrir est préférable à simplement suivre la relance si vous pensez que cela peut pousser l'adversaire à quitter le coup.

- N'oubliez pas que vous pouvez toucher un tirage à la turn. Cela peut vous pousser à continuer à jouer un coup que vous auriez quitté sinon.

- « Dois-je faire un *check-raise* ou dois-je ouvrir ? » est une question qui revient fréquemment. Préférez ouvrir d'emblée, sauf si vous pensez que votre adversaire ouvrira et suivra votre relance.

Quand vous améliorez à la turn

Votre main peut s'arranger à la *turn* de deux manières :

- ✔ La première et la meilleure, c'est quand la *turn* améliore directement votre main.

- ✔ La deuxième, qui n'est pas à négliger, c'est quand la *turn* n'améliore pas la main adverse (par exemple, quand vous « voyez » votre adversaire sur un tirage à couleur à cœur, et quand la turn est un pique).

Si vous avez les deux paires max à la *turn* et si un adversaire ouvre, vous devez généralement relancer. Si vous êtes en fin de parole et si aucun de vos adversaires n'a encore parlé, ouvrez. Mais si vous êtes en début de parole, faites un *check-raise* si vous êtes certain que *checker* poussera un adversaire à ouvrir. Si vous pensez en revanche que l'adversaire checkera lui aussi, oubliez le *check-raise* et ouvrez d'entrée de jeu.

Si vous avez la meilleure main, ouvrir rapporte plus au pot et le rend plus cher pour les tirages, même prohibitif, pourrait-on dire. Mais cette stratégie n'est pas sans risque. Si votre adversaire a fait brelan ou quinte, vous devez vous attendre à être relancé ou sur-relancé.

Quand vous n'avez pas amélioré à la turn

C'est pas de chance, mais c'est ainsi : la plupart du temps, la *turn* ne vous apportera rien d'intéressant. Que faire alors ?

Si vous avez un tirage à quinte ou à couleur et si vous affrontez deux adversaires ou plus, vous devez généralement suivre à la *turn* si l'ouverture est modérée. Mais si le tableau comporte une paire et/ou si l'ouverture est relancée, soyez prudent car vous pouvez affronter un full : en continuant, *vous tirez mort*, c'est-à-dire que même si votre tirage rentre, vous êtes battu de toute façon.

Il se peut que vous affrontiez un brelan ou deux paires. Là encore, la connaissance de vos adversaires vous aidera à déterminer ce qu'ils possèdent vraiment. Si vous affrontez quelqu'un qui ne relance un tableau comportant trois cartes assorties que s'il a mieux qu'une couleur, vous pouvez jeter vos cartes.

Si quelqu'un ouvre, c'est vrai que le prix du coup augmente mais en même temps le nombre de tours suivants a diminué. Vous avez moins la possibilité de sanctionner vos adversaires si vous complétez votre main. En plus, nombre d'entre eux passeront aussi à la turn, vous laissant avec moins d'adversaires à sanctionner si vous venez à toucher le gros lot à la *river*.

Devez-vous poursuivre avec un tirage ?

Floper un tirage à couleur ou à quinte est une situation courante. S'il est relativement peu cher, vous devrez invariablement rester à la *turn* – surtout si votre tirage est max. Mais la plupart du temps, la turn ne vous arrangera pas. Ce n'est pas la fin du monde : il y aura d'autres coups et, surtout, il reste quand même encore 9 cartes de votre couleur en moyenne parmi celles que vous n'avez pas vues.

Même si vous n'avez pas complété votre couleur ou votre quinte à la *turn*, il est payant de voir la *river* dans l'espoir de la toucher et d'en recevoir les bénéfices.

Devez-vous faire check-raise ou ouvrir ?

Supposons que vous partiez avec Q-J, que vous *flopiez* un tirage à quinte grâce à 10-9-5 et que vous complétiez votre quinte grâce à la *turn* 8. Si vous êtes vraiment chanceux, un de vos adversaires peut avoir 7-6 ou J-7 et posséder ainsi une quinte lui aussi, mais inférieure. Ce serait l'idéal pour vous puisqu'il n'y aurait plus de possibilité de tirer plus haut ni de faire couleur.

Si vous essayez de faire un *check-raise* et si vos adversaires *checkent* tous après vous, vous perdez de l'argent. Devez-vous ouvrir en espérant attirer plus d'argent dans le pot ? Ou devez-vous quand même essayer le check-raise, quitte à risquer d'offrir une carte gratuite ?

C'est le moment de mettre votre chapeau de Sherlock Holmes et de mener votre petite enquête. À vous de reconstituer pas à pas la façon dont le coup s'est déroulé. Y a-t-il eu beaucoup d'action avant le flop, ce qui voudrait dire que les grosses mains sont nombreuses ? Y a-t-il eu relance au flop, ce qui pousserait à penser que les joueurs ont essayé d'éjecter les tirages du coup ? Ou se sont-ils contentés de *checker* et de suivre, avec la possibilité qu'ils ont de réaliser une main, ce qui les pousserait à vous suivre ?

Un adversaire qui n'a qu'une simple paire pourrait aussi se contenter de *checker* vu que la *turn* offrait des possibilités de quinte. Si vous pensez que c'est le cas, vous devez ouvrir car il peut suivre. En revanche, en cas de check-raise, ce joueur aurait jeté sa main après la relance.

Si votre adversaire était aussi à tirage, vous pouvez *checker*, espérant qu'il essaiera de voler le pot en bluffant. Une autre possibilité est qu'il a complété une plus petite quinte que la vôtre et qu'il ouvrira en fin de parole. Si c'est le cas, vous pouvez relancer avec l'assurance qu'il ne se couchera pas – même s'il suspecte que vous possédez la quinte max.

C'est un cas où se remémorer les actions depuis le début du coup est plus important encore que de connaître les tendances propres à chaque adversaire. Si vous pouvez déduire quel type de main vos adversaires possèdent probablement, vous pouvez décider d'ouvrir ou d'essayer un *check-raise*. Souvenez-vous : à moins de penser que l'adversaire ira ouvrir et suivre votre relance, ouvrir est préférable.

Le bluff au stade de la turn

Supposons que vous ayez relancé avec A-K préflop et que vous ouvriez face à deux adversaires quand le flop est J-7-3. Vous ne suspectez pas une grosse main et vous savez que vos adversaires sont assez solides pour jeter une main qu'ils pensent battue.

Comme vos adversaires doivent considérer que vous possédez une *overpair* ou un Valet avec gros *kicker*, il leur sera difficile de suivre avec une main inférieure à J-8. Bien sûr, si ce sont des *calling stations* (des joueurs qui suivent les ouvertures systématiquement), ils vous suivront avec n'importe quoi en main et vous devrez être assez expert dans la connaissance de leurs manies. *N'essayez jamais de bluffer quelqu'un qui ne jette jamais sa main.* Cela va sans dire, mais cela va mieux en le disant.

5 conseils pour savoir si vous pouvez bluffer à la *turn*

Savoir si l'on peut tenter un bluff à la *turn* n'est pas chose facile. Ces cinq conseils vous aideront à vous décider.

✔ Ne bluffez pas les joueurs médiocres. Pour battre un joueur médiocre, vous avez juste à abattre une main meilleure que la sienne… donc pas une main qui bluffe.

✔ Connaissez votre adversaire. Va-t-il jeter sa main ou va-t-il suivre « pour voir si vous êtes franc » ?

✔ Anticipez l'abandon ou le maintien adverse. Pensez-vous que votre adversaire soit contraint d'améliorer et qu'il jettera ses cartes s'il n'améliore pas à la *turn* ?

✔ Combien y a-t-il d'argent dans le pot ? Plus le pot est gros, plus un joueur suivra une petite ouverture pour se donner le droit de le gagner. Les joueurs se battront moins pour un gros pot que pour un petit.

✔ Revoyez mentalement le coup. Est-ce que vos enchères vont pousser l'adversaire à penser que vous avez une grosse main ? S'il ne pense pas que vous avez une grosse main, ne bluffez pas.

Un bon joueur comprend aussi que vous puissiez ouvrir avec A-K sur ce flop. Mais il peut ne pas suivre même s'il possède une main comme 8-7 (paire moyenne avec *kicker* moyen) car il n'est pas certain de votre main et il pourra être battu s'il évalue mal votre bluff.

Votre ouverture peut pousser un adversaire à jeter la meilleure main. Même s'il suit, la *river* pourra amener un As ou un Roi et il gagnera le coup à votre place. Mais si vous ouvrez et s'il vous relance, jetez votre main. Certes, il peut vous surbluffer. Mais cela est trop rare pour qu'on s'en préoccupe, surtout dans les parties avec de faibles enjeux. La plupart du temps, vous serez battu quand on vous relancera dans cette situation.

Comment négocier la river

Si vous êtes encore dans le coup au moment où arrive la *river*, c'est que vous possédez une main véritablement puissante, ou un tirage qui, complété, vous donne ce qui est selon vous la main gagnante. Si vous affrontez des joueurs apparemment prudents, ce qui a commencé par une confrontation entre cinq ou six adversaires se termine la plupart du temps par un simple duel, plus rarement par un combat à trois.

Valeur effective contre valeur potentielle

Avant la dernière carte, plusieurs considérations stratégiques sont à prendre en compte concernant vos chances d'amélioration. Par exemple, vous pouvez ouvrir avec une main composée d'une paire et d'un tirage à couleur. Les améliorations possibles à couleur, deux paires et brelan suffisent selon vous à poursuivre. La valeur globale de votre main se divise entre une valeur *effective* et une valeur *potentielle*.

Quand la river est connue, la valeur potentielle de votre main a disparu au profit d'une seule valeur effective. Si la couleur n'est pas rentrée, vous possédez une paire, paire qui peut ne pas suffire pour gagner l'abattage. Plus important, votre pensée stratégique doit changer elle aussi. Vous n'avez plus de potentiel restant pour fonder vos décisions.

Comment faire quand mon tirage se complète ?

Beaucoup de novices *checkent* systématiquement leur couleur quand ils la touchent à la river et qu'ils sont assis en début de parole. Ils espèrent évidemment un *check-raise*, ce qui leur permet de gagner plus en relançant l'ouverture. Est-ce correct ?

C'est la première partie de la loi générale du check-raise : faites-le quand vous pensez que vous aurez la meilleure main la plupart du temps où on vous a suivi.

Et voici la deuxième partie de la loi : vous devez être certain que votre adversaire ouvrira si vous checkez. Ce n'est pas drôle de checker une grosse main pour voir seulement vos adversaires checker après vous, surtout quand vous savez qu'ils auraient suivi si vous aviez ouvert.

Si vous n'êtes pas certain d'abattre la meilleure main si vous êtes payé, ou que l'un de vos adversaires ouvrira si vous checkez, ne faites pas le *check-raise*.

Paire max à la river

Un dur dilemme : vous possédez la paire max à la *river* contre un ou deux adversaires. Vous devez maintenant choisir entre *checker* et ouvrir, ou, si l'adversaire parle avant vous, entre suivre, passer et relancer. Voici un exemple :

Figure 4-23 :
Voici un
exemple.

 Tableau

Main

Si vous êtes observateur, vous aurez noté que certains adversaires ouvriront systématiquement quand ils ont la paire max, sauf en cas de menace sérieuse de couleur ou de quinte, comme ici :

Figure 4-24 :
Certains
adversaires
ouvrent sys-
tématique-
ment quand
ils ont la
paire max.

 Tableau

Main

D'autres au contraire n'ouvriront même pas les enchères, même si le tableau ne les menace pas par ailleurs. La plupart balanceront entre les deux possibilités. C'est une question de feeling, de ressenti de la situation. Il n'y a pas de recette pour savoir ce qu'il y a de mieux à faire, mais certains éléments peuvent venir éclairer votre décision.

Supposons que vous soyez le premier à parler et que vous relanciez préflop avec A-K. Deux adversaires suivent. Vous ouvrez au flop, puis à la *turn*. À la *river*, le tableau est le suivant :

Figure 4-25 :
À la river, le tableau est le suivant.

    Tableau

Main

Personne n'a passé et c'est à vous de parler. Qu'allez-vous faire ? Ouvrir ou *checker* ?

Vous battez n'importe quelle paire isolée mais vous perdez contre n'importe quelle double paire, aussi faible soit-elle. Sauf si l'un de vos suiveurs tient une paire de Neufs en main et fait son brelan à la river, vous pouvez penser qu'il n'y a pas de brelan contre vous. Car si quelqu'un avait *flopé* un brelan ou l'avait touché à la *turn*, il aurait ouvert (sauf s'il ne sait vraiment pas jouer, mais nous écarterons cette hypothèse par respect pour lui).

Le cas du brelan étant écarté, comme vous possédez la meilleure paire d'As possible et comme le tableau ne permet pas de combinaison supérieure au brelan, la seule main adverse que vous devez craindre est une double paire. Si l'adversaire possédait A-Q, il aurait flopé la double paire max au flop et il aurait probablement relancé. S'il possédait A-7, A-4, Q-4 ou Q-7, il aurait vraisemblablement fait de même. Donc écartons aussi ces mains-là.

Si vos adversaires relancent avec n'importe quelle double paire et suivent avec les mains plus faibles, comme A-8 ou Q-J, vous devez ouvrir. S'ils ont fait deux paires à la *turn*, ils devraient relancer mais ils ne l'ont pas fait. Reste donc la possibilité qu'ils touchent deux paires à la *river* en possédant A-9, Q-9, 9-7 ou 9-4 – dont on peut *a priori* éliminer les deux derniers car ils sont vraiment trop faibles préflop. En-dehors des deux mains restantes (A-9 et Q-9), vous triomphez à l'abattage avec votre paire d'As max.

Imaginons maintenant le même scénario, mais cette fois votre adversaire est le *premier* à parler. S'il ouvre, allez-vous passer, suivre ou relancer ? S'il *checke*, allez-vous ouvrir ?

Si votre adversaire est très agressif et tend à sur-jouer ses mains faibles (c'est-à-dire comme si c'étaient des mains moyennes/fortes), vous pouvez relancer si vous suspectez une main plus faible chez lui que chez vous. Mais si c'est un joueur serré, contentez-vous de suivre l'ouverture. Si c'est un vrai roc qui ne sait quasiment pas ce que bluff veut dire, jetez toutes les mains inférieures à la paire max-gros *kicker* à chaque fois qu'il ouvre à la *river*.

La clé, naturellement, consiste à connaître votre adversaire et à profiter de ses tendances de jeu. La paire max à la *river* est une situation commune et il est décisif de bien savoir la jouer.

TRUC

Cinq conseils pour aller *down the river*

Le stade de la *river* peut être délicat. Suivez ces conseils et vous éviterez déjà les pièges classiques de ce moment ultime du coup :

✔ Quand la *river* est exposée, votre main perd du même coup toute valeur potentielle, spéculative. Sa valeur est réalisée.

✔ La décision de *checker* ou d'ouvrir si personne n'a parlé – ou de passer, de suivre, de relancer voire de sur-relancer – peut être fondée uniquement sur la valeur réalisée de la main.

✔ Quand vous faites deux paires, ce sera probablement la meilleure main. Mais si la *river* amène une carte permettant une quinte ou une couleur, méfiez-vous – votre adversaire vous a peut-être déjà battu.

✔ Quand vous êtes en duel final et quand le pot est rondelet, il vaut mieux se tromper en suivant avec la main la moins bonne que de jeter la main gagnante.

✔ Suivre après d'autres joueurs implique de posséder une main qui logiquement triomphe des mains suiveuses en question.

Quand le pot engraisse

Il arrive que le pot devienne particulièrement important, surtout quand il y a eu relance *pré*flop. Cela peut faire des exaequo, et si le flop permet un tirage à quinte ou couleur, rien ne dit que vous resterez jusqu'à la fin du coup.

Si les cartes qui complètent le tirage à quinte ou couleur n'arrivent pas au tableau, une ouverture suffira généralement à écarter les joueurs qui tentaient les tirages. Souvent, il y a seulement deux ou trois adversaires qui se disputent le pot jusqu'à la *river*.

Supposons que vous soyez dans le coup avec une deuxième paire, ou peut-être avec la paire max avec un *kicker* moyen, et que votre adversaire se mette alors à ouvrir. Vous détenez une main que vous jetteriez sans doute si le pot était plus petit, mais avec un pot d'une telle ampleur, qu'allez-vous faire ? Si vous jouez dans une partie à limites fixes 3-6 et si le pot est de 90 euros à la river, si l'adversaire ouvre (donc s'il mise 6 euros) vous avez une cote de 16 contre 1. Il y a donc deux cas :

✔ Vous suivez en payant 6 : si vous gagnez, vous gagnez 96 ; sinon, vous perdez 6.

✔ Vous jetez vos cartes : si vous étiez le moins bon des deux, vous avez économisé 6 ; sinon, vous avez perdu... 96 euros ! Cas classique si l'adversaire bluffait.

La bonne décision apparaît ici complètement évidente. Vous ne devez jeter vos cartes que si votre « lecture » de l'adversaire vous a prouvé par A plus B qu'il ne bluffait pas ou qu'au moins vous étiez battu par lui, sans le moindre doute.

Dans une partie à limites fixes, il vaut toujours mieux commettre la petite erreur de payer un adversaire avec une main perdante que de commettre la grosse erreur de jeter la main gagnante. Dans la situation ci-avant, même si votre adversaire bluffe une fois sur dix, vous avez encore un intérêt financier à payer son ouverture. Car si vous le payez dix fois :

✔ Vous allez perdre 6 euros neuf fois, soit 54 euros ;

✔ Vous allez gagner 96 euros une fois.

Soit 54 euros contre 96, soit un profit net de 42 euros, ou encore de 44 %.

Si vous vous trouvez dans une partie de *pot limit* ou de *no limit* (quand le pot contient 90 euros, c'est presque la même chose) et si l'adversaire ouvre à 50, les choses sont évidemment moins simples car, en ouvrant à une hauteur importante, le joueur diminue la cote du pot : en effet, pour suivre, vous devez miser 50 sur un pot qui contient 140 euros, soit une cote de 2,8 contre 1. Ici, il faut avoir une sérieuse raison de croire que l'adversaire bluffe pour le suivre.

Si vous êtes deuxième à parler et si vous pensez qu'il y a quelque possibilité d'avoir la meilleure main, même si vous ne considérez même pas que vous êtes favori, vous pouvez envisager de relancer à cet instant dans un but purement stratégique. De cette manière, vous pouvez le cas échéant faire jeter aussi ses cartes au troisième larron en place. Si le premier joueur possède une main faible et pense que vous allez passer, il pourrait penser à passer tout simplement. Une telle façon de jouer camoufle encore plus votre stratégie. Mais, comme tous les camouflages, il ne faut pas en abuser... et naturellement, ne jamais dévoiler sa forfaiture après-coup !

Cinq conseils pour gagner au hold'em

Si vous jouez au hold'em correctement, c'est sans doute parce que vous aurez intégré ces conseils dans votre jeu :

✔ Jouez peu de mains en début de parole. Certes, vous allez passer votre temps à jeter vos cartes, mais en contrepartie vous allez épargner de l'argent.

✔ La position est décisive. Certaines mains que vous auriez jetées en début de parole vont déclencher une relance de votre part si vous la possédez en fin de parole.

✔ « Ça passe ou ça casse » : si le flop n'améliore pas votre main, vous devez envisager de passer, quelle que soit la puissance de votre main préflop.

✔ Beaucoup de vos adversaires surjouent A-K en considérant cette main comme quasiment aussi forte qu'une paire d'As ou de Rois. Ils ont tort. A-K est une main *potentiellement puissante* mais il lui faut une amélioration pour devenir effective.

✔ Le hold'em ressemble au stud à 7 cartes mais il en est très éloigné car il possède des cartes communes au joueurs — 5 sur 7 exactement. Au flop, vous avez déjà vu 71 % des cartes totales, après seulement un tour d'enchères.

Chapitre 5

Le stud à 7 cartes *high-low* (stud/8)

· ·

Dans ce chapitre :

▶ Les bases pour les débutants

▶ Les antes, la donne et la structure d'enchères

▶ Quand tenir et quand passer

▶ Reconnaître les mains gagnantes

▶ Comprendre l'importance des cartes *live*

▶ Les standards de départ

▶ Les techniques du stud à 7 cartes *high-low*

▶ Les différences entre stud à 7 cartes et stud à 7 cartes high-low

▶ Quand accélérer et quand freiner

▶ Comment faire quand la dernière carte du coup a été donnée

· ·

*S*tud à 7 cartes high-low : vous trouvez ce nom barbare ? Alors son nom complet va vous plaire : stud à 7 cartes *high-low split, eight or better* (en anglais : *Seven-card stud 8-or-better, high-low split*). Par souci de simplicité, vous ne verrez pas d'inconvénient à ce qu'on nomme ici cette variante Stud/8. Vous comprendrez plus loin ce que ce « 8 » vient faire ici.

Le stud est plus répandu aux États-Unis qu'en Europe, et on le trouve surtout sur la côte est. Il en va de même avec le stud/8. Cette variante est particulièrement appréciée par ceux qui aiment partager : le pot étant divisé entre la main la plus haute et la main la plus basse (oui, vous avez bien lu !), les coups mobilisent davantage de joueurs et les pots sont plus fournis… mais ils sont ensuite divisés en deux. On y joue principalement en limites fixes ou en *spread limit*, comme pour le Stud, même si certaines tables autorisent le *pot limit*, en Europe principalement.

Si vous n'avez jamais joué au stud/8

En stud/8, le pot est divisé en deux parts égales : une moitié est attribuée au joueur qui possède la main la plus *haute*, l'autre moitié revient au joueur qui possède la main la plus basse. Avec cette réserve : une main basse doit être au Huit au maximum, c'est-à-dire qu'elle doit être inférieure ou égale à Huit. Si aucun joueur n'a de main basse, le joueur qui a la meilleure main haute empoche tout le pot (scoop).

Évidemment, on pourrait aussi bien pratiquer ce jeu avec la main basse inférieure ou égale à Neuf ou à Dix, pourquoi pas, mais avec le temps, les joueurs se sont aperçus que le Huit constituait un bon compromis. Pour former la main basse, le joueur considère que l'As vaut 1 et que les couleurs et les quintes ne comptent pas. La meilleure main basse est donc la roue :

Figure 5-1 :
La meilleure
main basse
est la roue.

Et elle vaut autant que la main suivante :

Figure 5-2 :
Elle vaut
autant que la
main
suivante :

En revanche, naturellement, la première vaut une quinte pour ce qui est de la main haute, alors que la deuxième vaut une quinte flush. Donc si ces deux mains se rencontrent et si aucune main n'est par ailleurs meilleure que la quinte flush au Cinq, la deuxième main gagne la moitié du pot et l'autre moitié est divisée entre elles car elles sont ex aequo en bas : au total, on voit un partage au taux d'un quart / trois-quarts.

Comme en stud, en stud/8 le joueur reçoit sept cartes. La structure de la donne est exactement la même dans ces deux variantes, de même que les structures d'enchères. Au moment de l'abattage, les mains sont comparées dans leurs deux domaines, le haut et le bas. Supposons que vous ayez reçu la main suivante :

Figure 5-3 :
Supposons que vous ayez reçu la main suivante :

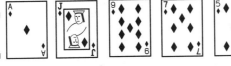

Votre main haute est une couleur à l'As :

Figure 5-4 :
Main haute.

Et votre main basse est un Sept :

Figure 5-5 :
Main basse.

Comme le montre cet exemple, l'As peut prendre deux valeurs : la plus haute (dans la main haute) et la plus basse (dans la main basse). Donc un joueur qui partirait avec un As visible aurait non seulement une carte bivalente, mais en plus ses adversaires ne sauraient pas s'il tire en haut ou en bas. L'As est donc la *carte maîtresse* du stud/8.

Comme le stud à 7 cartes, le stud/8 compte cinq tours d'enchères successifs. Comme certains joueurs tirent en haut et d'autres en bas, ils ont chacun une bonne raison de mettre de l'argent au pot, ce qui explique que les pots en stud/8 sont toujours plus étoffés que les pots moyens en stud à 7 cartes. Les bons joueurs cherchent avant tout à savoir si leurs cartes améliorantes (c'est-à-dire celles qui peuvent améliorer la main qu'ils possèdent) sont *live* ou non. Pour plus d'informations, voir l'encadré « L'importance d'avoir des cartes *live* » dans ce chapitre.

Le but, dans un coup de *high-low*, est d'arriver à gagner à la fois en bas et en haut, ce qui permet de remporter la totalité du pot. Ce sera évidemment rarement le cas, mais vous pouvez aussi chercher à être le seul à gagner en haut, en espérant qu'aucun adversaire ne possédera une main basse qualifiée, c'est-à-dire inférieure ou égale à Huit. Ou encore, vous pouvez chercher à relancer pour faire passer tous vos adversaires. Dans les trois cas, vous gagnez le pot en entier. C'est ce que l'on appelle faire le *scoop*.

Les qualités requises pour gagner au stud/8

Pour être gagnant au stud/8, il faut plus que de la technique. Il faut aussi de la force de caractère, de la détermination et du cran.

✔ **Soyez patient** : au poker, l'argent transite de l'impatient vers le patient. Si vous manquez de patience, vous ne serez *jamais* un bon joueur, quelle que soit votre puissance technique. Le stud/8 est un jeu d'attente, un jeu qui exige une patience de sage.

✔ **Soyez observateur** : si vous ne vous intéressez pas de très près aux cartes visibles, même si elles ne sont plus sur la table, vous aurez bien du mal à gagner sur le long terme. Car si vous ne connaissez pas les cartes qui ont transité, vous pouvez rester dans le jeu en vain, en espérant toucher des cartes… alors qu'elles ne sont déjà plus disponibles !

✔ **Soyez déterminé** : ne jouez que les mains *live*. Cette technique renvoie directement à la qualité d'observation. Ne gaspillez pas votre argent sur des mains qui ont peu de probabilité de se concrétiser : soyez empirique.

✔ **Soyez studieux** : comme vous allez jeter la plupart de vos mains de départ, vous aurez du temps libre. Au lieu de regarder voler les mouches, utilisez ce temps libre à bon escient, c'est-à-dire, comme toujours au poker, à observer vos adversaires. Apprenez leurs mains préférées et comment ils les jouent. Observez leurs tics, leur gestuelle, soyez à l'affût des gestes révélateurs et récurrents.

✔ **Soyez agressif** : n'ayez pas peur de relancer ou de sur-relancer si vous vous sentez favori. N'hésitez pas non plus à jouer *l'embuscade*, c'est-à-dire à *checker* puis à relancer quand la parole vous revient. C'est une bonne solution pour piéger vos adversaires quand vos détenez une forte main.

✔ **Soyez judicieux** : ne « craquez » pas, ne jouez pas toutes les mains que vous recevez car c'est une des façons les plus sûres de perdre de l'argent ! Habituez-vous à jeter vos cartes dès le premier tour pour attendre une meilleure opportunité.

Les antes, la donne et la structure d'enchères

Avant de donner les cartes, le donneur s'assure que tous les joueurs ont misé un ante, qui est une fraction d'enchère. Tous les coups de stud commencent par les antes, qui constituent le socle du pot.

Après les antes, les joueurs reçoivent chacun deux cartes fermées suivies d'une carte ouverte. Le joueur qui reçoit la carte exposée la plus basse doit miser alors une enchère du nom de *bring-in*. Si deux joueurs reçoivent la même carte et possèdent la plus basse valeur exposée (par exemple, Deux), c'est celui qui a la plus basse famille qui misera le *bring-in*. L'ordre décroissant des familles est pique, cœur, carreau, trèfle! Ainsi, si un joueur a un Deux de carreau et un autre a un Deux de trèfle, c'est ce dernier qui misera le *bring-in*.

Les enchères

Le joueur qui se trouve immédiatement à gauche du *bring-in* a alors trois options. Il peut jeter sa main, suivre le *bring-in* ou relancer à une enchère complète (on dit aussi *compléter*). Dans le cas d'un jeu à 20-40 euros (20 étant l'enchère qui préside aux deux premiers tours et 40 étant celle des trois derniers), les antes sont communément de 3 et le *bring-in* est de 5. Donc le joueur qui suit le *bring-in* peut passer, suivre 5 ou relancer à 20, en quoi il complète à l'enchère normale.

Si ce joueur passe ou suit, le joueur suivant est confronté aux trois mêmes options, et ce sera le cas tant que personne n'aura complété.

Une fois que les joueurs ont soit passé, soit misé la même somme, une deuxième carte est donnée face en l'air et un autre tour d'enchères commence. Cette fois, les mises s'incrémentent avec des enchères complètes. Ce qui signifie que le joueur qui désire ouvrir misera (dans notre exemple) directement 20. Le *bring-in* n'est utilisé que lors du premier tour d'enchères, quand les joueurs ont tous trois cartes.

À partir du deuxième tour d'enchères, c'est le joueur qui possède le plus *haut* jeu ouvert qui doit parler en premier. Le premier joueur à parler a le choix entre *checker* (il ne mise rien) et ouvrir. S'il décide d'ouvrir, il ouvrira évidemment à la hauteur de l'enchère qui préside aux deux premiers tours, c'est-à-dire, dans notre exemple, 20.

Exception : quand un joueur possède une paire visible, il peut ouvrir au *double* de l'enchère en cours. Dans notre exemple, il peut ouvrir de 40 s'il le souhaite ; ensuite, les relances suivent les mêmes incréments. Mais s'il décide de n'ouvrir qu'à 20, les enchères suivantes iront de 20 en 20. Conclusion : c'est l'ouvreur qui décide, quand une paire est visible, si ce tour va se jouer à la petite enchère ou à la grosse.

L'ordre de parole et la position

En stud/8, l'ordre dans lequel les joueurs parlent (la position) est déterminé uniquement par les cartes qu'ils exhibent. À part lors du premier tour d'enchères (où celui qui parle en premier est celui qui affiche la carte la plus basse), c'est toujours la *haute* combinaison affichée qui parle en premier (en *checkant* ou en ouvrant), les joueurs parlant ensuite étant ses voisins à partir de sa gauche (la parole tourne dans le sens horaire, comme dans tout poker habituel).

Rien ne dit qu'un joueur qui possède la plus haute main l'aura aussi lors du tour d'enchères suivant. C'est pourquoi l'ordre de parole peut changer d'un tour d'enchères à l'autre. Cela explique aussi pourquoi le stud/8, tout comme le stud à 7 cartes, n'a pas besoin d'utiliser de bouton qui désigne le donneur virtuel.

Les relances

La plupart des clubs ou casinos qui pratiquent les limites fixes ou le *spread-limit* autorisent trois ou quatre relances par tour, sauf quand seulement deux joueurs s'affrontent, auquel cas il est admis que les relances se passent sans limite de nombre.

Les enchères doubles

En limites fixes, les enchères doublent dès le troisième tour, c'est-à-dire dès que les joueurs possèdent cinq cartes chacun (avec l'exception de la paire affichée au deuxième tour – voir plus haut). Puis les joueurs reçoivent chacun une sixième carte, ouverte, et enfin, une septième, qui est donnée fermée. À ce stade, les joueurs ont chacun quatre cartes ouvertes et trois cartes fermées. A lieu alors le cinquième et dernier tour d'enchères.

L'abattage

S'il reste au moins deux joueurs en lice après la fin du dernier tour d'enchères, les joueurs retournent leurs cartes faces en l'air et les combinaisons sont comparées. La meilleure main haute remporte la moitié du pot et la meilleure main basse remporte l'autre moitié.

Posséder à la fois la meilleure main en haut et en bas est parfaitement possible. Si vous possédez la main 7-6-5-4-3-2-A, non seulement vous avez la *roue* 5-4-3-2-A, la meilleure main basse possible, mais en plus vous avez une quinte au Sept, qui peut s'avérer gagner l'option haute.

Une variante folklorique : la déclaration

Une variante consiste à déclarer avant l'abattage dans quelle direction on joue (haut ou bas). Pour ce faire, chaque joueur prend deux jetons, passe ses mains sous la table et met dans sa main : soit *deux* jetons s'il déclare jouer en haut et en bas, soit *un* jeton s'il déclare jouer uniquement en haut, soit *aucun* jeton s'il déclare jouer uniquement en bas. Les joueurs ressortent ensuite leur main fermée en poing au-dessus de la table et les ouvrent en même temps. Ceux qui jouent uniquement en bas comparent leurs mains, ceux qui jouent en haut font de même… et ceux qui jouent en haut et en bas comparent leur main avec les meilleurs de chaque option ; leur cas est particulier : pour prétendre à une part du pot, ils doivent être les meilleurs à la fois en haut et en bas, ou au pire ex aequo.

Si, par exemple, un joueur qui a déclaré jouer en haut et en bas est le meilleur en haut mais pas le meilleur en bas, il ne gagne rien du pot. Cette règle empêche d'utiliser systématiquement cette option.

Cette variante est très riche en stratégie. On peut imaginer par exemple qu'un joueur qui tirait en haut ait raté son tirage ; il peut alors, par défaut, jouer en bas même s'il a un bas au Huit seulement, mais ce sera le bas gagnant si les joueurs sont de toute évidence sur l'option haute ; n'ayant aucun adversaire à l'abattage, il empochera alors la moitié du pot.

Généralement, cette variante n'oblige pas à avoir au plus Huit pour pouvoir jouer en bas.

Savoir quand passer et savoir quand jeter

On l'a vu, le stud/8 demande de la patience et de la vivacité. La plupart du temps, vous allez simplement jeter vos cartes dès le premier tour parce qu'elles ne répondent pas aux critères minima que vous vous êtes fixés, ou elles ne sont plus assez *live* (elles sont trop dupliquées chez les adversaires – voir le paragraphe « L'importance d'avoir des cartes *live* »). En plus, le joueur recherche en priorité les mains qui peuvent gagner à la fois en haut et en bas. N'oubliez jamais que l'objectif du jeu n'est pas de partager un pot mais de l'empocher dans sa totalité (*scoop*).

Quelles mains sont appelées à gagner ?

Certaines mains hautes, qui sont jouables en stud à 7 cartes, sont vulnérables en stud/8. Démarrer avec une paire de Dames ou de Rois est un bon départ en stud à 7 cartes. Eh bien, en stud/8, la plupart des joueurs recherchent d'abord les mains basses ayant aussi un potentiel en haut. Donc pas une paire forte. Résultat : un As avec deux petites cartes est très jouable.

Avec un As, un joueur peut toujours compléter ensuite avec un deuxième As et vaincre ainsi un adversaire parti avec une paire de Dames ou de Rois non améliorée, ou améliorée à deux paires si lui-même aussi touche une deuxième paire.

Du fait que les bons joueurs de stud/8 cherchent d'abord les mains basses avec un potentiel en haut, cela fait perdre de la valeur aux mains qui jouent uniquement en haut.

Qu'est-ce qu'une bonne main basse ? Tout dépend des cartes ouvertes adverses. Un 8-7-4 peut être menaçant tant que les adversaires apparaissent tous jouer en haut. Mais la même main de départ sera une horreur si plusieurs cartes plus basses sont visibles chez les adversaires.

L'importance d'avoir des cartes live

Les cartes *live*, c'est-à-dire vos cartes améliorantes qui sont toujours disponibles, sont tout aussi importantes en stud/8 qu'en stud à 7 cartes. Si vous essayez de compléter une main basse, vous devez être conscient du nombre de cartes basses exposées pour que vous estimiez vos chances de compléter votre main.

Standards de départ : les trois premières cartes sont décisives !

Les standards de départ (les mains de départ que vous devez jouer) sont importants en stud/8, comme dans toutes les formes de poker. Certains experts prétendent même qu'ils sont plus importants dans le cas des pokers de partage comme le stud/8. Comme le coup attire plus de joueurs que la version sans partage du pot, il est impératif de posséder un tirage à la meilleure main basse, sinon vous vous en remettez à la chance pure, et deux fois de suite : d'abord en recevant une bonne carte, et ensuite à condition que l'adversaire menaçant n'en touche pas une lui-même !

Vos trois cartes de départ doivent se combiner à votre avantage pour que vous poursuiviez le coup. Et si elles se combinent à la fois en haut et en bas c'est encore mieux !

Par exemple, vous démarrez avec cette main :

Figure 5-6 :
Vous démarrez avec cette main.

C'est une main potentiellement très forte ! Car non seulement vous avez un beau tirage bas, mais en plus c'est un tirage à couleur max, et même à quinte flush, excusez du peu ! Si un deuxième As vous arrive, vous aurez en plus une grosse paire qui pourra peut-être se transformer en double paire voire en brelan. Il est aussi possible d'arriver à une quinte, deux paires avec un bas ou couleur et bas en même temps.

Mais cette main n'est pas la meilleure possible. Pour moi, voici la meilleure main :

Figure 5-7 :
La meilleure main.

Non seulement vous avez trois cartes basses, mais vous avez aussi le meilleur tirage possible de quinte basse (avec As et Deux en bas, et Six et Sept en haut) et une possibilité de couleur.

Même si vous recevez le Valet de cœur, vous avez amélioré votre main ! Car vous avez un tirage à couleur, et même si le Valet ne vous rapproche pas de votre main basse, vous n'êtes pas encore mort pour autant. Si la cinquième carte est le Sept de trèfle, là encore vous avez amélioré votre main car elle présente maintenant trois tirages en même temps : un à couleur, un à quinte et un en bas :

Figure 5-8 :
Si la cinquième carte est le Sept de trèfle, vous avez amélioré votre main.

Supposons maintenant que la sixième carte soit l'As de cœur. Là encore, vous améliorez puisque vous touchez la couleur max... mais en plus vous réalisez une main basse au Sept ! Avec une telle main, vous pouvez relancer en toute impunité. Si deux ou trois adversaires semblent tirer en bas, vous avez toutes les chances d'encaisser la moitié du pot et de bonnes chances de faire le scoop !

Et si tous vos adversaires tirent apparemment en haut, vous allez à coup sûr *verrouiller* le bas tout en ayant des chances sérieuses d'empocher aussi le haut, donc là encore de faire le scoop. Si vous êtes au moins trois joueurs en tout, votre demi-pot vous fera du profit, surtout s'il contient aussi du *dead money*, c'est-à-dire des jetons d'autres joueurs qui ont misé auparavant mais qui ont jeté l'éponge ensuite.

Si vous pouvez faire le scoop, vous allez empiler des jetons pour deux coups gagnants au lieu d'un (en moyenne). C'est-à-dire beaucoup ! Quand vous avez verrouillé une des deux options, vous pouvez essayer d'écarter les joueurs qui tentent l'autre option, ce qui vous permettra d'éviter le partage, donc d'empocher tout le pot, et ainsi d'améliorer votre profitabilité (pour plus de détails, voir « Après la troisième carte » dans ce chapitre).

Les mains jouables

Généralement, une bonne main de départ possède un potentiel dans les deux options. Cela permettra peut-être ensuite de faire le scoop du pot, objectif ultime du joueur de stud/8. Par exemple, la main A-2-3 à carreau est parfaite. Elle démarre avec trois cartes pour une *roue* – le meilleur bas possible – et peut tout autant se changer en main haute, en devenant une quinte, une couleur ou même deux paires aux As. Si vous avez vraiment beaucoup de chance, vous pourriez même terminer ce coup avec une quinte flush, mais ne rêvons pas ! La plupart des mains de départ n'ont pas cette trempe – en tout cas pas sur le long terme. En voici quelques autres qui s'avèrent jouables.

Les mains avec As

Si vous avez un As en carte visible, cela va nécessairement faire réfléchir vos adversaires. L'As représente deux cartes en une : la plus haute dans les mains hautes et la plus basse dans les mains basses. Bref, c'est la meilleure carte aussi bien en haut qu'en bas ! Quand vous recevez un As, vos adversaires ignorent si vous jouez en haut ou en bas. Si vos cartes fermées sont 6-5, vous tirez vers le bas. Mais si c'est A-K, c'est un très bon haut, probablement le meilleur à cet instant.

Si vos cartes suivantes sont basses, vos adversaires croiront que vous êtes définitivement en bas alors qu'en réalité vous avez une paire d'As. Donc si eux-mêmes n'ont pas de bas suffisant, ils passeront. En admettant qu'une autre paire vienne à votre main, vous aurez alors deux paires aux As et vous l'emporterez face à toute autre double paire qui ne contient pas d'As.

Supposons que vous déteniez cette main :

Figure 5-9 :
Supposons
que vous
déteniez
cette main.

Après avoir reçu un As ouvert au départ, vous touchez un baby (le Trois) puis un autre As apparaît, ce qui vous donne une paire d'As ouverte. (Nous rappelons que, dans cette main, les deux cartes de gauche sont fermées et les trois cartes de droite sont ouvertes). On comprend que les adversaires soient très prudents quant à la suite du coup. Car on sait que, quand une carte vient apparier la carte ouverte du départ, le joueur possède probablement un brelan. Donc ici, même les joueurs qui ont deux paires seront tentés de passer.

Votre adversaire doit aussi considérer que vous pouvez avoir entre les mains quatre cartes basses en plus de l'As (ce qui est le cas). Si vous possédez cette main face à un adversaire seul, vous avez une très bonne probabilité d'encaisser le pot en entier (scoop). Non seulement les As sont les cartes les plus puissantes du stud/8, mais en plus c'est la carte qui menace le plus vos adversaires et les force à jouer sur des œufs. C'est pour vous une bonne occasion de bluffer.

La plupart de vos adversaires joueront un As avec deux petites cartes, même s'ils jouent serré d'habitude. Quelle est la jouabilité d'une main comme 8-7-A ? Cela dépend des cartes adverses. Si ce sont essentiellement des cartes hautes, vous avez le seul tirage bas. Si vous réussissez votre main basse, le pot sera pour vous. Mais si d'autres cartes basses sont visibles, vous devez réussir le meilleur bas pour l'emporter, et c'est mal parti quand on a Huit et Sept dans sa main.

Mains verrouillées en bas

Il s'agit des mains pour lesquelles il n'y a aucune possibilité de faire aussi un haut. Par exemple :

Figure 5-10 :
Main
verrouillée
en bas.

L'un des problèmes que posent ces mains est la difficulté de finir quinte. Elles ne termineront en haut qu'exceptionnellement, par exemple avec deux paires ou un brelan. Donc les chances de réaliser votre objectif premier (faire le scoop du pot) sont singulièrement réduites. Cet inconvénient ne rend pas d'un seul coup votre main injouable mais la cantonne dans une des deux options – en l'occurrence en bas. Si vous choisissez de la jouer, vérifiez que vous êtes seul dans cette voie.

À chaque fois que votre adversaire montre un As à la première donne et que vous n'êtes plus que deux joueurs en course, non seulement il possède vraisemblablement un meilleur tirage bas, mais en plus il est probablement aussi meilleur en haut. On a parfois intérêt à jeter une main qui ne joue que dans une direction.

L'As est comme deux cartes en une

L'As est à la fois une carte basse et une carte haute. Posséder un As revient donc à jouer huit cartes au lieu de sept ! Mais aussi puissant qu'est l'As, toutes les mains qui en contiennent un ne sont pas jouables pour autant. Une main comme A-9-8 aura bien du mal à gagner : elle ne tire pas plus en haut qu'en bas. Vous trouverez assez de mains jouables en stud/8 pour vous faire cette faveur : même quand votre As fait de grands sourires au monde entier, il faut quand même vous en séparer quand il est accompagné par des horreurs.

Mains à deux vitesses

Les mains à deux vitesses sont les plus désirables. Avec un peu de chance, des mains basses peuvent devenir hautes… mais une main haute au départ ne peut pas devenir basse !

Si vous commencez avec 6-5-3, vous êtes en bonne voie pour une main basse, et pourquoi pas une quinte grâce à laquelle vous pourrez peut-être empocher la totalité du pot. Si elles sont assorties au départ, c'est même encore mieux parce que vous pourrez terminer couleur.

Inversement, si vous partez avec trois cartes hautes, toute main basse est condamnée. Par exemple, avec Q-J-10 au départ, vous vous dirigez vers une quinte, mais la seule façon que vous aurez de scooper le pot sera soit de ne plus avoir d'adversaire avant l'abattage (qui n'aura donc pas lieu), soit ne pas avoir d'adversaire avec une main basse. Cela ne signifie pas non plus que vous ne devez pas jouer cette main ; cela signifie juste qu'il faut y aller sur des œufs.

Mains déguisées

Même s'il arrive que certaines mains hautes se comportent comme des basses, il est généralement difficile de faire croire que l'on joue en bas quand on joue en haut. Car si vous pouvez suivre avec un Valet, vous aurez du mal à faire croire autour de vous que vous essayez une main basse. Vous pouvez avoir une paire, un tirage à quinte ou à couleur. Vos adversaires ne le sauront pas mais ils sauront vers quoi vous tendez et c'est ça qui importe pour eux.

Mains hautes

Si tous vos adversaires semblent posséder des mains basses et si vous avez une bonne main haute en cours de construction, alors poursuivez-la gaiement. Sauf si un adversaire prépare une quinte ou une couleur, les chances sont favorables à ce que vous gagniez l'option haute du coup. Et si un joueur et vous-même faites chacun deux paires, les vôtres doivent logiquement être meilleures que les siennes.

À chaque fois que vous êtes le seul joueur tirant en haut et que vous affrontez au moins deux joueurs qui tirent en bas, vous êtes en bonne position pour empocher la moitié du pot, à moins que quelqu'un touche les As.

Haut contre bas : un contre un

Vous pouvez aussi faire une bonne opération quand vous tirez en haut et que vous affrontez un joueur qui tire en bas. Si vous possédez déjà une grosse paire dès le départ, vos probabilités de gagner le pot en entier sont importantes. Voici pourquoi : vous avez déjà une main, tandis que votre adversaire, lui, doit attendre d'avoir réalisé sa main basse pour pouvoir prétendre à l'autre moitié du pot. Donc il est encore peu avancé quand vous-même possédez déjà une main capable de gagner en haut.

On peut très bien imaginer que votre adversaire possède quatre cartes basses en guise de quatre premières cartes, mais touche soit des cartes hautes ensuite, soit des *doublettes* qui lui donnent deux petites paires. Dans les deux cas, il n'a pas sa main basse et ne peut vous vaincre si vous possédez une grosse double paire. C'est presque le typique « face tu perds, pile je gagne » et cela fait évidemment votre affaire.

À titre d'information, un joueur qui part avec trois petites cartes a environ 50 % de chances de terminer avec un bas... Seulement 50 % ! Si vous-même tirez en bas, vous vous sentirez bien si vous affrontez une flopée de mains hautes, qui sont la garantie de vous abandonner la moitié du pot, même si votre bas est un mauvais Huit. Il est au contraire délicat d'affronter des mains basses dans ces conditions, surtout des adversaires qui exhibent uniquement des cartes très basses, car même dans ce cas et même en réussissant votre bas, vous n'êtes pas du tout certain d'empocher le demi-pot.

Mains super-fortes

Vous démarrez avec une main super-forte? Voilà une autre occasion où il est payant de jouer en haut sans tenir compte du nombre d'adversaires que vous affrontez. Si vous avez reçu trois Valets, par exemple, vous n'avez pas grand-chose à craindre d'adversaires qui tirent aussi en haut et de leur nombre. Vous possédez déjà un brelan, et avec lui une bonne probabilité de terminer full ou carré. Vous êtes déjà favori et vous pourriez exploiter cette opportunité en ouvrant et en relançant à l'envi. Le meilleur brelan servi est évidemment le brelan d'As, car dès le départ les adversaires ignorent si vous jouez en haut ou en bas. Tandis que le brelan de Deux, lui, peut faire se coucher les possesseurs d'un tirage bas moyen.

Encore plus loin dans le stud/8

Pour gagner en stud/8, il est préférable de commencer avec une main basse et d'essayer de faire le scoop du pot en réussissant aussi une main haute. C'est beaucoup plus facile que de partir avec une main haute et de terminer avec une main basse ! L'objectif du jeu est de faire le scoop, c'est-à-dire de gagner le demi-pot qui revient à la meilleure main haute et de gagner le demi-pot qui revient à la meilleure main basse. Cela explique que les meilleures mains de départ soient aussi celles qui tirent à la fois vers le bas et vers le haut. La plupart du temps, cela implique de démarrer avec des cartes basses.

Au-delà de la première donne

Le choix de continuer au-delà de la première donne signifie clairement que votre prochaine décision clé arrive dès le prochain tour d'enchères. Si vous touchez une carte haute à la deuxième donne alors que vous espériez faire une main basse, cela diminue sévèrement vos chances de compléter votre main. Mais si vous touchez une carte basse (sous-entendu : qui ne double pas une de vos cartes), vos chances de réaliser votre main basse au final sont intactes.

Si vous touchez une bonne carte à la deuxième donne et si un adversaire (qui possède lui aussi ce qui ressemble à un tirage en bas) touche une carte haute, relancez donc si quelqu'un ouvre. Cette tactique met la barre très haut à votre adversaire puisqu'il voit deux petites cartes dans votre affichage, qui sont autant de chances en plus pour vous et de chances en moins pour lui de gagner. Vous pouvez ainsi à la fois écarter un adversaire menaçant et engraisser le pot.

Si vous touchez ce qui semble être la seule main basse du coup, vous pouvez relancer à chaque fois que quelqu'un ouvre – et vous pouvez le faire avec autant d'assurance et de tranquillité que la moitié du pot vous appartiendra quelques poignées de secondes plus tard. Cette situation burlesque mais ô combien jouissive est ce que les Américains appellent le *freerolling* – quand vous détenez la meilleure main basse et qu'il n'y a aucun risque pour vous à payer, payer et faire payer les mains hautes.

Le fait de suivre les enchères à la cinquième carte, c'est-à-dire au troisième tour d'enchères, ne représente pas le même engagement en stud/8 qu'en stud à 7 cartes. Si vous avez un tirage bas et si vous touchez ensuite une mauvaise carte alors qu'un adversaire en reçoit une très bonne, il peut être juste de jeter votre main si quelqu'un ouvre.

Mais si vous avez une main haute et que vous êtes encore actif à la troisième donne, le pot est généralement assez gros pour vous donner la cote suffisante qui vous pousse à rester en place jusqu'à la fin. Cette indication, là encore, s'applique d'abord aux enchères à limites fixes ; en *pot limit*, la cote est insuffisante quand les enchères sont élevées et exige généralement de jeter ses cartes plus souvent.

Quand tout le monde affiche des cartes basses

Si vous constatez que tous les joueurs n'affichent que des Deux, Trois, Quatre, Cinq ou Six, vous pouvez être certain qu'ils jouent en bas. Quand l'un d'eux exhibe une première carte ouverte qui est aussi un As, il peut être en haut ou en bas, voire même avoir une main duale comme A-2-A. Avec une carte ouverte différente de l'As mais basse, vous pouvez être certain que les joueurs qui restent dans le coup ont aussi deux autres cartes basses.

Le scénario suivant vous met face à un dilemme : si vous démarrez avec trois petites cartes et si trois adversaires exhibent uniquement des cartes basses, vous pouvez considérer qu'il a déjà été donné environ 12 cartes comprises entre l'As et le Huit. Si c'est le cas, cela signifie que, comme il y a 32 cartes basses dans le jeu, 38 % des cartes basses sont déjà indisponibles.

Pour illustrer un concept important, imaginez ceci :

- ✔ Aucun As n'est visible ;
- ✔ Vous détenez trois bonnes cartes basses ;
- ✔ Trois adversaires ont aussi des affichages bas ;
- ✔ Un joueur qui exhibe un Roi suit lui aussi.

Il est évident de savoir pourquoi le Roi reste en jeu : ce n'est pas forcément parce qu'il a déjà une paire (sinon il relancerait), mais parce qu'il est apparemment le seul à tirer en haut. Quatre joueurs vont apparemment en bas alors qu'un seul va en haut. Environ 20 cartes basses restent dans le jeu – peut-être plus, suivant que les adversaires sont affûtés ou non, s'ils jouent par exemple des mains comme 3-J-2 et si d'autres ont passé avec des mains comme 3-7-10. Vous n'en saurez jamais rien mais sachez que la partie va être rude.

Supposons que vous partiez avec 3-4-5. Recevoir un autre Trois, Quatre ou Cinq n'est pas vraiment ce que vous attendez du destin. Un Huit vous laissera quatre cartes pour un bas – mais contre trois joueurs tirant aussi en bas, votre main serait peut-être la pire.

Un Deux ou un Six est parfait. Car non seulement cette carte augmente votre potentiel à finir bas, mais en plus elle vous donne un tirage à quinte qui vous fera peut-être finir haut *en plus*. Un As serait une carte basse idéale – qui vous donnerait là encore un tirage à quinte et à *roue* (le bas max, 5-4-3-2-A). Enfin, recevoir un Sept vous maintient dans la course tout en vous donnant un tirage à quinte ventral pour un éventuel haut.

Votre adversaire qui tire en haut est dans une bonne situation à cet instant. Car non seulement il est le seul à tirer en haut, ce qui efface la concurrence, mais aussi cela ne lui sera pas défavorable de toucher une carte s'il a déjà une grosse paire : c'est une petite carte de prise à l'adversaire, et qui le rapprochera d'un éventuel scoop.

Les frustrations sont légion au stud/8, surtout quand vous partez avec trois petites cartes et que vous recevez une carte haute ou une mauvaise carte basse, ce qui vous contraint à abandonner le coup. En effet, on ne reçoit pas si souvent une main composée de trois cartes basses et il est rageant de devoir ensuite quitter le coup. Mais c'est la nature même de ce poker-là. C'est aussi un avantage pour les joueurs qui savent se discipliner : le facteur frustration pousse certains joueurs à jouer plus de coups qu'il n'en faudrait, ce qui leur fait automatiquement perdre de l'argent. Même les joueurs expérimentés perdent patience de temps à autre après de longues séries d'attente non récompensée par le hasard de la donne.

Les bonnes mains ne se changent pas toujours en bons profits

Les mains fortes ne sont pas toujours des grosses machines à profits, et ça aussi c'est frustrant. Vous pouvez avoir reçu trois Rois, toucher le quatrième couronné ensuite contre un adversaire qui tire apparemment en bas. Vous pouvez toujours ouvrir et relancer autant que vous le voulez, si le pot est ensuite partagé, vous ne retrouverez chacun que la moitié des antes et du bring-in ! C'est peu pour un carré qui arrive aussi peu souvent, non ?

Relancer à mort

Quand vous avez une main duale (haut et bas) qui est la meilleure sur l'une des options, vous pouvez – et vous *devez* – enchérir au maximum des possibilités. Si vous arrivez à faire le scoop au final, le pot sera maximum, mais même si vous ne recevez que la moitié du pot, cette moitié sera maximum elle aussi.

Cette même tactique est à double tranchant, alors méfiez-vous. Rien ne vous dit que vous n'allez pas affronter en final deux voire trois mains hautes, alors que vous êtes le seul à tirer en bas. Rien ne garantit que vous complétiez votre bas. Si vous ne recevez pas les cartes dont vous avez besoin, vous pourriez vous voir suivre les enchères tout au long du coup, ne rien toucher au final… et devoir jeter vos cartes piteusement au dernier tour d'enchères… Ô rage, ô désespoir !

Cela étant, vous pouvez éviter de tirer l'une des options du pot à chaque fois que votre main s'analyse comme étant seconde. Il y aura toujours des joueurs qui iront chercher leur main basse même s'ils voient qu'un adversaire tire à un meilleur bas qu'eux. C'est à l'abattage que le suiveur s'aperçoit de son erreur. Il faut savoir jeter ses cartes même si on a déjà réalisé sa main basse, quand on la sait inférieure à celle d'en face.

Le stud/8 est plein d'inattendu et c'est aussi ce qui en fait un jeu passionnant : c'est la main déjà réalisée contre le gros tirage. C'est aller jusqu'à la *river* avec un tirage dual. C'est démarrer avec une main basse et terminer avec une main haute. C'est faire le *freerolling* pour le scoop. C'est la frustration de réussir une grosse main haute qui se limite à ramasser les antes quand l'adversaire prend l'autre moitié du pot.

Quand vous possédez la seule main basse

Quand vous réussissez ce qui apparaît comme étant la seule main basse de la table, la moitié du pot vous est promise. Vous avez aussi plus de bonnes cartes disponibles. Si tous vos adversaires tirent en haut, cela signifie qu'ils ont reçu peu de cartes basses, donc qu'elles sont en proportion supérieure à la moyenne dans le jeu des cartes qui restent. En réalisant votre bas tôt, vous pourrez relancer systématiquement plus tôt, donc engraisser le pot. Autre avantage : si deux des adversaires hauts se relancent mutuellement, vous en profiterez indirectement car le pot engraisse aussi de ce point de vue.

Mais quand vos adversaires tirent aussi en bas, rien ne dit que votre main sera la meilleure. Rien ne sert de relancer systématiquement si vous n'êtes pas certain à la sortie de vous adjuger la moitié du pot. Il n'y a rien de plus vexant – et d'onéreux – que de réussir son bas et de perdre face à un meilleur bas, surtout si les signaux clignotaient tout au long du coup.

Prenez ces concepts à cœur

Voici la règle en matière de tirages bas… Ce n'est pas parce que vous avez trois cartes basses que votre main est jouable :

✔ C'est le cas, même avec un tirage bas aussi médiocre que 2-7-8, si ce tirage apparaît comme le seul en place et qu'il affronte au moins un tirage haut.

✔ Ce n'est pas le cas si, quelle que soit votre main basse, les adversaires ont des tirages bas meilleurs que le vôtre et si votre tirage n'est pas dual (haut + bas).

Quand deux ou trois joueurs partent avec des tirages bas, ne vous étonnez pas de recevoir des cartes hautes. Le jeu est probablement plein de cartes hautes à cet instant.

Les joueurs qui partent avec trois petites cartes, particulièrement ceux qui sont sans quinte ni couleur potentielles, sont généralement voués à la moitié du pot seulement, sans être sûrs de compléter leur main basse. Souvenez-vous qu'il y a *toujours* une main haute et qu'il y a *parfois* une main basse. Se vouer au bas dès le départ est donc perdant sur le long terme et il faut s'en garder. Souvenez-vous qu'en partant avec trois petites cartes, vous terminerez en bas moins d'une fois sur deux… mais pas plus.

En quoi le stud/8 diffère du stud à 7 cartes

La façon dont vous jouez vos trois premières cartes en stud à 7 cartes est une première clé du succès. Le jeu gagnant exige d'être conscient du caractère *live* des cartes améliorantes. Les joueurs de stud à 7 cartes ont aussi besoin d'anticiper ce que les joueurs en place peuvent faire ensuite, selon leurs cartes ouvertes et leur style de jeu.

Ces considérations sont toujours vraies en stud/8. Mais c'est là que leurs routes se séparent. En stud à 7 cartes, une fois que vous avez décidé d'entrer dans le coup au premier tour d'enchères, le point de décision principal se trouve ensuite au troisième tour d'enchères, quand vous avez cinq cartes – on a coutume de dire que celui qui paie ce tour d'enchères se trouve engagé jusqu'à la fin du coup. Pour les champions du stud à 7 cartes, le jeu au deuxième tour de donne serait sous pilote automatique, sauf cas exceptionnel.

En stud/8, hors de question de jouer le deuxième tour d'enchères aveuglément ! C'est le stade où vous venez de recevoir votre quatrième carte et celle-ci est essentielle car elle peut vous amener un tirage solide, tant en haut qu'en bas.

Si vous jouez correctement au stud/8, vous allez démarrer avec trois cartes basses la plupart du temps – et ce sont justement elles qui vont rendre le deuxième tour d'enchères décisif. Car vous allez devoir recevoir encore deux cartes inférieures au Neuf, et en plus des cartes qui ne doublent pas celles que vous possédez déjà. En d'autres termes, la moitié des quatre prochaines cartes doit être basse pour que vous réussissiez.

Supposons que vous ayez reçu une carte haute en guise de quatrième carte ou une carte qui double une de vos trois premières cartes. Quatre dragons vont vous souffler le feu à la figure :

- ✔ D'abord, vous avez radicalement réduit vos chances de réussir un bas puisque la nouvelle contrainte est que deux de trois cartes restantes doivent être basses pour avoir une chance de gagner la moitié du pot.

- ✔ Ensuite, vous ne ferez pas votre main finale avant la sixième carte. Et même si vous y arrivez, vous aurez de toute façon un seul tour d'enchères ensuite pour relancer systématiquement et engraisser le pot, ce qui peut s'avérer insuffisant par rapport à vos espoirs secrets.

- ✔ Pareillement, si un autre joueur qui tirait en bas reçoit quant à lui une carte basse, il passe largement devant vous dans la course au pot puisqu'il n'a plus besoin que d'une seule carte basse pour compléter sa main. Pendant ce temps, vous-même devez en faire entrer deux – et encore, même si vous y arrivez, rien ne dit que vous serez gagnant. En plus, si votre adversaire en bas touche sa main basse avant vous, il sera excité dans les relances et rien ne dit que vous pourrez suivre. Vous feriez de même à sa place.

- ✔ Enfin, vous pouvez très bien recevoir une carte basse, mais qui double une de vos cartes, donc qui n'améliore en rien votre main. Oui, c'est vrai, vous avez un départ de main haute, mais c'est une main haute *médiocre*. C'est vrai aussi qu'un adversaire qui tire en bas lui aussi ne saura pas que vous venez d'apparier. C'est l'avantage de la situation : si son tirage bas est médiocre, votre petite carte supplémentaire, bien que ne vous arrangeant pas, lui fera craindre une main basse chez vous et il sera alors tenté de jeter ses cartes. Mais même si vous parvenez à l'éliminer, l'objectif est d'arriver à faire une main basse et cette doublette vous handicape pour le faire.

Admettons que vous partiez avec une main excellente en bas, comme 5-4-3, et que vous touchiez un Huit ensuite. Ce n'est pas aussi mauvais que de toucher une figure, car cette carte vous rapproche quand même de la combinaison basse finale. Mais que dire si vous voyez un adversaire qui exhibe fièrement 6-5 et un autre qui affiche benoîtement 4-3 ? La seule façon d'avoir le meilleur tirage bas à cet instant est que les deux adversaires aient chacun une carte haute dans leurs cartes fermées, ou une doublette... Enfer et damnation !

Les mains cachées

Les mains cachées (comme une paire d'As avec une petite carte ouverte, ou encore un brelan de Quatre dont l'un d'eux est visible) sont d'une puissance sans nom au stud/8, justement parce qu'elles sont rares. Quand vous pensez que quelqu'un essaie de tirer en bas, c'est généralement le cas. Si vous possédez une main haute qui s'affiche comme une main basse, vous avez une bonne chance de remporter un gros pot. Vous pouvez ainsi dès le départ vous permettre de relancer systématiquement parce que votre adversaire le fera lui aussi – et pour cause, il pensera avoir lui aussi le meilleur haut. Il pensera que vous et l'autre main basse se battent pour la moitié du pot et que sa part est garantie, ce qui est faux évidemment. Il ne se doutera pas que c'est lui qui va se faire voler la moitié du pot à l'abattage : il croyait ne pas avoir d'adversaire, alors que son véritable adversaire, c'était vous.

Il vous arrivera de faire le scoop du pot avec une main duale – n'importe laquelle des petites quintes constitue une chance énorme de gagner la totalité du pot, mais moins encore que l'extraordinaire petite couleur. Même deux paires avec un bas remporteront assez couramment la totalité du pot. La plupart du temps, vous jouerez une main à une seule option (haute ou basse) et quand ce sera le cas, la seule façon de faire le scoop du pot sera d'éliminer les adversaires qui tirent dans l'autre direction, voire d'éliminer tous les adversaires quels qu'ils soient avant l'abattage.

Quand accélérer et quand freiner

Si vous recevez tôt une grosse paire, vous possédez une main qui a déjà une valeur intrinsèque. Si vous partez avec trois petites cartes, même les meilleures du monde, vous ne possédez rien de plus qu'un tirage bas. Et quelles que soient ces cartes-là, elles doivent être complétées de deux cartes inférieures au Neuf et non doublettes pour qu'enfin une main basse vous soit donnée – c'est-à-dire, dans le meilleur des cas, pas avant la troisième donne ! Si vous ratez votre main basse au final (rappelez-vous : cela vous arrivera une fois sur deux), à moins d'accrocher au passage une main haute valable, vous n'aurez rien à prétendre au pot, et comme dit l'humoriste : « Circulez, y'a rien à voir ! »

Pour autant, si vous réussissez ce qui apparaît comme la seule main basse lors de la cinquième ou de la sixième carte, avec en plus la possibilité d'améliorer à une belle main haute, vous avez déjà gagné la moitié du pot face à des adversaires qui ne visent qu'une main haute. Vous pouvez alors relancer sans crainte. Si au final vous faites en plus une quinte ou une couleur, voire une grosse paire gagnante, vous pourrez faire le scoop.

Un bon concept stratégique consiste à savoir quand il faut pousser un coup en ouvrant et en relançant, et quand il faut au contraire freiner tout en essayant de compléter sa main à bon compte. Si vous avez une grosse main, vous devez relancer systématiquement tôt et souvent pour rendre l'entrée dans le coup la plus chère possible pour les mains basses en présence, dans le but de les décourager. N'oubliez pas que ce que vous recherchez par-dessus tout est d'*éviter le partage du pot*. Vous voulez aussi éviter l'indignité de laisser l'opportunité à une main basse de se changer en main haute supérieure à vous, voire d'ajouter une main haute à son bas, ce qui lui ferait un scoop particulièrement vexant pour vous !

La seule manière d'assurer le gain de la totalité du pot quand on a une main haute est de pousser la main basse à passer. Votre adversaire ne va évidemment pas le faire pour vos beaux yeux : vous devrez l'y obliger. La meilleure façon d'y parvenir est d'ouvrir et même, si vous le pouvez, de relancer *avant lui*. Souvenez-vous qu'avant la cinquième carte, aucune main basse n'est possible, seuls sont en place des tirages bas. Il peut effectivement posséder un très bon tirage bas, mais ce n'est qu'un tirage, et on sait qu'il ne sera complété qu'une fois sur deux. À cet instant, le plus souvent une seule paire forte suffit à le battre.

D'un point de vue pratique, vous allez trouver impossible de forcer un adversaire à jeter son tirage bas, sauf s'il reçoit une figure en quatrième ou cinquième carte. Si c'est le cas, vous devez ouvrir et il comprendra que sa cote financière est à son désavantage : s'il poursuit le coup, il cherche à compléter sa main pour ne prétendre qu'à la moitié du pot de toute façon. Ce serait du suicide de poursuivre.

Accélérer et freiner en stud/8

En roulant sur la voie du stud/8, pensez à avoir ce code de la route en tête :

- **Quand vous avez une main haute, accélérez le mouvement (en relançant systématiquement) jusqu'à la cinquième carte**, ou jusqu'à ce qu'il apparaît que votre adversaire a réussi une main basse. Après quoi, commencez à freiner.

- **Si vous avez un tirage bas**, poursuivez-le seulement si vous pouvez le faire pour un prix modique.

- **Si vous êtes le seul à tirer en bas contre deux ou trois mains hautes**, allez de l'avant et ouvrez – ou relancez, sauf si la quatrième carte vous est défavorable.

- **Si vous êtes le seul à tirer en bas contre deux ou trois mains hautes**, certains joueurs vont passer avant la fin du coup. Il faudra alors relancer systématiquement afin de récupérer leur dead money qui se trouve au pot.

- **Le stud/8 requiert une certaine dose de *flambe***, c'est-à-dire de prise de risque, et les situations qui présentent une cote positive doivent vous pousser à relancer systématiquement.

Vous ne serez pas toujours chanceux. La chance est un balancier qui va et vient, et il est normal qu'à certains moments, il soit dans le camp adverse plutôt que dans le vôtre. Si votre adversaire n'arrête pas de recevoir des *babies* (cartes appartenant à la *roue*, c'est-à-dire 5-4-3-2-A), il va probablement compléter sa main basse. Si vous ouvrez et s'il vous relance à la cinquième ou à la sixième carte avec un affichage bas, vous pouvez être certain qu'il possède une main basse et qu'il fait du *freerolling* en espérant toucher une main haute qui lui permettra de faire le scoop. Ou encore, pis même, il possède déjà une main haute supérieure à la vôtre (par exemple deux paires ou un brelan).

Si vous suspectez votre adversaire d'avoir complété sa main basse, il est temps d'arrêter les frais et de freiner des quatre fers. (Voir encadré « Accélérer et freiner en stud/8 ».) Une fois que votre adversaire a complété sa main basse, les éléments stratégiques s'inversent d'eux-mêmes, tant que votre main n'a pas de possibilité en bas. Au mieux, vous allez maintenant jouer pour la moitié du pot. Au pis, l'adversaire fera le scoop. Dans ce cas précis, vous n'avez aucune raison de continuer à engraisser le pot, au contraire.

Stud/8 : stratégies gagnantes

Vous ne deviendrez jamais un joueur gagnant au stud/8 si vous ne maîtrisez pas au moins ces éléments :

- ✔ **Volez les antes quand la situation le permet** : si vous avez le seul As de la table et si personne n'est encore entré, vous devez relancer pour essayer de voler les antes (bingo si tous les adversaires passent).

- ✔ **Soyez patient, surtout au premier tour d'enchères** : si vous ne possédez pas trois petites cartes, la meilleure main haute ou un tirage à quinte ou couleur, économisez donc votre argent et jetez vos cartes.

- ✔ **Manœuvrez correctement à la quatrième carte – c'est un point de décision majeur** : si vous partez avec un tirage bas et si vous touchez une carte basse à ce stade, vous avez une chance sur deux de terminer avec une main basse.

- ✔ **Suivez si vous avez une main viable** : quand les cartes ont toutes été distribuées et si votre adversaire ouvre, vous ne devez suivre que si vous possédez une main capable de gagner la moitié du pot.

- ✔ **Restez sur le qui-vive** : comme son cousin le stud à 7 cartes, le stud/8 exige une observation quasi permanente des forces en présence et des cartes visibles pour constamment réajuster les chances que vous avez d'améliorer votre main. Vous devez aussi déterminer si oui ou non vous possédez la main qui vous permet de gagner dans votre option (basse ou haute) et si vous avez une possibilité de remporter le pot dans son entier (« scoop »).

- ✔ **Ne jouez que les bons tirages** : les tirages promettent beaucoup mais, pour les joueurs, les cartes doivent être live. Les tirages bas sont plus jouables que les tirages hauts car ces derniers vous dirigent moins vers le but suprême qui est de faire le scoop du pot.

Le mieux que vous puissiez faire dans ces circonstances est de partager le pot – chose qui arrivera souvent – et dans certains cas, vous le perdrez totalement. Si votre adversaire possède déjà sa main basse et si vous êtes assez fou pour relancer avec votre main haute, il va vous sur-relancer à chaque occasion car c'est son intérêt. Il n'a rien à perdre puisqu'il a déjà *verrouillé* la moitié du pot grâce à sa main basse. Comme c'est souvent le cas, il tire aussi à quinte, couleur voire brelan, et il pourra à la river toucher une grosse main en haut en plus de sa main basse, ce qui lui amènera alors le scoop sur un plateau.

Chapitre 6

L'Omaha *high-low* et l'Omaha

L'Omaha *high-low* a un nom réel encore plus barbare : Omaha *high-low split, eight or better* (en anglais : *Omaha hold'em 8-or-better, high-low split*). Pour plus de simplicité, nous l'appellerons ici Omaha/8. Vous comprendrez plus loin ce que ce « 8 » vient faire ici.

Au milieu des années 1990, l'Omaha était considéré comme « le poker de demain ». Il est vrai que les champions qui découvraient ce poker un peu spécial, variante du Texas hold'em, ont su détecter toutes ses qualités novatrices. Cela étant, c'est la forme *high-low split* qui a remporté le plus de suffrages, au détriment de la forme *high only*, appelée simplement *Omaha*, qui, réservée aux gros joueurs et aux grands flambeurs férus de sensations fortes, se fait de plus en plus rare.

Comme son cousin le Texas hold'em, l'Omaha et l'Omaha/8 présentent cinq cartes communes données en trois fois : d'abord un flop de trois cartes, puis une quatrième carte ouverte appelée la *turn*, et enfin une cinquième carte ouverte appelée la *river*. Chaque joueur reçoit quatre cartes fermées au départ (contre deux au Texas hold'em). Dans la forme *high-low*, le pot est partagé entre la meilleure main haute et la meilleure main basse. On voit d'ores et déjà que, contrairement au stud/8 où les cartes sont toutes privatives, les cartes communes de l'Omaha aboutissent assez souvent à des mains identiques, surtout dans l'option basse, donc nécessitant des sous-partages du pot (voir plus loin).

Enfin, dernière différence par rapport au Texas hold'em : le joueur constitue obligatoirement sa main avec deux cartes privatives et *trois* cartes ouvertes du tableau. Ce point implique une véritable mise en condition car il faut savoir « lire » correctement une combinaison. Mais si vous savez jouer au Texas hold'em, vous saurez jouer à l'Omaha/8... et aussi à l'Omaha tout court, que nous abordons en fin de chapitre.

Si vous n'avez jamais joué à l'Omaha/8

L'Omaha/8 ressemble a priori beaucoup au Texas hold'em mais il présente quatre différences majeures :

- ✔ L'Omaha/8 est un jeu de partage, ce qui signifie que chaque coup attirera plus de joueurs et qu'il y aura plus d'enchères.

- ✔ Chaque joueur forme sa combinaison de cinq cartes en mariant deux cartes de sa main fermée et trois cartes ouvertes du tableau (cartes communes). En hold'em, si le tableau est composé de quatre piques et si vous avez l'As de pique en main, vous possédez bien la couleur à pique ; mais en Omaha, pour avoir la couleur, il vous faut deux piques en main ; l'As seul ne suffit pas.

Figure 6-1 :
Le tableau.

Figure 6-2 :
Votre main de Hold'em/ votre main d'Omaha.

  Votre main de Hold'em

Votre main d'Omaha

La main de hold'em fait couleur, pas celle d'Omaha.

- ✔ Comme vous recevez quatre cartes fermées et que seules deux cartes vous serviront pour votre main finale, vous pouvez former six combinaisons de deux cartes. En d'autres termes, en recevant quatre cartes fermées, vous recevez en quelque sorte six mains de deux cartes de Texas hold'em. Résultat : les mains gagnantes tendent à être un peu plus fortes qu'en Texas hold'em.

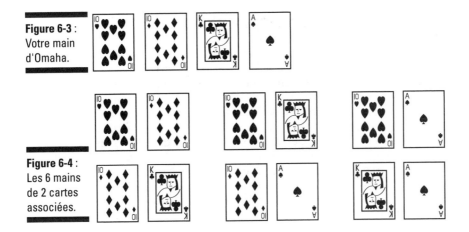

Figure 6-3 :
Votre main
d'Omaha.

Figure 6-4 :
Les 6 mains
de 2 cartes
associées.

> ✔ Quintes et couleurs sont courantes. Et deux paires, qui suffisent le plus
> souvent à remporter le coup de hold'em, l'emportent très rarement en
> Omaha ! Peu importe la puissance de la main fermée que vous avez : dès
> l'instant que trois cartes différentes inférieures au Neuf sont au tableau,
> une main basse est probablement en course et il faudra donc partager le
> pot. C'est comme ça, il faut s'y faire.

Les blinds

Avant la donne des cartes, les deux premiers joueurs à gauche du bouton
(donneur virtuel) doivent poster chacun un *blind*. Ces *blinds* remplacent en
quelque sorte les antes du stud. Le plus souvent, le petit *blind* est égal à la
moitié du gros. Donc si le premier joueur poste 5, le deuxième poste 10.

Les *blinds* ne sont pas du *dead money* : ils font partie du tour d'enchères en
cours. On peut donc considérer que le *blind* est une ouverture forcée et que
le *surblind* est une relance forcée. Pour compenser le désavantage d'être
blindeur, c'est le joueur suivant, donc le troisième après le bouton, qui parle
le premier. Donc le *surblindeur* parlera le dernier. Dans les tours suivants, en
revanche, c'est le petit *blindeur* qui parle en premier s'il est toujours présent.
Autre compensation : le *surblindeur*, s'il n'est pas relancé au premier tour,
peut se relancer lui-même.

À la différence du stud, où la position du joueur dépend de ses cartes
visibles, le bouton parle en dernier, sauf dans le premier tour d'enchères où
il parle avant le *blindeur*, en fin de tour de parole.

La donne et la structure d'enchères

Chaque joueur reçoit quatre cartes fermées et un premier tour d'enchères s'ensuit. Les joueurs peuvent soit suivre soit relancer le *blind*, soit encore passer leur main. Dans la version jouée en limites fixes *(limit Omaha)*, les clubs ou les casinos autorisent jusqu'à quatre relances par tour mais ne limitent pas le nombre de relances s'il ne reste que deux joueurs.

Quand le premier tour d'enchères est terminé, trois cartes communes sont étalées faces en l'air au milieu de la table : elles représentent le flop. Dans le deuxième tour d'enchères, chaque joueur doit *checker* ou ouvrir. Dès que les enchères sont ouvertes, les joueurs doivent choisir entre suivre, relancer et passer (jeter leurs cartes). Dès qu'une relance a eu lieu, les joueurs peuvent aussi sur-relancer.

Après ce deuxième tour d'enchères, une quatrième carte ouverte est donnée : c'est la *turn*. Un troisième tour d'enchères a lieu. Dans la version en limites fixes, l'enchère standard double à ce niveau : si vous êtes dans une partie 5-10, les enchères s'incrémentent de 10 en 10 après s'être incrémentées de 5 en 5 lors des deux premiers tours d'enchères.

Après ce troisième tour d'enchères, une cinquième carte ouverte est donnée : c'est la *river*. Elle-même et les autres cartes ouvertes forment le tableau. Un quatrième et dernier tour d'enchères a lieu. S'il reste au moins deux joueurs à la fin de ce dernier tour, les cartes sont abattues et les mains sont comparées. Deux cas se présentent :

✔ Le tableau contient au moins trois cartes différentes inférieures au Neuf : une main basse est alors possible (maximum au Huit, d'où l'appellation de *eight or better* – Huit ou mieux – ou d'*Omaha/8*) et le pot est partagé entre la plus forte combinaison en haut et la plus forte combinaison en bas ;

✔ Le tableau contient moins de trois cartes différentes inférieures au Neuf : le pot est attribué entièrement au joueur qui possède la meilleure combinaison haute.

Figure 6-5 :
Exemple de
tableau.

Ici, le tableau ne contient que deux cartes différentes inférieures au Neuf : 5-2. Donc aucune main basse n'est possible. Si un joueur possède en main les cartes 8-6-3, il ne peut pas former de main basse puisqu'il doit marier deux cartes fermées avec trois cartes ouvertes du tableau pour former sa combinaison.

Figure 6-6 :
Autre
exemple.

Ici, le tableau contient trois cartes différentes inférieures au Neuf : 5-3-2. Donc une main basse est possible, par exemple si un joueur possède 7-A en main.

Comme rien n'oblige à utiliser les deux mêmes cartes de sa main pour former la combinaison haute et la combinaison basse, un joueur peut très bien posséder à la fois une main basse et une main haute.

Figure 6-7 :
Supposons
qu'il possède
cette main...

Figure 6-8 : ...
et qu'il voie
ce tableau.

Concernant le haut, le joueur possède une couleur grâce à K-3 de sa main – pour être précis, c'est la couleur *seconde*, c'est-à-dire la couleur au Roi (il peut donc être battu par un joueur qui possède deux cœurs dont l'As). Concernant le bas, le joueur possède le bas max (c'est-à-dire le meilleur bas possible) grâce à A-2 de sa main.

Avec une telle main, le joueur est extrêmement puissant ! Il est évidemment toujours possible qu'un adversaire possède la couleur max, mais c'est la seule manière pour lui d'être battu en haut. Quant à sa combinaison basse, c'est la meilleure possible, donc il ne peut, au pire, qu'être ex aequo avec un joueur qui possède A-2 lui aussi...

En admettant que le joueur gagne en haut et se trouve ex aequo en bas, il y a ce que l'on appelle *trois quarts, un quart* : d'une part, il gagne la moitié du pot grâce à son haut gagnant, et, en plus, il partage avec l'autre bas la deuxième moitié du pot, soit un quart. Il remporte donc bien en tout les trois quarts du pot.

Supposons à présent que le joueur ait la malchance de trouver en face de lui la couleur max, et A-2, il ne gagnera cette fois qu'un quart du pot : la moitié réservée au haut ira dans la poche du détenteur de la couleur max et l'autre moitié sera partagée entre lui et l'adversaire détenant A-2 comme lui. Quand on ne récupère qu'un quart du pot, il arrive que l'on soit perdant net financièrement.

Les débutants ont parfois du mal à identifier correctement leur main en Omaha. Avant de vous lancer dans des coups d'Omaha, il vaut mieux vous entraîner chez vous avec un jeu de cartes en donnant des mains d'Omaha et en les identifiant correctement. Certains joueurs ne s'y font jamais. Le plus souvent, c'est une question d'habitude. Cela étant, une lecture erronée de votre main peut vous coûter très cher.

Exemple

La figure 6-9 vous montre un coup d'Omaha, avec huit joueurs en place.

Figure 6-9 :
Un coup d'Omaha, avec huit joueurs en place.

Le tableau final. On constate, concernant le haut, que la main maximum est une quinte flush (5-6-7-8-9 à trèfle, pour celui qui possède 8-6 à trèfle dans sa main). Immédiatement en-dessous, se trouve la couleur à trèfle. Des quintes sont aussi possibles. Concernant le bas, quatre cartes différentes inférieures au Neuf sont au tableau (3-4-5-7) donc le bas est possible. En l'occurrence, le meilleur bas est réussi par celui qui détient A-2, car il forme alors la « roue », le meilleur bas possible, 5-4-3-2-A.

Figure 6-10 :
Joueur 1.

Figure 6-11 :
Joueur 2.

Figure 6-12 :
Joueur 3.

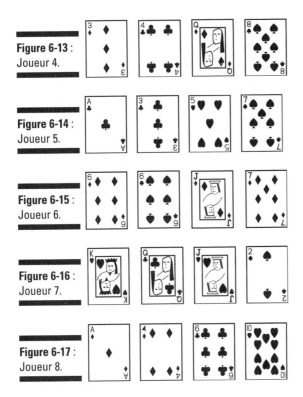

Figure 6-13 : Joueur 4.

Figure 6-14 : Joueur 5.

Figure 6-15 : Joueur 6.

Figure 6-16 : Joueur 7.

Figure 6-17 : Joueur 8.

Les meilleures mains en présence, en haut comme en bas, sont celles-ci :

Tableau 6-1 : Les meilleures mains possibles.

Joueur	Meilleure main haute	Meilleure main basse
1	Quinte au Cinq	*Roue (max)*
2	Quinte au Sept	7-6
3	Brelan de Neuf	aucune
4	Deux paires 4 et 3	8-7
5	*Couleur à l'As*	7-5
6	Quinte au Sept	7-6
7	Un Roi	aucune
8	Paire de Quatre	6-5

On voit ici que le joueur 5 gagne en haut avec sa couleur à l'As et que le joueur 1 gagne en bas avec le bas max (roue, c'est-à-dire 5-4-3-2-A). Ils se partagent donc le pot en deux parties égales.

Savoir quand rester, savoir quand passer

Si l'Omaha peut paraître confus de prime abord, pas de panique : même les donneurs, dont le travail quotidien est précisément de déterminer les mains gagnantes au poker, peuvent se tromper. Combiner autant de cartes à la fois peut parfois faire mal à la tête! Mais rassurez-vous, à force de jouer, vous réussirez à lire la main de vos adversaires et à déterminer qui gagne et qui perd le coup.

Le fait que chaque joueur ait quatre cartes en main explique que beaucoup de joueurs trouvent de quoi entrer dans le coup presque à chaque fois. Ces joueurs entrent de fait avec certaines mains trop faibles alors qu'ils auraient mieux fait de passer. L'Omaha est ainsi fait que même un débutant aura un avantage sur un joueur de longue date s'il a des critères de choix des mains de départ plus sévères.

Les jeux de partage comme l'Omaha/8 cultivent une illusion : celle de distribuer souvent de l'argent et d'en drainer davantage que les jeux sans partage, comme le Texas hold'em ou l'Omaha tout court. Mais les joueurs qui gagnent à ces jeux ont tous en commun, avant toute chose, de *sélectionner sévèrement* leurs mains d'entrée. Ce faisant, ils sont souvent déjà plus fort avant le flop que la plupart de leurs adversaires, donc ils sont sur le long terme aussi dans les phases suivantes du coup.

L'Omaha/8 semble encore plus complexe et intéressant lorsque vous possédez une main duale, qui tire en haut et en bas.

Même si la question de la lecture correcte des mains est fondamentale dans l'Omaha/8 (voir l'exemple précédent), le but de cette variante reste le même que pour le stud/8 : il s'agit d'essayer de prendre la totalité du pot. Cela signifie souvent de partir avec des mains basses qui ont un potentiel en haut, par exemple à quinte et à couleur.

Vous pouvez aussi partir avec des cartes hautes et espérer toucher un flop sans aucune carte inférieure au Neuf : dans ce cas, on sait déjà que le coup va forcément se jouer en haut uniquement. Et même avec un flop qui ne contient qu'une seule carte inférieure au Neuf (par exemple, J-10-3), il faut que les deux cartes suivantes soient deux petites sans doublette pour que le bas existe, condition qui n'est pas simple à remplir.

Figure 6-18 :
Flop condamnant l'existence d'un bas : le coup va se jouer seulement en haut.

Figure 6-19 :
Flop rendant difficile l'existence d'un bas : il n'est possible que si la turn et la river sont des basses différentes, sans doublette.

Quand le coup ne se dispute qu'en haut du fait de la composition du tableau, le pot contient bien sûr moins de jetons puisque les joueurs qui tiraient en bas et ont un haut médiocre ou inexistant quittent le coup. Mais on peut se consoler en se disant qu'au moins, le pot ne sera pas partagé.

La position, encore la position, toujours la position

La position est fixe pour chaque joueur tout le long du coup d'Omaha/8, exactement comme pour le Texas hold'em. Si vous êtes en fin de parole et si le pot n'a pas été relancé, vous pouvez aller voir le flop avec des mains qui sont un peu plus faibles que celles que vous pratiquez d'habitude parce que vous avez moins de chance de vous faire relancer. La position peut vous donner l'occasion d'avoir de la chance avec certaines mains qui ne peuvent pas être jouées profitablement dans un pot relancé.

Dans une partie à neuf joueurs :

- le **début de parole** inclut les deux *blinds* et les joueurs n°3 et 4 ;
- le **milieu de parole** inclut les joueurs n°5, 6 et 7 ;
- la **fin de parole** inclut les joueurs n°8 et 9.

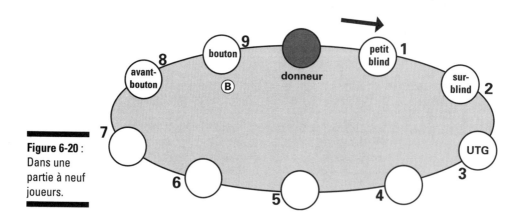

Figure 6-20 :
Dans une
partie à neuf
joueurs.

Le flop doit améliorer votre main

Au flop, ça passe ou ça casse. Pour passer le stade du flop, il faut qu'il améliore votre main. Pas question de vous maintenir dans un coup où le flop ne vous apporte rien. Le flop doit vous donner une main puissante ou un tirage tout aussi puissant, en tout cas vers la main max.

L'Omaha/8 en profondeur

Les combinaisons de quatre cartes possibles sont presque infinies et il ne serait pas pertinent de les décrire les unes après les autres. Nous allons plutôt les caractériser par catégories, charge à vous ensuite de les reconnaître à chaque fois que vous les recevrez.

Les meilleures mains d'Omaha/8 sont constituées des combinaisons qui vont dans le même sens. Certains joueurs se contentent de trois cartes combinées et tolèrent la présence d'une carte inutile. Ce faisant, ils ne conservent que trois des six couples possibles de leurs mains, c'est-à-dire qu'ils n'exploitent leur main qu'à 50%. Evidemment, une main qu'on n'exploite qu'à 50% doit finir directement à la poubelle : pensez à exploiter les quatre cartes de votre main, c'est essentiel.

Mains de départ

Les sections suivantes proposent des exemples de mains de départ d'Omaha/8. Bien sûr, nous ne faisons pas le tour de toutes les combinaisons possibles mais dans le premier exemple notamment, une main comme A-2-3-4 est à peu de chose près équivalente à A-2-3-5.

Les meilleures de toutes

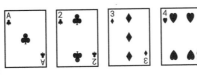

Figure 6-21 :
Les meilleures de toutes.

As assorti avec une petite carte, plus deux autres petites cartes assorties ou non. Une telle main vous donnera à coup sûr une main basse max si le tableau le permet. En possédant quatre babies, vous pouvez faire le low même si le tableau contient une ou deux cartes de même valeur (cartes grillées ou condamnées en bas ; par exemple, si le tableau contient A-2-J-Q-7, l'As et le Deux sont condamnés car on fait le bas avec Trois et Quatre). En plus, vous avez un bon potentiel de quinte pour le haut et un tirage à couleur max avec l'As.

Figure 6-22 :
Vous avez un bon potentiel de quinte pour le haut et un tirage de couleur max avec l'As.

A-K bicolore + 2 babies. Cette main offre deux possibilités de couleurs (max et seconde) et les deux babies offrent des possibilités de bas puissant. La présence de trois babies protège d'une carte condamnée (doublée au tableau).

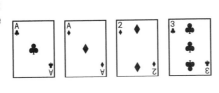

Figure 6-23 :
La présence de trois babies protège d'une carte condamnée.

Paire d'As bicolore avec deux babies. Cette main est composée de deux tirages max à couleur, plus deux babies qui assurent de bons tirages en bas. La présence de trois babies protège d'une carte condamnée (doublée au tableau).

Figure 6-24 : Deux paires A-K bicolores.

Deux paires A-K bicolores. C'est la main-reine de l'Omaha « high ». Si elle ne permet aucun bas, elle est très offensive en haut : deux couleurs max, deux paires max, kickers max, plus la quinte possible et les fulls en perspective (on ne parle évidemment pas des brelans, qui sont max aussi). Si le tableau permet un bas, c'est-à-dire s'il contient au moins trois cartes différentes inférieures au Neuf, il va de soi que cette main perd la moitié de son espérance de gain.

Figure 6-25 : As avec deux babies et une carte quelconque.

As avec deux babies et une carte quelconque. C'est une exception à la règle qui veut que l'on ne joue que les mains avec quatre cartes combinées. Ici, le Neuf ne sert à rien, mais A-2-3 dont un baby assorti avec l'As procure une telle puissance en bas et en haut que l'on doit jouer cette main. Certains joueurs d'expérience estiment que toutes les mains qui contiennent A-2 avec un baby et une carte quelconque méritent d'être jouées.

Très bonnes mains

Figure 6-26 : A-2 assortis et petite paire.

A-2 assortis et petite paire. Cette main est composée de trois babies, un tirage max à couleur, un tirage à quinte et les brelans possibles.

Figure 6-27 :
Quatre
cartes fortes,
dont un As
assorti.

Quatre cartes fortes, dont un As assorti. Ici, on ne se tourne évidemment pas vers le bas, où on est nul, mais vers le haut, où l'on est très fort. On vise la couleur max et la quinte max, et cette disposition peut aussi aboutir à des fulls max. Si le tableau permet un bas, c'est-à-dire s'il contient au moins trois cartes différentes inférieures au Neuf, il va de soi que cette main perd la moitié de son espérance de gain.

Figure 6-28 :
Quatre
petites
cartes rain-
bow et sans
As.

Quatre petites cartes rainbow et sans As. L'appellation « rainbow » signifie que les cartes sont de familles différentes : donc pas de couleur possible. Mais la puissance de cette main en bas est immense : la présence d'un As au tableau et d'une autre carte basse, comme Cinq, Six, Sept ou Huit, donne un tirage excellent en bas. Cette main peut aussi procurer une quinte pour le haut. Elle est très différente de la main A-2-3-4, même si elle lui ressemble beaucoup : l'absence de l'As lui donne un potentiel en haut presque inexistant.

Figure 6-29 :
un As assorti
et deux
babies.

Un As assorti et deux babies. Même si cette main constitue un bon tirage bas avec en plus un tirage max à couleur, vous réussirez rarement la main basse max, sauf si un Deux apparaît au tableau. Mais vous réussirez probablement souvent le deuxième bas, ce qui ne vous arrange évidemment pas. Admettons que David détienne A-3-x-x, Karen 3-4-x-x et Abby A-2-x-x, et que le tableau soit K-K-8-7-5. Les trois joueurs ont réussi une main basse, mais c'est Abby qui gagne ici grâce à son A-2 décisif. David est deuxième, et s'il ouvre et si Abby relance, David devra de toute façon faire une croix sur la moitié du pot.

Autres mains jouables

Figure 6-30 :
Autre main
jouable.

Cette main permet un tirage à couleur second et un tirage bas qui ne sera max que si un As figure au tableau. Elle est néanmoins jouable en bonne position, mais devra être jetée sans hésitation si le flop ne convient pas.

Figure 6-31 :
Autre main
jouable.

Cette main donne un tirage à couleur seconde et un tirage à quinte à deux manques (J et Q). La main peut donner aussi deux brelans ou un full. Elle est jouable, mais c'est le genre de mains qui paraît beaucoup plus forte qu'elle n'est en réalité.

Figure 6-32 :
Autre main
jouable.

Tirage à quinte multiple quoique moyen, et aucun tirage à couleur. Si vous terminez quinte par en-dessous (c'est-à dire quinte avec 5-6-7 par exemple), n'importe quelle main basse prendra l'autre moitié du pot. Et si vous faites une quinte à la Dame ou au Roi, par exemple, vous courez le risque d'être battu par une quinte supérieure. Cette main est autrement meilleure en Omaha simple qu'en Omaha/8. C'est le cas aussi de toutes les mains qui contiennent des cartes moyennes. Encore une fois, celle-ci paraît beaucoup plus forte qu'elle n'est.

Figure 6-33 :
Autre main
jouable.

Là encore, voici une main qui paraît bonne mais qui peut vous amener beaucoup d'ennuis. Côté positif, elle est bicolore, donc elle peut amener deux couleurs… mais aucune n'est max… la meilleure possible n'est que « seconde » (avec K, car battue par A), l'autre étant « troisième » (avec Q, battue par K et A). Elle propose aussi deux tirages à quintes, une minuscule et l'autre énorme. Côté négatif : aucun des tirages à couleur ne possède un As, et en plus vous ne pourrez faire un bas max que si un As apparaît au tableau. Cette main et toutes celles de son espèce sont en fait de véritables pièges : on ne peut pas les jouer cher avant le flop, et il faut être très prudent au flop. Un flop qui ne convient que moyennement doit déclencher le rejet de cette main. Evitez le désastre !

Figure 6-34 :
Autre main
jouable.

Quatre cartes consécutives moyennes/basses, même bicolores comme ici, ont très peu de chance de s'arroger la totalité du pot. En revanche, un adversaire peut le faire pour vous, car en haut vous aurez rarement la quinte max et rarement la couleur gagnante !

Sachez bien sélectionner vos mains de départ

Chaque forme de poker requiert son propre train de techniques particulières. Et dans ces trains, certains wagons sont primordiaux. Dans le train de l'Omaha/8, on pourrait même dire que la locomotive c'est la sélection des mains de départ.

Souvenez-vous de ceci : *quand le tableau rend une main possible, elle est probablement réalisée par un joueur*. Donc, en général :

- quand le tableau contient trois cartes consécutives, un joueur a la quinte ;

- quand il contient trois cartes assorties, un joueur a la couleur ;

- quand il contient une paire, un joueur a le full (rarement le carré);

- quand il contient trois cartes différentes inférieures au Neuf, un joueur a un bas.

Conclusion : non seulement vous devez bien évaluer votre main et le danger que vous courez (par exemple, savoir jeter une quinte quand le tableau possède trois cartes assorties), mais vous devez aussi décrypter vos adversaires.

Le bluff joue un rôle moins important en Omaha/8 que dans les autres formes de poker – justement parce que la présence de quatre cartes dans les mains de chaque joueur rend tellement de combinaisons possibles que le bluff devient trop aléatoire pour être mené de façon rentable.

Au Texas hold'em, avant le dernier tour d'enchères, vous pouvez éventuellement « arracher » le coup si vous avez un, voire deux adversaires. Ce cas de figure se présente même assez souvent. Ce n'est pas le cas en Omaha/8 : avec leurs quatre cartes de départ, les joueurs possèdent en fait chacun six mains de deux cartes. Essayer de bluffer deux adversaires revient en fait à essayer d'en bluffer... douze ! Essayer d'en bluffer un revient à essayer d'en bluffer six, ce qui est déjà voué à l'échec. À l'impossible nul n'est tenu !

En fait, pour gagner à l'Omaha/8, il vaut mieux ne jamais bluffer.

En Omaha/8, la différence ne se fait donc pas sur le bluff, ni sur sa capacité à « lire » ses adversaires ; pour gagner, la technique primordiale requise est bien la *sélection des mains*.

Certains joueurs (les fous !) n'hésitent pas à entrer dans les coups systématiquement, et quelle que soit la main qu'ils reçoivent. Si vous arrivez à vous discipliner suffisamment pour rejeter les mains pièges et ne garder que les mains canons, vous aurez un avantage mathématique sur vos adversaires, même si, à l'échelle de quelques dizaines de coups, le hasard pur peut vous faire perdre.

Parler en dernier est un avantage ÉNORME !

Vous pouvez vous permettre de voir le flop avec des mains plus faibles quand vous êtes en fin de parole. Plus vous parlez tard, plus votre information est complète. Le poker est un jeu d'information et l'Omaha/8 ne fait pas exception.

Recherchez votre flop

Avant de décider de suivre l'ouverture avec les cartes que le hasard a bien voulu vous destiner, demandez-vous quel type de flop vous attendez. Et quand vous voyez le flop, déterminez l'inverse, c'est-à-dire quel type de main fermée convient le mieux à ce flop. Cette analyse vous aidera à mieux positionner votre propre main dans sa puissance réelle.

Voici sept différentes façons de caractériser un flop en Omaha/8 :

Figure 6-35 :
Apparié.

Apparié : quand un flop contient une paire, la meilleure main possible est un carré, mais c'est évidemment rarissime. Le plus souvent, la meilleure main possible sera le full, et vous pouvez considérer, si le flop a réuni beaucoup de joueurs, qu'il est déjà acquis pour un joueur.

Figure 6-36 :
Couleur
ou tirage à
couleur.

Couleur ou tirage à couleur : trois ou deux cartes assorties.

Figure 6-37 :
Quinte ou
tirage à
quinte.

Quinte ou tirage à quinte : trois (ou deux) cartes consécutives ou quasi-consécutives.

Figure 6-38 :
En haut sans
bas.

En haut sans bas : trois cartes supérieures au Huit. Ce flop implique qu'il n'y aura pas de main basse. De plus, les cartes supérieures au Huit étant K, Q, J, 10 et 9, ce flop est aussi toujours un tirage à quinte.

Figure 6-39 :
En haut prio-
ritaire.

En haut prioritaire : deux cartes supérieures au Huit. Là encore, le bas, sans être impossible, est difficile car il est « backdoor » : les deux cartes suivantes (*turn* et *river*) doivent être à la fois inférieures au Neuf et différentes pour permettre l'apparition d'une main basse.

Figure 6-40 a :
En bas priori-
taire.

En bas prioritaire : deux cartes inférieures au Huit. Ce cas, le plus courant, ouvre bien sûr le champ à une main basse, puisqu'il suffit qu'une « petite » différente des autres tombe à la turn ou à la river pour rendre la main basse possible. Mais en plus, elle ouvre le champ à une main haute qui peut être, par exemple, un tirage à quinte ou un brelan.

Figure 6-40 b :
En bas.

En bas : ce flop peut, selon les cartes et leurs familles, présenter aussi une possibilité de quinte ou de couleur, donc une main haute en plus de la main basse déjà possible.

Ces regroupements ne se rejettent pas les uns les autres ! Certains peuvent se combiner entre eux. Par exemple :

Figure 6-41 :
Certains
flops peuvent
se combiner
entre eux.

Ce flop présente à la fois :

- Une paire, donc une possibilité de carré ou (plus vraisemblablement) une possibilité de full ;
- Deux cartes assorties, donc une possibilité de tirage à couleur, en l'occurrence max car elle serait à l'As ;
- Une possibilité de tirage à quinte pour le détenteur de 4-3, qui du même coup est un tirage en bas max, la fameuse « roue » 5-4-3-2-A ;
- Un magnifique tirage bas.

Il est important de reconnaître quand un flop présente peu de possibilités et quand il présente une multitude de possibilités car cela vous aide à mieux positionner votre main dans le spectre des mains possibles. Par exemple, voici un flop avec des possibilités relativement réduites, autant en haut qu'en bas :

Figure 6-42 : Flop avec des possibilités relativement réduites, autant en haut qu'en bas.

Supposons que vous partiez avec la main suivante :

Figure 6-43 : Vous partez avec la main suivante.

Le flop est le suivant :

Figure 6-44 : Le flop est le suivant.

Vous n'avez pas de main complète à ce stade, mais vous avez :

- ✔ un double tirage max en bas (double parce vous avez trois cartes sous les deux petites du flop)
- ✔ un tirage à couleur max en haut.

En langage pokérien, vous avez un tirage max en haut et max en bas. La probabilité de toucher l'un et l'autre n'est pas énorme, mais la probabilité de toucher l'un ou l'autre est importante : il suffit en effet que la *turn* ou la *river* soit un carreau et vous avez la couleur, ou A, 2, 3, 6, 7 ou 8 et vous êtes max en bas. Attention : certaines de ces petites cartes sont dangereuses, comme par exemple le Quatre de carreau. Il vous donne certes une couleur mais c'est aussi une « doublette », c'est-à-dire qu'il amène une paire au tableau. Cela rend possible le full chez l'éventuel possesseur d'une paire de Dames, d'une paire de Cinq ou des couples Q-4 et 5-4. On ne parle évidemment pas de celui qui détiendrait 4-4, qui ferait carré !

Disons-le clairement : un flop tel que celui-ci est à peu de chose près le flop le plus favorable que vous puissiez attendre. Alors qu'en Hold'em, aucun tirage n'est favori sur une paire, en Omaha, on voit qu'un double tirage tel que celui-ci est de toute façon favori sur les paires.

Une douloureuse expérience : toucher le quart du pot

Si vous êtes ex aequo avec un autre joueur qui est gagnant comme vous, soit en bas, soit en haut, vous êtes obligé de diviser en deux la moitié qui vous revient : vous touchez alors le quart du pot.

Supposons qu'il reste trois joueurs à l'abattage et que le joueur A soit gagnant en haut, le joueur B gagnant en bas, et le joueur C gagnant en bas également, avec la même combinaison basse que B. Le pot contient 120 euros. A en reçoit la moitié, soit 60. Les 60 euros restants sont divisés en deux, et B et C reçoivent chacun cette moitié, soit 30 euros.

Dans cette configuration, bien que B et C reçoivent chacun un quart du pot, ils peuvent être perdants nets sur le coup ! Faisons quelques calculs…

Si chaque joueur a investi 40 euros, ce qui explique bien le total du pot à 120, B et C en reçoivent 30 chacun, c'est-à-dire qu'ils perdent chacun 10 euros ! Seul A est gagnant net puisqu'il aura misé 40 et reçu 60.

Maintenant posons la question qui fâche : si B était persuadé qu'il allait devoir partager sa moitié de pot, fallait-il qu'il paie la dernière enchère ?

Faisons le calcul en admettant que la dernière enchère a été de 10 : s'il se retire, il perd 30. Mais s'il suit... il perd 10 seulement. Moralité : en toute fin de coup, si on sait qu'on va devoir partager sa moitié, il faut s'en contenter car il est trop tard pour quitter le coup... Cette configuration arrive souvent quand on possède la « roue » : 5-4-3-2-A, c'est-à-dire quand on est max en bas.

La décision de quitter le coup pour éviter de toucher le quart du pot est d'autant plus dure à prendre que, ce faisant, on permet à l'adversaire d'empocher la moitié du pot au lieu du quart. Donc on lui offre un profit net sur un plateau d'argent !

Pire encore que de toucher le quart du pot

Il y a pire encore que de toucher le quart du pot : jouer des mains qui n'ont aucun espoir de gain ni dans une option, ni dans l'autre. Si vous jouez une main avec cartes moyennes comme 9-8-7-6, vous pouvez faire une quinte mais devoir partager avec une main basse... et, pire encore, devoir partager votre moitié avec un adversaire qui a la même quinte que vous ! Et pire encore, si le tableau comporte les cartes Q-J-10, même si aucune couleur ni aucun full n'est possible, vous ne possédez que la quinte la plus faible, donc considérez-vous déjà comme battu !

Le fait de jouer des tirages bas qui ne contiennent pas A-2 conduit souvent à jouer des mains secondes, donc des mains perdantes. C'est d'ailleurs ainsi que la plupart des joueurs d'Omaha/8 perdent à ce jeu : ils s'engagent sur des mains qui paraissent bonnes, mais qui ne le sont pas assez pour être les *gagnantes*.

Au-delà du flop

Règle générale : vous ne devez pas poursuivre après le flop si vous n'avez pas la meilleure main possible ou un tirage à la meilleure main possible en haut, en bas ou aux deux.

Avec six combinaisons de deux cartes dans la main de chaque joueur, un nombre important de mains est possible, aussi est-il impératif que vous ayez la meilleure main possible si vous touchez la carte que vous convoitez.

Exemple : le flop est composé de K-8-7 rainbow et vous possédez 2-3 parmi vos quatre cartes. Si un Quatre, un Cinq ou un Six tombe ensuite, vous ferez un bas mais il ne sera pas max puisqu'il sera battu par A-2. Quand vous voyez le flop, voici quelques petites choses à prendre en compte pour décider si vous pouvez continuer le coup :

✔ **La qualité du tirage** : si vous complétez votre main, sera-t-elle max ? Supposons que vous ayez Q-J à pique parmi vos quatre cartes privatives et que le flop contienne deux piques qui ne soient ni le Roi ni l'As. Même s'il est vrai que vous possédez un tirage à couleur, ce n'est que le troisième des tirages couleur possible, car il est dominé par A-x et K-x à pique. Tirer la deuxième ou la troisième quinte, la deuxième ou la troisième couleur, la deuxième ou la troisième main basse, ou penser que vous avez pot gagné parce que vous avez flopé le deuxième ou le troisième brelan sont des variations diverses du même thème. Dites-vous une fois pour toutes que *l'Omaha/8 est un jeu où l'on doit tirer max et uniquement max.*

✔ **La part du pot** : quelle part du pot pensez-vous gagner ? Possédez-vous une main de nature à faire le scoop, c'est-à-dire à remporter le pot en entier ? Tirez-vous pour la moitié haute du pot ou la moitié basse ? S'il est rare de devoir partager la moitié haute, vous pouvez ne pas être le seul à tirer max en bas. N'oubliez pas qu'à moins d'avoir au minimum quatre adversaires, vous allez perdre de l'argent si vous n'empochez que le quart du pot !

✔ **Les adversaires** : certaines mains rendent mieux contre beaucoup d'adversaires ; d'autres rendent mieux contre un nombre réduit d'opposants. Avec un tirage à quinte ou couleur, vous devez avoir cinq ou six adversaires pour rentabiliser le tirage si vous pensez devoir partager le pot.

✔ **La taille du pot** : déterminez combien vous rapporterait le scoop, la moitié du pot ou même le quart.

✔ **Relancé ou non ?** Quand le pot est relancé préflop en Omaha/8, le relanceur a généralement une superbe main basse, comme 4-3-2-A ou K-3-2-A, avec l'As assorti à une autre carte. Si le flop contient seulement de grosses cartes, vous n'avez probablement rien à craindre du relanceur.

Qu'allez-vous faire quand on vous a relancé ?

Si le pot a été relancé avant vous, serrez le jeu. Quand vous êtes relancé préflop, le relanceur possède presque invariablement une très bonne main basse. Si votre tirage bas est autre que A-2 avec protection contre la carte condamnée (c'est-à-dire avec une autre petite carte, dont l'idéale est le Trois), jetez votre main.

Puisqu'il est fréquent de bluffer en Omaha/8, si vous êtes relancé après le flop, le relanceur possède généralement une de ces choses-là :

✔ La main haute max ;

✔ La main basse max et un tirage en haut max ;

✔ Une main haute forte avec un tirage à un bon bas.

Comme dans d'autres formes de poker, vous devez avoir une meilleure main pour suivre une relance que pour relancer vous-même. Avant de suivre une relance en Omaha/8, rendez-vous compte que votre adversaire a probablement une main forte – et peut-être même en plus un tirage à une main aussi forte dans l'autre option. Ne suivez que si vous considérez que votre main est supérieure.

Comment négocier un tirage au flop

Quand vous affrontez trois adversaires ou plus, un tirage est valable si vous pensez qu'il vous fera gagner la totalité du pot. Si votre tirage est à forte quinte ou couleur et si vous êtes persuadé qu'un adversaire possède déjà une main basse, la moitié du pot lui reviendra déjà et vous ne pourrez plus prétendre qu'à l'autre moitié. Dans ce cas, pour rentabiliser le tirage, vous devez avoir cinq ou six adversaires.

Mais si vous avez un tirage et si seulement deux cartes basses sont au tableau, ne craignez pas d'ouvrir, voire de relancer pour décourager les tireurs en bas. Si le tableau ne reçoit pas la troisième carte basse fatidique, leur investissement passe d'office en « dead money » (à fonds perdu) et vous pourrez faire le scoop si votre tirage se matérialise.

La table 6-2 vous montre les probabilités de réussir une main basse.

Tableau 6-2 : Probabilité de terminer avec une main basse.

Nombre de cartes basses reçues par vous	Proba. préflop de faire une main basse	Proba. de finir bas si le flop contient 2 basses	Proba. de finir bas si le flop contient 1 basse
4	49%	70%	24%
3	40%	72%	26%
2	24%	59%	16%

Négocier la turn

Si vous avez survécu au flop, c'est-à-dire si vous êtes toujours dans le coup après le deuxième tour d'enchères, restez donc en jeu si vous avez flopé :

- La main max en haut ;
- Un tirage max en haut ;

> ✔ La main max en bas ;
>
> ✔ Un tirage max en bas ;
>
> ✔ Une main bipolaire. Vous pouvez ne pas être max dans les deux options, mais si vous pensez que vous pouvez gagner dans l'une et avoir une bonne chance dans l'autre grâce à un tirage, restez dans le coup.

En répondant aux questions qui figurent dans les quatre sections suivantes, vous allez être capable de décider si vous avez intérêt à poursuivre.

Comment jouent vos adversaires ?

Si ce sont des joueurs larges, vous pouvez de temps en temps tenter la main seconde. Mais s'ils sont serrés, vous ne voudrez probablement pas continuer sauf si vous avez un tirage max… ou la main max.

Mais qu'a-t-il donc dans sa main ?

Si le pot a été relancé, vous devez essayer de deviner la main que possède le relanceur, de même que celles détenues pas les suiveurs de cette relance.

Où suis-je assis par rapport aux autres enchérisseurs ?

Vous pensez que vous pouvez être relancé si vous suivez ? Alors vous devrez posséder une main autrement plus forte que si vous n'aviez aucune raison de craindre une relance.

Combien cela va-t-il coûter d'aller jusqu'au bout du coup ?

C'est le sacro-saint rapport danger/bénéfice. La quantité d'argent que vous gagnerez si vous complétez votre main doit être supérieure à la cote. Autrement, votre risque doit être sur-rémunéré pour valoir le coup d'être couru. Si vous pensez que vous allez gagner 30 euros en en risquant 5, soit une cote financière de 6 contre 1, vous aurez raison de jouer le coup tant que votre cote des cartes sera inférieure ou égale à 6 contre 1.

Si votre cote en cartes est de 3 contre 1, c'est un bon investissement car vous allez multiplier par 6 votre mise une fois sur 3. Mais si elle n'est que de 9 contre 1, cela ne présente aucun intérêt.

TRUC

Négocier la *turn* en Omaha/8

Si vous survivez au flop, voici quelques conseils pour jouer la turn de façon rentable :

✔ Ouvrez ou relancez agressivement si vous possédez la main max à la *turn*.

✔ Si vous êtes max en bas, avec en plus une autre petite carte qui vous empêche d'être condamné, ouvrez et suivez toutes les enchères, mais évitez de *relancer*. Il n'est pas dans votre intérêt d'éjecter d'autres joueurs du coup, qui sont autant de sources de revenus supplémentaires. Mais il ne faut pas non plus offrir de carte gratuite car vous voulez éviter de toucher le quart du pot.

✔ Vous êtes max en bas et vous avez un tirage à une forte main haute ? Alors n'hésitez pas à relancer si vous êtes en fin de parole. Dans cette situation, vous cherchez à engraisser le pot. Vous gagnerez probablement l'option basse et vous cherchez à faire grossir le pot au cas où vous le gagnez dans son entier.

✔ Suivez si vous avez un tirage si la cote du pot excède votre cote en carte et si vous savez que vous aurez la main gagnante au cas où votre tirage entre.

Négocier la river

À cause de toutes les possibilités de quintes, couleurs et fulls générées par les multiples combinaisons des quatre cartes privatives et des cinq cartes du tableau, c'est souvent la *river* qui décide de l'issue fatidique du coup d'Omaha/8. C'est un point sur lequel l'Omaha/8 diffère radicalement du Texas hold'em, qui est avant tout un jeu à flop : en hold'em, la meilleure main au stade du flop sera presque toujours la main gagnante du coup.

En Omaha, s'il y a cinq joueurs actifs à la river, vous pouvez être sûr qu'au moins deux ou trois ont des tirages en main. Même les deux joueurs qui possèdent la main max en haut et/ou en bas possèdent aussi un tirage à une main supérieure. Avec autant de possibilités, on comprend aisément pourquoi la dernière carte du tableau est décisive : elle va presque à tous les coups avantager un des protagonistes.

Même si le suspense peut être insupportable, imaginez votre joie indicible quand la carte qui vous manquait arrive enfin à la *river* et vous permet de faire le scoop, la voie royale de l'Omaha/8 ! Mais la *river* peut aussi être déloyale, et voici quelques conseils pour y survivre la tête haute.

Quand vous touchez la main max en haut

Si vous avez la main max en haut après la *river*, vous devez ouvrir et relancer au maximum. Vous êtes assuré d'empocher au moins la moitié du pot, et en plus vous pouvez faire le scoop s'il n'y a pas de main basse en présence ou si tous vos adversaires passent.

C'est le moment de montrer les dents, et franchement. Soutirez le maximum du tapis adverse puisqu'au moins la moitié du pot va vous revenir.

Quand vous touchez la main max en bas

Avoir la main max en bas n'est pas aussi simple que d'avoir la main max en haut. Si vous êtes absolument sûr d'être seul à posséder la main max en bas, vous pouvez ouvrir et relancer comme si vous aviez la main max en haut. Mais imaginez qu'un adversaire détienne lui aussi la main max en bas – et c'est courant en Omaha/8 –, vous devrez partager votre moitié, donc ne toucher que le quart du pot. Rentabiliser cette situation n'est pas simple. Il vous faut au moins cinq joueurs en présence pour en tirer un maigre profit.

Huit secrets pour gagner en Omaha/8

Gardez-les bien en tête quand vous jouez à l'Omaha/8 :

🖝 Chaque joueur reçoit quatre cartes privatives, ce qui équivaut à six couples de cartes différentes.

🖝 Avec toutes ces combinaisons, les mains finales sont plus fortes en Omaha qu'en hold'em. On peut considérer qu'une main rendue possible par le tableau est une main constituée par un joueur. Par exemple, quand une paire figure au tableau dans un coup de hold'em, le full est seulement possible mais improbable ; dans un coup d'Omaha, le full est possible et même probable.

🖝 Seulement deux, ni plus, ni moins, de vos quatre cartes privatives seront utilisées dans votre main finale.

🖝 L'Omaha/8 est un jeu de partage. À chaque fois que vous avez une main haute et que vous voyez trois cartes basses au tableau, votre main haute a perdu de la valeur. Il y a des chances pour que vous partagiez le pot.

🖝 Jouez peu de coups quand vous êtes en début de parole. Vous jetterez souvent vos cartes, mais vous économiserez de l'argent.

🖝 Jouez des mains coordonnées. Si vos quatre cartes de départ ne se combinent pas ensemble, jetez votre main et attendez une meilleure opportunité.

🖝 Ça passe ou ça casse : si le flop n'améliore pas votre main ou s'il offre un très bon tirage en haut ou en bas, passez.

🖝 La meilleure stratégie consiste à jouer des cartes basses qui ont aussi un potentiel en haut.

Supposons que cinq joueurs aient misé 20 euros chacun. Si vous ne touchez que le quart du pot, vous recevez donc 25 euros, c'est-à-dire 5 euros de bénéfice. La main haute, elle, recevra 50 euros, soit un bénéfice net de 30 euros.

Si vous avez une main fiable dans les deux options, vous pouvez la jouer agressivement, surtout si vous êtes max dans l'une des deux. Dans notre exemple de pot à 100 euros, le profit net sera de 80 euros si vous arrivez à faire le scoop. Et si vous arrivez à gagner une option mais devez partager l'autre, vous remportez les trois quarts du pot, c'est-à-dire 75 euros pour une mise de 20, soit un bénéfice net de 55 euros.

C'est pourquoi l'Omaha/8, comme d'autres jeu de partage, est un terrain glissant. Réussir un scoop n'est pas uniquement gagner le double par rapport à une situation de partage, c'est aussi un gain rare qui est très bon pour le moral.

Quelques mots sur l'Omaha « high only »

L'Omaha n'est pas seulement un jeu de partage : on peut aussi y jouer en haut uniquement. Dans cette variante, ce sont les mains les plus hautes qui gagnent, les mains basses n'étant pas prises en compte. Aux États-Unis, cette variante est moins répandue que l'Omaha/8 ; en Europe, c'est l'inverse : on y joue presqu'exclusivement en pot-limit, à la différence des États-Unis, où on joue surtout en limites fixes.

L'Omaha est souvent joué en pot-limit dans les clubs/casinos. Les enchères peuvent grimper très vite, aussi nous ne recommandons pas aux débutants de se frotter à ce genre de parties. L'Omaha en limites fixes est quasiment inexistant en Europe, qui est la terre d'élection du pot-limit et du no limit pour le poker. C'est essentiellement outre-Atlantique que l'on trouvera de l'Omaha en limites fixes.

L'Omaha fait souvent l'objet d'un gros tournoi pot-limit dans les festivals de poker de par le monde.

La mécanique de l'Omaha est la même que celle de l'Omaha/8. Chaque joueur reçoit quatre cartes ; après un tour d'enchères un flop est donné, et déclenche un deuxième tour d'enchères ; puis la *turn* est donnée, et déclenche un troisième tour d'enchères ; enfin la *river* est donnée, et déclenche le quatrième et dernier tour d'enchères, suivi le cas échéant de l'abattage et de la comparaison des mains. Les combinaisons sont formées obligatoirement par deux cartes privatives et trois cartes communes.

Jusqu'ici, tout va bien. Mais c'est dans la stratégie elle-même que les différences avec l'Omaha/8 sont multiples :

- ✔ **Evitez les mains basses** : comme les basses ne gagnent rien à l'Omaha tout court, pourquoi les jouer ? Une main comme 4-3-2-A, paradisiaque en Omaha/8, est un réel outsider en Omaha.

- ✔ **Les cartes moyennes méritent réflexion** : en Omaha/8, les cartes moyennes méritent la poubelle. Mais en Omaha, la main 9-8-7-6 n'est pas si mauvaise. Si le flop vous donne un tirage à la quinte max, vous avez tout intérêt à le jouer vu le nombre de cartes qui vous améliorent.

- ✔ **Tirages enveloppants** : l'Omaha est vraiment un jeu de tirages multiples à quinte et à couleur. Comme chaque joueur reçoit quatre cartes privatives qui peuvent se combiner en six différents couples, les quintes et couleurs sont plus courantes qu'en Texas hold'em, où chaque joueur n'a qu'un seul couple de cartes à disposition. Rendez-vous compte que certains tirages à quinte au flop ont jusqu'à 20 cartes améliorantes ! En hold'em, il y en a au maximum huit.

Evidemment, à chaque fois que le flop contient une paire, quelqu'un peut posséder un full ou un carré. Mais au-delà de cette limite, l'Omaha est vraiment un jeu de quintes et de couleurs. Personne ne peut faire de couleur sans trois cartes assorties au tableau. C'est là que les tirages enveloppants interviennent. Si vous avez quatre cartes consécutives ou quasi-consécutives (c'est-à-dire avec un manque), vous pouvez avoir des façons multiples de réussir une quinte. Voici un exemple de main qui possède des possibilités « enveloppantes » :

Jusqu'à 20 outs pour faire votre quinte, cela paraît énorme, et cela l'est, mais c'est pourtant vrai. Si vous partez avec J-10-7-6 et si le flop est 9-8-3, vous ferez une quinte avec une Dame, un Valet, un Dix, un Sept, un Six ou un Cinq. Quatre de ces cartes sont dans votre main, mais avec deux cartes encore à venir au tableau (la turn et la river), vous pouvez espérer compléter votre quinte dans 70% des cas ! En comparaison, en Texas hold'em, le nombre maximum de cartes que vous pouvez espérer avec ce tirage est de… huit.

Figure 6-45 :
Avec ce flop, la main ci-dessus forme plusieurs tirages à quinte qui donnent lieu à 20 « outs »… une pléhore !

✔ **Grosses couleurs** : si vous êtes parti vers la couleur, vous devez penser couleur forte. Il n'y a rien de plus frustrant que de faire couleur et de perdre contre une couleur supérieure. Pour des raisons évidentes, vous ferez plus facilement quinte avec une main comme 9-8-7-6 que couleur.

Vous pouvez souhaiter introduire l'Omaha ou l'Omaha/8 dans votre partie privée habituelle pour vérifier lequel des deux vous convient le mieux. Mais si vous êtes dans un club ou dans un casino, vous n'aurez pas le luxe de vous habituer au jeu avant d'y jouer sérieusement. La meilleure façon d'apprendre l'Omaha est encore de trouver un tournoi pas trop cher. Même si le tournoi est en pot-limit, vous pouvez vous permettre de jouer et d'apprendre tant que le coût du tournoi reste dans votre budget-jeu.

Chapitre 7

Les pokers domestiques

L e poker est dans les maisons pour longtemps. Pour toujours, même pourrait-on dire. Une bonne partie privée amène de l'animation chez vous, c'est toujours un petit événement. On peut s'y amuser follement avec des amis et des collègues tant que les budgets restent raisonnables.

Ce chapitre vous donne des conseils sur les variantes et les meilleures conditions à adopter pour faire de votre partie privée un vrai succès.

Installez votre partie privée

Pour que votre partie privée soit un succès et dure, or-ga-ni-sez-vous et adoptez des règles adaptées. Le but d'une partie amicale est avant tout que vos invités apprécient et reviennent la deuxième semaine et ainsi de suite.

Cette section vous indique ce qu'il faut mettre en place et comment le faire pour pérenniser votre partie et pour éviter que les choses ne dégénèrent.

Les règles

Pour que tout se passe bien, il faut que les règles du jeu soient connues de tous à l'avance. Il n'y a rien de plus dangereux que d'entrer en conflit au cours d'un coup pour savoir si ceci ou cela est autorisé ou non. Pour éviter les empoignades qui au mieux jettent un froid, au pire fond capoter la partie, un conseil : suivez les règles qui sont appliquées dans les clubs/casinos. Ainsi, les participants aux parties privées qui jouent aussi dans les clubs ne seront pas dépaysés.

C'est l'organisateur de la partie qui décide des modalités. La plupart du temps, c'est aussi lui qui doit trancher en cas de conflit. Vos règles doivent au moins répondre aux questions suivantes :

✔ Le *check-raise* est-il autorisé ?

(*Notre conseil : oui*)

✔ Comment les antes seront-ils payés ? Par chaque joueur ou seulement par le donneur ?

(*Notre conseil : par chaque joueur*)

✔ Quelle est la main max en bas ?

(*Notre conseil : 5-4-3-2-A, la « roue »*)

✔ En bas, les quintes et les couleurs sont-elles prises en compte ?

(*Notre conseil : non ; donc une quinte peut aussi jouer en bas*)

✔ Dans une partie de Seven *high-low*, les joueurs doivent-ils déclarer leur main avant l'abattage ?

(*Notre conseil : à l'organisateur de décider*)

✔ Dans une partie de *high-low*, que se passe-t-il si un joueur fait égalité dans une option ?

(*Notre conseil : il touche le quart du pot*)

✔ Partage-t-on le pot si un joueur s'est déclaré en haut et en bas et gagne l'une des deux options seulement ?

(*Notre conseil : il ne gagne rien ; le pot est partagé le cas échéant entre deux autres joueurs*)

✔ Quand y a-t-il maldonne et que se passe-t-il alors ?

(*cas divers*)

✔ Si le pot est partagé, quel joueur récupère le jeton insécable ?

(*Notre conseil : celui qui est le plus près du bouton*)

✔ Les joueurs paient-ils leurs jetons au fur et mesure ?

(*Notre conseil : entre gens de bonne compagnie, les comptes se font à la fin*)

✔ Joue-t-on une seule grande partie ou fait-on une partie courte suivie d'une autre ?

(*Notre conseil : évitez les parties trop longues qui favorisent les « cagoules »*)

✔ Les gagnants peuvent-ils quitter la table quand bon leur semble ?

(*Notre conseil : non ; ils doivent aller au bout de l'horaire décidé au départ*)

✔ En cas de partie en choix du donneur (*dealer's choice*), quels sont les pokers autorisés ?

(*Notre conseil : écrire la liste sur un papier*)

Pensez à écrire vos règles noir sur blanc et à laisser ce code à la disposition de chacun. Vous pouvez naturellement ajouter les règles que vous souhaitez.

Le choix du donneur (dealer's choice)

Les parties de poker privées sont souvent des théâtres dans lesquels chacun donne libre cours à son imagination et on arrive parfois à des règles farfelues. Le choix du donneur est généralement le facteur décisif dans le jeu. (On peut aussi adapter le *tour à tour* : un tour de donne en Texas hold'em par exemple, suivi d'un tour de *dealer's choice*.)

Le principe du choix du donneur est, comme son nom l'indique, de laisser au donneur toute latitude pour décider du poker qui sera disputé dans le coup qu'il va donner.

Vous pouvez dès lors définir à l'avance la liste des pokers possibles ou bien laisser le choix total du poker au donneur – mais nous le déconseillons car cela favorise ceux qui ont déjà joué aux variantes choisies.

On peut aussi donner des règles générales :

✔ Autoriser ou non les jeux de partage ;

✔ Augmenter le niveau des enchères dans certaines circonstances ;

✔ Autoriser les *wild cards* (cartes valant Jokers).

Les décisions du dealer doivent s'inscrire dans le cadre défini au départ. Il est inconcevable, par exemple, que les règles favorisent le donneur.

Harry Truman et le poker

Harry Truman, président des États-Unis de 1945 à 1952, était un fin joueur de poker. Écoutons son conseil concernant la hauteur des enjeux dans une partie privée :

« Le poker entre amis et collègues ne doit jamais amener personne à la ruine, mais doit être assez cher pour mettre à l'épreuve l'habileté de chacun et intéresser la partie. »

Les enchères

Les niveaux d'enjeux doivent être acceptés par tous avant la partie :

- ✔ Des enjeux trop faibles ne vont pas permettre l'apparition d'un poker de qualité car certains joueurs vont miser à tort et à travers sans souci du rationnel.

- ✔ Des enjeux trop forts risquent de créer des soucis de paiement de la part des perdants. Il est particulièrement démoralisant de perdre son salaire mensuel en une seule soirée.

Des différences trop grandes en fin de partie peuvent tuer définitivement une partie privée. Trouver le juste milieu est une condition sine qua non pour pérenniser la partie.

Le système à perte plafonnée

Même en trouvant un juste milieu pour les enchères, on peut aboutir, suite à des coups de malchance indicibles ou à des « cagoules » mémorables, à des pertes sérieuses. Au-delà des niveaux d'enchères, on peut instituer des systèmes de *limitation de pertes*. En voici deux à titre d'exemples :

1. Le système de redistribution finale

Le donneur retire quelques jetons de chaque pot important. À la fin de la partie, ces jetons diminuent ce que doivent les deux plus gros perdants, au prorata de ce qu'ils perdent.

2. Le système à perte plafonnée (François Montmirel)

On décide dès le départ que le plus gros perdant perdra au maximum une somme fixe. Par exemple, 200 euros. Quand les comptes sont faits en fin de partie, le plus gros perdant, quelle que soit sa perte, devra régler 200 euros. Les autres joueurs, qu'ils perdent ou qu'ils gagnent, voient leur différence finale subir la même différence proportionnelle. Exemple :

A perd 120 - B gagne 360 - C perd 640 - D perd 240 - E gagne 510 - F gagne 320 - G perd 130 - H perd 60.

Le plus gros perdant est C (-640). On décide donc qu'au lieu de perdre 640, il ne perd que 200. Ce faisant, on lui applique un quotient de 3,2. Donc, les nouveaux résultats sont les suivants :

A perd 38 - B gagne 113 - C perd 200 - D perd 75 - E gagne 160 - F gagne 100 - G perd 41 - H perd 19.

Ce système a un inconvénient : quand un joueur perd énormément en cours de partie, il a tout intérêt à prendre un maximum de caves. Pour éviter ces débordements, on limite la reprise de caves à la moyenne des caves prises par les joueurs. Par exemple, s'il y a huit joueurs et si 53 caves ont été prises, la recave suivante sera plafonnée à 7 caves (=53/8 arrondis). Celle d'après à 8 caves (=60/8), etc.

Certaines parties augmentent les enjeux dans la dernière heure ou lors de certaines variantes.

Le poker, qui est un jeu mêlant la chance et la stratégie, ne doit pas devenir un tir aux pigeons. Une bonne partie doit rester un lieu de camaraderie et de divertissement.

Limitez le temps

Avant de démarrer la partie, fixez une heure-butoir qui sera le moment où la partie s'arrêtera. Ce point est primordial : à partir d'un certain temps de jeu (quatre, cinq heures), des différences financières d'importance apparaissent entre les protagonistes et les perdants cherchent à se rattraper quand les gagnants, eux, voudraient bien empocher leurs gains et rentrer chez eux. Limiter le temps de jeu met tout le monde d'accord.

Il est de coutume d'ajouter un certain nombre de coups ou de tours après l'heure-butoir. Par exemple, on fixe l'heure suivante : « Fin à minuit, plus fin du tour et tour complet. » Ce qui signifie qu'à partir de minuit, on termine le tour de donne en cours et on en fait un dernier.

Repas

C'est l'organisateur qui prend en charge les boissons et l'alimentation. Une partie de poker n'étant pas un repas de haute gastronomie, il s'agira plutôt de monter un buffet dans lequel la part belle sera faite aux chips, aux canapés, aux cacahouètes, à la bière et aux sodas.

Évitez tant que faire se peut les plats genre régime draconien, comme les brocolis et les salades. L'organisateur qui s'y hasarde s'expose à essuyer des commentaires caustiques.

Naturellement, la coutume veut que chacun cotise pour couvrir les frais de l'organisateur. Soit les joueurs ajoutent une somme unique à leurs comptes à la fin au profit du créancier, soit la somme globale est constituée par prélèvements successifs effectués sur les gros pots.

Le moment critique du paiement

Avant la partie, il faut que la façon dont les perdants doivent payer et les gagnants doivent être payés soit connue de tous :

✔ Les joueurs paient-ils leurs caves au fur et à mesure, ou à la fin
seulement ?

(*Notre conseil : entre personnes qui se connaissent ou se cooptent, l'usage
est de payer à la fin*)

✔ Les chèques sont-ils acceptés ?

(*Notre conseil : il n'y a pas de raison de refuser un chèque de quelqu'un
qui n'a jamais posé de problème d'encaissement*)

✔ Les paiements différés sont-ils acceptés ?

(*Notre conseil : il vaut mieux les refuser avant qu'ils deviennent une
habitude*)

Options diverses

Comme les parties privées ne sont pas soumises à des contraintes de
rentabilité ni à des impératifs commerciaux, les options sont plus
nombreuses en partie privée qu'en club/casino. Les jeux pratiqués sont
limités seulement par l'imagination des joueurs (et la liste en début de
partie, comme on l'a vu). Cette section décrit les pokers les plus courants.
Sachez enfin que tous ces pokers peuvent être joués en limites fixes, en
spread limit, en *pot-limit* et en *no limit*.

Le stud à 7 cartes

On peut le jouer high, high/low ou low (razz). En *high-low*, on peut aussi le
jouer avec ou sans déclaration : si c'est avec, le low ne doit pas être soumis à
minimum ; si c'est sans, le low est « Huit ou mieux » (stud/8). Pour plus de
détails, voir le chapitre 3 pour l'option haute, et le chapitre 5 pour l'option
high-low.

Le Texas hold'em

Curieusement, ce magnifique poker fait un peu « pauvre » dans une partie de
« choix du donneur ». C'est un poker très technique qui laisse peu de place
aux surprises grandioses comme d'autres variantes plus « olé-olé ». On peut
le pratiquer en simple ou double tableau : il y a partage entre la meilleure
main sur un tableau et la meilleure sur l'autre tableau. Pour plus de détails,
voir le chapitre 4.

L'Omaha

C'est un jeu qui promet beaucoup de rebondissements du fait des quatre cartes du joueur (dont seules deux sont utilisées dans sa combinaison). L'Omaha *high-low* se joue seulement sous sa forme « huit ou mieux » (Omaha/8). L'Omaha *high*, lui, ne prend en compte que les mains hautes. Pour plus de détails, voir le chapitre 6.

Le Poker fermé

C'est l'ancêtre de nos pokers. Comme il n'a que deux tours d'enchères, un coup de poker fermé noyé dans une mer de coups de poker ouverts fait un peu triste. Mais comme la plupart des joueurs ont commencé avec ce jeu, on le pratique encore par nostalgie.

Chaque joueur reçoit cinq cartes, puis a lieu un tour d'enchères. Ensuite, chaque joueur écarte un certain nombre de cartes, jusqu'à quatre (il peut aussi se déclarer « servi »). Il reçoit un nombre égal de cartes neuves pour compléter sa main. Ensuite a lieu le dernier tour d'enchères, et l'abattage le cas échéant.

On pratique aussi le nullot, qui est le poker fermé *low*, où le jeu consiste à former la combinaison la plus basse possible. Dans ce jeu, on a coutume de prendre en compte les quintes et les couleurs. La meilleure main est alors le « six-zéro » : 6-4-3-2-A avec au moins deux familles.

Les Américains ont même un nullot encore plus draconien, qui est le sept-deux : l'As n'y prend que sa valeur haute, aussi la meilleure main est-elle 7-5-4-3-2, d'où le nom du jeu.

Nos amis d'outre-Atlantique s'amusent aussi comme des petits fous avec ce qu'ils appellent le *Lowbal 5-A w/J*, c'est-à-dire un nullot fermé avec un Joker, où la meilleure main est 5-4-3-2-A.

L'Irish

Il existe plusieurs formes d'Irish, mais toutes ont en commun ceci : les joueurs reçoivent jusqu'à six cartes, et en écartent au fur et à mesure du jeu. Le coup se termine comme un Texas hold'em, chaque joueur ayant deux cartes en main. On distingue ainsi :

✔ **L'Irish à quatre cartes et un écart** : chaque joueur reçoit quatre cartes, puis en rejette deux au flop après le deuxième tour d'enchères ;

✔ **L'Irish à quatre cartes et deux écarts, ou « Aviation »** : chaque joueur reçoit quatre cartes, puis en rejette une préflop et une au flop après le deuxième tour d'enchères ;

✔ **L'Irish à six cartes et deux écarts** : chaque joueur reçoit six cartes, puis en rejette deux après le premier tour d'enchères et deux au flop après le deuxième tour d'enchères.

Le Courchevel

Chaque joueur reçoit cinq cartes. Cette première donne se complète par une carte donnée au milieu face en l'air, et qui est la première carte du flop. A lieu un premier tour d'enchères. Ensuite le flop est complété à trois cartes, et le coup se termine comme un Omaha, chacun prenant deux cartes dans sa main de cinq cartes pour les marier avec trois cartes du tableau.

Cinq cartes en main au lieu de quatre comme dans l'Omaha classique, cela signifie que chaque joueur part avec non pas six couples de cartes différents… mais dix ! On comprend alors qu'en Courchevel, rares sont les coups qui se gagnent avec deux paires ou même un brelan ! Pour tout dire, l'apparition de trois cartes assorties au tableau déclenche à tous les coups l'existence d'une couleur, et celle d'une paire, l'existence d'un full, quand ce n'est pas un carré.

Le poker mexicain

Le donneur distribue deux cartes à chaque joueur et neuf cartes fermées au milieu, sous forme de matrice 3 x 3. A lieu un premier tour d'enchères.

Puis le donneur retourne les quatre cartes des côtés, ce qui déclenche un deuxième tour d'enchères. Puis il retourne les quatre cartes des coins, ce qui déclenche un troisième tour d'enchères. Enfin, il retourne la carte centrale, ce qui déclenche le dernier tour d'enchères. La matrice ci-dessous montre l'ordre de retournement des cartes.

2	**1**	**2**
1	**3**	**1**
2	**1**	**2**

Figure 7-1 :
L'ordre de
retardement
des cartes.

La combinaison est formée des deux cartes de la main et des trois cartes d'une des huit lignes/colonnes/diagonales que la matrice propose. Le côté diabolique de ce jeu réside dans la dernière carte ouverte, celle du milieu, qui libère à elle seule quatre tableaux. On peut aussi jouer au Mexicain en *high-low*, en donnant quatre cartes par joueur.

Criss cross

Le donneur distribue cinq cartes à chaque joueur et cinq cartes fermées au milieu, sous forme de signe « plus », c'est-à-dire deux lignes qui se croisent. Les cartes du tableau sont révélées une à une dans le sens des aiguilles d'une montre, et la carte centrale est retournée la dernière. Les combinaisons sont formées en mariant deux cartes privatives avec une des deux lignes.

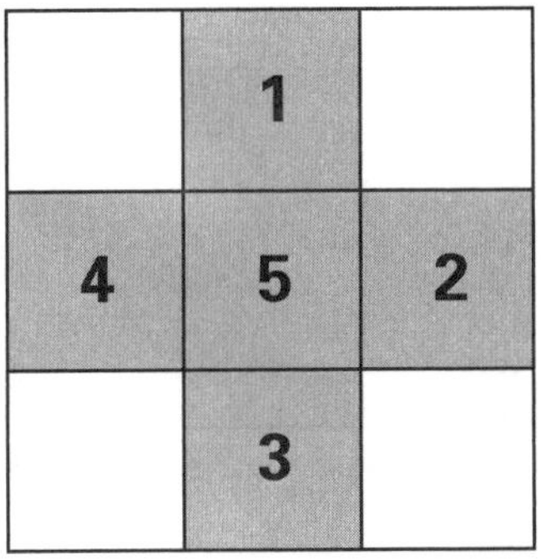

Figure 7-2 :
Criss cross.

On peut naturellement inventer une ribambelle de variantes. Sachez simplement que, plus on s'éloigne des formes « classiques » de poker, plus on amène des biais à la stratégie et plus on laisse de place à la chance pure. Une manière de marier intelligemment la technique et le *fun* est, par exemple, de faire un tour en Texas hold'em, un autre en *dealer's choice*.

Mettons un peu d'éthique dans les parties privées

Sans éthique, la vie en communauté serait un gigantesque capharnaüm. L'éthique joue un rôle vital dans la société, et cela s'applique aussi au poker. Les joueurs qui ne respectent pas les codes auront tôt fait de se voir exclure de leurs parties favorites… ou seront l'objet d'une dérision silencieuse. Cela ne veut pas dire que vous devez lever le petit doigt en regardant vos cartes, très cher ! Mais il y a un juste milieu :

À faire...

- **Soyez honnête** : ce n'est pas parce que vous jouez à un jeu de truands qu'il faut être malhonnête. N'essayez pas de tricher, d'ailleurs cela vous coûterait extrêmement cher.

- **Jouez vite** : personne n'apprécie le joueur qui s'endort sur ses cartes. Si vous réfléchissez, faites-le sur une courte durée en prévenant vos adversaires : « Le temps et les droits ».

- **Parlez à votre tour** : parler avant son tour est non seulement discourtois, mais également révélateur d'une main particulière. Tarder à parler quand c'est à son tour de le faire, c'est impoli.

- **Soyez courtois et amical** : on n'est pas des sauvages !

- **Soyez bon gagnant** : exploser de joie et sauter sur sa chaise comme un cabri, c'est bon pour les caves.

- **Soyez bon perdant** : vous avez perdu, cela arrive à tout le monde, y compris aux meilleurs. Félicitez le vainqueur et pensez déjà à votre revanche.

- **Prévenez si vous devez quitter la partie plus tôt** : et cela, dès le début de la partie. L'acceptation des adversaires vous protège.

- **Prévenez si vous avez un plafond de paiement** : cela arrive à tout le monde d'être un peu serré. Si vous perdez plus, faites un chèque à encaisser plus tard ou fixez une date de paiement sans faute. À ne jamais faire : le chèque sans provision.

À ne pas faire...

- **Ne donnez pas de conseil, surtout en cours de coup** : même si le joueur le demande, chacun joue pour soi et non pour les autres. En plus, c'est dangereux : si le joueur perd après avoir suivi votre conseil, il vous en voudra ; s'il gagne, c'est son adversaire qui vous en voudra !

- **Ne regardez jamais les cartes d'un adversaire** : les cartes doivent rester secrètes sauf si on a payé pour les voir.

- **N'affrontez pas des joueurs qui s'appellent « Doyle », « Amarillo Slim », « Phil Hellmuth »** : les joueurs qui portent des noms de grands champions de poker sont aussi ceux qui gagnent... donc ce sont leurs adversaires qui perdent !

Deuxième partie
Stratégie avancée

« Vous savez, je ne suis pas très calé dans la « lecture » des visages, mais je pense qu'il a misé contre sa main. »

Dans cette partie...

*J*ouer et gagner au poker n'est pas une affaire de chance au moment de la distribution des cartes. Cette deuxième partie développe deux aspects importants du jeu : le bluff et la gestion financière. Le chapitre 8 propose des conseils sur la façon de mener ses bluffs et de deviner les bluffs adverses. Dans le chapitre 9, nous utilisons les chiffres pour savoir comment procéder quand on gagne, quand on perd et quand on est « à jeu ».

Chapitre 8

Bluffer

• •

Dans ce chapitre :

▶ Ce qu'est le bluff

▶ Pourquoi le bluff est si important

▶ Nuancer l'intérêt du bluff

▶ Apprendre à bluffer de différentes manières

▶ Le rapport entre le bluff et la position

▶ Comment bluffer plusieurs joueurs

▶ Comment devenir un meilleur bluffeur

• •

*L*e bluff, c'est l'élixir magique du poker. C'est la tactique habitée par l'art, **le** grand théâtre du poker. Que serait un western sans le joueur qui bluffe **sur** un pot énorme au fond du saloon ? Pour ceux qui ne jouent pas au poker, le bluff est l'emblème même de ce jeu.

Ce que bluffer veut dire

Demandez aux joueurs de poker de définir ce qu'est le bluff et la plupart vous diront qu'il s'agit de jouer une main faible comme s'il s'agissait d'une forte, dans le but de faire sortir les adversaires du coup. Après tout, sans **le** bluff, le poker serait un jeu un peu rasoir : la meilleure main gagnerait à **tous** les coups et le jeu manquerait cruellement d'intérêt.

Les cartes sont les mêmes pour tout le monde sur le long terme. Sans la possibilité de bluffer, chaque joueur aurait la même espérance de gain – et personne ne gagnerait d'argent en définitive.

Pourtant, certains joueurs gagnent la plupart du temps tandis que d'autres perdent la plupart du temps. Et c'est souvent le bluff – ou plus précisément la possibilité qu'un adversaire bluffe – qui fait la différence entre les gagnants et les perdants. Le bluff, finalement, est une forme de tromperie – et sans tromperie, il n'y a plus de poker.

Si vos adversaires savaient toujours quelles cartes vous possédez, ce serait coton de les battre ! L'art de la tromperie consiste ici à mettre les autres en équilibre instable... Comme une feinte en football, le bluff est essentiel pour pouvoir passer les lignes ennemies et marquer des buts.

J'ai l'impression d'avoir déjà entendu cette conversation quelque part...

Le non-joueur : « Vous êtes un joueur professionnel ? Mazette, vous devez avoir une vraie *poker face* ! »

Le joueur professionnel : « Pourquoi dites-vous cela ? »

Le non-joueur : « Vous n'avez pas besoin de *poker face* pour bluffer tout le temps ? »

Le joueur professionnel : « En vérité, le bluff est une petite partie du jeu et les bons joueurs ne bluffent pas autant que ça. »

Le non-joueur : « Hmmm. Ce n'est pas ce que montrent les films. »

Le joueur professionnel (Haussant les épaules avec l'air blasé de celui qui affronte cette conversation tous les jours) : « À vrai dire, tellement peu de choses ont vraiment l'air de ce qu'elles sont... »

Les différents bluffs

Le bluff peut prendre plusieurs formes selon les cartes que vous possédez, ce que vous pensez que les adversaires possèdent comme cartes et ce que vous pensez qu'ils pensent que vous possédez comme cartes. Vous suivez?

- **Ouvrir ou relancer avec une main nulle** : vous possédez une main nulle mais vous agissez comme si vous aviez une main forte. La manœuvre est réversible : vous pouvez agir comme si vous aviez une main nulle alors que vous en possédez une très forte, ce qui alors conduit à piéger vos adversaires (on appelle aussi cela *sous-jouer*).

- **Miser dans le cadre d'un semi-bluff** : David Sklansky, le théoricien du poker bien connu, a défini le semi-bluff comme « une mise avec une main qui, si elle est suivie, n'est probablement pas la meilleure à cet instant mais possède un potentiel tel qu'elle peut le devenir. »

- **Dans un coup en limites fixes, ouvrir ou relancer au niveau de la petite enchère** (c'est-à-dire dans les deux premiers tours d'enchères). Vous utilisez ce bluff dans le but d'obtenir une carte gratuite plus tard dans le coup, à un moment où cela coûte le double.

Le semi-bluff a l'avantage de proposer deux moyens de gagner à son auteur :

 ✔ d'abord, si personne ne suit son enchère (il gagne par défaut, faute de combattant) ;
 ✔ ensuite, même s'il est suivi, s'il améliore sa main car celle-ci a un potentiel non négligeable d'amélioration.

De la nécessité de bluffer

Certains joueurs – mais ils sont rares, heureusement – ne bluffent *jamais*. Une fois que vous l'avez repéré, affronter un adversaire de ce type est simple comme bonjour. S'il mise quand toutes les cartes sont sorties, vous pouvez tranquillement jeter vos cartes à moins de posséder vous-même une main canon. Et si c'est le cas, vous devez même relancer.

D'autres joueurs, au contraire, ne peuvent pas s'empêcher de bluffer. Quand ils ouvrent, vous devez suivre jusqu'à ce que vous touchiez une main raisonnable. Même si ces joueurs arrivent à toucher des mains fortes de temps en temps, le fait qu'ils bluffent beaucoup trop facilite votre prise de décision. Contre eux, en suivant, vous gagnerez beaucoup plus d'argent sur le long terme qu'en jetant vos cartes.

Plongez-les dans le doute !

Des adversaires qui bluffent de temps en temps sont de meilleurs joueurs que ceux qui ne bluffent jamais ou au contraire, qui bluffent à tous les coups. Les meilleurs joueurs sont ceux qui laissent toujours planer un doute : « Alors, je bluffe, je ne bluffe pas ? » Et quand vous essaierez de deviner, vous aurez tort la plupart du temps. C'est comme ça!

Bien sûr, vous pouvez toujours essayer de repérer un indice révélateur, un « tell » qui vous indique si un joueur bluffe ou non, une mimique, des perles de sueur sur son front... Mais dans la plupart des cas, la triste vérité est que les joueurs qui laissent planer le doute vont vous donner plus de fil à retordre que les joueurs prévisibles.

Les joueurs bluffent généralement davantage dans les petites parties que dans les grandes. En effet, surtout dans des parties de poker à limites fixes, quand ces limites sont faibles, cela ne coûte pas cher de surbluffer les coups. Dans ces conditions, le bluffeur crée une sorte d'euphorie qui gonfle le pot, mais qui rend correct le fait de suivre car la cote est bonne.

Les bluffs célèbres : Baldwin contre Addington

Pendant les World Series of Poker 1978, Bobby Baldwin, qui était alors joueur professionnel et qui est aujourd'hui président du Bellagio de Las Vegas, était opposé à Crandall Addington, un investisseur immobilier de San Antonio. Addington était de loin le favori du moment puisqu'il avait 275 K$ contre Baldwin qui n'en avait que 145. Baldwin relance préflop et Addington suit. Le flop est le suivant :

Figure 8-1 : Le flop est le suivant.

Baldwin ouvre de 30 K$. Que peut-il avoir ? Un tirage à quinte ou à couleur est une première possibilité. Ou une paire de Dames. Addington a suivi après un moment d'hésitation, signe qu'il avait aussi une bonne main. La *turn* est l'As de carreau :

Figure 8-2 : La turn est l'As de carreau.

Le tableau devient menaçant car cette fois les possibilités de quinte et de couleur peuvent s'être réalisées. Baldwin ouvre de 95 K$, les ajoutant au pot qui contenait déjà 92 K$, le laissant avec quelques jetons s'il devait perdre le coup.

Addington s'est alors mis à réfléchir profondément. S'il suivait et gagnait, Baldwin serait quasiment mort, ayant très peu de chances de revenir dans la partie avec si peu de jetons. S'il suivait et perdait, les rôles seraient inversés et Baldwin serait le *chip leader*. Enfin, s'il passait, il aurait encore un *chip lead* important sur Baldwin et donc serait encore favori pour remporter le championnat du monde.

Addington a préféré jeter ses cartes. Comme Baldwin rassemblait les jetons qu'il venait de gagner, il a retourné ses cartes :

Figure 8-3 : Baldwin retourne ses cartes...

Baldwin a donc réussi un bluff parfait avec une main nulle. Les joueurs appellent ce coup un *bluff nu*, puisque le joueur gagne avec rien, pas même un vague tirage. Ce coup s'est avéré charnière. C'est Baldwin qui a remporté cette année-là le trophée, et qu'il l'ait gagné ou volé sous le nez d'Addington est une simple question d'interprétation !

Voici un exemple : supposons que le pot contienne 90 euros. Votre adversaire ouvre à 10. Le pot contient maintenant 100 euros. Pour suivre, vous n'avez qu'à miser 10 euros. Même si vous pensez que votre adversaire bluffe une fois sur dix, vous devez suivre. En suivant l'ouverture, la loi de probabilité suggère que vous allez perdre 10 euros neuf fois, mais que vous allez gagner 100 euros une fois. Après dix fois, il vous restera un bénéfice de 10 euros.

Conclusion : vous pouvez dire que, sans vous intéresser au revenu d'un coup pris isolément, chaque fois que vous avez suivi, cela vous a rapporté en moyenne 1 euro.

La menace du bluff

La menace d'un bluff est aussi importante que le bluff lui-même. Un bon joueur – qui bluffe ni trop souvent ni trop rarement, et le fait toujours dans de bonnes conditions – a aussi un autre avantage : c'est la menace du bluff. A-t-il une bonne main ou est-il en train de bluffer ? Comment le savoir ? Si je ne le sais pas, qu'est-ce qui peut m'aider à le savoir ?

Les réponses ne viennent pas d'elles-mêmes, et même les joueurs hors pair n'auront pas de résultats fantastiques dans ce domaine. Résultat : la menace du bluff combinée au bluff lui-même peut aider le joueur à gagner des pots qu'il aurait perdus sinon, simplement parce qu'il n'avait pas la meilleure main.

En limites fixes, si vous avez la meilleure main et si vous ouvrez, votre adversaire ne saura pas toujours si vous possédez la meilleure main ou non. S'il y a beaucoup d'argent dans le pot, il suivra probablement. C'est l'erreur qui coûte le moins. S'il devait jeter ses cartes et abandonner un gros pot, c'est un *faux* pas qui lui coûtera autrement plus que de payer une simple enchère supplémentaire pour voir le jeu adverse.

Le bluff et la menace du bluff marchent main dans la main. Un bluff peut permettre à un joueur de gagner par défaut un pot qu'il aurait perdu à l'abattage. La menace du bluff permet au joueur avec une bonne main de gagner plus d'argent que si l'adversaire savait qu'il ne bluffait jamais.

Le paradoxe du bluff

Un joueur de poker à succès doit adopter une stratégie de demi-mesure. Cela signifie qu'il vous arrivera d'être suivi alors que vous bluffez et que vous perdrez vos enchères. À d'autres moments, vous allez jeter la main gagnante parce qu'un adversaire a si bien bluffé qu'il vous a éjecté du coup.

 Aucun des deux scenarii n'est enviable. Souvenez-vous simplement que faire des erreurs est inévitable quand vous devez vous débrouiller avec une information incomplète. On peut suivre trop souvent ou pas assez souvent. On peut bluffer trop souvent ou pas du tout. Et la seule façon d'éradiquer les erreurs à un extrême génère forcément d'autres erreurs dans l'autre extrême.

Les joueurs très précautionneux, qui ne suivent jamais sauf quand ils possèdent une main canon, évitent de suivre avec une main plus faible mais abandonnent souvent un pot qu'ils auraient gagné à l'abattage.

Le paradoxe est que les bons joueurs font deux sortes d'erreurs pour éviter de devenir des joueurs prévisibles – bluffeurs ou non. Après tout, il y a une relation entre la prise de risque et la récompense, assez similaire avec le rapport « bénéfice/risque » employé en sciences humaines. Si vous n'êtes jamais surpris en train de bluffer, soit vous êtes le meilleur bluffeur de l'histoire du poker, soit vous ne bluffez pas assez souvent. Et si vos bluffs sont trop souvent éventés, c'est que vous bluffez trop.

Si vous suivez constamment l'enchère, vous ne perdez jamais un pot que vous auriez dû gagner. Mais si vous suivez rarement, vos adversaires apprennent qu'ils peuvent gagner en misant et en vous éjectant du coup de cette manière, sauf bien sûr si vous avez une main très forte.

Bluffer, c'est un peu comme le conseil de Toto: « Vas-y mollo. »

Les bluffs célèbres : Jack Straus et 7-2

Jack Straus, qui a remporté les WSOP 1982, était un homme renommé pour sa créativité, son flair et son imagination, autant que pour sa tendance à risquer tout ce qu'il avait s'il se sentait favori.

Une fois, dans une partie de hold'em *no limit*, Straus a reçu 7-2 dépareillés, la pis main possible. La grande majorité des joueurs jette cette main dès qu'ils la voient, sans la moindre hésitation. Mais pas Straus — en tout cas, pas à ce moment précis : « J'étais en plein rush, a-t-il dit, alors j'ai relancé. »

Un joueur a payé. Le flop s'est ouvert : 7-3-3, ce qui donnait deux paires à Straus, mais avec un *kicker* (le Deux) le plus faible qui soit. Comme Straus ouvrait encore, il réalisa qu'il venait de commettre une erreur. Son adversaire, qui n'avait pas hésité à prendre ses jetons, relança Straus à 5 000 dollars. Straus comprit qu'il avait une grosse paire en main, et l'opération logique à cet instant aurait été de jeter ses cartes.

Mais Straus a préféré suivre, ce qui a forcément dû soulever des questions dans la tête de son adversaire. La *turn* a été un Deux. Cela a donné deux paires à Straus, mais, curieusement, cela n'améliorait pas sa main puisqu'il avait déjà deux paires aux Sept par les Trois au flop.

Straus a ouvert à 18 000 dollars. Son adversaire s'est alors mis à réfléchir : Straus avait-il une main ou était-il en train de le bluffer ? C'est alors que Straus, diabolique, a dit à son adversaire : « C'est simple : si tu me donnes un jeton de 25 dollars, je te montre l'une de mes cartes, n'importe laquelle. »

Après une longue pause, l'adversaire accepta le marché et retourna une des deux cartes de Straus : le Deux. Il y eut alors une autre pause, très longue. Finalement, l'adversaire de Straus en a conclu que les deux cartes étaient de même valeur, ce qui donnait un full, et a jeté sa main.

« C'était juste une question de psychologie », aurait dit Straus plus tard. Mais pour la plupart des témoins, ce n'était pas de la psychologie : c'était de la magie pure.

Nous ne sommes pas tous égaux devant les bluffs

Les bluffs sont souvent différents. Certains fonctionnent merveilleusement dans certaines situations. Voyons de plus près les différentes sortes de bluffs et ce qui les distingue...

Bluffer en final avec une main nulle

C'est le coup classique, c'est le bluff de cinéma. Vous êtes en limites fixes d'enchères, vous affrontez un ou deux adversaires. Votre main est nulle. Il y a peut-être un tirage à quinte qui ne se matérialise pas. Peut-être est-ce un tirage à couleur raté.

Si on devait abattre les mains, vous savez que vous allez perdre. Alors vous ouvrez en pensant : « Qui ne risque rien n'a rien ». Si quelqu'un suit, vous perdez l'enchère que vous auriez épargnée si vous aviez *checké*. Mais *checker*, évidemment, revient à faire une croix sur le gain du pot.

Si vous ouvrez, cela peut toujours faire passer vos deux adversaires. Si on ne vous suit pas, vous gagnez le pot par défaut, faute de combattants. Supposons que ce pot contenait 100 euros et que l'ouverture était de 10 euros : pour être rentable, votre bluff a juste à « passer » au moins une fois sur dix !

Si bluffer rate neuf fois et réussit une seule fois sur les dix tentatives, vous serez encore gagnant sur le long terme. Vous aurez perdu 10 euros neuf fois, mais en aurez gagné 100 une fois... soit un gain net de 10 euros, soit 1 euro par tentative.

Se faire prendre en train de bluffer n'a pas que des inconvénients

Le bluff ne réussit pas à tous les coups. Les adversaires observateurs se souviendront du moment où vous vous êtes fait prendre. Quand ils auront analysé que vous n'avez pas toujours la meilleure main quand vous misez, vos bonnes mains attireront plus de suiveurs que si les opposants savaient que vous ne bluffiez jamais.

C'est l'un des intérêts du bluff : non seulement il vous permet de voler les enchères tout de suite, mais quand il rate, il vous donne une image de bluffeur grâce à laquelle on hésitera moins à vous payer quand vous aurez une grosse main. Le tout est de savoir l'utiliser à bon escient.

Bluffer avec une main potentielle

Quand vous bluffez avec une main potentielle, vous avez généralement deux façons de gagner. Vous pouvez réussir avec un bluff qui oblige l'adversaire à coucher la meilleure main ; et vous pouvez recevoir une carte dont vous avez besoin pour transformer votre main de bluff en main gagnante par constitution.

Imaginez que vous soyez en train de jouer au hold'em. Vous avez relancé avant le flop et deux joueurs ont suivi. Voici votre main et le flop :

Figure 8-4 : Votre main et le flop.

Vous possédez deux *overcards* et un tirage à couleur seconde. Généralement, cette situation ne permet pas d'ouvrir. Mais ici, si vous ouvrez au flop, vous avez plusieurs manières de gagner :

- ✔ vos adversaires peuvent passer, et vous gagnez par défaut ;

- ✔ vos adversaires peuvent suivre, mais il reste encore la *turn* et la *river* à tomber, ce qui peut vous donner la main gagnante (n'oubliez pas qu'un seul des neuf carreaux qui restent suffit à vous donner une main écrasante ; sans parler des trois Rois et des trois Dames qui restent ; on ne parle pas des trois Dix qui vous donnent un tirage à quinte bilatéral à la *turn*).

Le talon contient encore beaucoup de cartes qui vous sont favorables et qui sont autant de potentiel de gain. Quand vous couplez au flop la possibilité de faire la meilleure main avec celle de gagner tout de suite le pot si les adversaires passent, vous êtes probablement un favori des cotes pour gagner le pot d'une manière ou d'une autre. Autant en profiter !

Les bluffs célèbres : Stu Ungar contre Ron Stanley

Dans les WSOP 1997, Stu Ungar dominait la table finale. Ungar, génie légendaire du poker, avait déjà été champion du monde en 1980 et 1981. Il était *chip leader* depuis le début, et plutôt que de rester sur son tapis comme l'aurait fait un père de famille, Ungar n'avait de cesse d'attaquer ses opposants.

À un moment donné, on a pu observer que Ungar avait relancé préflop sur sept coups d'affilée. Bluff ? Évidemment ! Mais aucun de ses adversaires n'osait perdre le moindre de ses jetons pour le vérifier. Résultat : ils préféraient jeter leurs cartes sans demander leur reste. Il faut dire aussi que chaque place gagnée correspondait à une somme d'argent importante et rapprochait de la première place.

Après que le professionnel de Las Vegas Ron Stanley eut volé les *blinds* plusieurs fois, il a relancé Ungar à 200 K$. Pendant un moment, il a paru dominer Ungar. Mais quelques coups plus tard, les deux chip-leaders ont commencé un coup mémorable en tête-à-tête. Ungar était au *surblind*, et Stanley a suivi. Ungar a *checké*. Le flop est apparu :

Stanley, un professionnel expérimenté, avait remarqué qu'à chaque fois qu'Ungar flopait la paire max avec un As, il checkait au flop et ouvrait à la *turn*. Une fois encore, il a checké après Stanley, suggérant qu'il pouvait détenir un As.

Un Huit est tombé à la *turn*. Stanley, qui avait un Neuf en main et une deuxième paire, a ouvert de 25 K$. Ungar a relancé à 50 K$ et Stanley a payé.

La dernière carte était un Roi. Stanley a checké, Ungar a ouvert de 225 K$ et Stanley a passé. Ungar a retourné effrontément sa main : Q-10. C'était un bluff total. Il n'avait absolument rien à part un tirage à quinte par le ventre, et Stanley avait jeté la meilleure main.

Visiblement énervé par ce que faisait Ungar, Stanley a été éliminé peu après. Par la suite, Ungar a éliminé un par un ce qui lui restait d'adversaires, qui se sont rendu compte, mais un peu tard, que contre un tel diable on ne pouvait jouer que pour la deuxième place, jamais pour la première.

Figure 8-5 : Le flop est apparu.

Bluff et position

Dans la plupart des exemples, le fait de parler en dernier – c'est-à-dire quand vous connaissez déjà les décisions adverses – est un grand avantage. Mais quand vous bluffez, c'est un avantage également de parler en premier.

Si votre adversaire *checke* et si vous ouvrez, il peut comprendre que vous essayez de tirer avantage du fait qu'il montre de la faiblesse. Résultat : il est plus probable qu'il suive – ou même relance s'il est agressif – avec des mains marginales.

Mais ouvrir à partir du début de parole donne l'image d'un joueur qui détient vraiment une grosse main. Après tout, vous ouvrez avant quelqu'un qui peut tout avoir, y compris une main forte. Votre adversaire, bien sûr, s'en rendra compte et sera plus enclin à rejeter une main marginale avec laquelle, pourtant, il aurait relancé habituellement (pour plus de détails à propos de la position, voir chapitre 3).

Bluffer plusieurs adversaires

Plus vous avez d'adversaires, plus il est probable que l'un d'eux vous suive et fasse capoter votre bluff. « J'ai payé perdant mais c'était pour voir si tu bluffais » est une phrase que l'on entend souvent.

Supposons que vous affrontiez un adversaire et pensiez que votre bluff peut réussir une fois sur trois. Ce n'est pas une mauvaise cote, surtout si la taille du pot excède la plupart du temps trois fois ce que vous devez y mettre ! Supposons que le pot contienne 90 euros et que vous ouvriez à 30 euros. Avec un tiers de réussite au bluff, cela signifie que deux fois sur trois vous allez perdre 30 euros, et qu'une fois sur trois vous allez en gagner 90. Faites le calcul : vous allez gagner sur le long terme 30 euros, c'est donc une opération rentable.

À la chasse aux *tells*

Il se peut que la technique la plus puissante des joueurs de poker hors pair soit leur capacité à détecter les *tells*, c'est-à-dire, en quelque sorte, à entrer dans l'esprit de leurs adversaires. Une légende du poker, Doyle Brunson, a proclamé une fois qu'il pourrait battre n'importe qui à la table de poker – même s'il ne regardait pas ses propres cartes.

Brunson a insisté, jusqu'à ce que ses adversaires furent inconscients du fait qu'il ne regardait pas ses cartes. En fait, il se concentrait sur les indices visuels qu'il glanait en les scrutant dans leur manière d'être, ce qui lui suffisait pour gagner.

C'est l'occasion de rappeler l'une des plus grandes citations dues à ce grand joueur, qui a réussi, à 72 ans, à décrocher un dixième titre mondial WSOP en 2005 : « *Le poker n'est pas un jeu de cartes. C'est un jeu de personnes.* »

Mais qu'arrive-t-il si on ajoute un troisième larron ? Cette fois, le pot contient 135 euros. Même avec une augmentation mathématique du pot, les chances de gagner de votre bluff sont moins grandes. Car même si le pot a augmenté, il n'a pas augmenté au point de financer le risque qu'un des deux adversaires suive, c'est-à-dire fasse capoter votre bluff.

 Les bluffs fonctionnent contre un nombre limité de joueurs. Moins il y en a, mieux c'est. Trois joueurs c'est généralement trop, et même contre deux joueurs, le bluff reste délicat. Le mieux est contre un seul adversaire. Il y a une exception cependant : en admettant qu'il n'y ait plus de cartes à venir, si vous êtes premier à jouer et s'il reste deux joueurs après vous, vous pouvez ouvrir en bluffant si vous pensez que le dernier joueur tentait un tirage qui ne lui est pas rentré.

Supposons que vous jouiez au hold'em et qu'il y ait deux cartes assorties au flop. Si Philippe, le troisième adversaire, se limite à suivre au flop et à la *turn*, les chances qu'il possède un simple tirage à couleur sont importantes. Si c'est le cas, il est très probable qu'il jettera ses cartes suite à une ouverture à la *river*, même s'il suspecte un bluff : quand tout est dit, il se peut qu'il ne puisse pas même battre un bluff !

Les bluffs célèbres :
Doyle Brunson contre le duo masqué

Pendant la tranquille après-midi du 29 avril 1988, Doyle Brunson est retourné chez lui après avoir remporté un important tournoi. Doyle est un double champion du monde. Ce jour-là, il avait 85 000 dollars dans sa poche.

Le champion est tombé nez à nez avec deux coupe-jarrets qui l'attendaient à sa porte. Les hommes masqués l'ont forcé, lui et sa femme, alors qu'ils avaient une soixantaine d'années, à leur livrer les espèces et les bijoux présents dans la maison.

Les Brunson ont ainsi été ligotés et étendus dans le living-room pendant que les deux truands répétaient leurs menaces de mort pour les contraindre à coopérer. Mais ce vieux renard de Brunson avait une autre idée.

En puisant dans sa grande expérience du poker, il a simulé une attaque cardiaque, les mains crispées sur sa poitrine. L'homme haletait, et si on ne faisait rien, il allait passer l'arme à gauche fissa.

Les voleurs n'étaient pas des tueurs et ils ont soudain pris peur. Terrorisés, ils ont sauté par la fenêtre et on ne les a plus jamais revus.

Doyle Brunson a sans doute bluffé beaucoup de joueurs dans sa vie, y compris dans les parties les plus chères. Mais il sera sûrement d'accord pour reconnaître que ce coup de bluff était le plus beau.

Stratégies de bluff

Le bluff est une affaire délicate. Vous ne savez jamais à l'avance si vous allez être payé, si vous allez pouvoir voler le pot ou, pis, si vous allez être relancé. La prochaine fois que vous allez essayer un coup d'éclat à la table de poker, souvenez-vous bien de ces conseils :

✔ **Soyez conscient du nombre de joueurs que vous allez bluffer sur le coup.** Si un ou même deux joueurs peuvent être bluffés, ne pensez même pas pouvoir en bluffer trois ou plus, c'est trop dangereux, à moins que vous ayez de très bonnes raisons de penser que cela va marcher.

✔ **Comprenez qu'un bluff n'a pas à fonctionner pour prendre la bonne décision.** En limites fixes, vous ne risquez qu'une enchère pour gagner le pot entier. Le bluff doit marcher seulement de temps en temps pour s'avérer être le bon choix. Et même quand vous vous faites prendre, un bluff peut réussir s'il pousse des adversaires, dans un coup ultérieur, à suivre quand vous possédez une main gagnante.

✔ **Évitez de bluffer des joueurs qui sont des experts ou, inversement, qui sont des têtes de linotte.** Au contraire, pensez à cibler les bons joueurs, les joueurs rationnels. Les experts pourraient deviner votre manœuvre ; quant aux joueurs novices ou faibles, ils sont susceptibles de vous payer « par acquis de conscience ».

✔ **Ne bluffez pas pour la beauté du geste. Certains joueurs vont bluffer pour se faire de la publicité.** C'est inutile. Bluffez plutôt si cela vous donne une chance raisonnable de gagner le coup. Vous aurez beaucoup de valeur publicitaire lors des bluffs que vous aurez menés et qui auront été découverts, sans que cela ne vous oblige à bluffer davantage.

✔ **Ne bluffez jamais avec une main nulle quand il reste encore deux cartes à tomber.** Pensez plutôt à semi-bluffer, ce qui vous donne deux façons de gagner le coup : quand vos adversaires passent et quand vous touchez votre tirage.

✔ **Essayez de bluffer si tous vos adversaires ont checké au tour d'enchères précédent.** C'est même mieux s'ils ont tous checké sur un tour d'enchères cher. Mais vos chances sont diminuées si apparaissent des cartes exposées qui semblent aider des adversaires.

✔ **Impliquez des mains spécifiques.** Les bluffs qui semblent représenter des mains particulières, comme une quinte ou une couleur, ont une probabilité bien meilleure de réussir que les enchères qui sous-tendent des mains moins évidentes.

✔ **Evitez les joueurs faibles.** Il est autrement plus facile de bluffer des joueurs qui ont montré de la faiblesse en *checkant* que de bluffer ceux qui ont montré de la force en ouvrant au tour précédent.

✔ **Efforcez-vous de construire une image de joueur serré et agressif en jouant les mains recommandées dans cet ouvrage.** Ce type d'image garantit à vos bluffs un taux de réussite bien plus important qu'une image de joueur large. Si on vous voit comme quelqu'un de sélectif, vos enchères seront respectées, c'est-à-dire qu'une relance ne sera payée que par des mains fortes. Quand vous avez une possibilité de voler les enchères, faites-le.

✔ **Tentez un bluff occasionnellement quand toutes les cartes sont sorties, en fin de coup et si vous n'avez rien, mais n'en abusez pas.** Si vous avez assez pour battre un tirage, sauvez cette enchère supplémentaire et essayez de gagner à l'abattage.

Les bluffs célèbres : Johnny Chan contre Erik Seidel

Dans ce bluff inversé, Johnny Chan a bluffé Erik Seidel en le poussant à relancer et a gagné les WSOP 1988. Chan avait déjà gagné l'année précédente et avait le vent en poupe. La chance lui était donnée, douze mois plus tard, de rééditer l'exploit. Mais il allait devoir faire appel à de la magie pour y arriver. Seidel, un ancien *broker* de New York, avait délaissé Wall Street pour la vie de joueur de poker professionnel.

Et maintenant, Seidel est en phase finale des WSOP, en train d'affronter un *chip leader* qui défend son titre. Les *blinds* sont de 10 K\$-20 K\$. Chan est premier à parler. Aucune relance pré-flop. Le flop est le suivant :

Figure 8-6 : Le flop est le suivant.

Chan *checke*. Seidel ouvre à 50 K\$. Chan suit. La *turn* est une carte quelconque, et les deux joueurs checkent. La *river* est une autre carte quelconque. Chan *checke*.

Seidel a une Dame en main, ce qui lui donne la paire max, mais avec un petit *kicker*. Il pense un moment que Chan peut avoir lui aussi une Dame avec un meilleur *kicker* que lui. Mais en *checkant* à la *turn* et à la *river*, Chan a laissé passer sa chance d'ouvrir !

Seidel pousse alors tout son tapis devant lui, une somme assez importante pour que Chan jette ses cartes à moins qu'il n'ait une très bonne main, comme une paire de Dames avec un gros *kicker*, ou deux petites paires.

Seidel a mal « lu » Chan. Et pas qu'un peu. Car Chan paie immédiatement le all-in de son adversaire et retourne ses cartes : J-9 de trèfle. Chan avait flopé la quinte.

Si Chan n'avait pas sous-joué, il est probable que Seidel aurait jeté ses cartes. Au lieu de cela, Chan a préféré pousser Seidel à la faute, voire le pousser même à bluffer, ce qu'il a fait finalement. On note que Chan a piégé trois fois de suite son adversaire : au flop (où il est max), à la *turn* et à la *river*. Trois tentatives pour laisser son adversaire ouvrir, ce qu'il a fait finalement. Et Chan est ressorti avec son deuxième titre de champion du monde en poche.

Chapitre 9

Sachez gérer votre argent et tenir vos comptes

● ●

Dans ce chapitre :

▶ Comprendre ce qu'est la gestion financière

▶ La vérité sur la gestion de l'argent

▶ Pourquoi c'est important de tenir des comptes

▶ Utiliser l'écart-type pour analyser vos résultats

▶ Calculer votre tolérance au risque

▶ Réduire les fluctuations dans une partie

▶ Comment calculer votre capital-jeu

▶ Comment font les pros pour maintenir à flot leur capital

▶ Pouvoir jouer plus cher

● ●

*L*es vieux paradigmes sont comme les vieux soldats, ils ne meurent pas. Certains même ne s'estompent jamais. Il fut un temps où les gens croyaient que la Terre était plate comme une assiette et que le Soleil tournait autour d'elle. Certains d'entre nous continuent à « toucher du bois » à chaque fois qu'ils le jugent utile, sifflotent quand ils longent un cimetière, refusent obstinément de passer sous une échelle, croient que les chats noirs sont signes de guigne et attendent patiemment la prochaine convergence harmonique. D'autres – joueurs de poker pour la plupart – sont séduits par l'idée de la gestion financière.

D'accord, mais c'est quoi la gestion financière ?

La gestion financière est un de ces concepts qui auraient dû disparaître depuis des lustres mais qui continuent son chemin dans la littérature consacrée au jeu. Pour bien le comprendre, on doit d'abord connaître l'adage du joueur de base : « Arrête de jouer quand tu gagnes. » Et c'est vrai : après avoir gagné une somme prédéterminée, pour la faire passer de virtuelle à réelle, il n'y a qu'une seule solution, se lever et se faire payer. Vous quittez le club/casino plus riche que quand vous y êtes entré et vous avez dès lors atteint votre objectif de futur pro du poker.

Mais ce n'est pas tout. On doit aussi connaître un autre principe, qui est de ne pas perdre au-delà d'une somme prédéterminée. (Voir la section « Devez-vous partir quand vous êtes gagnant ? ») Dès que vous avez atteint cette limite de pertes, vous allez vous lever et vous rhabiller… ou plutôt déshabillez-vous et faites une bonne nuit de sommeil, demain sera un autre jour. N'essayez pas de vous acharner à vouloir à tout prix récupérer l'argent aujourd'hui. Vous aurez tout le loisir de le faire demain, dans un autre état d'esprit, contre d'autres joueurs, à une autre table. Il n'y a rien de plus compulsif que de courir après ses pertes.

Eh bien ces deux principes, vous allez le voir, sont amplement critiquables.

Est-il utile de savoir gérer l'argent ?

Considérez ces quelques questions :

- ✔ Est-il utile de suivre un quelconque plan de gestion financière ?
- ✔ Est-il correct de partir quand vous gagnez ?
- ✔ Devez-vous partir quand vous avez perdu une somme prédéterminée ?
- ✔ Si vous partez quand vous gagnez et quand vous perdez, devez-vous jouer seulement quand vos résultats sont compris entre votre limite de pertes et votre limite de gains ?

Même les aficionados de la gestion financière s'entendent pour dire que le poker, théoriquement parlant, ne s'arrête jamais (au moins dans les clubs) et il n'y a aucune différence entre d'une part, jouer quatre heures aujourd'hui plus quatre heures demain, et d'autre part, jouer huit heures aujourd'hui. Si c'est le cas, quelle logique sous-tendent les théories de la gestion financière ?

Devez-vous partir quand vous gagnez ?

Derrière cette première théorie se cache l'idée que vous devez prendre le profit que vous avez réalisé et ne pas le rendre au jeu. Si vous prenez cette ligne de conduite au pied de la lettre, cela ne fonctionne que si vous quittez définitivement le poker. Si vous savez que vous ne jouerez plus jamais et si vous gagnez dans la partie du jour, le fait de quitter la partie maintenant laisse dans votre poche le profit tiré du jeu, et cela, *ad vitam aeternam*.

Mais si vous partez aujourd'hui comme gagnant et si vous êtes perdant demain, avez-vous plus mal agi que si vous aviez perdu d'entrée de jeu ? La réponse est évidente : c'est non. Vous n'avez pas plus mal agi puisque vous avez gardé en poche ces gains pendant quelques heures de plus.

Si vous êtes un joueur occasionnel, déambuler comme gagnant peut être la façon sage d'avoir du cash en plus à dépenser.

Devez-vous partir quand vous atteignez votre limite de perte ?

Pendant que vous jouez, demandez-vous si vous allez jouer demain – ou même la semaine prochaine. Si vous répondez par l'affirmative, demandez-vous si vous pouvez gagner. Si vous voulez toujours jouer et si vous pensez gagner demain ou la semaine prochaine, y a-t-il une réelle différence entre partir maintenant du jeu et continuer à jouer ?

Si vous jouez régulièrement dans une partie où vous n'êtes pas favori, vous pouvez vous attendre à perdre de l'argent – et il n'y a pas de différence entre suivre ou non une gestion financière, entre jouer demain ou la semaine prochaine. Mais si vous êtes favori, jouer veut dire quelque chose, et peu importe si vous êtes ou non en train de gagner à un moment donné.

La vérité sur la gestion financière

Voici la seule facette de la gestion financière qui soit exacte : si la partie est bonne et si vous y êtes favori, vous devez continuer à jouer. Mais si la partie est mauvaise et si vous êtes outsider, quittez-la, que vous soyez gagnant ou perdant.

Bien sûr, une partie peut être terrible et vous pouvez ne pas être favori pour un certain nombre de raisons qui n'ont rien à voir avec vos capacités. Vous pouvez être fatigué, en colère à cause de l'attitude de votre conjoint, stressé à cause du boulot, énervé à cause des embouteillages, inquiet à cause de la grippe du petit dernier, ou tout autre désagrément qui vient désarçonner l'être humain normalement constitué.

Vous économiserez des monceaux d'argent tout au long de votre brillante carrière de joueur de poker en suivant cette règle simple : si vous ne jouez pas à votre meilleur niveau, *retournez chez vous*. Ou si vous préférez : si vous n'êtes pas dans une forme maximale, levez-vous et attendez un jour meilleur. Car c'est dans ces jours-là qu'on commet le plus d'erreurs, qu'en plus on ne s'en rend pas compte, et qu'on jette l'argent par les fenêtres. On fait des « livraisons », pour reprendre l'expression pokérienne consacrée.

Avoir une espérance de gain positive

Lisez bien ceci : jouer gagnant consiste avant toute chose à vous placer dans des situations où vous possédez une espérance de gain positive. Par exemple, le joueur de black jack (jeu de cartes de casino) qui utilise un comptage de cartes mental efficace dégagera sur le long terme un profit contre le casino, donc il aura intérêt à jouer le plus longtemps possible tant qu'il tiendra la meilleure forme. Cela explique aussi pourquoi il n'y a pas de professionnel du craps ou de la roulette [Ndt : dans le cas de la roulette, certains ont trouvé des systèmes physiques qui permettent de gagner à long terme, mais ils font appel à des technologies prohibées]. Dans ces jeux-là, l'espérance de gain est négative. Donc plus on y joue, plus on y perd – ce qui n'exclut bien sûr pas d'avoir quelques séries chanceuses, mais elles n'apparaissent que comme des accidents de parcours qui ne remettent pas en cause la tendance de fond.

Dans le cas du poker, certains joueurs sont assez doués pour avoir un avantage sur la plupart de leurs adversaires. Ils ont donc une espérance de gain positive. Ils retirent un profit de leurs parties tant qu'ils ont une bonne forme physique. Là encore, cela n'exclut pas quelques séries perdantes, mais elles n'apparaissent que comme des accidents de parcours qui ne remettent pas en cause la tendance de fond. Sur le long terme, ces joueurs, du fait de leur espérance de gain positive, dégageront un gain à coup sûr.

Petits conseils sur les sommes en jeu

✔ **Arrêtez-vous un moment si vous sentez que vous perdez votre contrôle émotionnel.** Les joueurs appellent cette situation la « cagoule », car le joueur devient aveuglé, il ne réagit plus de façon rationnelle, il perd ses repères. En anglais, on dit : *on tilt*. Essuyer un ou deux *bad beats* peut vous faire perdre les pédales, cela se conçoit, dans votre acharnement à vouloir rattraper vos pertes si peu méritées. Mais le poker rationnel s'accommode mal de cet acharnement qui ne pourra vous conduire qu'à des pertes supplémentaires.

✔ **Jouez à des limites qui vous conviennent.** Si vous jouez au-dessus de vos moyens, vous risquez de rencontrer des joueurs nettement plus forts, donc d'avoir une espérance de gain négative. Si vous jouez trop bas, les pertes et les gains vous sembleront trop faibles et vous aurez tendance à jouer plus large, donc à perdre de votre rationalité.

✔ **Êtes-vous certain de pouvoir vous permettre de perdre ?** Personne ne veut perdre, évidemment, mais c'est pourtant inévitable au poker, et cela arrive même aux meilleurs joueurs de poker du monde. Vous devez limiter vos pertes à un niveau raisonnable. Ne laissez jamais une partie de poker envahir votre vie et ne misez jamais la prochaine traite de la voiture.

Sélection de la partie et gestion financière

L'un des secrets du poker gagnant est la sélection des parties. Pourquoi devoir quitter une bonne partie sous prétexte que vous y avez gagné ou perdu une certaine somme d'argent ? Logiquement, si c'est une partie dans laquelle vous avez une espérance de gain positive, maintenez-vous y tant que vous avez la forme et tant que vos horaires vous le permettent. Si vous avez dû subir des *bad beats* (coups où vous possédiez la main gagnante mais où un adversaire a touché une carte-miracle qui vous a battu) et si vous sentez que tout va de travers, alors d'accord, c'est une bonne raison pour partir. Mais tant que la partie reste profitable, il faut rester pour « traire la vache ».

Ne quittez pas la partie sous prétexte que vous avez atteint une quelconque limite de perte. Mais quittez-la si vous sentez que vous n'y avez pas d'espérance de gain positive.

Que faire si vous êtes dans une bonne partie et si vous gagnez de mille euros ? Allez-vous vraiment partir quand vous gagnez ? Si la partie est vraiment bonne et si vous n'avez pas de raison exogène de partir, pourquoi ne pas poursuivre ? Après tout, vous êtes favori. Les chances que vous gagniez davantage sont de votre côté.

Mais que vous gagniez ou non à partir de ce moment, vos gains futurs sont toujours disponibles, que vous continuiez ou que vous quittiez la partie pour revenir le lendemain. La partie continue, et les segments de temps que vous y passez sont tout à fait arbitraires.

Pourquoi il faut faire des comptes

Si vous ne faites pas de comptes, comment pouvez-vous savoir si vous perdez ou si vous gagnez ? Sans comptes précis, vous ne pourrez jamais savoir si vous êtes un bon joueur ou non. Beaucoup de joueurs de poker, et non des moindres, ne tiennent pas leurs comptes à jour.

Si vous jouez sérieusement au poker, traitez ce jeu comme si c'était un business. Chaque business implique de faire des comptes. Sans eux, un businessman n'a aucune idée des sommes qu'il lui faut pour créer de la richesse. Ni combien lui coûte le fait de faire de la publicité, de payer ses employés, de créer des emballages, etc. Or, ces éléments sont essentiels s'il veut savoir en fin de période si ses comptes sont dans le vert ou dans le rouge, bref s'il gagne ou s'il perd de l'argent.

Peut-être est-il plus difficile à la majorité des joueurs de poker de regarder la vérité en face… Mais si vous voulez gagner de l'argent en jouant au poker, vous devez savoir combien vous en gagnez, donc vous devez tenir des comptes.

Heureusement, le type de comptes que vous aurez à tenir comme joueur de poker sont plus simples que ceux des entrepreneurs.

Quel type de compte allez-vous tenir ?

Chaque joueur de poker devrait suivre deux indicateurs statistiques :

- Le taux de gain horaire indique combien d'argent vous gagnez – ou perdez – par heure.
- L'écart-type mesure les fluctuations à court terme. Il mesure la chance ou la malchance, peu importe le sens d'ailleurs.

Comment s'y prendre

Inutile d'embaucher un statisticien chez vous. Le niveau mathématique de troisième suffit largement. C'est facile. La prochaine fois que vous jouez au poker, notez sur un carnet la somme que vous avez utilisée pour acheter vos jetons. Puis notez les informations suivantes sur une base horaire :

- Somme gagnée ou perdue dans la session ;
- Variante jouée (par exemple, Hold'em 2-4) ;
- Nombre d'heures jouées pendant la session.

Quand vous rentrez à la maison, vous pouvez ajouter ces informations à vos sessions précédentes et ainsi faire un cumul.

Donc vous connaîtrez :

- Le montant gagné ou perdu depuis le début de l'année ;
- Le nombre total d'heures jouées depuis le début de l'année, et le gain horaire moyen (ou la perte).

Tableau 9-1 : Faites vos comptes !

date	variante	résultat (+/−)	cumul	heures	résultat/h

Tenir fidèlement ses comptes

Une des difficultés psychologiques relatives à la tenue des comptes consiste à le faire de façon régulière, sans perte d'information ni oubli. En plus, l'esprit est assez malin pour que, inconsciemment, vous oubliiez de noter une perte importante. Or, oublier de noter des résultats, aussi terribles soient-ils, c'est tronquer la comptabilité et nier l'image fidèle de votre poker qu'elle est censée vous fournir. C'est d'autant plus regrettable qu'une perte est un vrai stimulant pour bien jouer. Quand on arrive à l'effacer après des heures d'efforts, on se sent autrement plus fort et récompensé.

Si vous jouez pour le plaisir, inutile de vous embarrasser de ces chiffres… même s'ils peuvent vous renseigner sur ce que vous coûte votre passe-temps favori. Mais si vous aspirez à être un gagnant, un vrai, la meilleure façon de le mesurer sera d'accumuler vos résultats et de les analyser.

Comment évaluer votre taux de gain

Mettre en place votre taux de gain ou de perte est simple : divisez le montant gagné ou perdu par le nombre d'heures jouées.

Ce calcul montre le gain moyen ou la perte moyenne par heure. En statistiques, cette quantité est appelée *moyenne arithmétique*. Si vous jouez dans des parties différentes, vous pouvez mettre en valeur des chiffres en fonction de chaque partie, ce qui peut vous indiquer dans quel type de partie vous réussissez le mieux.

Toutes les moyennes ne sont pas égales

Savoir combien vous gagnez ou perdez par heure de jeu est important. Mais il est également important de savoir si la moyenne arithmétique est représentative. En d'autres termes, la moyenne arithmétique est-elle un bon indicateur des données de base ?

Voici un exemple théorique. Admettons que San Francisco et Atlanta aient chacune une température annuelle de 65°F. Mais San Francisco est rarement très froide et rarement très chaude, alors qu'Atlanta est très chaude en été et très froide en hiver. Si la moyenne pondérée des températures annuelles aboutit à 65°F pour les deux villes, il n'en demeure pas moins que les températures sont plus variées à Atlanta qu'à San Francisco. On peut donc affirmer que ces 65°F sont plus représentatifs pour San Francisco que pour Atlanta.

En poker, deux joueurs A et B peuvent très bien avoir un gain moyen de 15 euros par jour. A, qui a un jeu agressif, gagne de grosses sommes certains jours, mais en perd aussi d'autres jours. B, lui, a un jeu plus conservateur : l'amplitude de ses gains et pertes est moins importante que A. Quand il gagne, c'est généralement moins que A, et quand il perd, c'est aussi moins que A. Bien que A et B aient des amplitudes de gains et pertes différentes, leur moyenne arithmétique est égale en fin de compte.

Mais on ne peut s'empêcher de penser que le meilleur des deux joueurs est B. En effet, s'il doit perdre plusieurs jours de suite, ses pertes cumulées seront moins importantes que celles de A et il sera donc moins gêné financièrement. Pour mesurer les amplitudes de pertes et gains autour de la moyenne, les statisticiens ont mis au point, entre autres choses, deux outils de base : l'écart-type et la variance. Par définition :

- ✔ L'écart-type est, comme son nom l'indique, l'écart moyen des données par rapport à la moyenne ;
- ✔ La variance, elle, est la somme des *carrés* de ces écarts. Donc la variance met davantage en évidence les écarts.

L'écart-type pour les nuls en maths

Si vous avez séché vos cours de statistiques, si vous n'en avez même pas eu ou si votre cerveau ramolli a tout oublié, voici une petite piqûre de rappel. Tout d'abord, NON, le terme *écart-type* ne doit pas vous faire partir en courant. Cette bêbette n'est pas méchante, elle ne demande qu'à être adoptée et choyée.

Avant de nous commettre dans des exemples, pensez à votre propre style de jeu, et si ce style de jeu encourage ou non les fluctuations. En d'autres termes, êtes-vous un flambeur ? Avez-vous couramment de grandes différences dans vos résultats ? En êtes-vous satisfait ?

Il n'y a pas de réponse bonne ou mauvaise. Chaque joueur a une dose de risque qui lui est inhérente et qu'il tolère. En suivant de près leurs écarts-types et leurs pertes horaires, les joueurs peuvent choisir de réduire sensiblement leurs gains horaires et leurs fluctuations.

Comment fonctionne l'écart-type

Prenons un exemple simple : vous avez participé cette semaine à cinq parties pour un total de 20 heures (parties de quatre heures chacune). Vos résultats sont : + 250 ; – 310 ; + 540 ; – 140 ; + 140.

Pour calculer la moyenne : ajoutez les cinq chiffres en conservant les signes, ce qui vous donne + 480 ; puis, comme vous avez joué 20 heures, divisez par 210. Résultat horaire : + 24.

Pour calculer l'écart-type , on commence par calculer le résultat horaire de chaque partie, puis on définit l'écart à la moyenne, qui est de 24 :

- ✔ + 250 (donc + 62,50 / h) ; écart par rapport à la moyenne : 38,50
- ✔ – 310 (donc – 77,50 / h) ; écart par rapport à la moyenne : 101,50

✔ + 540 (donc + 135 / h) ; écart par rapport à la moyenne : 111.

✔ – 140 (donc – 35 / h) ; écart par rapport à la moyenne : 59.

✔ + 140 (donc + 35 / h) ; écart par rapport à la moyenne : 11.

En additionnant tous les écarts à la moyenne, on obtient 321.

Et comme il y a 20 heures, on divise par 20, ce qui donne : 16,05.

Donc l'écart-type est de 16,05.

Comment l'interpréter ? Rien de plus simple : en moyenne, votre résultat horaire moyen fluctue de 16,05 autour de la moyenne, qui est de 24. On peut donc considérer que votre résultat moyen se situe la plupart du temps entre 7,95 et 40,05 (l'amplitude de cet intervalle est d'un écart-type de part et d'autre de la moyenne).

S'il n'y avait pas de fluctuations (ou de *dispersion*) à l'intérieur d'un groupe (ou *distribution*), cela signifierait que toutes les données sont égales entre elles… et, évidemment, égales à leur moyenne. Aucune donnée ne dévierait par rapport à la moyenne. Un monde aussi uniforme… on ne s'y amuserait pas tous les jours ! Pour revenir à nos villes, s'il faisait chaque jour uniformément 65 °F, on pourrait en déduire que la moyenne de température à cet endroit est de 65 °F, mais la vie dans cette ville serait d'un monotone ! Heureusement, les choses sont ainsi faites que, la plupart du temps, les données sont différentes entre elles, et dès qu'elles sont différentes entre elles, elles dévient par rapport à leur moyenne : certaines beaucoup, d'autres peu, d'autres encore pas du tout.

Maintenant, une petite question : voici 5 résultats de parties pour le joueur A et le joueur B, avec l'indication de la moyenne. Laquelle, selon vous, a le plus grand écart-type ?

Joueur A moyenne 36	Joueur B moyenne 116
6	111
24	114
37	117
49	118
64	120

(La bonne réponse, c'est A, et nous allons voir pourquoi)

Les valeurs du joueur A sont plus dispersées autour de leur moyenne que celles du joueur B, donc normalement l'écart-type du joueur A est supérieur à celui du joueur B. Nous allons le vérifier en entrant les écarts par rapport à la moyenne :

Joueur A moyenne 36	Écart à la moyenne	Joueur B moyenne 116	Écart à la moyenne
6	−30	111	−5
24	−12	114	−2
37	+1	117	+1
49	−13	118	+2
64	+28	120	+4

La colonne « écart » n'est autre que la différence entre la moyenne et la donnée qui se trouve en colonne de gauche.

Quand on additionne les écarts, on trouve… zéro ! C'est normal : les écarts positifs annulent les écarts négatifs, et vice versa.

Pour travailler avec autre chose que le nombre zéro, on utilise la *variance*, qui est la somme des écarts à la moyenne *portés au carré* (c'est-à-dire multipliés par eux-mêmes). Un carré est toujours positif. Dans notre cas, on obtient ceci :

Joueur A Écarts bruts	Carrés des écarts	Joueur B Écarts bruts	Carrés des écarts
−30	900	−5	25
−12	144	−2	4
+1	1	+1	1
−13	169	+2	4
+28	784	+4	16
	Somme : 1998		Somme : 50
	Variance : 1998/5 = 399,6		Variance : 50/5 = 10

Donc on obtient une variance de 399,6 pour A et de 10 pour B. Mais ces chiffres sont peu descriptifs puisqu'ils sont portés au carré… et on voit mal porter des dollars ou des euros au carré ! Donc on va maintenant faire l'opération inverse pour retomber sur nos pieds, c'est-à-dire que l'on va définir l'écart-type comme la racine carrée de la variance :

✔ Écart-type de A : $\sqrt{399,6} = 19,99$

✔ Écart-type de B : $\sqrt{10} = 3,16$

Si vous n'avez pas de tableur ni de calculette sous la main, le tableau suivant récapitule les racines carrées des nombres de 1 à 300 (de 1 en 1 jusqu'à 20, de 10 en 10 après, puis de 300) :

Table 9-1 : Racines carrées de référence

Nombre	Racine carrée	Nombre	Racine carrée	Nombre	Racine carrée
1	1,00	14	3,74	90	9,49
2	1,41	15	3,87	100	10,00
3	1,73	16	4,00	110	10,49
4	2,00	17	4,12	120	10,95
5	2,24	18	4,24	130	11,40
6	2,45	19	4,36	140	11,83
7	2,65	20	4,47	150	12,25
8	2,83	30	5,48	160	12,65
9	3,00	40	6,32	170	13,04
10	3,16	50	7,07	180	13,42
11	3,32	60	7,75	190	13,78
12	3,46	70	8,37	200	14,14
13	3,61	80	8,94	300	17,32

Simplifions les calculs

Quand on part d'un nombre qui ne figure pas dans le tableau, on procède par évaluation. Par exemple, si on a le nombre 57, sa racine carrée sera comprise entre celles de 50 et de 60, c'est-à-dire entre 7,07 et 7,75. Comme 57 c'est 0,7 dizaine de plus que 50, la racine carrée approchée sera de :

$7,07 + 0,7 (7,75 - 7,07)$

$= 7,07 + 0,7 (0,68)$

$= 7,07 + 0,476$

$= 7,546$

Le calcul réel à la calculette nous donne 7,550, ce qui donne une marge d'erreur de 4 centièmes.

Maintenant que vous savez tout sur l'écart-type et la variance, voici comment simplifier les calculs. Prenez une calculette avec les fonctions statistiques. Pour les résultats inférieurs à 20 euros, vous pouvez éliminer les étapes arithmétiques mangeuses de temps précieux.

Mieux encore, si vous avez un PC, utilisez votre tableur. En plus, vous pourrez stocker vos données. Dans ce cas, tout ce que vous aurez à faire sera d'entrer régulièrement vos résultats journaliers. C'est le tableur qui, grâce à ses fonctions statistiques, fera pour vous le travail de calcul.

Comment utiliser l'écart-type pour analyser vos résultats

Quand vous commencerez à analyser vos résultats, vous verrez que vous devrez maximiser vos résultats horaires tout en essayant de minimiser votre écart-type. En d'autres termes, vous essaierez de gagner le plus possible tout en étant le plus régulier possible dans vos résultats. Un écart-type faible signifie que vous gagnerez toujours à peu près la moyenne de gains, et c'est bien ce vers quoi vous devez tendre à long terme. Cette situation est *a priori* une véritable énigme.

Si vous choisissez de prendre les risques requis pour maximiser les gains – comme de miser au maximum à chaque fois que vous penser être favori –, vous tendez aussi à augmenter les fluctuations de votre capital du simple fait que vous n'allez pas forcément gagner dans toutes ces situations-là. Mais vous remarquerez aussi qu'à chaque fois que vous gagnerez en allant jusqu'au bout du coup, vous aurez souvent une forte main qui gagnera, alors que dans les autres cas vous perdrez avant la fin, donc avec une perte financière plus faible.

Sur le fil du rasoir : quelle est votre tolérance au risque ?

D'un point de vue purement statistique, quand vous êtes sur le fil du rasoir, vous minimisez votre écart-type. De ce fait, vous devez vous aligner avec votre propre tolérance au risque en n'exposant que la part de votre capital que vous êtes prêt à risquer pour remporter des gains marginaux. Si vous ne vous sentez pas à l'aise dans une prise de risques donnée, ou si vous jouez avec un tapis réduit, vous devez minimiser votre écart-type en essayant de maximiser vos gains.

Le fait est que, quand vous partez dans le coup avec un avantage multiple (en cartes ou en position), vous allez probablement perdre à peu près autant de coups que vous allez en gagner. Mais ceux que vous gagnerez seront assortis d'enjeux plus importants que ceux que vous perdrez, et c'est bien cela qui importe !

Comment réduire les fluctuations

En évitant les situations marginales qui vous demandent d'ajouter de l'argent au pot quand vous êtes limite en cartes, vous pouvez jouer avec un tapis inférieur. Si vous êtes gagnant, vous n'en finirez que plus riche. Simplement, vous mettrez un peu plus d'heures pour atteindre vos objectifs.

Il n'y a pas de façon bonne ou mauvaise de risquer de l'argent dans une partie de poker. Certains se sentent bien dans un haut niveau de risque et ont un tapis en rapport pour pouvoir accuser de fortes fluctuations.

D'autres joueurs se sentent bien dans un monde dangereux… un monde de risques. Vous entendrez souvent des joueurs déplorer que leur table fourmille de joueurs faciles, de « suiveurs ». « J' voudrais tellement qu'il y ait deux ou trois bons joueurs à cette table ! » s'amusent-ils à répéter. « Parce qu'ils amènent plus de stabilité au jeu et valorisent mes bonnes mains. »

Statistiquement parlant, ce commentaire est un appel à un écart-type inférieur, et l'expression classique de ces joueurs qui se contentent d'un plus petit taux de gain. Même sans rien connaître aux statistiques, ces joueurs ont appris que, quand on opère sur le fil du rasoir, le prix à payer pour augmenter le taux de gain est généralement une plus grande fluctuation des résultats.

Plus le taux de gain augmente, plus l'écart-type augmente lui aussi, ce qui se traduit par des fluctuations de plus en plus importantes dans les résultats.

Qu'est-ce que cela veut dire pour vous en tant que joueur ? Souvenez-vous :

- ✔ Vous seul pouvez décider du degré d'incertitude qui vous convient.
- ✔ Si vous décidez de tirer profit du moindre avantage, attendez-vous à des fluctuations plus importantes que celles que vous avez connues en prenant moins de risques, mais aussi à des gains plus forts en moyenne.
- ✔ Si vous choisissez de maximiser votre taux de gain, il vous faudra un capital plus important pour pouvoir absorber les fluctuations que vous aurez à connaître.

Quelle taille pour votre capital jeu ?

De quelle taille doit être votre capital pour amortir les fluctuations imposées par le hasard ? C'est un sujet qui revient constamment dans les conversations des joueurs.

Avant toute chose, vous devez bien vous rendre compte que, si vous n'êtes pas un joueur gagnant, votre capital jeu ne sera jamais assez grand. Pour éviter d'être « décavé » un jour (c'est-à-dire de ne plus avoir d'argent pour jouer), les joueurs qui perdent à long terme ont besoin d'un bien plus grand budget pour allonger leur espérance de vie.

Une bonne règle est celle-ci : votre capital jeu doit être de 300 grosses enchères si vous pratiquez la structure de limites fixes. Donc, si vous jouez habituellement à la table 10-20 euros, prévoyez un capital jeu de 6 000 euros. Pour ceux que ce chiffre estomaquerait, je recommande la lecture (en anglais) de *Gambling Theory and otherTopics* de Mason Malmuth. C'est un ensemble d'informations statistiques étonnant sur l'univers du poker.

Et même malgré ça, les hauts et les bas qui émaillent la vie du joueur de poker moyen font que ces 6 000 euros paraissent un peu courts quand le hasard des cartes s'acharne sur vous.

Mais cette règle des 300 enchères n'est pas tout. Si vous êtes un joueur expérimenté dans une partie régulière composée uniquement de joueurs passifs (qui relancent rarement mais qui suivent facilement tant qu'ils ont une ombre d'espoir de faire une combinaison), vous pourrez durer très longtemps avec ce capital. Mais peu d'entre nous ont eu assez de chance pour trouver une partie régulière de ce type.

Même quand vous êtes favori dans votre partie, vous n'êtes probablement pas prohibitif. Voici quelques conseils :

- Si vos adversaires sont de bons joueurs, vous aurez probablement besoin d'un capital composé de plus de 300 enchères pour combattre la menace de la ruine efficacement ;

- Mais pour la moyenne des professionnels du poker – ceux qui jouent tous les jours essaient d'avoir une moyenne de gain comprise entre une et une enchère et demie par heure – la sagesse conventionnelle leur dit bien que 300 enchères est un capital convenable.

Un fou et son argent...

Certains joueurs ont réellement un capital qui peut leur durer toute la vie. En Californie du Sud, réputée pour ses clubs infestés de joueurs larges (surnommés *trust-fund pros*), nombreux seront les joueurs quotidiens qui vous soutiendront mordicus qu'ils sont gagnants sur le long terme. Les *trust-fund pros* déçoivent rarement leurs adversaires quant aux « livraisons » de jetons qu'ils leur font périodiquement... et peu importe s'ils se targuent d'être des gagnants, s'il n'y a que ça pour leur faire plaisir, nous sommes prêts à les croire sur parole dès l'instant qu'ils nous laissent l'accès direct à leurs jetons.

Mais le prix de ce genre d'auto-illusion est souvent élevé. Considérez qu'un d'entre eux, âgé de 40 ans, qui joue au hold'em *limit* à 10-20 dollars, et qui perd en moyenne ne serait-ce qu'une grosse enchère par heure (donc, ici , 20 dollars de l'heure). S'il démarre avec 2 000 dollars par an et vit jusqu'à 85 ans, il peut « espérer » perdre la bagatelle de 1,8 million de dollars. C'est plus spectaculaire avec les zéros : 1 800 000 dollars ! Une paille ! Peu de gens peuvent se permettre une telle perte, mais d'autres peuvent en prendre une part régulièrement.

Supposons que ce joueur-là ne soit pas si mauvais que cela et ne perde que 3 dollars de l'heure. Il mourra après avoir perdu quand même 270 000 dollars. Ce n'est pas aussi catastrophique que précédemment mais pour ma part, je m'en contente si je les gagne.

La meilleure chose qu'on puisse dire à propos de ce joueur c'est qu'il a bien évalué son capital jeu s'il est parti avec 270 000 dollars !

Pourquoi certains joueurs de poker portent un chapeau

Des joueurs novices peuvent s'étonner de voir autant de joueurs porter un chapeau à la table de jeu, surtout aux États-Unis. Par exemple, le très célèbre Amarillo Slim Preston ne serait pas ce qu'il est sans son fameux chapeau de cow-boy. D'autres portent aussi des casquettes à longue visière quand ils s'adonnent à leur passe-temps favori.

L'explication n'a rien à voir avec l'image que veut donner le joueur. Ce serait même l'inverse : pour eux, le couvre-chef est un véritable outil de gain.

« Je porte un Stetson à larges bords pour que les adversaires ne voient pas mes yeux, explique Amarillo. Il n'y a rien de plus révélateur que le regard d'un homme. C'est son regard qui dévoile le plus ce qu'il a dans la tête. Alors quand je joue, je garde la tête baissée et personne ne peut voir mes yeux, personne ne peut deviner ce que je pense. »

La plupart des joueurs surévaluent d'eux-mêmes leur capital jeu. Même s'il y a beaucoup de *trust-fund pros* – pour beaucoup de joueurs, le poker reste avant tout un divertissement, et rien d'autre –, il n'en demeure pas moins que ces joueurs-là ne font pas grand cas d'une perte journalière. Tant que leurs pertes n'excèdent pas leur revenu discrétionnaire, ils n'ont pas à se sentir concernés par la constitution d'un capital adapté.

Pour tous les joueurs qui ne sont pas des gagnants de toute une vie (des évaluations suggèrent que 85 à 90 % des joueurs perdent au poker), un capital adapté signifie soit des fonds qui permettent de résister aux fluctuations, soit un revenu journalier qui couvre les pertes du jour sans mettre en péril leur vie personnelle.

Comment les joueurs professionnels se maintiennent à flot

De combien d'argent avez-vous besoin pour ne pas vous retrouver ruiné si vous êtes un professionnel du poker ?

Un joueur professionnel de poker doit comprendre qu'aucun des dollars qu'il gagne ne doit être ajouté à son capital. Il doit assurer sa consommation courante comme n'importe qui d'autre (loyer, alimentation, vêtements, etc.) et son unique source de revenu est constituée de ses gains au jeu. S'il perd, il financera ses dépenses courantes de la seule façon possible : en piochant dans son capital jeu ! Mais il y a une limite à cet emprunt.

Réduire votre capital revient à convertir du *capital* en du *revenu* – il ne faut pas confondre l'un et l'autre ! Si vous changez trop de capital en revenu, vous mangez les graines que vous auriez dû semer.

Quand un joueur de poker professionnel avec un petit capital rencontre un trend perdant, il a le choix entre trois possibilités :

- ✔ Se mettre à travailler au sens classique du terme pour reconstituer son capital (il inverse alors le processus en convertissant du revenu en capital) ;
- ✔ Se faire financer par un confrère (mais jouer ainsi le rôle du cheval de course ne permet d'empocher qu'un pourcentage des gains) ;
- ✔ Quitter le poker une fois pour toutes – ou jusqu'à ce qu'il ait reconstitué le capital jeu.

Aucune de ces options n'est satisfaisante pour le professionnel.

Dilapider le capital n'est pas un monopole détenu par les seuls joueurs de poker. C'est aussi le quotidien des hommes d'affaires. Quand l'ancienne compagnie aérienne Pan Am s'est trouvée en difficultés financières, elle a vendu son immeuble légendaire de New York. Du coup, le bilan de la Pan Am pour cette année-là a semblé tout à fait présentable. Mais vous ne pouvez convertir le patrimoine en revenu qu'une seule fois.

Or, le capital jeu d'un joueur de poker est son patrimoine. Quand le poker est votre business, vous n'avez pas besoin d'argent pour construire des usines, acheter des immeubles de bureaux, des camions, des machines-outils ou de l'informatique. Votre patrimoine est représenté par l'argent dont est constitué votre capital jeu, et c'est tout. Perdez-en une partie et vous serez sans doute réduit à prendre plus de risque ou à descendre vos mises (ce qui est plus raisonnable). Votre capital peut être tellement diminué que vous ne puissiez même plus vous engager dans des parties.

Augmenter sa hauteur de mise

Pouvez-vous cependant faire de bons coups dans des parties plus fortes ? Bien sûr – et cela doit pouvoir vous arriver – tant que la partie a l'air bonne et que vous pensez que vous y avez vos chances. Si c'est le cas, préparez-vous à franchir l'échelon suivant, dès que votre capital aura atteint la taille critique.

Conseils à part sur la gestion financière

C'est le dernier mot sur la gestion financière. Pour paraphraser le célèbre poète John Keats (1795-1821), « c'est tout ce que vous savez, et tout ce que vous avez besoin de savoir ».

- Quitter la partie quand vous avez perdu une certaine somme ne vous empêchera jamais de perdre sur le long terme si tel est votre destin.

- Les joueurs médiocres perdront leur argent quoi qu'ils fassent. Les bons joueurs établissent une norme de gain horaire, qu'ils quittent la table ou non après avoir empoché une certaine somme.

- Jouer moins d'heures en vous forçant à quitter la partie quand vous gagnez n'est pas toujours la bonne stratégie.

- Si vous jouez dans une bonne partie, une partie qui rapporte, et si vous jouez au mieux de vos possibilités, restez le plus longtemps possible sauf si vous avez d'autres obligations.

- Si vous sentez que la partie n'est pas bonne, peu propice à y faire des profits, quittez-la séance tenante.

- Si vous êtes troublé, énervé, stressé, malade, fiévreux, bref si vous n'êtes pas en mesure de jouer à votre meilleur niveau, ne jouez pas car vous allez à coup sûr faire souffrir votre capital jeu

Le poker en limites fixes se pratique comme un travail. Tant que vous gagnez, plus vous y mettez de l'argent et plus vous en gagnez. Et si vous passez à la partie au-dessus, plus chère, vous devez gagner plus sur le long terme. Assurez-vous seulement que vous ne prenez pas de risques inconsidérés, comme avoir un capital insuffisant. Sans matelas en accord avec votre partie, quelques grosses pertes suffiront à vous mettre K. O.

Si vous pensez que les concepts de gestion financés (limites de perte, limites de gain éventuellement) vont vous protéger de la ruine, oubliez-les.

Troisième partie
Du poker, des écrans et des tournois

« Bon, alors on est d'accord, il faut deux Valets pour ouvrir et la carte la plus petite de la main sert de Joker... Et si ma mère entre, on dit qu'on joue à la bataille, OK ? »

Dans cette partie...

Vous pouvez jouer au poker à d'autres endroits qu'autour d'une table, dans un club enfumé (de moins en moins car les clubs *smokeless* sont de plus en plus nombreux) ou chez un copain. On peut affronter des joueurs fictifs, des joueurs robots, et même de véritables joueurs des quatre coins du monde qui se retrouvent sur des sites de jeu sur internet. Le vidéo-poker requiert certaines stratégies que nous allons aborder, et vous ferez un voyage sans retour aux fameuses World Series of Poker.

Chapitre 10

Les tournois

● ●

Dans ce chapitre :

▶ Aborder les bases du poker de tournoi

▶ Comprendre les *blinds* et la structure d'enchères

▶ Éviter les erreurs faites dans les tournois

▶ Découvrir les stratégies qui gagnent

▶ Partager les gains à la table finale

▶ Comparer les structures de gain

▶ Trouver des informations sur les tournois

● ●

*G*râce aux tournois de poker, on peut investir une somme d'argent relativement faible pour en gagner une grosse. Les tournois n'ont cessé de connaître un succès grandissant depuis le premier de tous, les World Series of Poker, en 1970.

Nous n'avons pas assez de place ici pour dévoiler tous les secrets de la victoire en tournoi. En plus, nous autres auteurs n'avons pas intérêt à le faire puisqu'on a l'intention de gagner un gros tournoi un de ces jours. Mais vous verrez quand vous arriverez à la fin du chapitre qu'on n'a pas lésiné sur le matériel.

Pour être vraiment bon au poker et pour avoir une chance au championnat du monde, vous devez acquérir de l'expérience. Donc vous pouvez commencer par vous inscrire à de petits tournois avant d'investir les 10 000 dollars du Mondial des WSOP. Un dernier mot : si vous y allez et si vous le gagnez, ne soyez pas ingrat et souvenez-vous que nous sommes de petits auteurs sans revenus fixes – et n'oubliez pas notre traducteur-adaptateur, qui est un gars vraiment formidable. (Nous acceptons les espèces mais pas les chèques, merci.)

Pourquoi jouer dans les tournois ?

On peut imaginer des tas de raisons de jouer dans des tournois, probablement autant qu'il y a de joueurs qui les pratiquent. Les tournois de poker peuvent être passionnants, lucratifs et sont de toute façon précieux pour leur valeur pédagogique.

L'émotion de la victoire

Avant toute chose, on se divertit dans les tournois. Il n'y a rien de tel que l'émotion de la compétition pour faire bouillir le sang dans nos veines. C'est vrai que c'est sympa aussi de jouer en *cash games* et de terminer sa soirée comme grand gagnant. C'est une sensation magnifique d'avoir ses poches gonflées des gains de la journée et de s'imaginer pour un moment comme le héros du livre de Walter Tevis, *La couleur de l'argent*. « L'argent du jeu, dit Fast Eddie (joué par Paul Newman) à Tom Cruise sur un ton religieux, est deux fois plus planant que l'argent du travail. »

Apprendre de nouveaux jeux à bon prix

En plus de la compétition et du facteur divertissement, les tournois sont hyper efficaces pour apprendre de nouveaux pokers. Voici pourquoi : le poker que vous voulez apprendre peut ne pas être pratiqué en *cash games* à un prix qui vous convienne. Dans les petits clubs/casinos, cette variante peut même ne pas être disponible du tout. Sans les tournois, comment pourriez-vous apprendre à jouer à l'Omaha/8, au razz, au stud/8 dans un club/casino qui a juste assez de place pour accueillir des tables de hold'em ou de stud?

Si vous vous inscrivez à des tournois à petit *buy-in* – c'est-à-dire des tournois bon marché –, vous aurez des heures de jeu pour une somme modique. Vous pouvez jouer deux à trois heures au razz pour 25 euros. Ce n'est évidemment pas encore suffisant pour maîtriser le jeu, mais ça le sera pour vous décider si vous l'appréciez ou non. (Des détails sur les *buy-ins* ? Voir section « *Buy-ins* et droits d'entrée » de ce chapitre.)

Les tournois peuvent s'avérer des outils d'apprentissage puissants parce que leur prix est limité à l'avance à la cave d'entrée (le *buy-in*) et que vous n'avez pas à craindre de dérapage dans les pertes. Ce prix correspond généralement à une somme modeste par rapport à ce que vous allez apprendre grâce au tournoi... et en plus, vous en sortirez meilleur donc vous rentabiliserez mieux votre jeu.

Le jeu est « pur »

Non seulement le tournoi transforme vos coûts variables en coûts fixes, mais en plus le style de jeu qui y est pratiqué est autrement plus pur que dans les *cash games*. Vos adversaires sont plus enclins à se conformer aux règles dans les tournois : ils savent que quand ils ont perdu leurs jetons, c'est *finita la comedia*. Les joueurs de tournois sont respectueux des règles et des conventions, de l'éthique même, aussi est-il plus facile pour des joueurs nouveaux de mettre la théorie à l'épreuve. En *cash games*, on trouve trop souvent des joueurs qui ont plus de moyens financiers et qui se fichent de l'éthique comme d'une guigne.

On y rencontre des champions et des stars

La médiatisation grandissante du poker et l'existence d'un véritable circuit professionnel de tournoi ont mis au jour une nouvelle race de joueurs : les stars et les champions, des gens qui font la une des magazines spécialisés. Ce sont aussi eux qu'on croise dans les couloirs des grands festivals de poker. Vous n'allez probablement pas les affronter dans des tournois à 25 euros organisés par un petit club/casino, mais ils commenceront à pointer leur nez dans des tournois à partir de 100 euros dans les hauts lieux du poker que sont Paris, Londres, Amsterdam, Baden, Barcelone, Las Vegas, Atlantic City, la Californie, etc.

Rien n'est meilleur pour la confiance d'un joueur que de se trouver à la même table qu'un de ces grands prédateurs. Cela le pousse à jouer à son meilleur niveau, à éviter la moindre erreur. Et rien n'est meilleur pour le moral que d'en éliminer un !

Les trois grands circuits internationaux

En dehors des tournois hebdomadaires ou des festivals saisonniers organisés par les clubs/casinos et des tournois fréquents organisés par les sites de jeu en ligne, il existe trois grands circuits internationaux relayés par les sites partenaires et bénéficiant d'une couverture télévisuelle.

Les WSOP (World Series of Poker) depuis 1970

On peut fixer à 1970 l'avènement du poker de tournoi, année où la première compétition entre grands joueurs de poker a eu lieu. Le gagnant, John Moss, a été élu parmi les 38 présents au terme de tournois utilisant plusieurs variantes. Dès 1971, le tournoi s'est disputé uniquement en Texas hold'em joué sans limite d'enchères, ce qui était dément pour l'époque. Le *buy-in* était de 10 000 dollars, ce qui explique que seuls 6 joueurs y aient participé. (Rappelons que 10 000 dollars de 1971 représentaient un an de salaire moyen aux États-Unis, et représentent un tiers du salaire moyen en 2004.)

D'année en année, le grand rendez-vous s'est répété au printemps, s'étoffant de nouveaux tournois et s'étalant sur un bon mois. Très vite, ce festival est devenu un modèle pour d'autres qui se sont créés au fil des ans. Tout ce que le monde compte de grands joueurs se donne rendez-vous dans le casino mythique qu'est le Horseshoe de Las Vegas.

Le festival se compose d'une série de 30 à 40 tournois chers (de 1 500 à 5 000 dollars, certains avec recaves) dans des variantes diverses à raison d'un par jour. Il se clôt chaque année par le Mondial WSOP, le championnat du monde de Poker, qui dure plusieurs jours.

En 2004, le Horseshoe, devenu fragile financièrement, a été racheté par le groupe Harrah's, qui s'est aussi offert les WSOP avec la promesse de les faire perdurer. Promesse tenue, aidée par l'apport massif de joueurs provenant des sites Internet.

✔ Le Mondial WSOP a accueilli chaque année un record de participants supérieur à l'année précédente, hormis en 1971 (application de nouvelles règles) et en 1992 (guerre du golfe). Pendant la décennie 1970, il y a eu en moyenne 25 joueurs au Mondial WSOP. Dans la décennie 1980, il y en a eu 127. Dans la décennie 1990, il y en a eu 272. En 2004, c'est l'explosion : il y a eu 2 576 participants, soit presque autant que pour les années 2000, 2001, 2002 et 2003 confondues.

Quelques années importantes :

• 1980 : Stu Ungar entre pour la première fois… et gagne, comme l'année suivante et en 1997 ;

• 1983 : introduction des satellites ;

• 1989 : record du plus jeune vainqueur (24 ans), Phil Hellmuth ;

• 1992 : création du « million » au vainqueur ;

• 1994 : le vainqueur gagne son poids en argent ;

• 2003 : l'organisation remplace la commission (*fee*) par un pourcentage prélevé sur les enjeux.

✔ Le WSOP Circuit : En 2005 a été inauguré le WSOP Circuit. Il s'agit de festivals qui se déroulent dans des casinos Harrah's et Rio américains. Les *buy-ins* vont de 200 à 10 000 dollars et donnent lieu à un classement. Ils bénéficient du « label » WSOP.

✔ Des imitations : Les WSOP ont été souvent imitées mais jamais égalées. On note cependant deux festivals qui ont trouvé leur voie :

- les *mini WSOP*, au Bicycle Club : un festival qui se déroule exactement en même temps que les WSOP, mais avec des *buy-in* divisés par 10;

- le WSOP Trial : au Concord de Vienne, au printemps, ce tournoi se déroule comme le Mondial WSOP mais coûte 2 000 euros.

Le WPT (World Poker Tour) depuis 2002

En 1999, 2000 et 2001, Mike Sexton avait organisé avec Chuck Humphrey le Tournament of Champions, qui avait lieu en juillet au Orleans de Las Vegas. Seuls pouvaient y participer des lauréats de tournois classants ayant eu lieu dans les douze mois précédents. Aujourd'hui, le TOC a disparu (l'appellation demeure cependant pour un autre tournoi), mais le principe a été reconduit par Steve Lipscomb et Mike Sexton : créer un circuit annuel qui classe des champions et qui les convie en fin de circuit à un tournoi open colossal avec *buy-in* de 25 000 dollars au casino Bellagio de Las Vegas. La saison WPT est de douze mois répartis sur deux années (de mai de l'année n à avril de l'année n+1).

Contrairement aux WSOP et au WSOP Circuit, les festivals WPT ne sont pas dédiés. La plupart du temps, les tournois WPT sont inclus dans des festivals existants. Ils y apportent une valeur ajoutée indiscutable, notamment en amenant des moyens audio-visuels et marketing de grande envergure. Le WPT est coté au NasDaq depuis 2004.

La saison 2002-2003 a comporté 13 tournois.
La saison 2003-2004 a comporté 15 tournois.
La saison 2004-2005 a comporté 17 tournois.

L'EPT (European Poker Tour) depuis 2004

Peu satisfaits du WPT dont les trois quarts des tournois se déroulent aux États-Unis, des opérateurs européens ont décidé de créer leur propre circuit, l'EPT. C'est John Duthie, vainqueur du Poker Million 2002 et producteur télé, qui en a eu l'idée, avec Thomas kremser, cofondateur du Concord Card Club de Vienne, le plus gros club de poker d'Europe. Ils ont été sponsorisés par le site de jeu en ligne PokerStars.

L'EPT reproduit le modèle du WPT dans un espace géographique limité à l'Europe.

Les bases du poker de tournoi

Les tournois sont de toute taille et de tout genre. On en trouve en hold'em, en stud à 7 cartes, en Omaha, etc. Voici les bases à connaître concernant le coût, les structures d'enchères et la dotation.

Les caves (buy-ins) et droits d'entrée

Pour participer à un tournoi, il faut acquitter deux prix :

- La cave, ou *buy-in* : c'est la part qui entre dans la dotation du tournoi, somme divisée entre les gagnants ;
- Le droit d'entrée, ou *fee* : c'est la somme qui va dans les caisses de l'organisateur pour couvrir ses frais.

Le droit d'entrée est en général égal à 10 % maximum de la cave. Par exemple, on peut trouver un tournoi à 100+10 (cave de 100 et droit d'entrée de 10). Mais plus le tournoi est cher, plus la part du droit d'entrée est faible. Par exemple, dans le Grosvenor World Masters de Londres d'octobre 2005, le tournoi principal était à 3 000 + 50 £.

Certains tournois n'imposent pas de droit d'entrée. Les organisateurs préfèrent prélever une part de la dotation avant distribution. Par exemple, le PokerEM autrichien prélève 5 % de la dotation globale pour couvrir ses frais.

Par ailleurs, les tournois peuvent être avec ou sans recave :

- Le tournoi est sans recave ou *freeze-out* quand on n'a pas le droit de racheter de jetons une fois qu'on les a perdus.
- Le tournoi est avec recaves (*rebuys*) quand on peut racheter des jetons après les avoir perdus. Le nombre de recaves peut être limité, et/ou limité dans une période de temps précise, comme par exemple une heure, ou deux heures, etc.

Enfin, un dispositif courant est celui de l'*add-on*. C'est une recave supplémentaire que les joueurs peuvent acheter à la fin de la période des recaves.

Les structures d'enchères

Dans les tournois typiques à limites fixes, les limites de départ sont généralement de 10-20, 15-30 ou 25-50 pour une cave de départ de 1 500. Puis les *blinds* augmentent régulièrement pour éviter que des joueurs restent dans l'attentisme, ce qui serait déloyal par rapport à ceux qui prennent des risques. L'augmentation peut se faire toutes les 30, 45 ou 60 minutes.

Les *blinds* sont le plus souvent payés par les deux joueurs assis à gauche du donneur. Le *surblindeur* pose le double du *blindeur*.

À titre d'exemple, la table 10-1 montre la structure des blinds du tournoi mensuel de clubpoker.net :

Tableau 10-1 : Cave de départ : 150. hold'em *no limit* freeze-out.

palier (minutes)	blind	surblind
30	1	2
30	2	4
30	3	6
30	5	10
30	10	20
30	15	30
30	25	50
30	35	70
30	50	100
30	75	150
30	100	200
30	150	300
30	200	400

Le principe d'élimination

Comment les joueurs se font-ils éliminer du tournoi ? Ils se font éliminer *naturellement*.

Quand la période de recave est terminée, les joueurs ne peuvent plus prendre de jetons supplémentaires. Comme les *blinds* ne cessent de grimper, la pression sur les joueurs est de plus en plus forte. Les plus petits tapis du tournoi sont en danger car ils financent de moins en moins les *blinds*. Ils sont donc contraints de prendre des risques pour se renflouer. Prendre des risques, c'est-à-dire faire *all-in* (miser tout le tapire). Et que se passe-t-il quand on fait *all-in* ?

- ✔ Soit on gagne le coup et on continue avec un tapis qui a au moins doublé ;
- ✔ Soit on perd le coup et, comme on n'a plus de jetons… on n'a plus rien à faire dans le tournoi, et on quitte sa place.

C'est ainsi que les joueurs s'éliminent les uns après les autres. Mieux : comme les tables sont de plus en plus nombreuses à avoir des joueurs manquants, on « casse » certaines tables : les joueurs qui les composent sont transférés vers d'autres tables pour remplir les trous. Le cassage de tables se poursuit pendant tout le tournoi jusqu'à ce qu'il n'en reste qu'une… : la table finale.

La dotation

La dotation des tournois dépend de la taille de la cave de départ et du nombre de participants au tournoi. Plus il y a de participants, plus il y a de « places payées », qui s'entendent généralement en « tables payées ». En moyenne, 10 % des joueurs sont payés.

Prenons l'exemple d'un tournoi à 500 euros et 400 concurrents dont deux tables sont payées, soit 18 joueurs (ce sont des tables de neuf joueurs chacune). La dotation globale du tournoi est donc de 200 000 euros (= 500 x 400). La figure 10-2 montre la ventilation de cet argent entre les places payées.

Tableau 10-2 : Ventilation de la dotation entre les gagnants.

place	part de la dotation (%)	somme (euros)
1	40	80 000
2	20	40 000
3	10	20 000
4	6	12 000
5	5	9 000
6	4,5	7 000
7	2,5	5 000
8	2	4 000
9	1,6	3 200

place	part de la dotation (%)	somme (euros)
10 à 12	1,2	2 400
13 à 15	1,1	2 200
16 à 18	1	2 000

Un joueur qui termine premier de ce tournoi va donc toucher 80 000 euros pour une mise de 500 euros, soit un bénéfice net de 79 500 euros ! 160 fois la mise… C'est justement grâce à ces gains importants que les tournois sont si populaires. Dans notre exemple, si le gagnant a l'habitude de jouer à une table de limites fixes 20-40 où il gagne une grosse enchère par heure, ce qui est un bon résultat, son gain au tournoi représente… 2 000 heures de jeu en *cash games* ! S'il joue cinq heures par jour en moyenne, c'est plus d'un an de poker en un seul tournoi !

Pourtant, même de très bons joueurs de tournoi peuvent attendre parfois des années avant d'avoir une première victoire. En plus, les prix étant concentrés sur les quatre premières places, les autres prix étant ce qu'on peut appeler des lots de consolation – comme à la fête foraine –, il faut impérativement décrocher une des *toutes premières places* pour pouvoir s'assurer des gains substantiels. Même si le joueur se cantonne à des tournois dont les caves d'entrée sont assez modiques, leur nombre risque d'amputer sérieusement son budget jeu.

Pour les vrais professionnels du circuit qui vont de ville en ville au fil des grands festivals internationaux, le jeu en *cash games* est rare. Parmi les plus grands, le Canadien Daniel Negreanu et le Français Pascal Perrault reconnaissent ne jamais jouer aux *cash games*. Donc leurs gains proviennent exclusivement des grands tournois. Les déplacements fréquents et la belle vie à coups de milliers de dollars peuvent sembler glamour à première vue, mais c'est une vie extrêmement chère à financer et avec des gains jamais garantis. C'est pourquoi la plupart se font sponsoriser.

Les tournois satellites

Les satellites sont des mini-tournois. Il s'agit de tournois qualificatifs adossés à des tournois plus chers, qui permettent donc à des joueurs manquant de budget pour s'inscrire au grand tournoi d'y participer quand même s'ils gagnent le satellite. Il existe deux sortes de satellites :

✔ Les satellites à une table : ils offrent une place au tournoi adossé, celle du gagnant du satellite ;

✔ Les satellites multitables : ils offrent plusieurs places au tournoi adossé, en fonction du nombre de participants au super-satellite.

Les supersatellites sont souvent joués avec recaves. Par exemple, pour un tournoi à 1 000 euros de cave, on peut organiser un supersatellite à 50 euros de cave avec recaves autorisées pendant une heure. S'il y a 100 participants qui ont généré en tout 200 caves, la dotation est de 10 000 euros (=200 x 50). Donc les dix premiers joueurs du satellite gagnent une place au tournoi adossé.

Les satellites sont un moyen économique de participer à des tournois de grand prestige. Et ne croyez pas que les joueurs qui participent aux grands tournois après être sortis des qualifications (c'est-à-dire des tournois satellites) fassent tapisserie après. Beaucoup de professionnels préfèrent se qualifier aux grands tournois par satellites interposés plutôt que de s'inscrire directement au tournoi adossé.

C'est d'ailleurs ainsi, pour prendre un exemple parmi des milliers d'autres, que Tom McEvoy a participé au championnat du monde 1983… et qu'il l'a gagné. Plus fort : en 2003 et 2004, Chris Moneymaker et Greg Raymer, champions du monde de ces deux années-là, étaient sortis de satellites organisés sur Internet pour une bouchée de pain, ce qui leur a valu des gains de 2,5 et 5 millions de dollars après avoir battu respectivement 839 et 2 576 joueurs !

Différences clés entre tournoi et parties d'argent (*cash games*)

✔ **Pas le droit de racheter de jetons**. À part dans les tournois avec *recaves* (*rebuys*), vous devez vous défendre et faire votre chemin avec les jetons qu'on vous a donnés au départ, et c'est tout. Vous êtes donc contraint de jouer à votre meilleur niveau dès le premier coup.

✔ **Vous ne pouvez pas quitter la table au milieu de la partie**. Vos jetons de tournoi n'ayant qu'une valeur virtuelle, si vous quittez le tournoi en plein milieu, vous perdez tout droit à un gain. La seule façon de gagner quelque chose dans un tournoi est de vous placer dans les places payées.

✔ **Les joueurs tendent à mieux jouer en tournoi**. Surtout dans les tournois chers, les joueurs ne se permettent pas de tenter des coups abracadabrantesques qui pourraient leur coûter de nombreux jetons précieux. Donc attendez-vous à un jeu ardu en tournoi, plus ardu qu'en parties privées.

La relation entre blinds et structure d'enchères

Une des différences clés entre le jeu en tournoi et les parties d'argent est la relation entre *blinds* et structure d'enchères. Cette différence n'est pas significative mais elle explique beaucoup de différences de stratégies.

Si vous jouez en *cash games* à une partie à enchères fixes de 20-40 euros, en hold'em, vous allez vous asseoir à la table avec un tapis d'environ 800 euros. Certains préféreront entrer avec 500 euros, d'autres avec 1 000, mais peu importe. Ce tapis correspond à 20 grosses enchères, ce qui permet d'affronter quelques retournements de chance avant de devoir remettre la main à la poche.

En *cash games*, les *blinds* et la structure d'enchères sont fixes et vous avez le droit de racheter des jetons à tout moment, en tout cas entre deux coups.

L'escalade des blinds

En tournoi, les *blinds* augmentent régulièrement. Quand la période des recaves est passée, vous ne pouvez plus racheter de jetons. Pour tout arranger, les *blinds* augmentent, et quand les *blinds* augmentent, le prix des enchères moyennes augmente en proportion. Bref, se maintenir en jeu coûte de plus en plus cher.

S'il n'y avait pas cette échelle d'augmentation des *blinds*, les tournois dureraient des jours et des jours. Les joueurs se contenteraient d'attendre, non pas les bonnes cartes, mais que les adversaires s'éliminent les uns après les autres. Chaque adversaire éliminé vous rapproche mathématiquement d'un cran des places payées. Donc, en tournoi, vous ne gagnez pas seulement grâce à vos propres performances, mais grâce aux *contre-performances* des autres concurrents qui ne sont même pas assis à votre table.

L'escalade inexorable des *blinds* vous oblige à entrer dans le jeu. C'est une pression permanente à laquelle personne n'échappe. Évidemment, on peut toujours jouer conservateur et laisser peu à peu son tapis fondre. Mais arrivera forcément un moment où le tapis ne contiendra plus que deux ou trois *blinds* et il faudra alors miser ses derniers jetons avec une main que l'on n'a pas choisie. C'est pourquoi il vaut mieux le faire avant, volontairement, avec une main que l'on a choisie, quitte à ce que ce soit une main comme A-x en hold'em, qui a un vrai potentiel de gain, plutôt que 7-2, qui n'a pour ainsi dire aucun potentiel de gain.

Dans les premières phases du tournoi, la structure est similaire aux *cash games* ou à peu près. Si vous partez avec 500 euros fictifs et que le premier niveau d'enchères est de 15-30, cela signifie que votre tapis contient 33,33 *surblinds*, ce qui reste raisonnable. Dans ces conditions, si vous flopez un tirage à couleur, vous pouvez vous permettre de le jouer sans trop de dommage s'il ne rentre pas.

Un peu plus tard, quand les *blinds* auront grimpé, vous ne pourrez plus vous permettre de tenter ce genre de coups sauf à avoir accumulé des gains. Supposons que vous soyez dans les huit survivants du tournoi, donc dans les places payées. 200 concurrents ont payé leurs 500 euros, ce qui donne une dotation de 100 000 euros. À ce moment, vous savez que le tapis moyen est de 12 500 euros (= 100 000 / 8). Si vous avez plus que ce montant, vous êtes en position favorable ; mais si vous avez moins, vous êtes en position défavorable.

Le jeu de la fin

Supposons que vous soyez un des survivants d'un tournoi à 200 concurrents. Les enchères sont à 1 000-2 000. Même si vous avez 15 500 euros en jetons, vous n'avez plus que 6,25 grosses enchères, une peau de chagrin par rapport à vos 16,67 grosses enchères du départ, quand vous avez reçu 500 euros en jetons pour des limites de 15-30.

À ce stade, les tirages à quinte et à couleur deviennent problématiques à jouer. Dans la plupart des cas, vous allez éviter les mains spéculatives pour éviter l'élimination. Si vous faites all-in (si vous misez la totalité de vos jetons) et que vous n'avez qu'un tirage, vous n'avez rien à quoi vous rattraper, même pas une paire. Si le tirage ne rentre pas et que vous n'avez pas fait paire en cours de coup, vous serez battu par une paire adverse, même faible, et c'est très vexant.

La belle histoire d'Hal Fowler

Il arrive qu'un amateur domine un joueur professionnel, même un champion du monde. C'est arrivé plusieurs fois, notamment en tournoi. Il est même arrivé qu'un amateur gagne un championnat du monde !

En 1979, un Californien inconnu du nom d'Hal Fowler semblait souffrir d'un manque d'expérience face à ses adversaires de la table finale. Pourtant, une série de coups de chance a réussi à rectifier ses erreurs successives. Fowler a ainsi aligné les tirage ventraux à quinte qui se complètent, les deuxièmes paires splittées et même une couleur avant d'arriver au coup final.

Le coup final oppose Fowler à Bobby Hoff. Bob a 121 K$ et Hal a 419 K$. Bob reçoit A-A, Hal *checke* et Bob ouvre de 38 K$, suivi par Hal. Arrive le flop : J-5-3. Bob a la meilleure *overpair*. Hal *checke* et Bob ouvre à 40 K$, payés par Hal. La *turn* est un 4. Hal *checke*, Bob fait *all-in* à 40 K$ et Hal paie. Hal retourne ses cartes : il a 7-6 dépareillés et a touché la quinte par le ventre à la turn, contre tout espoir !

Les commentateurs se demanderont tous pourquoi Bob n'a pas fait *all-in* au flop. En tout cas, Hal est resté longtemps le seul amateur à avoir gagné le championnat du monde, rejoint en 2003 par Chris Moneymaker.

S'il ne vous reste qu'un tout petit tapire, vous avez toujours le choix de vous lancer dans la bataille avec une main de type A-4 dépareillés, ou d'attendre inexorablement que les blinds aient grignoté votre tapis jusqu'à ne plus financer qu'un seul blind, et cette fois vous devrez jouer avec les cartes que vous imposera le destin.

Soyez très très sélectif / très très agressif

Deux forces opposées s'affrontent dans les derniers stades des tournois, générées par la pression énorme exercée par la hauteur des blinds et leur escalade inexorable :

- Une force dit : « Sois agressif, mec ! Tu dois impérativement encaisser un gain parce que tu n'as plus assez de jetons ! »
- Et la force contraire dit : « Sois sélectif, mec ! Ça serait trop bête de te faire éliminer sans avoir une bonne main ! »

C'est l'éternel problème ! Vous ne savez jamais si vous devez patienter un coup de plus pour recevoir une main potable ou si vous devez arracher des jetons de force à vos adversaires. Là se trouve l'art de gagner au poker de tournoi.

Erreurs typiques en tournoi

Les joueurs commettent de nombreuses erreurs en tournoi. L'action peut être rapide et vous pouvez affronter de nouvelles situations et des décisions difficiles à prendre. Cette section met en lumière quelques-unes des erreurs les plus courantes.

Essayer de gagner trop tôt

Certains joueurs se mettent à flamber en tournoi dès le départ pour avoir un avantage en jetons rapidement. Ils sont agressifs dès le premier coup. Mais c'est aussi le moyen le plus sûr de tomber sur un os et de se faire éjecter du tournoi prématurément.

Défendre trop le blind

Beaucoup de joueurs défendent trop leur *blind*. Si vous avez une main médiocre, préférez la passer plutôt que de suivre le *surblind* et de vous trouver engagé dans un coup foireux pour une somme dérisoire au départ, mais qui fera une grosse perte à l'arrivée.

Jouer trop serré

Il est généralement déconseillé d'être superagressif en fin de tournoi, et tout autant déconseillé de jouer trop conservateur dans une table finale. Un jeu trop serré va immanquablement éroder votre tapis parce que les *blinds* atteignent des hauteurs à ce stade. De même, jouer trop serré dès le début du tournoi jusqu'à un stade avancé du tournoi est le moyen le plus sûr de vous laisser un tapis ridicule qui aura perdu toute vertu d'intimidation.

Jouer une main marginale après le flop

Si vous avez une main marginale après le flop, *laissez tomber*. Même si vous flopez la paire max en hold'em, avec un *kicker* faible, il faut passer si un joueur semble actif en face.

Ignorer les tapis adverses

Plus vous vous approchez de la fin du tournoi, plus vous devez surveiller les tapis adverses. Connaître leur position en jetons dans le tournoi peut vous aider à prendre les décisions clés aux moments clés, comme entrer dans un coup ou non. Par exemple, il est inutile d'essayer de bluffer un tapis trois fois plus gros, ou même trois fois plus petit qui pourra saisir une occasion de doubler.

Par exemple, supposons qu'il reste huit joueurs et que vous ayez un tapis moyen. Deux joueurs ont un petit tapis. À cet instant, vous pouvez tenter de jouer hyperconservateur pour laisser les petits tapis se faire éliminer, ce qui vous fait une place de gagnée à chaque fois. C'est important, car n'oubliez pas que les gros gains reviennent aux quatre premiers, et plus spécialement au premier du tournoi.

Conseils de tournoi d'un champion du monde

Tom McEvoy, champion du monde de poker 1983, a été le premier à éditer un livre sur le poker de tournoi, adapté en France sous le titre *Poker de Tournoi*. Voici 10 conseils extraits de ce manuel :

✔ **Ajustez votre jeu tout au long du tournoi.** Il n'y a pas qu'un seul style de jeu en tournoi. Vous devez garder en tête le stade du tournoi dans lequel vous êtes et la hauteur de votre tapis. Par exemple, vous pouvez jouer large dès le départ et accumuler beaucoup de jetons, puis juger qu'il est plus malin de serrer le jeu pour préserver votre *chip lead* et laisser les autres s'entre-éliminer.

✔ **Soyez toujours conscient des tapis adverses.** Surtout dans les derniers stades du tournoi, vous devez vous positionner comparativement à vos adversaires. Votre tapis, c'est votre *puissance de feu*. Vous pouvez pousser un petit tapis à faire *all-in*, ou au contraire laisser les autres s'entre-éliminer.

✔ **Vous devez jouer le joueur et son tapis à la fois.** Même avec un gros tapis, vous devez choisir vos moments d'attaque avec le plus grand soin. Vous devez savoir quel joueur a élargi sa façon de jouer et lequel l'a au contraire resserrée. Les petits tapis vont devoir logiquement faire all-in avec des mains qui ne sont pas de premier ordre, aussi pouvez-vous les suivre si vous avez un gros tapis et une main à la limite du jouable.

✔ **Ne laissez jamais un tapis adverse avec un ou deux jetons restants.** Dans les stades finaux d'un tournoi, chaque jeton compte. On a déjà vu des joueurs revenir dans le tournoi avec un seul jeton et même gagner le tournoi (Jack Straus aux WSOP 1982). Si vous attaquez un tapis inférieur, faites-le jusqu'à son dernier jeton !

✔ **Prenez les bonnes décisions en position de *blindeur*.** Les bonnes décisions en position de *blind* peuvent créer la différence entre le succès et l'échec en tournoi. Cela requiert une extrême prudence et de la discrétion.

✔ **Tirez avantage du jeu serré.** Quand un adversaire joue serré dans les stades finaux du tournoi, vous pouvez jouer plus agressivement pour lui soutirer des enchères.

✔ **Le bluff est une arme cruciale en hold'em *no limit*.** Plus votre tapis est important et plus votre bluff est intimidant (voir Stu Ungar).

✔ **Étudiez vos adversaires.** Étudiez-les d'autant plus quand vous n'êtes pas dans le coup. Vous aurez une meilleure idée de leur style de jeu, large ou serré, et ça pourra vous être utile dans des confrontations ultérieures.

✔ **Apprenez à survivre.** Apprendre à survivre assez longtemps pour vous donner plus d'*occasions d'être chanceux*, c'est essentiel. Tous ceux qui ont gagné des tournois savent qu'ils ont été chanceux à un moment ou à un autre. Mais pour augmenter votre probabilité d'avoir de la chance, vous devez vous servir de votre capacité à survivre.

✔ **Restez calme, détendu et concentré.** Vous allez forcément essuyer quelques coups malheureux dans le tournoi. Vous devez avoir un mental d'acier et ne pas vous « cagouler ». Beaucoup de joueurs perdent quelques coups puis leur discipline flageole et leur tapis se met à fondre. Ne soyez pas ce genre de joueur – au contraire, tirez parti de ce genre d'adversaires.

Une histoire vécue par Johnny Moss

À un moment de sa vie, la légende du poker Johnny Moss (triple champion du monde) s'est trouvée ruinée. Il y avait une grosse partie en ville et Moss voulait y participer. Il est donc allé à la banque pour emprunter l'argent nécessaire.

Il est entré dans l'agence et a demandé à parler à la personne chargée d'accorder les crédits. Un jeune homme s'est présenté, et Moss lui a dit qu'il avait besoin d'un emprunt de 10 000 dollars. C'était une petite fortune à l'époque, l'équivalent de 60 000 dollars actuels (on était dans les années 1950).

– Dites-moi, monsieur Moss, quelle garantie avez-vous ?

– Aucune, à part mon habileté.

– Et de quelle habileté s'agit-il ?

– Je suis joueur professionnel.

L'employé était abasourdi.

– Je pense ne pas avoir bien compris. Vous voulez nous emprunter 10 000 dollars pour aller les flamber ?

– C'est exactement ça.

À cet instant, un des cadres les plus influents de la banque est passé par là et a immédiatement reconnu Moss. Il avait déjà joué avec lui plusieurs fois et savait qu'il était un très bon joueur.

– Alors, Johnny, vous venez faire du business avec nous ?

– Ce monsieur veut nous emprunter 10 000 dollars, dit le jeune homme.

– Donnez-lui en 20 000 s'il les veut, répondit le cadre.

C'est ainsi que Johnny Moss est ressorti avec une somme deux fois plus importante que ce qu'il attendait, qu'il a rendue quelque temps après en payant les intérêts en vigueur.

Partager les gains à la table finale

Souvent, les survivants du tournoi s'entendent avant la fin pour se partager les gains différemment. Par exemple, s'il reste quatre joueurs en lice avec des gains de 40, 20, 10 et 5 %, ils peuvent s'entendre pour changer la clé de répartition et la transformer par exemple en 30, 20, 15, 10. Plus la clé de répartition officielle de la dotation est déséquilibrée, plus les joueurs sont tentés de la modifier pour la rendre plus équitable.

Avez-vous intérêt à sceller un partage ? Tenez compte de ceci :

✔ la qualité des joueurs restants ;

✔ les tapis en place ;

✔ votre niveau d'expérience dans les tournois comparativement à celui de vos adversaires ;

✔ le type de partage proposé.

Conclure un partage peut être intéressant car cela vous garantit un gain minimum. Mais cela limite votre gain maximum. Jusqu'où allez-vous flamber ?

La meilleure façon de faire un partage

Quand vous n'êtes plus que deux en lice, il est facile de proposer un partage qui arrange les deux parties sans tenir compte des tapis. Revenez à la figure 10-2 où le gagnant repart avec 80 000 euros et le deuxième, 40 000 euros. Supposez que cette situation soit la vôtre, au terme d'un long combat de plusieurs heures où les 400 joueurs se sont fait éliminer les uns après les autres. Quoi qu'il arrive maintenant, vous allez forcément terminer avec un très bon résultat financier.

Mais il y a une très grande différence entre 80 et 40. Quand les deux joueurs qui terminent le tournoi ont des tapis équivalents, la victoire va se jouer sur une carte. Une carte qui vaut 40 000 euros ! Donc une révision de la clé de répartition s'impose, dans l'intérêt des deux protagonistes. Voici comment :

Comme il reste 120 000 euros à partager, chacun des deux a déjà gagné 40 000 à coup sûr. Considérons maintenant comment partager les 40 000 euros restants. Le plus simple est de s'en tenir aux tapis. Si vous possédez 60 % des jetons, par exemple, le partage va se faire ainsi :

✔ vous gagnez 40 000 + 40 000 x 60 %, soit 64 000 euros

✔ votre adversaire gagne 40 000 + 40 000 x 40 %, soit 56 000 euros

C'est le partage le plus juste qui puisse advenir à cet instant du match.

Quand les tapis sont égaux

Quand les deux joueurs restants ont le même tapis, les joueurs se mettent généralement d'accord sur une petite somme qui reviendra au gagnant. Dans notre exemple, comme la moyenne des gains est de 60 000, les deux joueurs peuvent se mettre d'accord pour garantir un gain de 55 000 chacun et de jouer pour les 10 000 restants, qui reviendront au gagnant. Donc les prix seront les suivants : 65 000 au premier et 55 000 au deuxième.

65 000 n'est pas aussi attractif que les 80 000 d'origine, mais ils le sont nettement plus que les 40 000 prévus au départ si on perd au lieu de gagner.

Notre adaptateur signale qu'on a vu des partages nettement plus atypiques, comme celui-ci : les deux joueurs étaient à égalité de tapis mais l'un des deux, un professionnel, était plus intéressé par l'argent que par le titre ; l'autre, un amateur, était plus intéressé par le titre que par l'argent. Donc le partage a été simple : le professionnel a abandonné le titre à son adversaire mais a empoché le prix en argent réservé au premier ; l'amateur a gagné le titre mais a pris l'argent réservé au deuxième. Dans ce partage, le professionnel a abandonné le tournoi par forfait (c'est une histoire vraie).

Quand il y a plus de deux joueurs en partage, les chiffres deviennent plus compliqués. Quand c'est le cas, il y a négociation. Mais prenons un exemple suggéré par notre adaptateur. Si les trois joueurs ont des tapis équivalents : le plus simple est de diviser le total en quatre, d'attribuer une part à chacun, et de diviser la quatrième part en deux suivant la clé 2/3-1/3 que l'on attribue au premier et au deuxième. Dans notre exemple, les trois premiers prix sont à l'origine 80 000, 40 000 et 20 000, soit 140 000 en tout. Si on divise par quatre, on obtient 35 000, qui est la part garantie à chacun. Les 35 000 restants sont divisés en 23 000 et 12 000. Les prix au final sont les suivants :

- ✔ le premier touche 35 000 + 23 000, soit 58 000 ;
- ✔ le deuxième touche 35 000 + 12 000, soit 47 000 ;
- ✔ le troisième touche 35 000.

Discussions autour de la clé de ventilation

Il y a toujours eu deux camps assez marqués dans le petit monde du poker de compétition quant à la ventilation de la dotation entre les différents gagnants :

- ✔ Il y a ceux qui préfèrent « récompenser grassement le gagnant » et qui ne voient pas d'inconvénient à ce qu'il gagne la moitié de la dotation globale.
- ✔ Il y a ceux qui estiment qu'une clé de ventilation plus *soft* s'impose, avec un gagnant qui ne remportera jamais plus de 30 % de la dotation.

L'éthique du partage

Un autre débat s'est ouvert autour des accords de partage entre les gagnants. Après tout, on n'a jamais vu des golfeurs de la PGA ou des tennismen de l'ATP mettre en cause leurs gains avant le match. Mais il y a une grande différence entre ces compétitions sportives et les tournois de poker : il s'agit de l'argent des *sponsors*, non de celui des joueurs. Tandis qu'en poker, il s'agit bel et bien de l'argent des joueurs. On peut même dire plus : quand les joueurs ne sont plus que deux, il s'agit bien de leur *propre* argent que leurs adversaires leur ont laissé, et finalement ils en font ce qu'ils veulent.

Certains affirment que le poker n'attirera jamais de sponsoring tant que les accords de partage seront autorisés en tournoi. Cela s'assimile trop à des petites magouilles d'épicier.

Vers la structure étendue

Le joueur professionnel Mike Sexton, à qui on a dû dans le passé le TOC (Tournament Of Champions) et à qui l'on doit aujourd'hui le WPT (World Poker Tour), est respecté pour ses avis de bons sens. Il a pris la question de la ventilation de la dotation à bras le corps.

Il a demandé aux participants du Tournament Of Champions 1999 de répondre à la question de savoir si la clé traditionnelle de ventilation leur convenait ou non. Il leur était proposé à la place une structure où le gagnant empochait 35 % au lieu des 40 % habituels. Le deuxième et le troisième auraient eux aussi reçu moins, mais les autres places payées auraient reçu plus. Signalons que les participants à ce tournoi étaient tous des gagnants de tournois agréés par le TOC pendant l'année, donc des joueurs qui avaient *a priori* une grande conscience de ce que compétition de poker voulait dire.

Le dépouillement des réponses a révélé que la structure « étendue » était préférée par 65 % des concurrents. Peut-être que l'interdiction de faire un partage final, en vigueur dans le TOC, a poussé les participants à voter de cette manière ! Mais cela a aussi été jugé comme étant un signal donné aux organisateurs de tournois pour qu'ils pensent à revoir sérieusement leurs clés de ventilation. Il est vrai qu'une moindre dispersion des prix, si elle aboutit à des partages moins fréquents, pourrait inciter les sponsors à investir dans les compétitions de poker, ce qui ne serait que bénéfique.

Depuis cette date, les choses ont évolué dans ce sens. La plupart des sites Internet ont des clés de ventilation étendues et certains tournois *live* aussi : par exemple, le PokerEM a une clé de type 20-15-11-8-6-5-4-2. Il faut dire que ce grand tournoi autrichien accueille un maximum de 400 joueurs et rétribue 80 places payées, soit au moins 20 % des joueurs !

Players:	10-20	21-30	31-50	51-100	101-200	201-300	301-400	401-500	501-600	601-800
1st	50.00%	45.00%	40.00%	30.00%	27.50%	27.00%	25.00%	25.00%	25.00%	25.00%
2nd	30.00%	25.00%	24.00%	20.00%	17.00%	16.50%	16.00%	15.00%	15.00%	14.50%
3rd	20.00%	17.00%	16.00%	12.00%	11.50%	11.00%	10.50%	10.00%	9.50%	9.25%
4th		13.00%	12.00%	9.25%	8.50%	8.00%	8.00%	7.50%	7.00%	6.75%
5th			8.00%	7.50%	7.25%	7.00%	7.00%	6.50%	6.00%	5.75%
6th			6.25%	5.75%	5.50%	5.50%	5.50%	5.50%	5.00%	4.75%
7th			5.25%	4.50%	4.50%	4.50%	4.50%	4.50%	4.00%	3.75%
8th			4.25%	3.00%	3.00%	3.00%	3.00%	3.00%	3.00%	2.75%
9th			3.25%	2.00%	1.75%	1.75%	1.75%	1.75%	1.75%	1.75%
10th			2.25%	1.50%	1.25%	1.25%	1.25%	1.25%	1.25%	1.25%
11-15					1.20%	0.95%	0.95%	0.95%	0.95%	0.95%
16-20					1.10%	0.75%	0.75%	0.75%	0.75%	0.75%
21-30						0.60%	0.50%	0.50%	0.50%	0.50%
31-40							0.40%	0.35%	0.35%	0.35%
41-50								0.30%	0.30%	0.30%
51-60									0.25%	0.25%
61-70										0.20%

Tableau 10-3 : Tableau de ventilation des prix du site Internet ParadisePoker. Colonne de gauche : nombre de joueurs payés. Ligne du haut : nombre de joueurs engagés.

Glaner des informations sur les tournois

Les tournois de poker ont lieu à peu près partout dans le monde. Ils sont le plus souvent regroupés en « festivals », mot qui désigne un groupe de tournois successifs organisés au même endroit sur une période d'une ou deux semaines. Voici quelques sources de renseignements sur les festivals :

- *Poker Europa* : le seul magazine européen consacré au poker. C'est un mensuel luxueux trilingue (anglais, allemand, français) disponible dans les principaux clubs/casinos et par correspondance. Adresse : 33 Parkhurst Road, Torquay TQ1 4EW, Royaume-Uni. Site web : www.pokereuropa.net

- *Card Player Magazine* : bimensuel américain, référence mondiale en matière de poker. Fourmille de reportages et d'articles signés par les plus grands joueurs. On peut lui reprocher son américanisme. Site web : www.cardplayer.com

- *All-in Magazine* : mensuel américain, riche en témoignages et en comptes rendus. Site web : www.allinmagazine.com

✔ Quelques sites francophones : www.clubpoker.net (le plus riche de tous), www.poker.fr, fr.pokernews.com, www.princepoker.com

✔ Une pléthore de sites en anglais, dont : www.thehendonmob.com, www.pokerineurope.com, www.pokerlistings.com, www.pokerpages.com, www.recpoker.com

✔ Trois sites dévolus au trois principaux circuits de tournois internationaux : www.europeanpokertour.com, www.worldpokertour.com, www.worldseriesofpoker.com.

Concernant la littérature, on ne peut pas dire qu'il existe en français un nombre énorme de livres consacrés au poker moderne, mais il y en a que l'on ne peut pas éviter :

✔ *Le Poker*, de Lou Krieger (un des co-auteurs du présent ouvrage), chez Bornemann : très bon ouvrage d'initiation sur les différentes variantes, réalisé en plus avec une mise en page en couleurs attractive.

✔ *Poker Pro*, de Phil Hellmuth (Bornemann) : un très bon survol de plusieurs variantes et de bons conseils de pros, par le Champion du monde 1989.

✔ *Poker de Tournoi*, deuxième édition enrichie, sous la direction de François Montmirel, avec Tom McEvoy, champion du monde 1983 (éditions François Montmirel).

Les informations sur les trois grands circuits internationaux sont tirées de Poker de Tournoi, *de F. Montmirel.*

T. J. parle

On a un jour demandé à T. J. Cloutier, un des tout premiers joueurs de poker au monde :

– Selon vous, qu'est-ce que les joueurs de tournoi ont tous en commun ?

– Eh bien justement, je pense qu'ils sont tous différents. Ce qui marche avec moi peut ne pas fonctionner avec un autre. Mais deux choses sont incontournables, c'est la concentration et la connaissance des adversaires : ils sont tous au top dans ces deux domaines.

(Tiré de *Championsh*)

Les tournois télévisés

Les organisateurs de tournois se sont longtemps posé la question de savoir comment filmer un tournoi et en faire un spectacle. Faute de volonté, de producteur intéressé, de chaîne moins frileuse que la moyenne, ces vagues projets sont restés dans des cartons jusqu'en 1999.

Cela ne veut pas dire qu'il n'y a pas eu une trace vidéo des tournois auparavant. Dès les années 1990, les WSOP ont eu l'habitude d'accueillir des caméras, et des comptes rendus étaient disponibles sous formes de cassettes VHS. Mais pas de retransmission télévisée comme on la conçoit dans le cadre d'une rencontre sportive.

Jusqu'à ce qu'un Anglais entre en scène : Nic Szeremeta. À force de proposer des projets aux chaînes, il s'est retrouvé, fin 1998, à préparer une série de tournois avec Presentable Productions. Il en est ressorti un principe de tournoi organisé spécialement pour le petit écran. Une première émission a été diffusée au printemps 1999 sur Channel 4, chaîne anglaise, et s'appelait « Late Night Poker ». Un travail considérable a été fait sur la façon dont le poker peut être montré à des non-spécialistes, c'est-à-dire comme un vrai spectacle qui présente un intérêt, un suspense, avec des *breaks* destinés à rappeler les règles de base. Deux commentateurs se chargeaient de la voix off.

La table était transparente devant chaque joueur et une caméra était placée dessous, ce qui permettait au téléspectateur de découvrir les cartes du joueur en même temps que lui. Cet effet est banal aujourd'hui, mais c'est la première fois qu'il était montré.

Le résultat est une série de six « saisons » de neuf épisodes de 120 minutes chacun : sept pour les stades éliminatoires, un pour la demi-finale et un pour la finale. Chaque saison correspondait à un tournoi joué en studio de bout en bout, comme un tournoi normal, mais soumis aux contraintes du tournage. 49 joueurs par tournoi – à raison de sept joueurs par table –, chacun payant 1 500 livres, le gagnant repartant avec 50 000 livres. Chaque épisode consistait en une analyse des coups les plus importants, présentés dans l'ordre chronologique.

La première diffusion a eu lieu un vendredi soir à minuit et demi. La part de marché du programme est montée à 30 % et la finale a attiré une audience d'1,3 million de téléspectateurs.

Le Poker Million, fin 2000, a enchaîné les opérations, et sera gagné par John Duthie... producteur de télévision ! C'est lui, aujourd'hui, qui produit les comptes rendus des tournois de l'EPT (European Poker Tour). Entre-temps, les États-Unis ont pris le train en marche mais l'ont bien pris, avec Steve Lipscomb et son WPT (World Poker Tour), auquel Mike Sexton a voué une part active. L'équipe est étoffée, dynamique, et partout où le WPT passe, l'amateurisme trépasse. Ce sont eux qui donnent le véritable étalon en matière de fabrication de programmes télévisuels pokériens.

Depuis, les grands tournois internationaux sont tous filmés en vue d'être diffusés. La première chaîne spécialisée a même été créée en 2005 : Poker Channel, filiale de Sky TV.

Un jour viendra peut-être où on verra un tournoi entièrement doté par les sponsors, comme l'est par exemple le tournoi de Roland-Garros en matière de tennis. C'est déjà le cas avec le Tournament of Champions, sur invitation, doté de deux millions de dollars, dont un million au vainqueur.

En France, le poker est apparu à la télévision en 2005 :

- le 9 janvier 2005, Paris Première a diffusé le « Tournoi des As », avec entre autres les artistes Bruno Solo et Enrico Macias. Résultat : doublement de l'audience de la chaîne, avec un public plus jeune et plus féminin.

- Le 14 janvier, Eurosport a pris la suite avec la retransmission de l'European Poker Tour, commenté par le champion français Michel Abecassis, également bridgeur international titré.

- Le 17 février 2005, le World Poker Tour a été diffusé par bribes pour la première fois sur Canal Plus avec un commentateur chevronné, Denis Balbir, et un consultant compétent : Patrick Bruel. On doit cette émission au producteur-présentateur Emmanuel Chain, qui caressait l'idée d'un tournoi sur la chaîne depuis plusieurs mois.

Le poker télévisé est le Texas hold'em _no limit_. Cette variante est devenue la plus populaire du fait de sa simplicité d'apprentissage et de sa complexité stratégique. C'est aussi la plus spectaculaire et celle où le hasard prend le moins de place dans le résultat final.

Chapitre 11

Les vidéo-pokers

S i vous en êtes à ce point du livre, votre connaissance du poker est déjà bien avancée. Maintenant, vous allez pouvoir appliquer vos connaissances au vidéo-poker.

Désolé ! La première chose que vous devez savoir à propos du vidéo-poker, c'est que... ce n'est PAS du poker ! Évidemment, il existe quelques similarités entre le jeu à l'écran et la version avec cartes en main, mais elles sont estompées par les différences qui sont légion. Ces différences sont justement ce qui le rend si attractif aux personnes qui ne veulent pas avoir affaire aux techniques pointues du poker sur table.

Beaucoup de joueurs de poker viennent au club/casino accompagné de leur conjoint, lequel, le plus souvent, se rend dans une autre salle pour se détendre... Cette salle est souvent celle des vidéo-pokers. Pour beaucoup de gens, le vidéo-poker est devenu une véritable passion.

Ce chapitre explique comment il est possible de devenir gagnant au vidéo-poker. Qu'est-ce que ça veut dire ? Vous dites que vous avez touché une quinte royale le mois dernier ? Bien sûr, et presque tout le monde a déjà touché un gros jackpot à un moment ou à un autre, mais pensez-vous que votre jeu sur le vidéo-pokers soit gagnant dans son ensemble ? Comment croyez-vous que les casinos financent leurs enseignes au néon ? Et leurs serveuses au décolleté plongeant ? Et leurs voituriers ?

Mais pas de panique, avec quelques efforts vous verrez que vous pourrez sortir gagnant. En recherchant les bonnes machines et en vous conformant à quelques règles de jeu simples, vous pourrez réduire sensiblement votre taux de perte, et dans certains cas, vous pourrez même avoir un véritable avantage sur le casino.

Les bases du vidéo-poker

Le vidéo-poker ressemble à une machine à sous, et d'ailleurs, on en trouve dans la même salle que les machines à sous classiques. Certains vidéo-pokers acceptent les jetons, les pièces de monnaie, voire les cartes de crédit et même les billets de banque. La principale différence entre la machine à sous traditionnelle et le vidéo-poker, c'est qu'au vidéo-poker, vous avez autre chose à faire qu'appuyer sur un seul bouton ou abaisser le levier latéral : vous avez des choix stratégiques à faire.

Pour le joueur novice, la principale attraction du vidéo-poker est la possibilité d'avoir la joie, l'immense allégresse de celui qui vient de décrocher un gros jackpot. Mais pour le joueur affûté, c'est surtout le jeu à long terme qui s'avère digne d'intérêt. Et effectivement, certains vidéo-pokers permettent de dégager ce profit durable, si tant est qu'on y applique les bonnes recettes. Au vidéo-poker comme dans le poker classique, vous pouvez vous attendre à une somme importante de risques et de chance sur le court terme alors qu'un joueur d'expérience saura mieux défendre ses finances sur le long terme qu'un débutant.

Le vidéo-poker, kézako ?

Commencez par vous amuser à comparer les gains décrits dans les tables 11-1 et 11-2. Sachez que les habitués peuvent se procurer, dans les casinos un tant soit peu évolués, des cartes de fidélité qui leur permettent de bénéficier de menus avantages. Insérez votre carte dans la fente prévue à cet effet. Le rabais consenti aux bons clients vous permet parfois d'avoir déjà réalisé une partie de votre gain par rapport au client lambda. Si le casino possède un club et si vous n'avez pas de carte de fidélité, procurez-vous-en une.

Certains casinos acceptent même d'en délivrer deux pour vous permettre de jouer sur deux machines à la fois. Si la carte ne fournit pas toujours un avantage en termes de mises, au moins elle assure la plupart du temps d'avoir des boissons gratuites – c'est important parce qu'il fait soif dans la salle des jeux !

Les casinos français, qui sont près de 200 éparpillés sur tout le territoire, ont tous une salle de machines à sous qui comprend aussi des vidéo-pokers. Vous avez l'embarras du choix.

Les mains à jouer

Vous voilà donc prêt à jouer. Pour commencer, insérez le nombre de pièces ou de jetons que vous souhaitez mettre en jeu. Le nombre de pièces accepté par les machines diffère d'une machine à l'autre. Jouez au moins le nombre de pièces requis pour vous qualifier au gain maximum sur tous les jackpots (en général, c'est cinq pièces).

Ensuite, appuyez sur le bouton *Max bet* (mise maximum). C'est le premier secret : seule la mise maximum vous garantit sur le long terme d'avoir les meilleurs gains. Les cinq cartes apparaissent alors sur l'écran télé. La machine vous demande de lui indiquer quelles cartes vous désirez garder. Il vous suffit d'appuyer sur les boutons *Hold* situés sous les cartes. Quand vous appuyez sur un bouton, vous gardez la carte. Donc les cartes sur le bouton desquelles vous n'avez pas appuyé vont être changées par d'autres.

Si vous avez appuyé par erreur sur un bouton, ou si vous changez d'avis, appuyez à nouveau dessus : il se désélectionnera d'office. En général, une carte que vous gardez se trouve associée au mot *Held*. *Hold* signifie « conserver » et *Held* signifie « conservé ». Les machines les plus récentes ont des écrans tactiles : il suffit d'appuyer son doigt sur les cartes qu'on veut garder.

Vous pouvez le cas échéant décider de garder toutes les cartes car vous êtes servi (vous possédez une combinaison complète). Inversement, vous pouvez décider de casser une main servie, par exemple une quinte formée de quatre cœurs et d'un pique, en conservant les cœurs pour tenter la quinte flush, qui paie autrement mieux que la quinte.

Quand vous êtes satisfait de votre sélection, appuyez sur le bouton *Deal/Draw* (donne) pour obtenir des cartes de rechange, exactement comme dans un coup classique de poker fermé. Le coup est terminé. L'écran affiche votre combinaison finale. Si c'est une main qui gagne quelque chose, la machine ajoute le gain à votre total de crédits affiché sur l'écran ou elle fait tomber dans la coupelle les jetons ou pièces correspondant à votre gain.

La plupart des machines modernes fournissent un système de crédit. Votre gain est alors ajouté à vos points en cours, exactement comme le solde d'un compte. Pour la suite du jeu, vous pouvez mettre en jeu ces points de crédit plutôt que de jouer des pièces. En général, ces machines permettent de récupérer en appuyant sur un bouton la totalité de ses crédits sous forme de pièces ou de jetons dans la coupelle. Certaines machines proposent un bouton *Max bet* (mise maximum) ou *Replay* pour miser le même nombre de jetons que précédemment.

La hiérarchie des combinaisons dans les vidéo-poker

Pour les vidéo-pokers de base, la hiérarchie des combinaisons est la même que celle que nous avons décrite pour les tables classiques dans ce livre. Les seules différences sont pour le Deuces Wild, où les Deux sont considérés comme des Jokers. Dans ce cas, il peut y avoir des pokers (*five of a kind*), des quintes royales avec Joker (*wild royal flush*) et un carré de Deux qui sont des combinaisons supplémentaires primées entre la quinte flush et la quinte royale. Voir détails dans la section consacrée à la machine Deuces Wild.

Le vidéo-poker contre le poker habituel

Le vidéo-poker utilise un jeu de 52 cartes (ou 53 cartes avec le Joker) et la plupart des machines utilisent la donne du poker fermé, qui est un poker en voie d'extinction aujourd'hui. La façon dont les combinaisons sont formées et rectifiées après le tirage est la même, mais les similitudes s'arrêtent là.

Alors en quoi le vidéo-poker est-il si différent ?

✔ Au vidéo-poker, vous n'avez pas à battre une main adverse, mais juste à atteindre certaines combinaisons. La mécanique du jeu le rapproche d'un jeu en solitaire. Essayer de bluffer ou de « lire » ses adversaires n'a aucun intérêt puisqu'à part vous, aucun autre joueur n'est en course.

✔ En poker normal, la distinction entre quinte flush et quinte royale est mince. À part dans des cas rares en hold'em, où n'importe quelle couleur est quasiment assurée de gagner le coup, on ne fait pas de différence entre une quinte royale et une quinte flush. Mais en vidéo-poker, la quinte royale paie 16 fois plus !

✔ En poker normal, les deux paires aux As sont autrement plus fortes que deux paires aux Sept ; en vidéo-poker, l'une et l'autre sont payées autant.

✔ En poker normal, n'importe quel carré bat un carré inférieur. Chez certains vidéo-pokers, les carrés de Deux, de Trois ou de Quatre paient plus que les carrés de Cinq, de Six…, de Rois. Certains cas sont des exceptions, comme celui du carré de Deux dans la machine Deuces Wild.

✔ Vous ne pouvez pas rencontrer de *bad beat* au vidéo-poker. Votre couleur n'est jamais battue par le full d'une autre machine ! Une combinaison faisant partie du tableau des gains gagnera toujours.

✔ Certaines manœuvres qui sont correctes à la table de poker deviennent des erreurs qui coûtent cher à la longue quand vous les dupliquez sur un vidéo-poker. (Voir plus loin « Six erreurs à éviter en vidéo-poker ».)

Les mythes du vidéo-poker

Mythe n°1 : Rechercher une machine qui n'a pas donné de jackpot depuis longtemps augmente les chances qu'elle le donne bientôt.

Démythification : Vous pouvez avoir entendu dire qu'une quinte royale tombe une fois sur 40 000 donnes, mais rien ne dit qu'une machine « doit » bientôt en faire tomber une. Le générateur de nombres au hasard qui est à l'intérieur de la machine n'a pas de mémoire. Donc quel que soit le moment où vous prenez la machine, il y aura toujours une chance sur 40 000 de faire une quinte royale. Il va de soi que la machine connaîtra des moments « froids » et des moments « chauds » (où elle distribuera de nombreux gains) mais ça n'a rien à voir avec ce qu'elle a vécu auparavant. Ce sont les hasards de la distribution des cartes.

Mythe n°2 : Les machines sont réglées pour assurer un paiement spécifique, donc inutile d'essayer de bien jouer.

Démythification : C'est l'excuse des joueurs paresseux qui ne veulent surtout pas se donner la peine de vouloir jouer d'une manière raisonnée ! On peut aussi bien affirmer qu'on doit jouer n'importe comment au poker classique sur table puisque les cartes ont été mélangées, ce qui donne des chances égales à chacun d'obtenir une bonne main. L'habileté est un facteur important en vidéo-poker, comme dans le poker sur table. Les bonnes machines ne doivent leur existence que parce qu'une écrasante majorité de joueurs ne se donnent pas la peine de collecter les 2 % d'avantages qu'ils peuvent avoir contre la machine en jouant intelligemment. Mark Twain disait : « Remercions les fous. Car sans eux, aucun de nous ne pourrait réussir. »

Mythe n°3 : Comme les machines sont gouvernées par le hasard, vous ne pouvez pas gagner.

Démythification : « Au hasard » et « Gagner » ne sont pas synonymes. Supposons que vous jouiez au craps avec un dé parfaitement équilibré. Le résultat de chaque jet relèvera indiscutablement du hasard, mais le pourcentage de la maison assure que vous serez perdant sur le long terme. Certains vidéo-pokers vous donnent l'opportunité de miser sur le côté gagnant du jeu.

Mythe n°4 : Les machines sont vraiment gouvernées par le hasard, mais après tout elles peuvent très bien être programmées pour faire apparaître moins souvent les grosses cartes et les cartes wild…

Démythification : On peut bien sûr trouver ce genre de tricheries dans certains endroits mal contrôlés par les services des jeux, comme des casinos ou des clubs louches, sur des bateaux de croisière, etc. Mais au Nevada, en Louisiane et en Europe, dans les établissements officiels disposant de licences d'exploitation en règle, des instances de contrôle sévères détectent les manipulations de cet ordre. En revanche, les machines peuvent être réglées sur des taux de retours minimums, et certaines dépassent même les 100% (en France, ce taux est d'au moins 85 % d'après la loi). Pour modifier un taux de gain moyen, l'exploitant modifie simplement le nombre de pièces payées pour telle ou telle combinaison. Pour être certifiés au Nevada, les constructeurs de vidéo-pokers doivent fournir toutes les garanties nécessaires. Toute contravention reconnue par la suite raye d'office la licence d'exploitation.

Les mythes du vidéo-poker (suite)

Mythe n°5 : Si vous voulez miser un euro, il vaut mieux jouer cinq pièces dans une machine à 20 centimes qu'une seule dans une machine à un euro.

Démythification : C'est effectivement ce qu'il faut faire si les deux machines ont le même tableau de gain. Souvent, seules les machines les plus chères fournissent des paiements totaux. En ne jouant qu'une seule pièce, vous perdez environ 1,5 % de gain sur le long terme car vous ne vous qualifiez pas pour le gros jack-pot de la quinte royale. Mais une machine avec gain partiel est encore moins intéressante. Si vous souhaitez jouer quand même, il vaut mieux jouer un euro dans une machine avec gain total que cinq pièces dans une machine avec gain partiel. Les vidéo-pokers, sauf exceptions, sont toujours meilleurs que les machines à sous classiques en termes de retour sur investissement. Le mieux est de jouer cinq pièces dans une machine avec gain total.

Ces caractéristiques font des vidéo-pokers des sources de revenus importantes pour les casinos – même quand les machines sont réglées sur un taux de gain supérieur à 100 % ! Les sections suivantes montrent comme il est facile de maintenir le prélèvement de la maison à son minimum. Vous pourriez même gagner un avantage de plus sur la maison en faisant tout pour être un gagnant sur le long terme.

La machine Jacks or Better

Figure 11-1: Machine « Jacks or Better » du site FiniteSite.

Le premier pas vers le jeu gagnant se fait avant même de commencer à jouer. Seule une petite partie des machines peut être battue sur le long terme et vous devez savoir comment les reconnaître. Faire la différence entre le gain partiel et le gain total est extrêmement important. La table 11-1 vous montre la table des gains totale de la machine Jacks or Better.

Tableau 11-1 : Gains totaux pour la machine Jacks or Better.

Combinaison	Gain pour 5 pièces
Quinte royale	4 000
Quinte flush	250
Carré	125
Full	45
Couleur	30
Quinte	20
Brelan	15
Deux paires	10
Paire de Valets, Dames ou Rois	5

Nous ne prenons en compte que les gains pour cinq pièces misées parce que si vous jouez moins de cinq pièces, votre quinte royale vous rapporte moins, ce qui vous fait perdre 1,5 % de vos gains à long terme. En ne misant qu'une seule pièce, vous avez un gain de 250 contre 1, à comparer à un gain de 800 contre 1 en misant cinq pièces.

Cette machine est généralement appelée 9/6 parce qu'elle paie le full à 9 contre 1 et la couleur à 6 contre 1. Elle retourne 99,5 % des enjeux. On trouve aussi des gains partiels à 8/5 (8 contre 1 pour le full et 5 contre 1 pour la couleur), ce qui aboutit à un taux de gain moyen de 97,3 % seulement. Certains casinos se montrent plus subtils en diminuant le gain d'autres combinaisons, aussi vérifiez bien les tables de gains avant de vous engager.

Le taux de mains finales sans gain est de 54 %. Autrement dit, cette machine paie en moyenne près d'une fois sur deux.

Savoir comment jouer le Jacks or Better est aussi important que de trouver une machine à gain total. Mais la bonne nouvelle est que savoir bien y jouer est autrement plus facile que savoir bien jouer au poker classique.

Voici 8 règles à respecter pour exploiter à fond vos possibilités au Jacks or Better :

Règle n°1 : Ne jamais casser une combinaison d'au moins deux paires. Exception : gardez toujours un tirage à quinte royale sauf en cas de quinte flush.

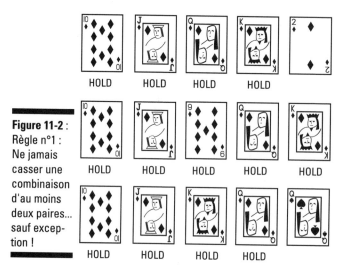

Figure 11-2 : Règle n°1 : Ne jamais casser une combinaison d'au moins deux paires... sauf exception !

Règle n°2 : Casser une grosse paire seulement pour avoir un tirage à quinte flush ou à quinte royale.

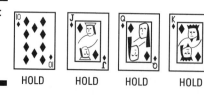

Figure 11-3 : Règle n° 2 : Casser une grosse paire...

Règle n°3 : Casser une petite paire seulement pour 10-J-Q-K, un tirage à quinte royale à 3 cartes, ou un tirage à couleur ou quinte flush.

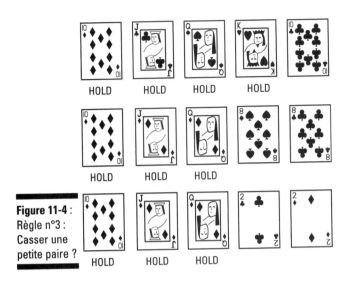

Figure 11-4 : Règle n°3 : Casser une petite paire ?

Règle n°4 : Casser un tirage à quinte ou couleur pour un tirage à quinte royale à 3 cartes.

Figure 11-5 : Règle n°4 : Casser un tirage à quinte ou couleur...

Règle n°5 : Si vous avez un tirage à quinte et à couleur, garder le tirage à couleur.

Figure 11-6 : Tirage à couleur.

Règle n°6 : Casser A-K-Q-J seulement pour trois grosses cartes assorties.

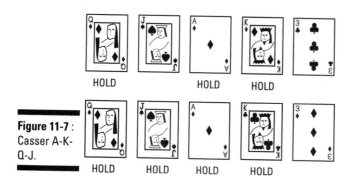

Figure 11-7 : Casser A-K-Q-J.

Règle n°7 : Casser trois cartes parmi A-K-Q-J pour deux grosses cartes assorties.

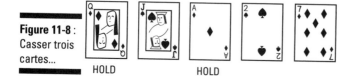

Figure 11-8 : Casser trois cartes...

Règle n°8 : Garder les grosses cartes (de J à A) mais jeter l'As avec A-K-Q, A-K-J ou A-Q-J.

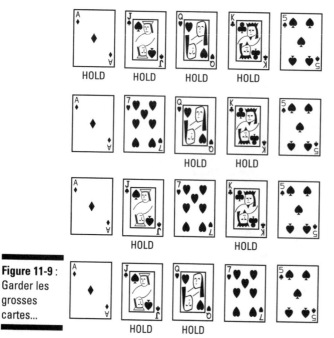

Figure 11-9 : Garder les grosses cartes...

Comment le gain de 99,5 % affecte-t-il la situation ? On voit qu'il équivaut à une perte de 0,5 %. Si vous jouez à une machine à cinq pièces de 20 centimes à raison de 500 coups à l'heure (un taux qui paraît important mais qui est habituel), vous dépensez 500 euros par heure. C'est ce qu'on appelle votre *action*. Vous allez logiquement perdre 0,5 % de ce montant par heure, soit 2,50 euros. Votre perte horaire devrait logiquement fluctuer autour de ce chiffre.

Même si nous avons simplifié un peu la stratégie nécessaire pour les besoins du livre, en appliquant ces huit règles de base, vous allez atteindre un taux de gain très proche de 99,5 %. Un bon rabais dû aux bons clients, plus des avantages divers (boissons et autres) peut transformer ce coût en un gain réel. Si vous n'appliquez pas ces règles-là, si vous jouez au *feeling*, vous pouvez vous attendre à un taux de gain de l'ordre de… 80 % ! Soit une perte horaire de… 100 euros !

Un mot sur Internet

Nous avons trouvé des sites web qui proposent des vidéo-pokers en ligne Jacks or Better, certains proposant une version en français dite « Valets ou mieux », avec une table de gain conforme à celle que nous préconisons.

La question qui se pose ici concerne d'abord la sécurité de l'argent que vous déposez sur votre compte, mais aussi et surtout la fiabilité du générateur de nombres au hasard utilisé par le site. Les casinos en ligne sont moins contrôlés que les casinos réels et nous ne pouvons qu'être méfiants pour le moment sur les vidéo-pokers proposés.

La machine Deuces Wild : idéale pour les débutants

Figure 11-10 : La machine Deuces Wild du site Win4Real.

Deuces Wild est la machine la plus répandue dans les casinos. Elle offre souvent un taux de gain supérieur à 100 %, ce qui vous permet de faire un profit à long terme si vous y jouez bien. Comme bonus, la machine offre un paiement spécial pour le carré de Deux, qui peut être obtenu en moyenne toutes les dix heures de jeu. La table 11-2 vous donne les gains pour cinq pièces de mise.

Tableau 11-2 : Gains totaux pour la machine Deuces Wild.

Combinaison	Gain pour 5 pièces
Quinte royale	4 000
Carré de Deux	1 000
Quinte royale wild	125
Poker (carré + 2)	75
Quinte flush	45
Carré	25
Full	15
Couleur	10
Quinte	10
Brelan	5

Beaucoup de joueurs refusent de jouer à cette machine parce qu'elle n'offre aucun gain pour les grosses paires ou les deux paires. Ne vous arrêtez pas à ce défaut apparent, car il n'est justement qu'apparent ! N'oublions pas qu'avec quatre cartes *wild*, c'est-à-dire qui font Joker, en l'occurrence les Deux, le brelan est plus courant que la grosse paire au Jacks or Better ! Le taux de mains finales sans gain est exactement le même que le Jacks or Better : 54 %.

Notez le taux de gain de 25 contre 5 du carré, très important puisque le tiers des gains de cette machine est généré par les carrés. Si on diminuait le gain du carré d'une seule unité, c'est-à-dire si on le faisait passer à 20 contre 5, le gain serait baissé de... 6 % ! À part de rares exceptions, évitez de jouer à une machine qui paie le carré à 20 contre 5 même si les gains d'autres combinaisons sont supérieurs.

Le Deuces Wild est plus indiqué pour les débutants car sa stratégie est plus facile à apprendre : elle dépend seulement du nombre de Deux présents dans la main. Elle est résumée dans la table 11-3.

Tableau 11-3 : Stratégie pour la machine Deuces Wild.

Nombre de Deux	Gardez seulement les Deux, sauf...
4	Comme une main avec quatre Deux ne peut pas être améliorée, gardez les cinq cartes pour éviter toute erreur.
3	Quinte royale wild ; poker (carré + 2)
2	Un carré ou mieux ; un tirage à quinte royale ou tout 6-7, 7-8, 8-9 ou 9-10 assortis.
1	Toute main payée, sauf tirage à quinte royal ou tout 5-6-7, 7-8-9, 8-9-10 ou 9-10-J assortis ; tout tirage à quinte flush ; tout tirage à 3 cartes à quinte royale, sauf avec As ; tout 6-7, 7-8, 8-9, 9-10 assortis.
aucun	Toute main payée, sauf tirage à quinte royale et à quinte flush à 4 et 3 cartes ; une paire (jeter une deuxième paire le cas échéant) ; tirage à quinte bilatéral ou ventral sauf A-3-4-5; Q-J, Q-10 ou J-10 assortis.

Souvenez-vous donc de ceci :

✔ Gardez toujours vos Deux. Y compris une quinte royale *wild* : ne rejetez pas le Deux pour tenter la quinte royale « naturelle ». Les Deux sont inclus dans le nom des combinaisons. Par exemple, la main 2-K-10 à cœur (le Deux étant de famille quelconque) est un tirage à quinte royale à trois cartes. N'oubliez pas que les Deux ont de l'importance mais pas la famille à laquelle ils appartiennent (pique, par exemple).

✔ Gardez toujours la combinaison de cartes selon la première règle qui s'applique aux cartes distribuées. Si vous n'avez aucune des combinaisons décrites dans la table 11-2, il ne faut garder aucune carte (donc retirez-en cinq). Par exemple, si vous avez 2-Q-6-2-7 à cœur (les Deux étant de familles quelconques), regardez dans les règles des mains à deux Deux. Vous avez une couleur, mais ce n'est même pas dans la liste car garder la main telle quelle serait un gâchis pour les deux Deux ! Le meilleur tirage ici est donc de garder tout sauf la Dame, ce qui vous donne un tirage à quinte flush. Si le Sept avait été un Huit (créant un manque entre le Six et le Huit), si le Six et le Sept n'avaient pas été assortis, ou s'il y avait eu 5-6 ou moins à la place de 6-7 ou plus, vous n'auriez gardé que les deux Deux.

✔ Les joueurs sont généralement déroutés par les tirages à quinte flush ventraux avec un Deux. Par exemple, la main 2-7-8-10 à trèfle (le Deux étant de famille quelconque), même si vous considérez que le Deux peut être le Neuf de trèfle. Seulement six cartes peuvent compléter la quinte flush. Si les trois cartes « naturelles » avaient été en plus consécutives (comme par exemple 7-8-9), il y aurait eu sept outs au lieu de six. Notez qu'il est inutile de jouer des tirages à quinte flush dont la carte la plus haute est inférieure au Sept.

✔ Attention à la toute dernière règle. Dans ce jeu, huit cartes peuvent compléter une quinte par le ventre, ce qui est meilleur que de tirer cinq cartes dans le cadre d'un retirage total. On se trouve de toute façon dans le cas d'échanger un sabot contre une savate, comme on dit à la campagne, ou dans le cas du tirage à 16 au black jack : on n'opte pas pour le meilleur profit mais pour la plus petite perte. Vous avez reçu une mauvaise main et vous allez faire en sorte de la jouer de votre mieux, c'est tout.

Comment démultiplier les gains

Certaines machines sont branchées avec d'autres en réseau pour former un jackpot progressif. Les machines à sous sont presque toujours installées sous forme de séries de huit ou plus raccordées entre elles. Certains petits gains sont généralement baissés pour venir nourrir le jackpot général. Un Jacks or Better 8/5 (qui paie un full 40 contre 5 et une couleur 25 contre 5) retourne seulement 97,25 %. Sans autre changement, il faudrait que la quinte royale atteigne 2 400 pour que le taux de gain de la machine revienne à 100 %.

Le principal problème est que le jackpot progressif se nourrit de gains à court terme. Donc vous accusez un taux de perte plus important sur ces gains-là.

Une meilleure manière d'étendre le jeu a été trouvée à la Stratosphere de Las Vegas, où certaines machines Jacks or Better paient un bonus sur les couleurs et les fulls. Ces changements ajoutent environ 1,1% au taux de gain, ce qui rend la machine attractive. Quelques casinos proposent aussi des vidéo-pokers avec gain total raccordés à un jackpot progressif.

Conseils pour devenir un meilleur joueur de vidéo-poker

✔ **Jouez intelligemment** : apprenez à reconnaître les meilleures machines et à adopter la stratégie adaptée. Procéder autrement, c'est faire don au casino de votre argent durement gagné.

✔ **Recherchez les casinos compétitifs** : la plupart des établissements comprennent que les joueurs les plus assidus sont ceux qui connaissent des gains de temps en temps, et pour ce faire il faut que la table des gains soit totale. Contrairement aux machines à sous classiques qu'il est impossible de comparer en termes de retour d'argent, la table des gains des vidéo-pokers suffit à vous dire si la machine est valable ou non.

✔ **Fréquentez les meilleures heures** : les casinos français avec machines à sous sont nombreux… et avec vidéo-poker aussi. Mais c'est essentiellement le soir et le week-end qu'ils sont pris d'assaut. Soyez malin : allez-y plutôt l'après-midi en semaine si vous le pouvez, vous serez plus à même de choisir la machine qui vous convient le mieux.

✔ **Inscrivez-vous au club de clientèle du casino** : c'est une démarche qui vous dévoile en tant que joueur, mais les fichiers restent purement commerciaux, donc pas de panique, votre employeur ne saura jamais que vous êtes un drogué du jeu ! Les avantages réservés aux membres de ces clubs valent souvent le déplacement si on les exploite avec raison.

✔ **Gardez-vous de vous asservir** : les vidéo-pokers ne sont que des machines et le jeu sur les machines peut devenir asservissant. Apprenez à quitter la machine quand vous en avez envie et à pratiquer des activités de plein air, notamment du sport.

Six erreurs à éviter avec les vidéo-pokers

✔ **Jouer sur une machine que vous ne connaissez pas ou qui paie partiellement** : la plupart des joueurs ne s'intéressent absolument pas à la table des gains des machines. C'est évidemment un tort. À vous de vous montrer plus rusé. On voit souvent des joueurs qui s'acharnent sur des machines à faible gain alors qu'une machine à gain total est libre à côté d'eux… Quel gâchis !

✔ **Conserver trop de cartes** : c'est l'erreur la plus courante. En poker fermé classique, il peut vous arriver de garder un *kicker* (carte d'appoint). Par exemple, si votre petite paire est accompagnée d'un As, vous pouvez garder l'As en plus de la paire et demander deux cartes, car deux paires aux As constituent une très bonne main. Mais en vidéo-poker, deux paires paient la même somme quelle que soit leur hauteur. Garder un *kicker* à la paire augmente légèrement vos chances de faire double paire mais réduit celles de faire brelan, full ou carré. Donc avec une paire, ne gardez jamais de *kicker*. Avec un brelan, garder un *kicker* fait obtenir un peu plus souvent le full mais beaucoup moins le carré, donc ne gardez pas non plus de *kicker* avec le brelan. En plus, certains joueurs de vidéo-poker rechignent à retirer cinq cartes. C'est pourtant ce qu'il faut faire quand on ne possède aucune combinaison valable.

✔ **Jouer de l'argent que vous ne pouvez pas vous permettre de perdre** : c'est un des symptômes du jeu compulsif et il faut vous en garder. Ce n'est pas propre au vidéo-poker mais à tous les jeux. Ce n'est pas une raison pour ne pas le rappeler ici.

✔ **Vous fier à des superstitions ou des « signes du destin »** : ce n'est pas parce que vous avez eu trois fois de suite un tirage à quinte flush sans l'obtenir que vous allez bientôt toucher la quinte flush. Restez pragmatique : vous avez en face de vous une machine, un cerveau informatique programmé par l'homme et qui ne produit des cartes que sur un écran télé, à partir d'un générateur de nombres au hasard. Pas un dieu.

✔ **Suivre des conseils erronés** : certains joueurs de vidéo-poker pourront vous observer et vous dire que vous n'utilisez pas la bonne stratégie. Si vous suivez celle qui se trouve dans ce manuel, vous êtes dans la meilleure stratégie possible. Donc gardez-la. Méfiez-vous également des sites web et des « pages perso » qui peuvent contenir de mauvais conseils.

✔ **Ne pas optimiser votre jeu** : votre gain final sera évidemment réduit si vous simplifiez la stratégie de base. L'inverse est aussi dommageable : utiliser une stratégie trop détaillée peut être catastrophique car elle nécessite une concentration nettement plus forte pendant l'action, ce qui génère des erreurs. La stratégie que nous fournissons est celle qui vous convient, ni trop complexe ni trop simple. Elle vous garantit le meilleur gain sur le long terme.

Chapitre 12

Les World Series of Poker

Chaque année, pendant l'été (avant 2005, c'était en avril-mai), la crème des joueurs de poker du monde entier migre à grands flots vers Las Vegas pour le plus grand festival de poker de l'année, le plus prestigieux aussi. Jusqu'en 2003, c'est le Binion's Horseshoe, casino du quartier de Downtown, qui accueillait l'événement. Depuis 2004, le Binion's a cédé la licence au groupe Harrah's, et l'essentiel des tournois se déroule au casino Rio.

Les World Series of Poker se composent d'une série d'une quarantaine de tournois successifs, à raison d'un par jour. Chaque tournoi implique une cave (participation des joueurs à la dotation) comprise entre 1 500 et 10 000 dollars. La compétition démarre généralement à midi et s'arrête le plus souvent quand il ne reste qu'une ou deux tables. Puis il reprend le lendemain après-midi pour désigner le gagnant, au moment où le tournoi du lendemain a déjà commencé. Un peu moins de 10 % des joueurs sont récompensés en moyenne. On comprend que, dans ces conditions, les WSOP soient une véritable ruche qui ne connaît aucun repos : les salles de poker sont ouvertes 24 heures sur 24, car même quand le tournoi du jour est arrêté au petit matin, les joueurs de *cash games* sont encore là en grand nombre. Certains ne viennent d'ailleurs aux WSOP que pour jouer aux *cash games*, car la compétition ne les intéresse pas : ce qui les intéresse, ce sont les gains aux tables !

Un seul des tournois proposés est gratuit : le tournoi Press Invitational, réservé aux journalistes. Le clou du festival reste le tournoi final, le championnat du monde, dont la cave d'entrée est de 10 000 dollars. Il se dispute en Texas hold'em *no limit*.

Comment tout a commencé

Les World Series of Poker ont démarré en 1970. À l'époque, c'était un petit rassemblement de joueurs de poker professionnels invités par le propriétaire du Horseshoe, Benny Binion. Il était question à ce moment-là de taper le carton entre amis mais à des prix élevés. Pour cette première édition, il y a eu 38 participants, et le gagnant a été élu par ses pairs : Johnny Moss, le plus fameux de tous. Il a disparu en 1996.

Moss, le « Grand Old Man of Poker », est le modèle typique du flambeur itinérant, de cette race de grands joueurs professionnels générée par la prolifération des casinos et des clubs de poker. En 1949, pourtant, le Nevada était le seul État des États-Unis à avoir légalisé le jeu. À cette période, un autre flambeur de légende, Nick « The Greek » Dandalos, a demandé à Benny Binion de lui trouver un adversaire à sa taille pour un duel historique. Nick n'était pas n'importe qui : pro du jeu, du poker précisément, il avait déjà vaincu les plus grands de la côte est, dont le truand Arnold Rothstein. Il voulait affronter un très bon joueur en tête à tête moyennant des mises importantes. Binion a été d'accord pour héberger la partie. Il a appelé immédiatement John Moss, qui a sauté dans le premier avion (à hélices) de Dallas vers Las Vegas, a pris un taxi pour le Binion's Horseshoe et s'est assis encore haletant à la table de Binion pour ce tête-à-tête avec Dandalos.

Binion avait le sens de la publicité. Il avait installé la table de tournoi à côté de l'entrée du casino, et les visiteurs, intrigués par la plus grande partie de poker que la ville ait jamais connue, s'y massaient pour observer. La confrontation entre les deux pros a ainsi duré... cinq mois, ponctuée de temps de repos tous les quatre jours pour dormir. Au bout de cinq mois, Nick the Greek s'est levé, a souri et a dit : « Monsieur Moss, je dois maintenant vous libérer. » Et Moss est reparti avec ses gains, deux millions de dollars, somme pharamineuse pour l'époque.

1970 : Les premières WSOP

En 1970, Binion a décidé de faire revivre la magie de 1949. Il caressait ce projet depuis plusieurs années mais ne l'avait jamais réalisé. Cette fois, il était prêt. Le concept aussi : il s'agissait de faire jouer les plus grands professionnels en public. Ils l'ont fait en employant cinq variantes différentes, sorte de pentathlon du poker. Et Moss les a tous gagnés, prouvant que vingt et un ans après son exploit, il était resté le « patron ».

Le plus fort est que Moss a aussi remporté les WSOP l'année suivante, en 1971. Cette fois, le tournoi était formé d'une seule variante, le hold'em *no limit*. Seuls ont pu participer les pros et ceux qui pouvaient se permettre de payer les 10 000 dollars de *buy-in*, somme énorme pour l'époque. Il n'y a eu que six participants. L'année suivante, en 1972, c'est le Texan « Amarillo » Slim qui l'a gagné contre « Puggy » Pearson ; en 1973, le titre est revenu à « Puggy » Pearson contre John Moss qui frôla le triplé ; et Moss a réussi à s'arroger à nouveau le titre en 1974, contre Addington, battant 16 joueurs, ce qui a conforté sa domination et sa légende.

Depuis leurs débuts relativement modestes, les World Series of Poker se sont développées en permanence. Depuis les cinq tournois de 1970, devenus un seul en 1971, elles se sont étoffées pour devenir un véritable festival qui comporte une quarantaine de tournois et s'étale sur un mois et demi, ce qui est unique dans le circuit.

À partir de 1991, le championnat du monde était le seul tournoi au monde à payer son vainqueur un million de dollars. En 1997, le gagnant, Stu Ungar, est entré dans l'histoire en remportant son troisième titre, après ses succès de 1980 et 1981. Par sa réussite et son charisme, ce joueur maudit est probablement le plus légendaire du monde du poker, d'autant qu'il est mort l'année suivante.

À partir de 2003, le nombre de participants a bondi de 631 à 839 grâce à un nouveau protagoniste : Internet. Les sites de poker en ligne ont créé des satellites (tournois qualificatifs) par centaines qui ont permis à de nombreux joueurs venus du monde entier de se qualifier pour le *big one*, moyennant un prix de base dérisoire. La tendance s'est accentuée l'année suivante, où le championnat du monde a réuni... 2 576 concurrents, obligeant pour la première fois à organiser la première journée éliminatoire du tournoi sur deux jours, chacun faisant jouer la moitié des concurrents. En 2005, il en a réuni 5 619, pour une capacité globale de 6 600. Il y a fort à parier que, si la cave d'entrée n'augmente pas, le nombre de participants continuera son ascension infernale.

Les records tombent d'année en année. Chaque gagnant d'un tournoi WSOP remporte un bracelet en or. En 2005, seuls deux joueurs en ont gagné dix en tout : Doyle Brunson et Johnny Chan, par ailleurs doubles champions du monde tous les deux. Phil Hellmuth les talonne avec neuf bracelets. Voici le palmarès complet du championnat du monde WSOP :

Tableau 12-1 : Palmarès complet du championnat du monde WSOP.

Année	Vainqueur	Prix ($)	Participants
1970	Johnny Moss	élu	38
1971	Johnny Moss	30 000	6
1972	Amarillo Slim	80 000	8

Année	Vainqueur	Prix ($)	Participants
1973	Puggy Pearson	130 000	13
1974	Johnny Moss	160 000	16
1975	Sailor Roberts	210 000	21
1976	Doyle Brunson	220 000	22
1977	Doyle Brunson	340 000	34
1978	Bobby Baldwin	210 000	42
1979	Hal Fowler	270 000	54
1980	Stu Ungar	385 000	73
1981	Stu Ungar	375 000	75
1982	Jack Straus	520 000	104
1983	Tom Mc Evoy	540 000	108
1984	Jack keller	660 000	132
1985	Bill Smith	700 000	140
1986	Berry Johnston	570 000	141
1987	Johnny Chan	655 000	152
1988	Johnny Chan	700 000	167
1989	Phil Hellmuth	755 000	178
1990	Mansour Matloubi	895 000	194
1991	Brad Daugherty	1 000 000	215
1992	Hamid Dastmalchi	1 000 000	201
1993	Jim Betchel	1 000 000	220
1994	Russ Hamilton	1 000 000	268
1995	Dan Harrington	1 000 000	273
1996	Huck Seed	1 000 000	295
1997	Stu Ungar	1 000 000	312
1998	Scotty Nguyen	1 000 000	350
1999	Noel Furlong	1 000 000	393
2000	Chris Ferguson	1 500 000	512

Année	Vainqueur	Prix ($)	Participants
2001	Carlos Mortensen	1 500 000	613
2002	Robert Varkonyi	2 000 000	631
2003	Chris Moneymaker	2 500 000	839
2004	Greg Raymer	5 000 000	2576
2005	Joseph Hachem	7 500 000	5619

Mises d'enfer à Glitter Gulch

Si les World Series ont grandi par bonds successifs, ce fut aussi le cas du Binion's, de même que le Glitter Gulch de Downtown.

Deux grands quartiers de casinos se font la guerre : Downtown, le quartier historique, et le Strip, ce grand boulevard filant vers le Sud, vers l'aéroport La Guardia, le long duquel se sont construits les casinos les plus fous du monde : Bellagio, Stratosphere, Mirage, Caesar's, etc.

Alors que le Horseshoe était un petit casino mal éclairé, mal insonorisé et étroit, il s'est agrandi au fil des années pour devenir un véritable établissement de grande classe. Il l'a fait en rachetant les casinos qui l'entouraient, y compris le Mint Hotel, jusqu'à occuper la totalité du pâté de maisons où il se trouve.

Las Vegas, au cours des années 1990, a amorcé un virage vers les activités enfantines et familiales en ouvrant des parcs de loisirs. Downtown et le Horseshoe, eux, sont restés attachés au jeu adulte, au jeu d'argent pur sucre. On a coutume de dire que les « vrais » joueurs vont à Downtown et que les mères de famille vont sur le Strip.

La communauté des casinos de Downtown a aussi mieux lutté contre la concurrence du Strip grâce à la Fremont Street Experience, une voûte lumineuse animée, unique au monde, qui recouvre la rue principale et qui est une des grandes attractions de la ville depuis 1995, unique au monde. La nuit, plus de deux millions d'ampoules spéciales contrôlées par 121 ordinateurs et 208 haut-parleurs se mettent à clignoter pour former un véritable court-métrage projeté plusieurs fois chaque soir.

En 2004, le Binion's Horseshoe a dû fermer à cause de difficultés de gestion. Il a été racheté par Harrah's, un des principaux groupes de casinos.

Comment s'offrir à bon prix les tournois des grands joueurs

Quand le jeu s'est étendu dans les années 1960 à la côte est à Atlantic City, dans le Connecticut, ou dans le Mississippi et dans le centre-ouest, Las Vegas a dû réagir. La « ville qui ne dort jamais » a appris peu à peu à se réinventer elle-même. Les World Series of Poker en sont un exemple parmi d'autres. Le tournoi phare du festival était restreint à l'entrée puisqu'on devait être professionnel pour y participer, condition qui a vite été supprimée. La démocratisation est arrivée dans les années 1980 avec l'avènement du principe des satellites (voir chapitre 10). Les satellites donnent à chacun la possibilité de participer à un gros tournoi en mettant en jeu une somme modeste.

C'est Tom McEvoy qui a prouvé le premier qu'il était possible, en participant à un supersatellite à 220 dollars, de se qualifier pour le championnat du monde à 10 000 dollars de 1983… et même de le gagner, ce qui lui a valu 540 000 dollars ! Non seulement cet ancien comptable a remporté le titre, mais son adversaire final, Rod Peate, était lui aussi issu des qualifications. Le champion du monde 1972, Amarillo Slim, a dit une phrase devenue célèbre : « Passer par le satellite, c'est transformer un cure-dents en forêt. » Depuis, les choses n'ont fait que croître et embellir puisque le Champion du monde 2004, Chris Moneymaker, était issu d'un satellite sur Internet qui lui avait coûté… une quarantaine de dollars, pour un gain de 2,5 millions de dollars !

Les tournois ne sont pas tout : des *cash games* se déroulent non-stop et brassent eux aussi énormément d'argent. Les parties à limites fixes 400-800 dollars sont monnaie courante. Pendant les WSOP règne dans les salles de poker du Rio un brouhaha continu de jetons qui s'entrechoquent, de cris d'enthousiasme ou de dépit, de cartes qu'on mélange, de chaises qu'on traîne sur le sol… Nombre de participants aux WSOP préparent leur budget tout au long de l'année pour ce grand rendez-vous et jouent souvent beaucoup plus cher que dans leurs parties habituelles. Il faut dire que, quand vous êtes un amoureux du poker qui vient de se faire éliminer du tournoi dans lequel vous étiez engagé, qu'est-ce que vous allez faire avant le tournoi du lendemain ? Participer à des *cash games*, bien sûr…

Le Texas hold'em no limit, la Cadillac du poker

Le Texas hold'em *no limit* était un véritable dinosaure avant d'être popularisé par les WSOP. C'est typiquement le poker des gros joueurs du Sud, de la trempe de Johnny Moss. La plupart des joueurs préfèrent le hold'em, mais, aux États-Unis, c'est encore la structure à limites fixes qui prédomine parce qu'elle permet au moins de ne pas se ruiner en cas de bad beat, c'est-à-dire quand on possède une très forte main qui se révèle battue par une autre.

Avec l'avènement du jeu sur Internet, le hold'em *no limit* a beaucoup gagné en popularité depuis le début du XXIe siècle. La jeune garde qui constitue le gros des clients *online* est friande de ce poker-là. Il devrait logiquement supplanter la plupart des autres pokers dans les années à venir, et il n'y aurait rien d'étonnant à ce que le hold'em *no limit* représente 70 % des parties jouées en 2020 – sauf si un nouveau poker apparaît d'ici là…

Le hold'em *no limit* se distingue du hold'em à limites fixes sur un seul point : le joueur peut miser tous ses jetons à n'importe quel moment. C'est ce qu'on appelle faire *all-in*. En tournoi, si vous ouvrez de 100 euros au flop et si un joueur relance all-in, trois cas de figure se présentent :

- ✔ soit vous décidez de passer et vous jetez vos cartes ;
- ✔ soit votre tapis est supérieur au sien et vous payez sa relance ;
- ✔ soit votre tapis est inférieur au sien et vous le suivez *all-in*.

Le hold'em *no limit* est comme le jeu du chat et de la souris : chaque joueur essaie le plus tôt possible dans le tournoi d'encaisser le tapis adverse. Pour y exceller, il faut être patient, agressif, culotté, savoir monter des bluffs intelligents, avoir des nerfs d'acier et décrypter l'adversaire sans se tromper.

Supposons que le pot contienne 500 euros et que votre adversaire ouvre à 2 000. Qu'est-ce que cela signifie ? On est forcément dans un autre monde que dans le hold'em à limites fixes où on calcule sans cesse la cote. Il semble a priori que miser 2 000 euros sur un pot de 500 est surdimensionné, mais la manœuvre est plus subtile : elle vise à encaisser tout de suite le pot en vous faisant quitter le coup. Ou encore, elle vise à augmenter le pot fortement pour vous dire : « Suis-moi donc si tu es un homme, et tu verras ce qui t'arrivera. » Il y a toujours cette ambivalence dans le jeu du hold'em *no limit*. C'est pourquoi les grands joueurs de *no limit* ont l'habitude de dire que pour gagner, il faut plus de c… (disons « courage ») que de capacité à calculer les cotes, qui est plutôt l'apanage du hold'em à limites fixes.

En *no limit*, tout le monde essaie de voler le pot et vous ne gagnerez jamais à long terme si vous ne le faites pas. Mais les meilleurs le font de façon très adroite. Les moins bons, eux, s'y prennent mal et se font battre à un moment ou à un autre, ce qui se traduit immédiatement par la perte de leur tapis total.

Entre le jeu à limites fixes et le jeu en *no limit*, on peut volontiers avoir l'impression de pratiquer un autre jeu que le poker, alors que, dans les deux cas, c'est bien de poker qu'il s'agit. Mais :

- ✔ en limites fixes, ce sont les capacités de calcul des cotes qui sont le plus utilisées ; les erreurs ne coûtent qu'une seule enchère de plus.

- ✔ en *no limit*, ce sont les capacités de bluff et d'intimidation qui sont le plus utilisées. En *no limit*, on voit beaucoup moins de flops et les joueurs sont beaucoup moins nombreux sur les coups, justement parce que ça coûte trop cher de suivre aveuglément. Les erreurs coûtent souvent la totalité du tapis.

Dans le championnat du monde, même s'il demeure que le gagnant reste un joueur qui aura eu plus de chance que la moyenne, ce sera aussi quelqu'un qui aura commis le minimum d'erreurs pendant ses six jours de tournoi. Rappelons-nous ce que dit T.J. Cloutier, un grand champion : les deux qualités communes aux meilleurs, c'est la concentration et la capacité à « lire » les adversaires.

Deux tournois en direct

De tous les tournois des World Series of Poker, c'est évidemment le dernier, le championnat du monde, qui attire le plus les foules. Les années 1997 et 1998 ont été particulièrement fertiles en événements. Nous allons les suivre maintenant : d'abord l'histoire d'un come-back impensable qui s'est changé en adieu, puis une success story typiquement américaine.

Stu Ungar : le retour du « Kid » (1997)

Les 312 inscrits comportaient une douzaine d'anciens champions du monde en 1997 dans le championnat du monde WSOP. Parmi eux : Doyle Brunson, Johnny Chan, Stu Ungar et Huck Seed, le tenant du titre de 27 ans. Mais la différence, c'est que les trois premiers ont déjà été couronnés deux fois. L'histoire de Huck n'est pas courante : élève ingénieur à Cal Tech, il avait décidé de prendre une année sabbatique pour jouer au poker… et il n'est plus jamais retourné à l'école. À la place, il est devenu joueur de poker professionnel, ce qu'il est encore aujourd'hui.

Quand le Norvégien Tormod Roren s'est fait éliminer le soir du troisième jour de la compétition, il ne restait plus que six concurrents. Ils se sont donné rendez-vous le lendemain pour disputer la grande finale. Exceptionnellement, elle a eu lieu en plein air, devant le Horseshoe, sous la Fremont Street Experience. Des gradins avaient été installés en plein soleil pour accueillir le public. Une retransmission en direct sur écran géant avait été édifiée dans la rue.

Les six concurrents pour le plus grand prix de poker du monde ont pris place autour de la table peu après dix heures du matin. C'était un jeudi. Gabe Kaplan, présentateur à la chaîne ESPN, a mené une mini-interview auprès des six finalistes :

✔ Peter Bao a le tapis le plus petit. Il est étudiant de 26 ans en informatique et a déménagé de son Vietnam natal en 1988 pour venir aux États-Unis.

✔ John Strzemp, président du Treasure Island Hotel & Casino de Las Vegas, ne participe qu'occasionnellement à des tournois de poker et n'a jamais terminé dans les points aux WSOP avant cette année.

✔ Mel Judah, fin joueur de tournoi londonien de 49 ans, est réputé dans le milieu. Son palmarès montre qu'il a terminé 15 fois dans les points à des tournois WSOP.

✔ Bob Walker est un ancien professeur de mathématiques, comme Judah, devenu professionnel du poker. À l'en croire, Bob est meilleur en cash games, et c'est la première fois qu'il entre dans un tournoi important.

✔ Ron Stanley, 44 ans, a revêtu pour l'occasion un smoking et une casquette de base-ball noire et blanche. C'est un pro de Las Vegas qui a déjà accumulé 326 000 dollars de gains aux WSOP.

✔ Stu Ungar, enfin, était appelé autrefois « The Kid » à cause de son apparence juvénile. Il a étonné le monde du poker de haut niveau en 1980 et 1981 en remportant deux fois de suite le championnat du monde, à seulement 27 ans. Ancien professionnel de gin-rummy, il s'est spécialisé dans le poker et a remporté dix victoires en trente participations aux grands tournois. Flambeur invétéré, il sort d'une traversée du désert tant du point de vue de sa santé que de l'abus de drogues. Son come-back au meilleur niveau est la grande surprise de ces WSOP.

La sagesse habituelle veut que le *chip leader* laisse tranquillement ses adversaires s'entre-éliminer, et ne participe à aucun coup ou presque. Stu Ungar est largement dans cette position puisqu'il a 400 000 dollars de plus que le deuxième, Ron Stanley. Mais une telle attitude aurait été contraire à sa réputation. Il s'est donc concentré sur deux types d'actions : agression immédiate dans les situations les plus adéquates et lecture implacable des concurrents, qui lui apprend souvent quelles cartes l'adversaire possède. Quand Ungar est dans sa meilleure forme, les adversaires ont vraiment l'impression qu'ils jouent à cartes découvertes, ce qui les met extrêmement mal à l'aise. C'est sans doute l'arme la plus puissante de ce joueur.

Ungar attaque donc tôt et souvent. Ses adversaires ne peuvent que jeter leurs cartes. Le jeu en tournoi diffère du jeu en *cash games* d'une manière décisive : ce que vous misez dans un tournoi n'a rien à voir avec votre part du gâteau final. Pour Ungar, avec son gros tapis de *chip leader*, une mise de 20 k$ représente environ 2 % de sa richesse ; mais, pour Bao, la même somme représente une proportion dix fois plus importante !

Personne ne veut évidemment être le premier éliminé. Le sixième recevra 127 200 dollars, un beau chiffre, mais nettement moins attractif que le gain du cinquième, 162 120 dollars. La quatrième place paie 212 000 dollars, la troisième 371 000, la deuxième 583 000 et la première, le fameux million. À chaque carrefour de cette route menant à la victoire, il faut choisir la bonne voie car une seule mène à la première place.

Ungar relance donc à tout va. Il s'offre même le luxe de le faire sur sept coups consécutifs... et personne ne le suit, à aucun moment. Est-ce qu'il bluffe ? Évidemment – en tout cas, un minimum, du moins on peut le croire. Tout le monde le sait. Mais personne ne sait *à quel moment*. En plus, chaque concurrent attend qu'un autre tombe dans la gueule du loup pour grimper d'une place sans bourse délier ni prendre de risques. Peine perdue, tous se tiennent cois.

La maîtrise de la table dont fait preuve Ungar est presque palpable. C'est un requin lâché au milieu d'un banc de sardines, excité par l'odeur affriolante du sang. Finalement, Bao succombe le premier, abattu non par Ungar mais par Judah.

Vers 13 h 30, Ungar a plus de jetons que ses quatre adversaires réunis. Son plus dur attaquant est Ron Stanley, assis à la deuxième place. Mais cinq minutes après, un événement incroyable se produit. Stanley relance Strzemp, qui paie *all-in*. Stanley a les Rois et Strzemp, les Dix. Le flop n'apporte rien et Stanley est hyperfavori pour gagner le coup. Mais la *turn* libère Strzemp, lui offrant le Dix tant espéré du brelan et de la victoire ; la river est quelconque. Quand Judah précise qu'il avait jeté un Dix, Stanley comprend qu'il vient de profiter de ce qu'on a coutume d'appeler un *bad beat*, c'est-à-dire un sale coup où l'adversaire a très peu de probabilités de perdre. Seule une carte – le quatrième Dix – pouvait sauver Strzemp, et il est tombé à la *turn*. Un vrai miracle à 22 contre 1 !

Vers 14 h, Ungar possède 60 % des jetons de la table. Pourtant, il ne relâche en rien ses attaques. Aucun de ses adversaires n'a envie de partir en cinquième place, d'autant que la quatrième paie 50 000 dollars de plus. Donc la pression exercée par le double champion du monde paralyse le camp adverse. Un quart d'heure plus tard, c'est au tour de Bob Walker de sortir : il a un double tirage à quinte/couleur au flop contre une humble paire de Deux chez Mel Judah. Malgré toute attente, la paire tient jusqu'au bout. Rappelons que techniquement, au flop, une paire de Deux n'est plus qu'à 45/55 contre un tirage à couleur.

Un peu plus tard, Ungar bluffe Stanley sur un pot à 200 000 dollars, preuve à l'appui quand il retourne dédaigneusement ses deux cartes qui n'ont aucune valeur. Ce coup, ajouté à celui du bad beat administré par Strzemp auparavant, désarçonne Stanley au point qu'il se laisse embarquer dans un coup équivoque contre son bourreau, Strzemp encore, qui fait full. Exit Stanley en quatrième position.

Il reste trois hommes maintenant à se disputer le championnat du monde de poker 1997. Mais l'affaire à trois ne dure qu'un court instant, quand Judah se casse les dents sur un coup malheureux contre Ungar.

Le tête-à-tête tant attendu va enfin commencer, entre Ungar et Strzemp. Pendant la pause, Jack Binion, accompagné de huit vigiles costauds, apporte le million traditionnel en liasses de billets de 100 et les étale sur la table. Puis le jeu reprend et dix minutes après, Strzemp fait *all-in*. Ungar se met à réfléchir pendant un temps qui paraît excessivement long. Ses doigts tripotent des piles de jetons frénétiquement. Il jette de temps en temps un coup d'œil furtif à son adversaire, par-dessus ses lunettes fumées bleues, essayant de « lire » le maximum d'éléments possible, de saisir le moindre indice qui lui signifierait quelque chose. Soudain, il se lève et pousse tous ses jetons au milieu de la table. Les deux joueurs retournent leur main : A-4 pour Ungar, A-8 pour son adversaire.

Le donneur retourne le flop : A-3-5. Chaque joueur a une paire d'As, mais Strzemp garde un avantage de 65 % même si Ungar a maintenant quatre *outs* de plus : un Deux qui lui ferait quinte. La turn est tombée : un autre Trois, qui n'a rien changé car Strzemp a alors A-A-3-3-8 contre A-A-3-3-4.

Tout le monde connaît à peu près les cotes. Si la dernière carte est un Cinq, un Six, un Sept ou un Huit, Strzemp gagne le pot. Si c'est un Trois, un Neuf ou plus, il y a égalité. Mais si c'était un Deux ou un Quatre, Ungar gagne ; dans le premier cas, en faisant quinte ; dans le deuxième, en faisant deux paires As-Quatre.

La *river* tombe : un Deux. Le Deux de la victoire pour Ungar. Le Deux de la troisième victoire suprême. Et Stu Ungar, 43 ans, qui a déjà remporté par deux fois le championnat du monde, en 1980 et 1981, que plus personne n'appelait « The Kid » depuis longtemps, égale le record de John Moss – le dépasse même car il a vaincu davantage de joueurs pour les obtenir et, en plus, il est revenu de l'enfer seize ans après sa dernière victoire pour montrer qui était le « patron ».

Mais l'immense gloire d'Ungar a été de courte durée. Car il s'est à nouveau enfoncé dans sa vie d'excès. L'homme qui aurait été reconnu comme le plus grand joueur de gin rummy de tous les temps, et probablement même comme le plus grand joueur de poker no-limit de tous les temps, cet homme béni des dieux du jeu sera retrouvé mort dans sa chambre d'hôtel à Las Vegas le 22 novembre 1998. Trop de drogues, trop de problèmes de santé auront eu raison de lui, et celui qui était un génie ne fera plus jamais son come-back.

En juin 2003, un film relatant l'histoire du champion inclassable est sorti aux États-Unis sous le titre *Stuey*, renommé plus tard *High Roller*. Il n'est jamais sorti en France. En juin 2005, une biographie est sortie sur le personnage, intitulée *One of a kind*.

Une anecdote sur Stu Ungar

Stu Ungar a toujours fait plus jeune qu'il n'était en réalité. Il mesurait 1,63 m et pesait dans les 50 kilos. Un jour, il est allé au bar du casino où il jouait pour commander une boisson. Sceptique sur l'âge de son client, le barman lui a demandé de prouver qu'il avait l'âge requis pour consommer de l'alcool. Comme il refusait de répondre, il n'a pas pu avoir de drink. Mais comme cela ne le satisfaisait pas, Ungar a essayé un autre moyen. Il a sorti de sa poche ce qu'il avait en jetons de 1 000 dollars et en a fait deux piles sur le bar. Il y en avait pour à peu près 20 000 dollars. Il s'est écrié :

– Bon, alors maintenant dites-moi quel mineur peut se balader avec autant de pognon dans les poches !

Le barman a regardé les jetons d'un œil dubitatif, puis a dit :

– Ok, vous avez marqué un point. Alors qu'est-ce que je vous sers ?

Scotty Nguyen ou le rêve américain

Pour gagner le championnat du monde WSOP 1998, Scotty Nguyen, un joueur professionnel qui avait l'habitude de faire des étincelles aux tables les plus chères de Las Vegas, a dû venir à bout de 350 concurrents. Chacun d'eux avait payé ses 10 000 dollars pour participer, et le premier était assuré de repartir avec le fameux million. Scotty était déjà arrivé troisième du hold'em *no limit* WSOP à 2 000 dollars cette année-là, et il avait déclaré : « Vous me verrez à d'autres tables finales cette année… » Personne n'aurait imaginé que ce serait dans le tournoi le plus prisé !

Au moment où il est venu à bout de son dernier adversaire, Kevin McBride, après trois heures et demie de duel, Nguyen – dont le surnom est « The Prince » – est devenu… le roi.

Mais sa vie n'a pas été que paillettes, pluie de dollars et filles sexy. Nous voici en 1979, et le jeune Thuan Nguyen (17 ans) essaie de quitter la zone des combats vietnamienne avec son frère. Cette décision de s'évader a été autrement plus risquée que de faire *all-in* dans le tournoi à 10 000 dollars et elle a failli coûter la vie à l'un des deux frères. Il raconte cet épisode douloureux où, au milieu de l'océan, l'embarcation où il se trouvait a fini par manquer de carburant, comment il a dû aider son frère agonisant à se nourrir… et comment il lui a finalement sauvé la vie.

Le miracle a eu lieu en mer. Les enfants ont été recueillis par un bateau taïwanais et placés dans un camp de réfugiés. Ils ont finalement reçu l'aide d'un parrain qui leur a permis d'entrer aux États-Unis. Après une année passée à Chicago, ville que le jeune Thuan trouvait trop froide à son goût, Nguyen a déménagé dans le comté d'Orange, en Californie, au centre de l'immigration vietnamienne de la côte ouest.

À 19 ans, Nguyen réussit son diplôme de la Costa Mesa High School, puis avec des copains décide d'aller faire un tour à Las Vegas, sur un coup de tête. Arrivé sur place, Nguyen s'est épris de cette ville surréaliste et a décidé d'y rester. Sans perdre une minute, il est entré dans le premier restaurant et a dit au directeur : « J'ai besoin de travailler. Je ferai n'importe quoi. »

Comme le directeur lui demandait de commencer le lendemain, il n'a même pas pris la peine de récupérer ses affaires, qui lui ont été envoyées plus tard. Il s'est trouvé une chambre à Las Vegas – pas le Ritz évidemment, mais c'était suffisant. Le seul problème, c'est qu'ils étaient entre cinq et sept personnes dedans ! Il a emprunté des vêtements, a dormi sur le sol, puis sur un canapé qui a eu la fâcheuse idée de se casser en deux après un an. Un début des plus difficiles à coup sûr, mais c'est ainsi que commencent tous les rêves à l'américaine. C'est pendant cette période de serveur de restaurant et de bris de canapés qu'il est devenu « Scotty ». C'est le surnom que lui a donné son directeur, qui ne se souvenait jamais du vrai nom de Nguyen, lequel aimait ce nom : Scotty sonnait bien à l'oreille, et il n'en a finalement jamais changé.

Dans ses moments perdus, Scotty étudiait le poker. Il a lu des livres et a observé pendant des heures des parties quand il allait au Stardust. C'est à ce moment-là qu'il a loué un véritable appartement, tout en trouvant que sa carrière de serveur le limitait dans ses choix. Voyant son amour pour le poker grandir de jour en jour, il s'est inscrit dans une école de donneur de cartes. En 1983, à 25 ans, il est devenu donneur accrédité.

L'homme a étudié le poker en donnant les cartes dans de très grosses parties au Stardust. Comme il notait au fur et à mesure les erreurs que les joueurs commettaient, il a décidé un beau jour de quitter son travail pour s'essayer au poker à plein temps. Il reconnaît qu'il s'est mis à gagner dès le départ. Il jouait tous les jours. Il a gagné un gros tournoi mais n'est pas arrivé à renouveler l'exploit. Joueur dans le sang, il dilapidait ses gains sur les tables de craps quand il n'en faisait pas cadeau autour de lui. En 1988, Nguyen s'est trouvé sans argent et a dû reprendre un travail de donneur de cartes, au Golden Nugget.

Cette fois, c'est un autre grand jeu qui attendait Nguyen, sous le doux nom de Dawn. « La première fois que j'ai posé mes yeux sur elle, j'en suis tombé amoureux », dit-il. Le sentiment était mutuel. L'amour s'est noué, le couple s'est marié et les enfants sont nés : Anthony, Britney, Courtney et Jade.

Mais on n'échappe pas à son destin, et celui de Nguyen était d'aller sur les tapis verts. Il y a gagné, il y a perdu, Dawn lui a prêté de l'argent, des amis aussi : on avait confiance en lui et lui-même avait aussi confiance. Il avait conquis tellement plus que l'argent en venant aux États-Unis qu'il était déterminé à ne pas rater le coche cette fois-ci. Il a donc travaillé sur le poker, travaillé comme un acharné. Il l'a longuement étudié. Il a persévéré. Son jeu s'est amélioré. Ses résultats aussi. Jour après jour, il gagnait de plus en plus souvent, jusqu'à ce qu'il devienne un gagnant sur le long terme.

Puis Scotty a commencé à s'inscrire dans de petits tournois. En 1995, il s'est classé dans son premier tournoi WSOP, quand il a terminé 13e d'un hold'em *limit* à 2 500 dollars. L'année suivante, il a remporté deux tournois au Queens Poker Classic, où il a eu droit au surnom de « Prince » donné par un employé.

Ce sobriquet lui a plu immédiatement car il lui a semblé d'un coup qu'il faisait partie de l'aristocratie du poker. Mais cela n'a pas été simple pour lui puisqu'il n'a jamais fait partie d'une quelconque noblesse. Le tournoi le plus noble était de toute façon le championnat du monde WSOP, avec 10 000 dollars de droit d'entrée. Même pour quelqu'un qui a échappé de peu à la mort à 17 ans au milieu de l'océan, pour quelqu'un qui a été serveur de restaurant pendant plusieurs années, y participer restait un exploit en soi. Alors terminer dans les points, vous pensez ! Pourtant il devait reconnaître que, si la vie de joueur professionnel n'était pas rose tous les jours, elle était sûrement plus dure que celle de serveur de restaurant mais elle avait l'avantage de connaître certains moments d'euphorie, comme des victoires en tournoi qui sont autant de portes ouvertes vers une vie meilleure.

La lutte à mort pour s'en sortir est probablement la caractéristique première de l'immigrant. C'est l'énergie qui fait déplacer des montagnes à ceux qui ont du talent ou des idées. À l'époque, le championnat était un marathon de quatre jours (il en dure aujourd'hui six). 350 joueurs se sont inscrits en 1998, dont Nguyen. Au début du dernier jour, il restait encore cinq concurrents, et Nguyen en faisait partie. Et en plus il était chip leader. Les tapis étaient les suivants :

- Scotty Nguyen : 1 184 000
- Kevin McBride : 873 000
- T. J. Cloutier : 829 000
- Dewey Weum : 376 000
- Lee Salem : 240 000

Weum était un vétéran venu de Monona (Wisconsin) et Salem venait de San Diego. Ils ont été éliminés dès les deux premières heures. Cloutier, un ancien joueur professionnel de football américain, véritable colosse, comptait parmi les plus redoutables du circuit. Il s'était classé plusieurs fois dans le championnat. Au 157e coup, McBride a relancé à 40 000 dollars. Cloutier l'a sur-relancé à 120 000 et McBride a collé. Le flop : 4-5-7 dont deux piques.

Cloutier a ouvert *all-in* à 400 000. McBride, après un moment d'hésitation, a payé. Comme Cloutier était *all-in*, les cartes ont été retournées : Cloutier avait K-Q dépareillés et McBride, étonnamment, avait J-9 à pique pour un tirage à couleur. La turn tombe : un Valet, donnant une paire à McBride. Mais Cloutier pouvait encore compter sur une Dame ou un Roi pour le battre. Hélas, la *river* n'a été qu'un Deux de cœur, et l'ex-sportif a été éliminé.

Le duel s'est donc amorcé entre un McBride *chip leader* possédant 2 207 000 dollars et Scooty, garni de 1 293 000 dollars. C'était un rapport 2/3-1/3. Scotty partait *outsider*, mais il avait l'avantage de l'expérience des gros tournois. McBride aussi était un joueur qui s'était fait tout seul, comme Scotty, mais son expérience était nettement moins étoffée. Pour entrer dans le *Big One*, il avait dû remporter un satellite à 200 dollars.

Scotty, comme la plupart des grands professionnels du poker, a la réputation d'être considérablement agressif. Mais ce duel final a plutôt ressemblé à un match d'échecs de très haut niveau. J'avance une pièce, tu la prends, tu avances une pièce, je la prends, etc. La partie a été une série d'avancées et de reculades successives entre les deux hommes. Ils ont joué au chat et à la souris comme ça pendant près de… quatre heures ! C'est probablement l'un des matchs en tête à tête les plus longs de l'histoire des WSOP. Pas à pas, pourtant, Nguyen a grapillé du terrain sur son adversaire. Il a même réussi à renverser la vapeur, à passer *chip leader*, et c'était le but recherché. Au 184ᵉ coup cependant, un Trois de pique apparemment inoffensif a donné un full à McBride et lui a permis de revenir à 1,9 million contre 1,6 pour Nguyen.

Seize coups plus tard, Nguyen reprend le leadership, en possédant 2,5 millions contre 1 million. Mais McBride est un combattant et il n'a pas dit son dernier mot. Au 251ᵉ coup, les deux joueurs suivent. Le flop est le suivant :

Figure 12-1 :
Le flop est le suivant.

Scotty mise 30 K et McBride paie. La *turn* est le Quatre de pique, donnant une paire au tableau. Scotty ouvre de 40 K, suivi par McBride. La dernière carte est un Neuf, qui donne le tableau suivant :

Figure 12-2 :
Ma dernière carte est le 9.

Quand Scotty ouvre de 200 K, McBride relance à 386 K, _all-in_. Puis il se lève immédiatement et quitte la salle. Il revient cinq minutes plus tard.

« C'est fini si je t'ai bien analysé », dit Scotty. Mais il l'a mal analysé, en fait : McBride a 4-5 en main pour un brelan bien camouflé. Pourtant, Scotty n'est pas mauvais de son côté, avec A-Q dépareillés.

À partir de là, Scotty a serré considérablement le jeu et n'a plus commis la moindre erreur. Au lieu de se voir battu, il a lutté pied à pied, au point qu'il est remonté à 2,9 millions contre 600 K.

Au 268e coup, aux _blinds_ de 25 K-50 K (une hauteur de _blinds_ qui est illustre bien la longueur exceptionnelle de ce duel d'anthologie), McBride a relancé de 50 K avant le flop et Nguyen a payé. Le flop a été le suivant :

Figure 12-3 :
Le flop a été le suivant.

Scotty _checke_ et McBride ouvre à 100 K, suivi par Scotty. La carte suivante est le Huit de cœur, donnant deux paires au tableau. Nguyen checke, et McBride ouvre à 100 K. Scotty suit. Quand le Huit de pique tombe à la _river_, le tableau est le suivant :

Figure 12-4 :
Le tableau est le suivant.

D'emblée Scotty ouvre _all-in_, en disant : « Si tu suis, tout sera fini pour toi. »

Kevin McBride indiquera ensuite que le commentaire de Scotty n'avait qu'un but : le pousser à payer.

La main de McBride est composée de Q-10 à cœur. Il n'est donc resté à la _turn_ que pour tenter une couleur ou une quinte ventrale, éventuellement deux paires Valets-Neuf ou Dames-Neuf. Mais l'apparition finale et inattendue d'un full au tableau, suivie de l'ouverture _all-in_ de Nguyen le mettent dans l'embarras. Il possède maintenant un full, donc il joue avec le tableau… sans aucune aide de ses deux cartes privatives. Nguyen le bat dans trois cas de figure : s'il a une paire en main supérieure au Neuf ; s'il a un Neuf en main, qui lui donne un full aux Neuf ; s'il a un Huit en main, qui lui donne carré. McBride, après réflexion, paie son adversaire en disant : « Je joue le tableau ».

Nguyen retourne ses cartes : il a full au Neuf.

Figure 12-5 :
Nguyen
retourne ses
cartes...

L'immigrant de 35 ans gagne aussi le championnat 1998, ce qui lui rapporte un million de dollars.

Le calendrier des WSOP

Ci-dessous, la liste des tournois WSOP qui ont eu lieu en 2005 au Rio de Las Vegas. Vous remarquerez une certaine progressivité dans les *buy-ins* (participation financière au tournoi), la présente d'un tournoi pour employés, d'un tournoi pour les femmes et d'un tournoi pour la presse. On note aussi que pendant les journées éliminatoires du championnat du monde se déroulent trois autres tournois plus modestes, auxquels s'inscrivent volontiers les éliminés du championnat du monde.

Tableau 12-2 : La liste des tournois WSOP, 2005, Rio de Las Vegas.

2/6	$ 500 hold'em *no limit* (tournoi des employés)
3/6	$ 1 500 hold'em *no limit*
4/6	$ 1 500 hold'em pot-limit
5/6	$ 1 500 hold'em limit
6/6	$ 1 500 Omaha Hi/Lo
7/6	$ 2 500 Short Handed hold'em *no limit*
8/6	$ 1 000 hold'em *no limit*
9/6	$ 1 500 stud à 7 cartes
10/6	$ 2 000 hold'em *no limit*
11/6	$ 2 000 hold'em limit
12/6	$ 2 000 hold'em pot-limit
13/6	$ 2 000 Omaha pot-limit
14/6	$ 5 000 hold'em *no limit*
15/6	$ 1 000 stud à 7 cartes Hi/Lo

16/6	$ 1 500 hold'em limit Shootout
17/6	$ 1 500 hold'em *no limit* Shootout
18/6	$ 2 500 hold'em limit
19/6	$ 2 000 stud à 7 cartes Hi/Lo
19/6	$ 1 500 omaha pot-limit
20/6	$ 5 000 hold'em pot-limit
21/6	$ 2 500 Omaha Hi/Lo
22/6	$ 1 500 hold'em *no limit*
23/6	$ 5 000 stud à 7 cartes
24/6	$ 2 500 hold'em *no limit*t
25/6	$ 2 500 hold'em pot limit
26/6	$ 1 000 hold'em *no limit*t - tournoi féminin
26/6	$ 5 000 Omaha pot limit
27/6	$ 5 000 hold'em limit
28/6	$ 2 000 hold'em *no limit*
29/6	$ 1 500 Seven Card Razz
29/6	$ 5 000 Short Handed hold'em *no limit*
30/6	$ 5 000 Omaha Hi/Lo
1/7	$ 3 000 hold'em *no limit*
2/7	$ 1 000 Seniors hold'em *no limit*
2/7	$ 10 000 omaha pot-limit
3/7	$ 3 000 hold'em limit
4/7	$ 1 000 hold'em *no limit*
5/7	$ 5 000 nullot fermé 7-2 *no limit*
6/7	tournoi presse caritatif
7 - 15/7	$ 10 000 hold'em *no limit* - championnat du monde
11/7	$ 1 500 hold'em *no limit*
12/7	$ 1 000 hold'em *no limit*
13/7	$ 1 000 hold'em *no limit*

Chapitre 13

Ordinateur et carré d'As

● ●

Dans ce chapitre :

▶ Comment votre PC peut vous aider à maîtriser le poker

▶ Choisir le bon PC pour pratiquer le poker

▶ Les avantages de la pratique interactive

▶ Créer un cours vous-même, adapté et facile à suivre

▶ Utiliser un programme de poker interactif pour pratiquer et vous améliorer

▶ Essayer gratuitement un programme interactif

● ●

Si vous voulez vraiment améliorer vos gains au poker et surtout si vous êtes débutant, vous devrez disposer d'un micro-ordinateur. Voici pourquoi :

L'association de la technologie informatique et du poker vous permettra de démarrer plus rapidement et de progresser aussi plus vite. Jouer au poker sur PC vous fera aussi économiser de l'argent : vous ferez vos armes chez vous, gratuitement, pendant que d'autres se feront plumer dans des clubs/casinos par des joueurs qui les attendent au tournant !

Les débutants peuvent utiliser leur PC comme pierre angulaire de leur autoformation à ce jeu. Si vous lisez bien les livres consacrés au poker et si vous vous entraînez sur votre ordinateur pour mettre en pratique ce que vous avez appris, vous progresserez beaucoup plus vite que si vous passez des heures dans des salles enfumées où le requin rôde en permanence à l'affût de viande fraîche.

Votre ordinateur vous proposera des adversaires virtuels, des robots, et Internet vous proposera des adversaires réels, des *humains*. Vous pourrez ensuite jouer avec de l'argent réel ou en misant de manière fictive et passer à un stade qui n'est plus de la simulation mais le jeu véritable, même s'il se déroule dans le cyberespace.

Une fois connecté à Internet, vous pouvez participer à des forums de discussion – beaucoup sont en anglais mais les francophones sont de plus en plus nombreux. Vous y trouverez des débats autour de points techniques précis, des études de cas auxquels ont participé de véritables joueurs pros ou amateurs, chacun apportant son propre éclairage.

Choisir la bonne machine pour apprendre le poker

Vous n'avez pas encore d'ordinateur mais vous voulez vous y mettre ? Vous avez un vieux PC et vous vous demandez s'il peut suffire ? Si vous n'en avez pas, c'est le moment d'en acheter un. Sachez que ceux qui possèdent un micro-ordinateur et désirent briller au poker ont une longueur d'avance sur ceux qui en sont dépourvus. Ce n'était pas le cas il y a encore cinq ans, mais la micro-informatique et les accès aux réseaux qu'elle permet constituent aujourd'hui un must pour tous les joueurs du monde.

Rendez-vous compte qu'un ordinateur est capable de faire des simulations à long terme quant aux résultats pokériens que vous pouvez avoir sur des dizaines d'années. Mieux encore : depuis l'avènement du poker sur Internet, il est tout à fait possible de devenir professionnel sans sortir de chez soi, sans toucher une carte, ni même un seul jeton de toute sa vie ! Science-fiction ? Non ! Réalité. Certains joueurs ont même déjà constitué de petites fortunes sur Internet, d'autres se sont servis du réseau comme d'un tremplin financier pour réunir les budgets nécessaires aux grands tournois *live* internationaux. C'est le cas de beaucoup de Suédois, dont l'un des plus célèbres est Erik Sagstrom, devenu pro à… 17 ans.

Attention : l'informatique évolue à une vitesse vertigineuse, beaucoup plus vite que les automobiles… c'est dire ! Donc soyez vigilant sur le choix de votre machine. Et si celle dont vous disposez n'a pas le minimum requis, vous devez impérativement en changer. Cela ne signifie pas que vous devez vous ruiner pour cela. Le marché de l'occasion des PC est devenu gigantesque. Des sites Internet se sont même spécialisés dans la deuxième main, avec des produits d'excellente qualité. Aujourd'hui, il est possible d'acheter un PC aux performances suffisantes pour moins de 300 euros… et 400 euros pour un portable.

Notre conseil : Si vous le pouvez, achetez un PC neuf. En-dehors des formules d'achat à crédit qui étalent le règlement sur 12 ou 24 mois, vous aurez l'avantage d'avoir une vraie garantie et un vrai service après-vente en cas de pépin.

Configuration minimale préconisée pour un joueur de poker sérieux

✔ **Windows 95 ou plus.** Le Windows XP Édition familiale ou Professionnel fera bien sûr l'affaire. Comme les fabricants de logiciels spécialisés en poker et les sites Internet développent peu sur Macintosh, nous vous déconseillons d'emblée d'acheter un Mac, même si la convivialité de la gamme Apple est sans pareille face à un PC pur sucre.

✔ **Un micro-processeur Pentium** cadencé à au moins 512 MHz incorporant la technologie MMX, qui gère les graphismes de façon parfaite.

✔ **Une RAM (mémoire vive) d'au moins 256 Mégabites.** Les logiciels de poker sont gourmands en mémoire, comme les logiciels de jeu. Si votre machine fait aussi « tourner » des logiciels de jeu sans dommage, elle convient parfaitement.

✔ **Un modem interne d'au moins 56 800 bps** (bits par seconde). C'est le minimum pour une connexion normale aux sites de poker. Mais l'idéal restant évidemment le haut débit (ADSL ou câble). La technologie dans ce domaine avance à pas de géant. Les sites eux-mêmes profitent de cette vitesse de connexion démultipliée pour développer de nouvelles fonctionnalités.

✔ **Un lecteur interne de CD-ROM** ou mieux, de DVD (qui fait aussi lecteur de CD-ROM). Vous en aurez besoin pour installer vos programmes.

Utiliser un PC pour apprendre le poker

Dans le temps, on pouvait apprendre le b-a-ba du poker rapidement mais on se cassait les dents sur l'expérimentation : il fallait entrer dans l'arrière-salle sordide du café Chez Bébert, dans une partie où les requins dormaient d'un œil, commencer par montrer patte blanche (c'est-à-dire qu'on avait de l'argent sur soi) pour y abandonner des liasses de dollars. C'était le prix à payer pour savoir jouer.

Les manuels de poker sérieux sont ensuite entrés dans la danse, dont l'un des premiers est celui de John Moss, jamais traduit en français, *How to win at poker*, paru dans les années 1950. S'il y a pléthore de livres, de DVD et d'articles sur le poker en anglais, le matériel en français est nettement plus réduit, même s'il est généralement de qualité. Il se complète de discussions pointues dans les forums des sites web français.

Mais cela ne remplace évidemment pas l'expérience, le vécu du jeu dans toute sa réalité. Pour vraiment exceller un jour au poker, vous devez l'expérimenter contre de véritables adversaires. Cela vient en complément de la littérature, des forums de discussion, de l'audiovisuel, mais c'est évidemment un complément indispensable. Le meilleur des *tutoriaux* vous sera d'une aide exemplaire, mais il ne remplacera jamais une partie vécue en réel, qui doit être votre objectif premier. Le PC, lui, peut vous fournir cette expérience sans qu'il vous en coûte beaucoup plus cher, et en tout cas infiniment moins cher que d'aller dans l'arrière-salle sordide de Chez Bébert !

Le PC intervient alors de trois manières :

✔ Dans les logiciels de poker interactif, un PC fonctionne simultanément comme un instructeur, un adversaire et un juge qui qualifie vos progrès. Il n'y a aucun risque financier à jouer de cette manière et vous pouvez pratiquer autant que vous voulez sans qu'il vous en coûte plus que le prix du logiciel et l'électricité consommée par la machine. Mais le plus important, c'est que vous allez faire des progrès rapides. Attention : ne croyez pas que vous aurez des adversaires faciles du fait que vous affrontez une machine. Si votre logiciel est bien programmé, il vous proposera différentes forces d'adversaires et vous vous apercevrez rapidement que les affronter n'est pas une partie de plaisir… ou plutôt si, ce le sera car ils ne se laisseront pas marcher sur les pieds par n'importe qui, et c'est tant mieux. Un dernier mot : tous ces logiciels sont en anglais. Un anglais scolaire suffira pour s'en sortir. Quant aux termes techniques, reportez-vous au lexique franco-américain qui se trouve au chapitre 15.

✔ Connecté à Internet, votre PC profitera de parties en direct gratuites (*play money games*) contre des adversaires véritables qui, comme vous, veulent se mettre à l'épreuve du jeu réel. Évidemment, il n'est pas question de toucher des cartes ni des jetons, mais c'est à peu près les seules choses qui manquent à ces parties en direct qui se déroulent sur le réseau mondial. On les trouve sur certains sites d'information et des sites pédagogiques sur le poker comme il en existe de plus en plus. Mais elles sont les plus nombreuses sur les sites de poker en direct, qui possèdent tous des *tables gratuites* auxquelles on peut s'asseoir avec des jetons qui sont offerts par le site. Ces tables se doublent de chat (dialogue en direct), ce qui vous permet de dialoguer avec les adversaires. Là encore, aucun risque financier. Mais un seul petit inconvénient : comme il n'y a pas de risque financier, certains joueurs jouent n'importe comment. Nous vous conseillons de ne pas vous éterniser sur ces tables au risque d'y prendre quelques mauvaises habitudes. Là encore, c'est l'anglais qui domine, mais il est vrai que de plus en plus de sites sont multilingues.

✔ Votre PC peut enfin avoir accès aux parties payantes (*real money games*) des sites de poker en ligne. Vous y rencontrerez de vrais joueurs et vous y jouerez pour de vrais dollars ! Gardez bien en tête que, cette fois, il ne s'agit plus de s'exercer à titre gratuit, mais de risquer vraiment son argent. (Voir détails au chapitre 14.)

Un cours interactif d'autoformation au poker

Les logiciels interactifs et les parties gratuites sur Internet sont le cœur de votre autoformation au poker. Ils vous retirent de la culture pokérienne livresque pour vous plonger dans le vif du sujet.

Mais ce n'est pas une raison pour jeter vos livres au feu, au contraire ! Un bon manuel de poker ne pourra jamais s'apprendre par cœur. Donc vous devrez constamment y revenir, le relire, le compulser à la veille des grandes échéances pour vous clarifier les idées. Vous en aurez aussi besoin quand vous vous casserez les dents sur les adversaires fictifs fournis par votre PC. N'ayez aucune honte à revenir un instant sur certaines études de cas épineuses que vous n'avez pas bien comprises, ou certaines présentations du livre que vous aviez oubliées. Gardez bien ces bouquins à portée de main.

Soyez créatif ! Faites feu de tout bois ! Jouez un coup, lisez un paragraphe, notez les coups difficiles pour les étudier plus tard, buvez du café, relisez un chapitre entier pour vous y consacrer pendant plusieurs heures... Puis relisez-le, rejouez certaines mains, jouez-en de nouvelles...

Votre autoformation repose sur trois piliers :

- ✔ À partir d'une sélection de *livres spécialisés*, vous pouvez apprendre tout ou à peu près à partir de rien jusqu'à des notions très avancées sur le poker.

- ✔ Votre *logiciel d'entraînement* au poker mettra en application vos acquis... ou, comme on le dit maintenant, il les « validera » par l'action sur le terrain. Vous pouvez les mettre aussi à l'épreuve des parties gratuites sur Internet.

- ✔ Le troisième volet de votre autoformation est le complément d'information par échange, dans des *forums de discussion* notamment. Le plus riche en français est celui de www.clubpoker.net, mais celui de www.princepoker.com (canadien) est également très instructif. Vous y verrez des avis partagés sur tel ou tel aspect, et des joueurs d'expérience y témoignent de leurs voyages, de leurs rencontres, de ce qu'ils ont vécu dans les grandes compétitions, etc. En anglais, ces sites sont très nombreux, on peut citer par exemple RGP.

Ce chapitre traite du deuxième volet, l'extraordinaire opportunité que vous avez d'apprendre *via* les logiciels, et le chapitre suivant évoque les forums de discussion et les parties en ligne.

Les logiciels de poker interactif

Plus vous gagnez, plus vos adversaires sont durs à jouer ! C'est une des nombreuses fonctionnalités que proposent certains logiciels, dont Real Deal Poker. Il faut dire que le marché des logiciels de poker s'est considérablement développé depuis les années 1980. Les graphismes sont autrement plus sophistiqués qu'au début, certains sont même visuellement démentiels, à l'image de leurs confrères des jeux d'aventure. Mais leurs fonctionnalités aussi se sont multipliées, ce qui a permis d'augmenter le confort de l'élève-poker.

Attention : il faut bien différencier les logiciels pédagogiques (peu nombreux) des logiciels de jeu pur (multiples). Les seconds n'ont pas pour objectif de vous apprendre à jouer ni de vous améliorer, mais de vous divertir. L'un n'exclut pas l'autre évidemment, mais ici on ne traite que des logiciels pédagogiques.

« Je pense que le poker est un jeu trop difficile pour que sa programmation se fasse raisonnablement bien », avait écrit un « expert » en 1996. À la même époque, un autre expert avait estimé que les adversaires générés par la machine seraient incapables de s'instruire des coups précédents pour aider à la prise de décisions futures, à l'image d'un être humain qui connaît une « courbe d'expérience » au fur et à mesure qu'il traverse les événements. C'était sans compter les énormes progrès qui ont été faits dans la programmation depuis, et qui permettent par exemple à des logiciels comme Turbo de s'améliorer à chaque nouvelle édition. Par exemple, incorporer dans leur programmation des éléments d'intelligence artificielle (c'est-à-dire de modification des comportements du joueur robot en fonction des événements qu'il rencontre).

Voilà pourquoi les logiciels actuels proposent des types de parties qui sont incroyablement proches de celles que vous pouvez vivre en réel autour d'une vraie table en vrai contreplaqué massif, contre de vrais adversaires en chair et en os.

Certains commentateurs en sont même venus à prétendre qu'ils seraient curieux de voir ce que donneraient leurs joueurs robots dans un véritable tournoi. À notre connaissance, l'expérience n'a jamais été tentée.

Ces nouveaux cyberadversaires, en plus de leur capacité à bluffer, à semi-bluffer, à sous-jouer, à faire *check-raise*, peuvent aussi :

✔ ajuster leurs décisions selon le nombre de joueurs ;

✔ changer de stratégie quand un joueur fait *check-raise* ;

✔ réagir à des événements qui se sont produits dans des mains précédentes ;

✔ réussir des coups d'éclat qui vous laisseront sans voix.

Trouver le meilleur logiciel

La référence en matière de logiciels de poker est incontestablement la série des Turbo Poker de chez Wilson Software. Les experts et les utilisateurs plébiscitent leurs produits pour leur réalisme et leur qualité. On y trouve notamment :

✔ Turno Seven-card Stud

✔ Turbo Omaha High only

✔ Turbo Omaha High-Low split

✔ Turbo Texas hold'em

✔ Turbo Stud/8 or better

✔ Tournament Texas hold'em

Ces logiciels de pointe tournent uniquement sur PC, pas sur Mac (sauf s'il est équipé de Virtual PC). Le site de l'éditeur se trouve à l'adresse www.wilsonsw.com et détaille la gamme complète. Il propose aussi des versions de démonstration.

À part la gamme Wilson, on citera aussi comme autres logiciels d'entraînement au poker :

Figure 13-1 : Un exemple de logiciel d'apprentissage du poker : Poker Academy.

- Poker Academy (PC et Mac)
- Real Deal Poker (PC)
- World Class Poker, avec le champion T.J. Cloutier (PC et Mac)
- Texas Tutor (PC)

Le programme d'installation des logiciels Wilson prend quelques minutes. Vous n'avez même pas besoin de faire redémarrer votre ordinateur. L'ergonomie des commandes a été étudiée pour que l'utilisateur maîtrise son monde facilement. Quelques minutes suffisent pour vous absorber dans une partie. En cas de problème, cliquez sur le bouton *Help* (aide) situé en haut de l'écran.

Cinq ou six boutons se trouvent en haut de l'écran. Le bouton *Setup* (définir) vous permet de définir les options de votre partie : structure, nombre de joueurs, niveau des joueurs, limites, etc.

Une option mérite une mention spéciale : le bouton *Modify Game Settings / Game Setup / Always zip do the tend*. Vous voyez immédiatement le résultat de l'abattage à chaque fois que vous jetez vos cartes. Puis, cliquez sur Deal (donne) et le coup suivant démarre. Cela fait gagner beaucoup de temps.

Vous pouvez aussi passer à autre chose en cliquant sur le bouton *Zip* situé en bas de l'écran. De cette manière, vous passez directement au coup suivant. Vous touchez deux cartes minables ? *Zip* ! Le flop est nul ? *Zip* ! Vous allez adorer !

Vous hésitez à suivre ou à relancer ? Cliquez sur le bouton *Advice* (conseil). Une voix vous indique quelle est la meilleure décision à prendre, étayée par une analyse à l'écran. Et le conseilleur, qui n'est pas le payeur, n'hésitera pas à vous prévenir et à dégager sa responsabilité (symboliquement) si vous optez pour une décision contraire. Si vous en avez soupé des donneurs de leçons, vous pouvez bien sûr désactiver cette fonction.

Vous voulez connaître les cotes rattachées à la main ? Cliquez simplement sur *Odds* (cote) et vous les obtenez *ipso facto*.

Et vous auriez voulu voir ce qui se serait passé si vous aviez pris une autre décision ? Cliquez simplement sur *Replay* (rejouer) et en avant !

Les versions les plus récentes des logiciels incluent des tips (conseils). Si vous lisez bien l'anglais de base, vous en tirerez les plus grands bénéfices. Car non seulement ces conseils concernent les fonctionnalités du logiciel, mais en plus ils concernent l'aspect technique du poker que vous pratiquez. Vous pouvez même lire les conseils les uns après les autres en cliquant sur *next* (suivant).

Un épais guide de l'utilisateur accompagne chaque logiciel. Il est en anglais, bien sûr. Mais un niveau d'anglais scolaire suffit car ce n'est pas de la grande littérature. Il explique d'abord comment utiliser les commandes principales du logiciel, puis au bout de quelques minutes vous aurez envie de lire les chapitres suivants. Vous trouverez en chapitre 15 de cet ouvrage un lexique franco-américain qui vous sera utile. Nous rappelons les principaux termes anglais utilisés le plus souvent :

- *hand* : coup, main

- *check* : check

- *call* : suivre, coller

- *raise* : relancer

- *bet* : ouvrir, enchère

- *reraise* : sur-relance

- *all-in* : *all-in*, tapis (miser tous ses jetons)

- *spades* : pique

- *hearts* : cœur

- *clubs* : trèfle

- *diamonds* : carreau

Il y a gain de temps quand un écran s'affiche pour vous demander si vous souhaitez ne recevoir que des *random hands* (mains au hasard), *hands worth at least a call* (mains méritant au moins de suivre), ou *strictly raising hands* (mains méritant une relance). Attention de ne pas en abuser car vous vous éloignerez du jeu en réel, mais sachez que quand vous avez peu de temps devant vous, cette option est un vrai plaisir.

Les diverses solutions proposées pour gagner vous permettent de tester ainsi 60 000 mains, l'équivalent d'une année entière de jeu à raison de 30 coups par heure et de huit heures par jour, en quatre fois moins longtemps ! Si votre destin était d'être ruiné au poker, au moins ce logiciel a l'intelligence d'abréger vos souffrances.

Et quand vous êtes bien affûté dans le logiciel, vous pouvez passer à la vitesse supérieure :

- Pour vérifier statistiquement l'évolution de vos résultats, cliquez sur le bouton Stats en bas de l'écran. Sur la liste des options présentées, cliquez sur *Play Evaluation* (évaluation du jeu) pour voir des graphiques en couleur présenter vos résultats en comparaison avec ceux du programme du conseiller. Si votre jeu a des faiblesses, ces graphiques les mettent en évidence.

✔ Vous pouvez « bloquer » une main donnée et la jouer autant de fois que vous voulez dans des circonstances toujours différentes. Par exemple, vous pouvez vous donner A-A en hold'em, A-K-Q-J en Omaha, A-A cachés en stud à 7 cartes en cliquant sur le bouton *Game SetUp / Stack the deck*. Répéter ces situations permet d'éviter d'attendre des centaines d'heures de jeu pour bien les travailler.

✔ Vous voulez travailler non pas une main donnée mais une position ? Rien de plus simple : spécifiez la position en question (bouton, *blind*, *surblind*...) en cliquant sur *Modify Game Settings / Freeze the button* et lancez-vous dans une orgie de coups où vous aurez toujours la même position, orgie dont vous seul déciderez de la durée.

✔ Vous pouvez évidemment combiner le gel de la main de départ et de la position : si vous voulez travailler sur le cas A-K au *surblind*, par exemple, libre à vous avec les commandes précitées. Vous pourrez ainsi approfondir vos études de cas et même rejouer les coups les plus cauchemardesques que vous avez déjà rencontrés... ou que vous craignez de rencontrer un jour.

✔ La plupart des débutants préféreront s'asseoir dès le départ à une table pleine, c'est-à-dire sans place vide. C'est naturel et compréhensible. Mais il va aussi falloir vous atteler au jeu *shorthanded* (avec peu de joueurs) car vous les rencontrerez aussi dans la vraie vie. Le logiciel le permet. Vous pouvez aussi réduire le prélèvement automatique du club sur les coups joués.

✔ Apprenez enfin à modifier la programmation de vos adversaires (*Profile*), à en créer de nouveaux et à utiliser les deux dans des simulations à grande vitesse pour faire votre propre recherche en poker. Vous partez avec une quarantaine d'adversaires virtuels, alors à vous d'être créatif pour les rendre aussi attractifs et amusants que possible.

✔ Vous pouvez donner un nom de votre cru à vos créations et les amener de gré ou de force à jouer contre vous. C'est le moment d'en créer un à l'effigie d'un grand champion et de lui donner des capacités pokériennes minables, histoire de le battre le plus souvent possible !

✔ Vous pouvez même activer une fonction selon laquelle les joueurs vont et viennent de façon aléatoire à une cadence que vous décidez vous-même, exactement comme dans une vraie partie de club/casino.

Les simulations

Les simulations sont des tests ultrarapides dans lesquels l'ordinateur décide lui-même du jeu pour que vous appreniez quelque chose. Si vous voulez tester un pan de votre stratégie, vous pouvez le demander au logiciel et le charger dans le *Line-up* (file d'attente) pour lancer un test. L'ordinateur va alors lancer par exemple une année de jeu avec cette stratégie-là (plus ou moins longtemps, à votre aise) et vous fournira ensuite les résultats statistiques. Vous pouvez ainsi configurer des parties particulières et les tester sur la durée que vous voulez. Vous pouvez même, pourquoi pas, configurer votre partie, celle à laquelle vous jouez de façon habituelle, y compris les types de joueurs qui s'y trouvent, et lancer la simulation.

Les simulations vous permettent aussi bien de tester la qualité de certains comportements (ne jamais faire *check-raise*, semi-bluffer systématiquement...) et surtout d'en comparer l'impact financier sur un nombre de coups gigantesque. La loi des grands nombres étant universelle, on ne peut pas douter des résultats sur deux ou cinq ans de jeu, et l'ordinateur met quelques secondes à les calculer et à vous les servir sur un plateau d'argent.

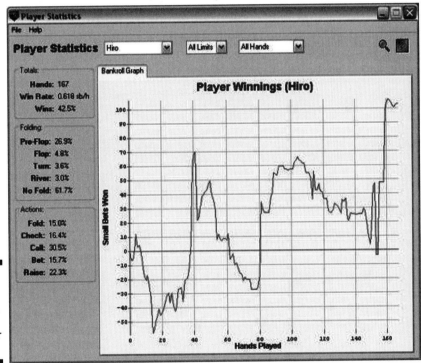

Figure 13-2 : Exemple de simulation, ici sur 150 coups (Poker Academy).

Pour tester les logiciels Wilson, allez sur leur site web : ils proposent des versions allégées de démonstration qui tournent sur 25 coups d'affilée. Pour chercher d'autres logiciels de poker, tapez l'expression *poker software* dans les moteurs de recherche les plus puissants, comme Google ou Yahoo.

(Les auteurs remercient Kathleen K. Watterson pour sa contribution à ce chapitre).

Chapitre 14

Le poker sur Internet

●   ●

Dans ce chapitre :

▶ Progresser grâce aux parties gratuites en ligne

▶ Participer aux forums de discussion

▶ Se préparer aux parties payantes

●   ●

*V*ous pouvez très bien affronter des joueurs sans savoir de qui il s'agit réellement – des joueurs réels camouflés derrière un pseudo, des créations virtuelles ou des robots de la Xe génération. Quand vos adversaires sont ceux qui ont été créés par les programmateurs des logiciels d'entraînement au poker, vous parlez à vous-même et ils ne vous répondent pas de façon sensée – bref, vous tournez en circuit fermé.

Puisqu'on trouve à peu près de tout sur Internet, on trouve aussi des parties de poker, et si ces cyberparties n'ont aucun emplacement géographique – elles sont dans le cyberespace, c'est tout ce qu'on peut en dire. Pourtant, elles existent bien puisque vous pouvez vous y connecter à toute heure. Comme un génie dans une lampe à huile, elles sont aux ordres. Vous n'avez pas à frotter la lampe pour les faire sortir, mais juste à faire quelques clics avec votre souris !

Parties gratuites sur le réseau mondial

Si vous n'êtes pas encore prêt pour les *cash games*, c'est-à-dire pour les parties d'argent, Internet propose des parties en *play money*, c'est-à-dire pour du beurre. On verra que la réalité est un tantinet plus subtile. Vos adversaires sont disséminés dans le monde réel, et votre partie est quelque part dans le cyberespace, qui est à la fois partout et nulle part (c'est pour ça qu'on l'aime !).

Vous devrez faire quelques ajustements dans votre type de jeu si vous allez jouer sur Internet. D'abord, c'est déconcertant d'entendre une voix métallique vous demander de miser le *blind* ou de voir des mains invisibles jeter vos cartes à la place de vos propres mains. Mais avec l'habitude, on s'y fait.

Les designers des sites ont généré des graphismes et des fonctionnalités qui sont ce qui se fait de mieux au stade de la technologie de l'Internet. Hier, les sites étaient moins bien qu'aujourd'hui ; demain, les sites seront mieux que ceux d'aujourd'hui...

✔ Vous êtes représenté par un pictogramme, assis à une table virtuelle dessinée en 3-D autour de laquelle sont assis d'autres joueurs représentés eux aussi par des pictogrammes, mais qui sont en fait les « raccourcis » (les liens) qui renvoient à des joueurs réels quelque part dans le monde, assis devant l'écran de leur ordinateur. Quand le pictogramme adverse relance, c'est parce que le joueur auquel il est adossé a appuyé sur le bouton Raise. Le site n'est qu'un intermédiaire, comme le club/casino n'est qu'un intermédiaire quand il reçoit des joueurs qui désirent s'affronter au poker.

✔ Le « pseudo » que vous avez choisi est inscrit sur l'écran à côté de votre pictogramme.

✔ Des graphismes en 3-D rappellent les jetons, les cartes, les chaises, la table et même, souvent, un décor de club/casino plus vrai que nature.

✔ Un donneur, qui peut être représenté ou non, annonce les enchères les unes après les autres et déclare les mains gagnantes. C'est un brave type : il ne se plaint jamais et refuse les pourboires !

✔ Le son aussi est de la partie : on entend les cartes au moment de la donne, et les jetons au moment des enchères et de l'attribution finale du pot au gagnant.

✔ Vous conversez avec les adversaires grâce au *chat* (dialogue en direct).

✔ Pour *checker*, ouvrir, suivre ou relancer, vous cliquez sur des boutons qui font partie du graphisme. Des options sont disponibles, comme par exemple un historique des coups joués (chaque coup porte un numéro).

Pour accéder à la section des tables gratuites, vous pouvez cliquer sur *play for free* ou *play money tables*, c'est selon.

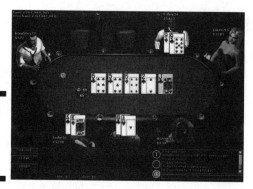

Figure 14-1 : Exemple de table : celle du site PokerRoom.

Mais c'est pas du vrai poker, hein ?

Les parties gratuites de poker sur Internet ne sont pas du vrai poker, effectivement ! Mais elles n'ont pas l'ambition de l'être. Le vrai poker est joué avec du vrai argent. Mais même dans ces conditions, on peut s'entraîner valablement sur Internet et travailler certaines techniques. Notamment :

- Évaluer les mains
- Lire les mains
- Manipuler les commandes : passer, ouvrir, suivre, relancer…
- Catégoriser les adversaires
- Calculer les cotes

Comme dans la plupart des activités gratuites de la vie, certaines limitations sont inhérentes aux parties dites *play money* :

- Sauf à être extralucide, vous n'allez pas pouvoir constater et analyser les *tells* (les indices visuels émis par les adversaires…)! Mais cette impossibilité vaut aussi pour les parties payantes. Il existe d'autres types de *tells* sur Internet.

- Vous ne pourrez pas développer de stratégies complexes. Comme les joueurs n'engagent pas leur argent, leur tendance à suivre les enchères est plus forte puisqu'elle ne coûte rien. En plus, comme le site vous redonne un certain nombre de jetons quand vous n'en avez plus, cet inconvénient se duplique indéfiniment.

- Le jeu est généralement plus lent que le jeu en réel et encore plus lent que le jeu en logiciel, où les joueurs robots prennent leurs décisions en un clin d'œil. Cette lenteur est compensée par une rapidité de distribution des cartes et un mélange des cartes qui se fait en une seconde.

Points communs entre les parties gratuites

La plupart des parties de *play money* sur Internet sont des parties *larges*. D'abord parce que la plupart des joueurs sont des débutants. Ensuite parce que, comme il n'y a pas d'enjeu financier, les joueurs relancent et suivent à peu près tout ce qui passe dès qu'ils ont un début de jeu. (Par exemple, en Texas hold'em, la paire médium au flop.)

Les *family pots* (pots où tous les joueurs participent) sont légion. C'est amusant, c'est vrai, parce que cela permet de créer des pots fournis, mais ça n'a aucun intérêt du point de vue de la stratégie. Et surtout, ça n'apprend pas à affronter les véritables adversaires dans les parties payantes.

Donc considérez cette première étape comme une mise en condition dans le cyberpoker, une familiarisation avec les commandes et les graphismes... mais pas une véritable session d'entraînement approfondi.

Comment se perfectionner avec les parties gratuites

Prenons l'exemple d'un site qui donne 1 000 points à tous ses clients. Ces points servent à jouer dans les parties gratuites et sont renouvelables à chaque fois que le joueur les a perdus. Mais si vous jouez « sérieusement » en parties *play money*, vous pourrez accumuler énormément de points gratuits en un temps record. Notre traducteur se souvient être passé de 1 000 à 96 000 points en quatre heures de jeu !

Il faut profiter de l'effet d'échelle. Vous allez forcément commencer à jouer sur des tables peu chères. Puis, quand vous aurez augmenté votre capital grâce à un jeu « serré » (par exemple, 5 000 points), changez de table pour une plus chère. Vous allez forcément rencontrer cette fois des joueurs plus affûtés.

Puis, quand vous serez à 20 000, changez à nouveau de table pour une encore plus chère. Et vous vous apercevrez alors que la qualité de jeu s'améliore nettement. Vous rencontrerez de moins en moins de plaisantins. Et vous pourrez vraiment mettre en application vos techniques, même s'il vous arrivera de temps en temps, à la marge, de subir un bluff d'enfer de la part d'un adversaire déjanté.

Le simple fait de jouer dans une optique d'apprentissage sérieux devrait avoir raison des joueurs adverses qui jouent majoritairement pour se divertir. N'oubliez pas qu'il en va de même dans certains clubs/casinos de Las Vegas ou quand de grands festivals de poker ont lieu : ils attirent des centaines de touristes qui comportent beaucoup de petits joueurs, venus avec un budget qu'ils sont prêts à dépenser. Ils viennent pour s'amuser, non pour gagner de l'argent. Si vous êtes présent à leur table, il est évidemment hors de question de jouer comme eux mais il faut jouer plus serré pour les coincer aux moments opportuns. En définitive, c'est un peu cette situation que vous devrez gérer en vous commettant sur les tables de « play money ».

Vous pensez que le cyper poker est facile ? C'est probablement ce que vous ressentirez pendant la première heure. Ensuite, vous aurez à endurer les 3 « F » : Frustration, Fatigue et Fun, qui sont les trois premiers ennemis du joueur sur Internet.

✔ **Frustration** : car même si vous allez voir beaucoup de cartes en un temps record (entre deux et trois fois plus que dans une partie en réel), vous serez toujours frustré de ne pas gagner plus.

✔ **Fatigue** : fixer l'écran, se concentrer sur ses actions quand on n'en a pas l'habitude est un facteur de fatigue incontournable. Faites une pause de temps en temps.

✔ **Fun** : c'est le piège ! Le *chat* adverse, la façon de jouer démentielle de certains, surtout si elle est couronnée de succès, tout ça peut vous pousser aussi à vous amuser. C'est votre droit bien sûr, mais en agissant de la sorte vous n'allez sûrement pas améliorer votre jeu ni acquérir les bons réflexes du gagnant.

Il est délicat de prendre une partie au sérieux quand elle compte pour du beurre. Mais souvenez-vous que, pour ce qui vous concerne, la partie compte *vraiment*. Vous partiez avec 1 000 points gratuits ? Alors faites en sorte que vous en ressortiez avec plus de 1 000. Cela prouvera que vous avez mieux joué que vos adversaires.

Les meilleurs sites de play money : les clubs de poker en ligne

Les tables de *play money* se retrouvent sur deux types de sites : les sites d'info, d'entraînement à proprement parler, et les sites de poker en ligne, ou clubs/casinos de poker. Dans les premiers, le jeu en ligne est *accessoire* ; dans les seconds, le jeu en ligne est une *vocation*, qui d'ailleurs a nécessité l'obtention d'une autorisation spéciale auprès des autorités compétentes.

Nous vous conseillons de privilégier, y compris pour les parties gratuites, les sites dont le jeu en ligne est la vocation. Pourtant, ils n'ont *a priori* aucun intérêt à ouvrir des parties gratuites à leurs clients vu que cela ne leur rapporte rien – *pis*, cela leur coûte des heures de programmation et de la place mémoire. C'est tout le contraire en réalité, et voici pourquoi :

✔ Le *play money* est l'antichambre des parties d'argent : les joueurs qui viennent sur un site veulent d'abord le tester gratuitement avant d'y risquer leur argent – c'est une démarche rationnelle que défendent tous les sites.

✔ Le *play money* est un moyen efficace d'habituer les internautes aux graphismes du site, à ses fonctionnalités… autant d'éléments d'accoutumance qui favorisent l'adhésion future de l'internaute à ce site-là plutôt qu'à un autre.

✔ Les joueurs de ces sites, y compris sur les tables de *play money*, sont plus sérieux dans l'ensemble que ceux des sites strictement gratuits. Beaucoup de ces joueurs ont déjà envie de jouer sérieusement parce qu'ils ont vu la publicité du site en question lors d'un tournoi télévisé que le site sponsorise, par exemple.

✔ Si vous le souhaitez, vous pouvez vous installer comme spectateur d'une partie d'argent. Tous les sites de jeu en ligne le permettent. C'est instructif, c'est un spectacle en direct dont on peut ne pas se lasser. Quand vous êtes sur votre table gratuite, deux ou trois clics suffisent pour aller observer une table payante... tout en restant virtuellement assis à la table gratuite ! Les sites de ce genre vous donnent le don d'ubiquité.

✔ Un certain nombre de sites de jeu proposent des tournois gratuits (*freeroll*) à leurs nouveaux clients même s'ils n'ont pas versé d'argent sur leur compte. Comme ces tournois sont dotés de prix en argent, si vous en gagnez un, vous avez un budget pour commencer les cash games... qui ne vous a rien coûté, pas même un dépôt en carte bancaire.

Les sites de jeu en ligne l'ont bien compris : même si l'activité *play money* ne leur rapporte rien, ils la favorisent au départ et s'en servent comme argument publicitaire pour attirer les nouveaux venus. Les joueurs *play money* d'aujourd'hui sont les joueurs de cash games de demain. D'ailleurs, quand vous vous promenez parmi les tables des sites de poker en ligne, vous vous apercevez qu'en général, les tables de *play money* sont *plus nombreuses* que les parties d'argent !

Pour démarrer

Commencez par télécharger le programme du site sur votre ordinateur. En fin de chapitre, vous trouverez quelques adresses de sites web de qualité. Autre solution : jouer sans télécharger le programme (système Java). Cette option est proposée par de plus en plus de clubs virtuels. Elle vous permet aussi de jouer quand on possède un Mac, mais elle n'ouvre pas droit à toutes les options « de confort », comme la prise de notes et les statistiques.

Vous devez ensuite ouvrir un compte en spécifiant votre pseudo (*User's name*). Choisissez-le avec soin car vous ne pourrez plus en changer ensuite, sauf à changer de site. Un conseil : comme les sites ont de plus en plus de clients (des millions !) et que votre pseudo doit être unique, faites preuve d'astuce. Si vous vous appelez Lionel, le pseudo « Lionel » est sûrement déjà choisi. Vous pouvez alors :

✔ ajoutez un nombre, par exemple celui de votre année de naissance : *Lionel84*, par exemple ;

✔ ajouter une chaîne de lettres avant et/ou après : par exemple *xLionelx*, − *Lionel−*, ou *o_Lionel_o*, etc.

Complétez le tout avec un mot de passe. Là encore, soyez pratique et choisissez un mot de passe que vous retrouverez facilement par recherche mentale car il vaut mieux prendre la précaution de ne l'inscrire nulle part.

Trouver les bonnes parties

Il peut arriver que votre fournisseur d'accès propose des parties de poker directement, le plus souvent en *play money*. Libre à vous de les essayer. Mais encore une fois, nous vous conseillons d'aller sur un site spécialisé dont le jeu en ligne est la *vocation*.

Avant de vous lancer au hasard sur un site, allez donc sur un forum voir s'il existe un sujet. Vous pouvez bien sûr aller sur un forum en anglais, comme par exemple le plus actif de tous, www.recpoker.com/groups.php (ce site comportait 120 000 sujets à la sortie française de ce livre !). En français, le plus actif est sans conteste celui de www.clubpoker.net ; celui de www.princepoker.com est également très valable (canadien). Vous pourrez poser des questions sur tel ou tel site, recueillir l'expérience des internautes, etc.

Aucun site de jeu n'est habilité à vous demander le moindre dollar si vous décidez de jouer en *play money* uniquement. Il peut arriver qu'un site vous demande d'abord d'ouvrir un compte et d'y déposer une somme minimum (comme c'est le cas dans certaines banques) car sa politique commerciale exige de ne faire entrer que les joueurs hypermotivés. C'est leur droit, mais il existe assez de sites de jeu en ligne (plus de 300) pour que vous en trouviez qui permettent d'entrer et de jouer gratuitement sans vous obliger à faire de dépôt.

Il est normal qu'un site vous demande d'ouvrir un compte même si vous voulez jouer gratuitement. Cela vous permet de vous « asseoir » à une table avec un pseudo réel. Mais cela ne vous engage à rien d'autre.

Engagez votre argent dans le cyberespace

Quand vous vous serez cassé les dents sur les parties de *play money*, vous pourrez avoir envie de passer à la vitesse supérieure, à savoir déposer de l'argent sur votre compte et le risquer sur les tables virtuelles du cyberespace.

Des milliers, des dizaines de milliers, des centaines de milliers, même des millions de personnes jouent maintenant au poker sur les sites dédiés. Ce sont en majorité des Américains car, en l'état actuel du poker mondial, ce sont eux qui sont les plus soumis aux retransmissions télévisées de tournois internationaux. Et rendons à César ce qui lui appartient : même si ses racines sont européennes, le poker est bien un jeu américain, de culture follement américaine.

Il n'empêche que, à toute heure du jour et de la nuit, les sites de jeu spécialisés en poker accueillent des passionnés de tous ordres, de tous sexes, de toutes expériences, de toutes conditions, de toutes nationalités, pour « s'asseoir » autour de tables communes où ils s'affrontent amicalement dans leur jeu favori. Une fois ouvertes, les tables tournent sans jamais s'arrêter ! Allez donc sur un des grands sites dédiés, « ouvrez » une table en action, et sur les dix joueurs, vous risquez de trouver : cinq Américains, un Français, deux Suédois, un Anglais, un Chinois... Restez-y quelques minutes et vous verrez que les joueurs qui vont s'y succéder sont également de provenances diverses.

De telles parties internationales étaient infaisables il y a peu. Il aura fallu mettre au point les applications les plus sophistiquées pour y arriver. Car quand un joueur clique sur Raise (relancer), son action doit être transmise en temps réel aux neuf autres joueurs pour qu'ils suivent une partie avec des actions qui s'enchaînent, comme une partie live.

Le challenge était d'autant plus dur à relever que, les joueurs engageant leur argent, et parfois de fortes sommes, il n'était évidemment pas question de tolérer le moindre dérapage, la moindre déconnexion intempestive pouvant générer une perte en argent... et allez donc dépêcher une brigade spéciale pour retrouver cet argent vaporisé dans le cyber espace ! Les débuts des sites dédiés ont été héroïques. Dès 1998, quand les premiers d'entre eux se sont lancés (PlanetPoker étant le premier de tous), ils ont eu à essuyer les plâtres. Mais ils ont accumulé une expérience précieuse par rapport à leurs concurrents ultérieurs.

Les clubs *online* font du profit de trois manières :

- ✔ D'abord comme un club normal, grâce aux prélèvements effectués sur les parties d'argent. Ces prélèvements sont généralement réduits. Ils dépassent rarement 3 dollars par coup pour les tables les plus chères et leur progressivité est souvent fonction du montant du pot et du nombre de joueurs en place. Jouer sur Internet coûte bien moins cher de ce point de vue que jouer dans un club/casino réel.

- ✔ Ensuite, sur les tournois. Chaque tournoi donne lieu à un droit d'entrée ou fee qui est encaissé par le site. Là encore, ces droits sont souvent inférieurs à ceux des clubs/casinos réels.

- ✔ Enfin, les dépôts en comptes. Chaque joueur qui s'adonne aux parties d'argent possède un compte personnel au sein du club virtuel où il joue. Il doit posséder un certain volant de dollars dans ce compte s'il veut assurer son entrée dans les parties. L'accumulation de milliers de comptes garnis de dollars constitue une avance sur profit qui est nécessairement en caisse, et qui représente une trésorerie précieuse pour assurer le développement du site, un peu comme les primes d'assurance chez un assureur.

Le poker en ligne est-il légal ?

La réponse à cette question dépend de quel côté de la barrière vous vous trouvez :

- **Organisateur** : créer un tel site implique d'abord de créer une société qui se trouve dans un pays où le jeu est libre, le Costa Rica par exemple (résultat : beaucoup de joueurs internationaux sont costaricains), mais aussi le Mohawk Territory of Kahnawake au Canada, Curaçao, Gibraltar, Malte, Antigua…

- **Joueur** : vous pouvez être n'importe où *a priori*. En tout cas, tant que vous avez accès au réseau mondial, vous avez accès aussi aux sites dédiés. Mais la sophistication des technologies fait que des lois peuvent être votées par les parlements locaux pour imposer aux sites d'empêcher des connexions provenant de leurs pays respectifs. Le motif est moins moral que fiscal : les États n'apprécient guère que les sommes jouées par leurs administrés échappent à l'impôt… quand on sait que 30 % environ des mises des paris reviennent directement à l'État français. Aux États-Unis, des projets de loi restrictifs ont déjà été présentés au Congrès, mais jamais adoptés… pour le moment. Si c'est le cas un jour, il est à craindre que l'Europe emboîte le pas des « States ». Autre sujet : l'âge de l'internaute. Il doit bien sûr être celui en vigueur dans le pays où il se trouve, et le contrôle d'accès est quasiment impossible.

Comment commencer

Vous devez d'abord garnir votre compte d'espèces sonnantes et trébuchantes. Tous les sites utilisent le dollar comme monnaie d'échange, même si certains proposent aussi l'euro ou la livre sterling. Vous pouvez bien sûr utiliser votre carte bancaire pour faire un dépôt. Vous pouvez aussi gagner un tournoi *freeroll* (gratuit) dont le gain sera versé à votre compte. Vous pouvez enfin préférer faire un dépôt chez un tiers de confiance (comme NETeller par exemple), qui vous servira de compte tampon pour faire vos éventuels dépôts futurs et vous évitera de dupliquer votre numéro de carte à chaque dépôt que vous ferez sur un site de jeu.

Ensuite, à vous de choisir votre première partie. Vous pouvez vous inscrire à un tournoi ou à un *cash games*.

Les tournois

L'avantage d'Internet est qu'il permet des tas de choses qui seraient difficiles à faire voire impossibles dans le monde réel. Par exemple, un tournoi de 5 000 joueurs est une énorme machine, comme l'a prouvé le WSOP 2005. Mais, sur Internet, c'est devenu une rigolade : il suffit d'ouvrir le nombre de tables nécessaires, d'y adjoindre la mémoire et la structure de tournoi voulues, et le jeu peut commencer. Cela se fait même automatiquement par les grands sites qui possèdent des moyens technologiques démesurés et hypersécurisés.

Internet a même créé des tournois d'un type nouveau : les sit & go. Il s'agit de tournois à une table qui commencent quand tous les sièges sont occupés. Si la table comporte 10 joueurs et si le tournoi est à 20 dollars, le premier gagne 100 dollars, le deuxième 60 et le troisième 40. On trouve même des sit & go à deux ou trois tables.

Concernant les tournois « normaux », on trouve des tournois à heures fixes, et les plus grands sites en ont une cinquantaine par jour (ou disons plutôt : par tranche de 24 heures). Certains sont même importants : le plus gros tournoi de la semaine peut faire gagner 10 000 dollars au premier. Quant aux plus gros tournois mensuels, le premier prix peut dépasser 300 000 dollars ! Les plus gros sites organisent aussi des festivals saisonniers dont certains ont même une partie *offline* (c'est-à-dire en réel), jouée sur un bateau ou dans un club/casino réel en contrat avec le site.

Comme le jeu sur Internet est deux à trois fois plus rapide que le jeu réel, la durée des paliers de *blind* est plus courte. Une durée de 15 minutes sur Internet correspond en fait à 30-45 minutes dans un tournoi réel, durée qui est la norme habituelle.

Les cash games

L'avantage des sites est qu'ils drainent des joueurs de plus en plus nombreux. Comme ils communiquent de plus en plus à la télévision sous forme de sponsoring ou de publicité, leur impact sur la population va grandissant. En plus, chaque site a un système de parrainage pour pousser les joueurs à en amener de nouveaux, ce qui fait boule de neige. Le site PokerPulse mesure les connexions sur les sites dédiés. Il a évalué en mai 2005 à près de *deux millions* le nombre d'internautes actifs sur les sites dédiés. Il remarque qu'en pointe, les sites les plus importants drainent jusqu'à 50 000 joueurs.

Pour la petite histoire, en 2005, 23 réseaux co-existaient dans le marché du poker en ligne et regroupaient 43% des sites. Un « réseau » (*network*) est en fait un groupe qui chapeaute plusieurs sites de poker à la fois. Les plus gros *networks* sont Tribeca Poker Network (59 sites), Poker Network (44 sites), International Poker Network (38 sites), Prima Network (38 sites) et Action Poker Network (29 sites). PokerPulse dénombrait 320 sites de poker en ligne. Ces chiffres donnent le tournis, et ce n'est pas fini : l'activité est telle sur ce marché que les chiffres se périment d'un trimestre à l'autre...

Qui dit beaucoup de joueurs dit aussi beaucoup de choix. Plus un site a de clients, plus il peut créer des tables spécifiques, et plus son offre est variée. Par exemple, l'Omaha high, qui est un poker relativement peut prisé sur Internet, trouve quand même assez de clients pour avoir sa place dans les principaux sites. Ainsi, Internet règle un problème récurrent dans la plupart des clubs/casinos : l'absence de table dans la variante qu'on recherche. *Offline*, le joueur qui cherche une partie de stud à 7 cartes *limit* 10-20 pourra chercher longtemps s'il est en Europe où cette variante est assez rare, et aux États-Unis aussi, sauf sur la côte est. En rassemblant sur le web un nombre important de passionnés, ces sites participent à la survie de variantes qui autrement auraient disparu.

Surtout dans les sites importants, vous ne devriez pas avoir trop de mal à trouver la table de cash game qui vous convient. Ensuite, y entrer est un jeu d'enfant : si une place est libre, vous double-cliquez dessus, vous indiquez le montant que vous mettez à votre tapis et vous jouez. Si aucune place n'est libre, vous vous placez en liste d'attente et le site vous préviendra quand une place se libèrera.

L'avantage de jouer en *cash games* est multiple.

- Les tables sont cotées dans un tableau qu'on appelle *lobby* : vous connaissez d'avance le pot moyen, le nombre moyen de joueurs par coup, la provenance des joueurs..., ce qui vous permet de mieux choisir votre table.
- Vous connaissez les tapis adverses au dollar près.
- Vous avez une vue globale de la table, donc une vision plus claire de la partie.

Les options

Internet a l'avantage de pouvoir produire des fonctionnalités impossibles à obtenir *offline*. Notamment :

- **Les notes sur les adversaires** : quand vous rencontrez un adversaire qui joue d'une certaine façon, vous pouvez prendre des notes sur lui. Quand vous croiserez à nouveau sa route, le système vous signalera que vous avez un dossier le concernant et vous pourrez mieux le contrer.

✔ **Les statistiques** : au fur et à mesure que vous jouez, vous accumulez des statistiques qui peuvent vous être utiles : proportion de flops vus, proportion de victoires… Ce qui vous aide à mieux jouer à long terme et à infléchir votre style de jeu pour faire varier ces chiffres dans le bon sens.

✔ **L'historique** : la possibilité de réétudier un coup grâce à son matricule.

Les dangers

Jouer sur Internet présente certains dangers dont vous devez vous prémunir.

✔ **Une accoutumance** : il est difficile de quitter l'écran car la donne suivante peut vous amener une main magnifique. L'écran a aussi un effet hypnotique que possèdent les écrans de télévision.

✔ **Une habitude** : les clics de souris, les sons émis par le site, son habillage aussi deviennent vite familiers. Comme toutes les choses qu'on apprécie dans la vie, on a envie d'en avoir toujours plus. On devient vite un « joueur compulsif ».

✔ **Un monde virtuel** : le joueur sur écran finit par se sentir tellement bien dans son monde virtuel qu'il n'a plus besoin de rencontrer d'autres gens, puis plus besoin de pratiquer d'autres activités, plus besoin de manger, plus besoin de boire… Des témoignages racontent que des joueurs sont allés jusqu'aux crampes avant d'arrêter, terrassés par la fatigue après des dizaines d'heures de _screening_.

✔ **Des pertes financière multiples** : c'est aussi le cas _offline_, si ce n'est qu'il est tellement plus facile d'aller sur une table virtuelle et de cliquer sur _deposit_ ! Les sites les plus sérieux sont conscients de ce danger : ils imposent un maximum de dépôt par période donnée.

La tendance

La tendance générale demeure une augmentation massive de parties de hold'em _no limit_, y compris en cash games et surtout en tournois. Il faut trouver l'origine de cette inflexion dans la multiplication des tournois télévisés. Les plus gros tournois internationaux se font dans cette variante et on doit s'attendre à ce qu'elle devienne hyperdominante dans les années qui viennent.

Les sites principaux

Loin de nous l'idée de vous imposer tel ou tel site. Depuis 1998, beaucoup de sites se sont regroupés, d'autres se sont créés à partir de cahiers des charges draconiens, les moins performants ont disparu. On peut dire aujourd'hui que plus le site est important et plus il est sérieux :

- quant à la génération au hasard des cartes ;
- quant à la présence exclusive de joueurs vraiment réels ;
- quant à l'honnêteté des paiements ;
- quant à la sécurité des comptes ;
- quant à la solidité de la société ;
- quant à la fiabilité sur serveur ;
- quant à la pérennité du site.

De plus en plus de *networks* sont cotés en bourse et présentent toutes les garanties de sérieux qu'on est en droit d'exiger d'eux. Ainsi, vous pourrez ouvrir un compte auprès des sites suivants (les adresses sont toutes des .com) :

- Party Poker
- Poker Stars
- Poker Room
- Paradise Poker
- Empire Poker
- Ultimate Bet
- Noble Poker
- Royal Vegas Poker
- Everest Poker
- Full Tilt Poker
- Eurobet Poker
- Pokerchamps
- Inter Poker
- William Hill
- Victor Chandler

Un bon site ne vaut pas seulement pour ce qu'il offre comme variété de tables. Il vaut aussi pour sa capacité à payer rapidement ses gagnants. En général, quand un joueur gagne à un tournoi, le gain est immédiatement versé à son compte intrasite. Mais il peut s'écouler deux semaines avant que le joueur puisse profiter de cet argent car le site tarde à le lui faire suivre sur son compte en banque. Vérifiez bien les options qui vous sont offertes par le site en matière de retrait de vos gains. Parfois, ils imposent des délais hors norme.

Le jargon du poker online

Comme les sites de poker en ligne sont quasiment tous en anglais et comme le chat (dialogue en direct) se fait aussi en anglais, voici quelques termes parmi les principaux et leur signification.

Les termes anglais

Avg Pot : Average Pot, c'est l'argent moyen qu'un coup comporte à la table en question.

Call : *suivre* ou *coller*, en français, suivez une enchère.

Cashier : littéralement *caissier*. Partie du site qui sert aux transferts d'argent. Vous pouvez savoir combien vous avez en banque, c'est-à-dire quel est l'état de votre trésorerie. Les dépôts ou retraits se font à partir de cet endroit.

Check : *parole* ou *check*, en français ; vous ne misez pas mais vous restez dans le coup.

Floor Person : bouton permettant d'entrer en relation avec un responsable du site.

Fold : passe en français ; passez et jetez vos cartes.

Go To Table : bouton qui vous permet de vous rendre à la table sélectionnée à partir du *lobby*.

H/hrs : rapidité d'une table, nombre de mains jouées à l'heure.

Leave Table : action de quitter la table. Le montant de votre tapis s'ajoute automatiquement au solde de votre compte.

Lobby : l'écran qui regroupe toutes les parties en cours, avec des onglets vous donnant l'accès à des écrans spécifiques (par exemple : les tournois multitables, les tête-à-tête, etc.). Si vous fermez la fenêtre du lobby, vous quittez automatiquement toutes les tables. Donc laissez toujours le lobby en « tâche de fond ».

Plrs/flop : indice montrant le pourcentage de joueurs voyant le flop à la table. Plus il est élevé, plus la table joue large et moins les joueurs sélectionnent leurs mains de départ.

Raise : *relance* en français, relancer.

Rake : prélèvement.

Sit and Go : nom donné aux tournois qui se lancent dès qu'il y a le quorum d'inscrits. Valable pour des tournois à une, deux voire trois tables.

Stakes : les enjeux.

Tourney : tournoi.

View Lobby : bouton permettant de revenir au *lobby* pour une vision globale.

Waiting List : liste d'attente. Vous pouvez vous y inscrire si une table est pleine. Dès qu'une place se libère, un écran vous demandera si vous souhaitez prendre place.

Dans le chat, les joueurs peuvent dialoguer :

cu : *see you*, quand on quitte la table.

gg : *good game*, quand un joueur quitte la table et qu'il s'est bien défendu.

imo : *in my opinion*, d'après moi (précède un argument).

lmao : *laugh my ass off*, laisse-moi rire encore plus fort (moqueur).

lol : *laughing out loud*, laisse-moi rire (sympa).

nc : *nice call*, si l'adversaire a gagné en suivant avec un jeu moyen.

nh : *nice hand*, joli coup, c'est aussi un compliment sur la manière de jouer.

tk, ty : *thanks, thank you*, merci.

vnh : *very nice hand*, pour insister.

(Merci à clubpoker.net pour sa collaboration dans la dernière section.)

Quatrième partie
Pour ne rien envier au Kid de Cincinnati

« Bien sûr que je vais jouer avec toi. Si tu arranges les cartes comme tu assortis tes chemises et tes cravates, ce sera facile de gagner. »

Dans cette partie...

Vous trouverez des informations qui n'entraient pas dans les parties précédentes. Le chapitre 15 revient sur quelques expressions et leur signification réelle, et vous gratifie d'un lexique franco-américain dont nous sommes assez fiers. Le chapitre 16 n'est pas en reste : il vous donne une liste de ressources dont vous nous direz des nouvelles.

Chapitre 15

Phraséologie pokérienne

● ●

Dans ce chapitre :

▶ Les expressions typiquement pokériennes

▶ Les mythes pokériens

▶ Lexique franco-américain

● ●

*L*es expressions, les mythes et l'argot qui concernent le poker sont chargés d'histoire… et d'anecdotes. On y croise les odeurs de l'Ouest, ses casinos flamboyants ou miteux, la partie du samedi soir chez le vieux Buddy… Le pittoresque le dispute au burlesque. Certains proverbes, certaines expressions contiennent un brin de vérité, d'autres relèvent directement de l'affabulation.

Drôles d'expressions

Voici quelques-unes de ces expressions qui tournent autour du jeu et/ou du poker, issues pour la plupart de la culture américaine.

« Plutôt être chanceux que fort. »

Prononcé par un joueur qui est… ni chanceux, ni fort ! Ce joueur croit qu'il peut jouer plus de mains que de raison et qu'il peut rencontrer une période de chance à cette occasion. Sur le long terme, la chance sort de l'équation car nous sommes égaux devant elle, et c'est bien sûr la technicité qui sépare les gagnants des perdants.

« Tu dois savoir quand passer et savoir quand casser. »

Aurait été dit par un fan de Kenny Rogers (chanteur populaire) qui n'arrivait pas à se décider pour jouer sa main. Ça passe ou ça casse, là est la question…

« Eh ben, si c'est pas un bad beat ! »

Dit par un joueur favori mathématiquement mais qui perd quand même le coup, souvent à la dernière carte. La plupart des joueurs ont chacun une incroyable histoire de *bad beat* à raconter.

« Si vous ne devinez toujours pas qui est le pigeon, c'est parce que c'est vous. »

Repose sur le mythe (mais est-ce un mythe ?) selon lequel chaque table a au moins un pigeon. Le film *Les Joueurs* commence par cette idée.

« Allez Dédé, amène-nous-en un bon. »

Dans un club, dit par un joueur qui voudrait qu'on lui amène un pigeon à plumer.

« Je perds un peu. »

Signifie : je perds beaucoup.

« Eh ben, si c'est pas un joueur serré ! »

C'est effectivement un joueur serré comme on les déteste aux tables, un joueur qui prend le minimum de risques, car ces types-là sont rarement des pigeons.

« Qu'est-ce que c'est que ce coup de martien ! »

En voilà un qui a remarqué qu'un joueur avait de la chance… généralement à ses dépens.

« Regardez mes cartes, les gars, et préparez vos mouchoirs ! »

Dit par le joueur un rien fanfaron qui abat un jeu gagnant.

« Quelle chatte il a, celui-là ! »

Au premier degré, c'est un jugement de valeur sur un félin. Mais au deuxième degré, c'est un jugement de valeur sur la chance insolente dont profite un adversaire.

« Je ne me méfie de personne mais je coupe les cartes. »

Dit par celui qui regarde la tricherie de haut mais préfère s'en prémunir par des actions précises et efficaces.

« File-m'en deux, ça fera l'affaire. »

Au moment de la donne, dit par celui qui veut jouer à tout prix, selon la sacro-sainte croyance que toutes les mains de départ de hold'em peuvent théoriquement gagner le coup.

Le poker mangé aux mythes

Le poker fourmille de mythes qu'il est temps de dénoncer... même si certains d'entre eux ne sont pas si « mytheux » qu'ils en ont l'air.

« Le gagnant au poker est celui qui gagne le plus de pots. »

Rien de plus faux puisque, par définition, le gagnant est celui qui gagne *le plus d'argent*. Gagner une majorité de petits pots et n'en perdre que des gros peut conduire à une perte finale. L'inverse est plus lucratif et meilleur pour la santé morale.

« Quittez donc la partie quand vous êtes gagnant. »

Si la partie est bonne et si vous avez un avantage durable sur elle, ce conseil est évidemment idiot. Il ne vaut que si on gagne momentanément dans une partie où on n'a pas d'avantage durable.

« Imposez-vous des limites de gains et des limites de pertes. »

C'est l'autre facette du précédent : tant que vous êtes dans une partie avec un avantage durable, une perte ne peut être que momentanée car plus vous allez jouer, plus vous allez gagner.

« Ne comptez jamais votre argent quand vous vous asseyez, vous aurez tout le temps de le faire après la donne. »

Ce conseil tiré d'une chanson de Kenny Rogers est à proscrire. Les meilleurs joueurs savent toujours où ils en sont financièrement. Ils notent toujours leurs gains et leurs pertes, consciencieusement, pour mieux appréhender leurs progrès et la variation de leurs résultats.

« Pour gagner au poker, il faut avoir une poker face. »

Certains grands joueurs n'ont pas de *poker face* : Daniel Negreanu, Paul McEvoy, Jennifer Harman... Ils ont des visages comme tout le monde, avec des expressions comme tout le monde, et pourtant ils gagnent...

« Être pro du poker, c'est vraiment un métier de fainéant ! »

Vraiment ? Passer ses nuits autour de tables enfumées, aller de ville en ville pour participer aux tournois, affronter des *trends* perdants qui vous ruinent, avoir malgré tout une vie de famille, préserver les grosses sommes que l'on transporte sur soi, subir l'incompréhension de son entourage et la suspicion de son percepteur... Un métier de fainéant, vraiment ?

Kit de survie en anglais

Comme l'anglais est la langue de base du poker, autant y avoir quelques points de repère. On est toujours un peu perdu quand on surnage dans des mots venus du langage courant, voire de l'argot... mais que l'on n'a pas appris à l'école. Voici quelques fragments pour vous y retrouver et être un « vrai de vrai »...

Tableau 15-1 : Kit de survie en anglais.

Argot	Anglais	Traduction
ain't	isn't, am not	n'est pas, ne suis pas
c'mon	come on	tu vois ce que je veux dire
'cuz	because	parce que
didya	did you	as-tu ... ?
gimme	give me	donne-moi
gonna	going to	ex : I am « going to » see
gotcha	I've got you	je (te) comprends
gotta	have got a/to	avoir à, devoir
iffy	if	incertain, aléatoire
lotta	lot of	beaucoup de
nope	no	non
wanna	want to	vouloir
watcha	what are you	ex : « What are you » doing ?
whatdya	what do you (want) ?	que veux-tu ?
whazza	what's up ?	quoi de neuf ?
wouldya	would you	pourrais-tu ?
yup	yes	oui

Vie courante

Tableau 15-2 : Vie courante.

Expression en argot	Traduction
bus fare	prix (du trajet)
check, please ! The Bill, please !	l'addition, svp !
cop	flic
highway, freeway	autoroute
I got the munchies	j'ai une fringale
my wheels	ma caisse, ma bagnole
to eat like a horse	manger comme quatre
to go dutch	chacun paye sa part
to hail a cab	appeler un taxi
to hang a right/left	tourner à droite/gauche
to hang out	poireauter
to hit the town	faire la nouba
to pick up the table	payer pour tout le monde
transfer ticket	billet pour la navette
where are you headed ?	dans quelle direction allez-vous ?

La fraîche

Tableau 15-3 : Money, money...

Expression en argot	Traduction
bucks	dollars
change	petite monnaie
dime	pièce de 10 cents
dough, moolah, dinero, bread, loot	flouze, pèze, fric, pognon, thunes
easy money	argent facile
fin, five spot	billet de 5 $

grand	mille dollars
nickel	pièce de 5 cents
penny	pièce de 1 cent
quarter	pièce de 25 cents
savings	économies
to be broke	être fauché
to be busted	être à sec
to be cheap, to be tight	être radin
to be loaded	être plein aux as

Lexique franco-américain

Ce lexique établi par François Montmirel comprend notamment des expressions propres au jeu en ligne. L'entrée bilingue en permet une utilisation plus souple. Aucun lexique n'est complet, aussi le lecteur pardonnera quelques oublis.

20. Par similitude avec le black jack, main de hold'em contenant deux bûches, c'est-à-dire deux cartes valant dix : 10, J, Q et K.

Abattage (*showdown*) Étalage des cartes, quand les adversaires en lice ont demandé à voir.

Achat Le premier joueur à parler peut *acheter* le pot avant les cartes. Il paie alors le montant du pot à titre d'ouverture, grâce à quoi il parle en dernier lors du premier tour d'enchère. L'option du *surachat* (achat effectué après le premier, d'une valeur double de celui-ci) est généralement autorisée. L'achat n'est jamais obligatoire. Il n'est généralement pas autorisé dans les clubs.

Act. Cf. **Parler**.

Actif (*live*). Un joueur actif est engagé dans le pot et peut encore prétendre à le gagner, par opposition au joueur qui a passé le coup. Un *blind* ou un achat joué *live* permet au *blindeur* ou à l'acheteur de relancer même si aucun adversaire ne l'a fait.

Actio. En américain, désigne le jeu non réfléchi, *large*.

Advertising Cf. Publicité.

Affichage Au stud et ses variantes, désigne les cartes visibles de chaque joueur.

All-in protection La règle de l'antimillionnaire, le concept selon lequel, quel que soit le montant de jetons que vous avez devant vous, personne ne peut vous éliminer de force du coup. Par exemple, si le pot est de 165 euros et s'il ne vous en reste que 79, personne ne peut vous empêcher de suivre pour 79 euros, même si l'ouverture est à 200 euros. Vous jouez alors pour le pot de 165 euros et pour 79 euros de l'adversaire, ou de chaque adversaire s'il y en a au moins deux. Dans le cas du jeu sur Internet, si la connexion vient à être coupée, le joueur n'est pas protégé : si un adversaire le relance, il perd le coup d'office. Cela évite que des joueurs se déconnectent volontairement dans un coup à l'issue incertaine (sans équivalent français).

All-in Cf. Tapis.

Annonce Ce que dit le joueur dans le tour d'enchères. *Parole* et *Passe* sont des annonces.

Ante Modique droit d'entrée au pot, misé avant de recevoir les cartes. Par abus de langage, on l'appelle aussi *chip*.

Appariées Des cartes sont appariées quand elles sont de même valeur.

Arrangement (*deal*)

– Proposition faite par un joueur à son ou ses adversaires, en vue de partager entre eux le pot sans avoir à montrer leurs cartes. Se fait le plus souvent juste avant la dernière carte. Rare en Europe.

– Dans le cadre d'un tournoi, proposition faite par un joueur à son ou ses adversaires finalistes en vue de partager entre eux la dotation selon une autre clé que celle de l'organisateur.

Assorties (*suited*) Des cartes sont assorties quand elles sont de même couleur (la *couleur* étant pique, cœur, carreau ou trèfle).

Assurance (*insurance*) En poker ouvert, partage direct du pot entre deux joueurs, juste avant la dernière carte, en fonction des chances de chacun de toucher ses outs.

Avant-bouton (*cut-off*) Joueur situé juste avant le bouton dans l'ordre de parole.

Aveugle (*in the dark*) Jouer en aveugle, c'est miser sans avoir regardé ses cartes. Le plus souvent, cela arrive au tout premier tour d'enchères ou, *a contrario*, à la dernière carte en stud à 7 cartes.

Baby En poker *low*, carte faisant partie d'une roue (A-2-3-4-5).

Backdoor (*runner-runner*) Toucher une quinte *backdoor* signifie la toucher alors qu'il fallait deux cartes améliorantes pour la constituer. J'ai tiré la couleur *backdoor* et j'ai gagné le pot.

Bad beat Rencontre de deux grosses combinaisons. Par exemple, sur un tableau de hold'em contenant une paire, le carré rencontre le full max.

Bankroll Cf. Capital.

Bas (*low ou lo*) Dans les variantes *high-low*, désigne l'option de la combinaison la plus basse. On dit par exemple : Je suis max en bas.

BB Abréviation signifiant *big blind* (*surblind*).

BBL Abréviation Internet signifiant *be back later* (je reviens plus tard).

Belly buster Cf. Tirage.

Bet Cf. Ouverture.

Betting round Cf. Tour d'enchères.

Bettor Cf. Ouvreur.

Big blind. Cf. Surblind.

Blank Cf. Carte quelconque.

Blind Ouverture obligatoire versée avant les cartes, qui permet au *blindeur* de parler en dernier lors du premier tour d'enchères. Il peut être suivi d'un *surblind*, fait par le joueur immédiatement après le *blindeur* ; le montant du *surblind*, qui peut être obligatoire ou optionnel, est égal au double du *blind*. Le *surblind* est aussi appelé *gros blind*.

Bluff Terme générique qui recouvre diverses techniques destinées à induire les adversaires en erreur par des enchères paradoxales par rapport à la nature de la main.

Board (*widows, common cards, community cards*) Cf. tableau.

Board-locked Cf. Verrouillé.

Bombe (*monster*) Main très forte avant le flop ou très prometteuse après le flop.

Bouton (*button, puck*) Dans les parties avec donneur extérieur, jeton dévalorisé qui passe de joueur en joueur, et qui montre au donneur lequel d'entre eux est le donneur fictif. La donne commence donc au joueur situé à gauche du bouton.

Brelan (*three-of-a-kind, trip, set*) Trois cartes de même valeur (à ne pas confondre avec la *tierce*, qui est une figure de belote).

Brelan splitté (*set*) En poker ouvert, brelan constitué de deux cartes fermées et une ouverte (ou l'inverse).

Bring-in Cf. Ouverture forcée.

Broke, busted Cf. Décavé.

Building a pot Cf. Engraisser un pot.

Bulle (*bubble*). Première place non payée dans un tournoi. Par exemple, si le tournoi paie les 18 premières places, la bulle est la 19e place. Elle se trouve sous la limite appelée *money cutoff line*, et la moins bonne place payée se trouve au-dessus. C'est un moment très stratégique dans les tournois.

Button Cf. Bouton.

Buy-in Cf. Cave.

Cagoulé (*tilt*) Un joueur cagoulé est dépassé par les événements, secoué qu'il est par les *bad beats* qu'il a subis, et qui a quelque peu perdu le sens de la sagesse.

Call down Désigne l'action de suivre quoi qu'il arrive jusqu'au bout du coup, comme c'est parfois le cas quand on a une main moyenne ou un gros tirage (sans équivalent en français).

Call Cf. Suivre.

Calling station Cf. Suiveur.

Capital (*bankroll*) Le montant en argent que vous possédez pour jouer.

Cardroom Salle réservée aux jeux de cartes.

Caribbean stud Poker de pacotille joué dans les casinos et cercles, sur une table qui ressemble à celle du black jack. Aucun écart, aucune relance et aucun bluff ne sont permis. Les joueurs affrontent le croupier. On l'appelle aussi le *stud des casinos*.

Carré (*four-of-a-kind, fours*) Quatre cartes de même valeur. Parfois appelé poker.

Carte améliorante (*out*). Carte restant à tomber qui améliore la main. Si un As est requis pour gagner, vous avez quatre cartes améliorantes car il y a quatre As dans le jeu. En revanche, si un As est déjà visible à la table (en stud), vous n'avez plus que trois outs. En tirage à couleur, au stade du flop en hold'em, ayant deux piques en main et deux autres au flop, vous avez neuf outs car il y a 13 cartes par famille de couleur, moins les quatre qui sont déjà tombées. Il est très important de connaître ses outs car ils servent à connaître sa cote financière.

Carte fermée (*hole card, down card*) En poker ouvert, carte non visible.

Carte gratuite (*free card*) On a une carte gratuite quand il suffit de checker pour voir la carte suivante.

Carte isolée (*highest card*) Main sans combinaison, dont la force est égale à la carte la plus élevée.

Carte ouverte (*upcard*) En poker ouvert, carte visible.

Carte quelconque (*blank*). Carte qui ne fait progresser ni la main ni le tableau.

Cartes consécutives Des cartes sont consécutives quand elles sont de valeurs successives (par exemple, 9-10-J-Q).

Cash game Cf. Parties d'argent.

Cave (buy-in, takeout). Quantité de jetons servant à former le tapire. La hauteur d'une table se mesure à sa hauteur de cave : plus les caves sont chères, plus on joue gros. Désigne aussi le droit d'entrée à un tournoi.

Chasing Cf. Fuite en avant.

Chasser le lapin (rabbit hunting) Quand le coup est fini avant que toutes les cartes aient été données, retourner les cartes qui seraient tombées ensuite pour satisfaire sa curiosité.

Chasser (*protect*) Forcer les adversaires à quitter le pot par des relances appuyées. On dit aussi protéger sa main.

Check & raise Cf. Embuscade.

Check Ne rien miser tout en restant encore en lice. Possible seulement s'il n'y a pas encore eu d'ouverture. Se prononce tcheck.

Chip Le jeton-unité de la cave ; chez les Américains, jeton.

Choix du donneur (*dealer's choice*) Partie où le donneur décide de la variante utilisée pour le coup qu'il va distribuer. Il choisit la variante dans une liste établie avant la partie et ratifiée par tous.

Coller Synonyme de suivre.

Community cards Cf. Tableau.

Compléter la mise En stud à 7 cartes et ses variantes, il s'agit de payer la différence entre l'ouverture forcée (*bring-in*) et la mise de base.

Compléter le tirage Sur un tirage, trouver la carte qui permet de réaliser la combinaison voulue. On dit aussi rentrer le tirage.

Consécutives (*connectors*) Des cartes sont consécutives quand leurs valeurs respectives se suivent. Par exemple 5-6-7-8-9.

Consécutives assorties (*suited connectors*) Deux ou trois cartes assorties qui se suivent, comme par exemple (5♠-6♠-7♠) dans le stud à 7 cartes.

Contrat (*declare*) Au *high-low split*, engagement sur une des trois options (*high, low* ou *high-low*) avant l'abattage.

Couleur (*flush*) Combinaison constituée de 5 cartes de même couleur.

Couleur (*suit*) L'un des quatre symboles : pique, cœur, trèfle, carreau.

Coup (*hand*) Unité d'action comprise entre la mise de l'ante par tous (ou du *blind* par un seul) et l'attribution du pot au(x) gagnant(s).

Coup blanc (*free ride*) Coup n'ayant occasionné aucune enchère.

Coup multiple (*multiway pot*) Coup réunissant au moins trois joueurs après le premier tour d'enchères.

CU Abréviation Internet signifiant *see you*, c'est-à-dire *au-revoir* (quand on quitte la table).

Cure-dents (*toothpick*). Le *principe du cure-dents* consiste à partir avec un tapis ridicule et, à force de le risquer et de gagner des coups, à obtenir au final un tapis énorme. L'idée est de transformer un cure-dents en forêt.

Cut-off Voir Avant-bouton.

Deal Cf. Arrangement et Donne.

Dealer's choice Cf. Choix du donneur.

Dealing round Cf. Tour de donne.

Début de parole (*early position*) L'un des trois sièges à gauche du bouton.

Décavé (*broke, busted*) Un joueur est décavé quand il a tout perdu, ou quand il n'a plus son budget jeu. Il doit donc s'abstenir de jouer, le temps pour lui de reconstituer son budget jeu. Se dit aussi pour une perte ponctuelle, par exemple quand on est éliminé d'un tournoi hors des places payées.

Décave (*freeze out*) Jouer la décave, c'est jouer à concurrence d'une somme non renouvelable. Principe courant en tournoi.

Déclaration (*declare*) Cf. Contrat.

Décrypter (*read*) S'inspirer de son observation de divers indices pour tenter de deviner les cartes de l'adversaire, ou au moins pour savoir s'il est faible ou fort sur le coup.

Dépareillé (*offsuit*) Deux cartes sont dépareillées quand elles sont de couleurs différentes.

Donne (*deal, serve*) Distribution des cartes. Celui qui l'effectue est le donneur (dealer). La donne a lieu dans le sens horaire.

Donneur extérieur Donneur ne participant pas à la partie.

Door card. En stud à 7 cartes, désigne la première carte ouverte. Sans équivalent en français.

Dotation (*prize pool*) Dans un tournoi, l'ensemble de l'argent à gagner, le plus souvent constitué des *buy-ins* des participants. On dit aussi gagne : Combien y a-t-il à la gagne dans ce tournoi ?

Double paire (*two pairs*) Combinaison constituée de deux paires. En américain, les expressions *Aces up, Kings* up, etc., signifient Deux paires aux As, Deux paires aux Rois, etc.

Doubler son tapis (*double up*) En *no limit*, faire *all-in* contre un adversaire et gagner le coup, ce qui permet de doubler son tapire.

Doublette. Carte qui arrive au tableau et double l'une des autres cartes, ce qui donne une paire au tableau, et rend donc le full et le carré possibles.

Down card Cf. Carte fermée.

Draw Cf. Tirage.

Drawing dead Cf. Tirer mort.

Droit de chaise, droit de table (*fee*) Droit à payer toutes les heures par les joueurs, dans les clubs qui ont opté pour ce type de rémunération. Désigne aussi le droit supplémentaire, généralement égal à environ 10 % de la cave, payé pour participer aux tournois.

Droit d'entrée (*buy-in*) Désigne le montant de la cave à payer pour participer à un tournoi. À ne pas confondre avec le fee, qui est le droit de chaise.

Dry Cf. Sec.

Early position Cf. Début de parole.

Écart En poker fermé, rejet des cartes pour en recevoir de nouvelles en nombre égal. À lieu entre les deux tours d'enchères.

Éléphant Joueur qui entre dans trop de coups et qui suit trop d'ouvertures. Un des profils bestiaux de Phil.

Embarqué Cf. Marié.

Embuscade (*check and raise*) Sur un pot encore non ouvert, dire parole avec une bonne main pour laisser un adversaire ouvrir, de façon à relancer à son tour ensuite. Permet de gonfler le pot artificiellement. Manœuvre semant souvent le doute dans le camp adverse.

Enchère (*bet, stake*) Mise faite par le joueur. Il existe trois enchères possibles : l'ouverture, la suite et la relance. Également enjeu.

Engraisser un pot (*building a pot*) Relancer pour augmenter le montant du pot.

EPT (*European Poker Tour*) Un des trois grands circuits mondiaux de tournois.

Figure (*court card, face card, picture card*) Valet, Dame ou Roi. Encore appelée carte habillée.

Filer Éventailler lentement les cartes pour en prendre connaissance.

Fin de parole (*late position*) L'un des trois sièges à droite du *blindeur*, incluant le bouton.

Flasher Une carte *flashe* quand on en voit furtivement l'identité, lors d'une donne incorrecte ou d'une tenue en main pas assez protégée.

Floorman Membre du personnel d'un club ou d'un casino où se pratique le poker. Il est habilité à prendre des décisions souveraines. En partie privée, ce peut être une personne extérieure à la partie ou l'un des joueurs, lorsqu'il s'agit de trancher une situation litigieuse.

Flop En hold'em et en Omaha, les trois premières cartes du tableau, retournées ensemble.

Floper En hold'em et en Omaha, floper un brelan (par exemple) signifie que la main fermée et le flop forment un brelan.

Flush Cf. Couleur.

Forced bet Cf. Ouverture forcée.

Free ride Cf. Coup blanc.

Freeze out Cf. décave.

Fuite en avant (*chasing*) Essayer de gagner avec la pire main alors qu'il reste encore une carte à venir.

Full (*full house, full hand*) Main constituée d'un brelan et d'une paire. Parfois appelé *main pleine*.

Full bet Cf. Mise de base.

Full house Cf. *Full*.

Gagne Cf. Dotation.

Game Cf. Partie.

Garbage Cf. Poubelle.

GG Abréviation Internet signifiant *good game*, c'est-à-dire bonne partie, à quelqu'un qui a bien joué son tournoi.

GL Abréviation Internet signifiant *good luck* ; c'est-à-dire bonne chance.

Gutshot Cf. Tirage.

Hand Cf. Coup et Main.

Haut (*high* ou *hi*) Dans les variantes high-low, désigne l'option de la combinaison la plus élevée. On dit par exemple : Je suis max en haut.

Heads up Cf. Tête-à-tête.

High Cf. Haut.

Highest card Cf. carte isolée.

High-low split Technique qui s'applique à la majorité des variantes du poker, selon laquelle le pot final est divisé entre le plus fort et le plus faible. Surtout pratiqué aux États-Unis.

Hold'em. L'une des deux familles de poker ouvert (l'autre étant le stud). Ces jeux comportent des cartes visibles au centre de la table, communes à tous les joueurs. Les principaux sont Texas hold'em et Omaha. Mais il existe aussi Courchevel, Irish, Pineapple, Watermelon…

Hole card Cf. Carte fermée.

Home-style game Cf. Partie domestique.

Horse Partie dans laquelle vous jouez un nombre égale de mains (ou des tranches égales de temps) dans cinq variantes différentes, qui sont : hold'em, Omaha hi/lo, razz, stud à 7 cartes et stud eight-or-better (hi/lo).

Hot Qualifie un joueur particulièrement verni par la chance. En français, on dit qu'il a la *baraka*, entre autres expressions colorées.

In the dark Cf. Aveugle.

In the money Cf. Points.

Inside draw Cf. Tirage.

Insurance Cf. Assurance.

Isolation Technique dans laquelle un joueur sur-relance l'ouverture d'un joueur apparemment faible, dans le but de chasser les autres du coup et de terminer le coup en tête à tête contre lui.

J Abréviation pour *Jack* (Valet).

Jackpot En poker fermé, pot à ouverture minimum fixée au moins à la paire de Valets.

Jam Cf. Sur-relancer au maximum.

Jeton (chip) Unité de mise. Les Américains appellent *chip* n'importe quel jeton. En France, désigne le jeton-unité, de plus faible valeur.

Jeu max Dans les variantes du poker ouvert, main maximum possible par les cartes visibles.

Joker (*joker, freak*) Carte qui représente un bouffon et peut remplacer n'importe quelle autre carte. Jamais utilisé par les joueurs de poker sérieux, car il rend le jeu trop aléatoire.

K Abréviation pour *King* (Roi).

Kicker Carte accompagnante. Par exemple, dans la main 8-8-A-3-2, le *kicker* de la paire de Huit est l'As (on dit alors *kicker max* ou *top kicker*).

Kid Cf. Stud à 5 cartes.

Large (*loose*) Se dit d'une partie où les tempéraments et le niveau de jeu des antagonistes sont de valeurs très inégales (par opposition à serrée).

Late position Cf. Fin de parole.

Limites fixes (*limit poker*) Qualifie la structure d'enchères selon laquelle les mises sont limitées à l'avance selon les tours d'enchères, au contraire du *no limit* et du *pot limit*. Voir aussi spread limit.

Limp in En hold'em et Omaha, se contenter de suivre le *surblind* (pas d'équivalent français).

Live Cf Actif.

LMAO Abréviation Internet signifiant *laughing my ass off* (je me marre ! - sens plus fort que lol).

LOL. Abréviation Internet signifiant *"laughing out loud"* (je me marre !).

Loose Cf. Large.

Low Cf. Bas.

Lowball Cf Nullot.

Made hand Cf. Main faite.

Main (*hand*) Désigne les cartes du joueur, autant celles qu'il possède en main (par exemple, en Omaha, il en a quatre en main) que celles qui forment sa combinaison finale.

Main faite (*made hand*) Contraire d'un tirage. Une main faite contient une paire, deux paires, etc.

Main marginale (*marginal play hand*) Main à la limite du jouable.

Mains majoritaires Terme utilisé dans ce livre pour désigner certaines mains de hold'em, dont toutes les paires, A-X assortis et K-Q.

Maniac Joueur cyclothymique, imprévisible (sans équivalent français).

Maquiller (*heel, kick*) Conserver une carte avec sa paire ou son brelan pour aiguiller l'adversaire sur une fausse piste lors de la prise de cartes. On dit aussi *épauler*.

Marginal play hand Cf. Main marginale.

Marié (*married*) Être marié à sa main, c'est ne pas être capable de la jeter. On dit aussi *embarqué* ou *scotché*.

Max (*nuts*) Être max, c'est posséder la combinaison la plus élevée rendue possible par le tableau. Par exemple, sur un tableau de hold'em contenant une paire, la combinaison max est le carré. De même, posséder la quinte max signifie que l'on a la quinte la plus forte rendue possible par le tableau, même si cette quinte n'est pas la combinaison max.

Mélange à l'effeuillage Mélange sur table effectué en divisant le paquet de cartes en deux paquets égaux, puis en les imbriquant l'un dans l'autre.

Mélange en coupes Mélange sur table, sommaire, effectué en faisant tomber de petits paquets les uns sur les autres à plat (proche du *mélange hindou* bien connu des magiciens). Il s'intercale généralement entre deux mélanges à l'effeuillage. Ce mélange est courant aux tables de black jack.

Mise (*stake*) Jetons qui forment l'enjeu en cours.

Mise de base (*full bet*) Dans les parties *limit*, enchère en vigueur pour le tour en cours. Par exemple, le hold'em 50-100 a une mise de base de 50 pour les deux premiers tours, puis de 100 pour les deux derniers. Idem dans le stud50-100, où 50 est la mise de base des deux premiers tours et 100 la mise de base des trois suivants ; ici, l'ouvreur du premier tour mise un bring-in qui peut être de 20 ou 25.

Miser (*bet*) Placer son enjeu au pot.

Money cutoff line Cf. Bulle.

Money game Cf. Partie d'argent.

Monster Cf. Bombe.

Multiway pot Cf. Coup multiple.

NH Abréaviation Internet signifiant *nice hand* (joli coup).

NLHE Abréviation pour *no limit hold'em*.

No limit (*sky's the limit*) Régulation des enjeux ne fixant aucune limite à la relance, si ce n'est la hauteur du tapis de celui qui enchérit.

Nullot (*lowball*) Poker fermé dont le but est de réussir la combinaison la plus basse.

Nuts Cf. Max.

Offsuit Cf. Dépareillé.

Omaha Variante du Texas hold'em, où chacun reçoit 4 cartes fermées et où la combinaison se forme avec deux cartes dans la main et trois cartes du tableau.

Omaha Eight-or-better Autre appellation de l'Omaha *high-low* tel qu'il est joué couramment. Le pot est partagé entre la combinaison la plus haute et la plus basse, quand celle-ci est rendue possible par le tableau, car elle doit être au plus au Huit.

Omaha high-low Variante de l'Omaha, où la combinaison la plus haute et la plus basse se partagent le pot à part égale.

Online En ligne, c'est-à-dire en réseau, sur Internet.

Open-ended draw Cf. Tirage.

Out Cf. Carte améliorante.

Ouverture (*opening bet, bet*) Premier enjeu du tour d'enchères. Quand personne n'a ouvert et que c'est à votre tour de parler, vous pouvez *checker* ou ouvrir.

Ouverture forcée (*bring-in, forced bet*) Au stud, ouverture obligatoire que doit faire le possesseur de la plus petite carte visible. Au *stud low* (razz), c'est le possesseur de la plus forte carte qui doit payer le *bring-in*. Son montant est compris entre un quart et la moitié d'une mise de base.

Ouvreur (*bettor*) Le joueur qui ouvre un tour d'enchères.

Overblind *Blind* facultatif que peut miser le joueur à gauche du plus gros blind. L'*overblind* vaut le double du plus gros *blind* et donne droit à parler en dernier lors du premier tour d'enchères. Encore appelé *straddle*. Généralement pas autorisé dans les clubs ni les casinos.

Overcard Carte du tableau supérieure à votre paire. Ou inversement, carte fermée supérieure à la plus forte carte du tableau (sans équivalent français).

Overpair Paire fermée supérieure à la plus forte carte du tableau. Ou inversement, paire du tableau supérieure à la paire fermée. Contraire : *underpair* (sans équivalent français).

Pai gow poker Jeu de casino qui tient vaguement du black jack, mais ne peut être considéré comme un poker car ni bluff ni relances n'y sont possibles.

Paire (*pair*) Deux cartes de même valeur.

Paire fermée (*pocket pair*) En hold'em, en Omaha ou en stud, paire contenue dans les cartes fermées de la première donne.

Paire splittée (*splitted pair*) En poker ouvert, paire constituée d'une carte fermée et d'une carte ouverte.

Parler (*act*) Annoncer verbalement sa décision (parole, passe, etc.) ou, par extension, de façon non-verbale (en jetant ses cartes vers le donneur, ce qui signifie que l'on passe, ou encore un donnant un coup sur la table, ce qui signifie que l'on checke).

Parole Synonyme de Check.

Partage (*split*) Le pot est partagé en cas de variante high-low. Il peut l'être aussi en cas d'égalité au *showdown*, si cette convention a été retenue.

Partage. Cf. Arrangement.

Partie (*game*) Unité d'action constituée d'une suite indépendante de coups successifs.

Partie d'argent (*cash game, side game, money game*) En club ou au casino, partie de poker hors tournoi.

Partie privée (*home-style game*) Partie que vous disputez avec des amis, des collègues, la famille, moyennant des enjeux modérés, des variantes fantaisistes et un jeu large. On dit aussi partie domestique.

Passer (*fold, lay down, drop out, by me, pass*) Abandonner le coup, et donc les enjeux déjà versés au pot. On dit aussi sans moi, je me couche, etc.

Pip Cf. Pointure.

Pocket pair Cf. Paire fermée.

Points (*in the money*) Dans un tournoi, terminer dans les points, c'est finir parmi les places payées.

Pointure (*pip*) Quand deux adversaires abattent deux mains très proches, ont dit qu'il y a pointure.

Poker d'As (*poker dice*) Poker de pacotille se jouant avec 5 dés.

PLHE Abréviation pour *pot-limit hold'em*.

PLO Abréviation pour *pot-limit Omaha*.

Pot (*pool*) Total des enjeux à l'instant t, quelle que soit la variété de poker pratiqué.

Pot L'une des deux versions du poker fermé (l'autre étant le *blind-surblind*), où chaque joueur verse un droit d'entrée avant la donne ; endroit du tapis (généralement le centre) où s'entassent les enjeux.

"Pot" En *pot limit*, annonce par laquelle le joueur indique qu'il relance à hauteur du pot.

Pot cut Cf. Prélèvement.

Pot extérieur (*side-pot*) Pot secondaire constitué suite au *all-in* d'un joueur, avec les enchères auxquelles il ne peut prendre part. Il y a autant de side-pots que de joueurs ayant fait *all-in* dans le coup. Le *pot intérieur* est celui dans lequel participent le plus de joueurs.

Pot-limit Régulation des enjeux fixant la relance maximum à la hauteur du pot courant.

Poubelle (*garbage*) Main très mauvaise.

Pousseur (*slider*) Joueur qui pousse ses jetons, c'est-à-dire qui n'hésite pas, notamment en *no limit*, à relancer fortement et à se mettre *all-in*.

Prélèvement (*rake, pot cut, drag*) Taxe retranchée de chaque pot par l'organisateur de la partie, en rétribution de ses frais (notamment dans les clubs et les casinos).

Prize pool Cf. Dotation.

Protéger (*protect*) Cf. Chasser.

Publicité (*advertising*) Un joueur peut se donner une image à la table par des enchères dites publicitaires. Généralement, il joue large, ce qui lui fait perdre momentanément de l'argent, mais ensuite il serre le jeu et récupère ainsi son investissement, et plus encore.

Puck Cf. Bouton.

Q Abréviation pour *Queen* (Reine, ou, plus justement, Dame).

Quinte (*straight*) Cinq cartes consécutives, de couleur quelconque. Encore appelée *suite* ou *séquence*.

Quinte blanche, ou *roue* (*wheel, bicycle, ABC straight*). La plus faible des quintes : A-2-3-4-5. Encore appelée *quinte américaine* (jouée *high*) ou *roue* (jouée *low*).

Quinte floche (*straight flush*) Quinte d'une seule couleur.

Quinte royale (*royal flush*) Quinte floche à l'As.

Rabbit hunting Cf. Chasse au lapin.

Rack Petite boîte utilisée dans les clubs pour contenir 100 jetons. La nuit dernière, Daniel Negreanu a gagné deux racks.

Rainbow Une main ou un tableau est dit(e) *rainbow* quand il (elle) comporte les quatre couleurs. Par exemple : A♠-10♣-9♦-3♥.

Raiser Cf. Relanceur.

Rake Cf. Prélèvement.

Ram and jam Cf. Sur-relancer au maximum.

Razz Autre appellation du stud à 7 cartes *low*.

Read Cf. Décrypter.

Recave (*rebuy*) Nouvel achat de cave. Cette opération n'est autorisée qu'entre deux coups.

Relancer (*raise, bump*) Renchérir la hauteur de l'enjeu en cours.

Relanceur (*raiser*) Le joueur qui relance une enchère.

Représenter Surtout en stud, mais aussi en hold'em et en Omaha, réagir comme si on possédait une main particulière. Par exemple, relancer soudain quand apparaît un troisième cœur au tableau alors qu'on s'était contenté de suivre jusqu'ici. On dit alors que l'on représente une couleur.

Reraise Cf. Sur-relancer.

River En hold'em ou en Omaha, la cinquième et dernière carte du tableau.

Roue Cf. Quinte blanche.

Royal flush Cf. Quinte royale.

Runner-up Deuxième du tournoi (sans équivalent français).

Sans moi (*by me*) Annonce synonyme de passe.

Satellite Tournoi qualificatif, dont le vainqueur gagne le droit d'accès à un tournoi plus cher. On dissocie les *satellites à une table* qui n'ouvrent droit qu'à une seule entrée, des *supersatellites*, sans limitation de places.

SM Abréviation signifiant *small blind* (petit *blind*).

Scoop Dans les variantes du poker impliquant un partage du pot, faire le scoop consiste à remporter la totalité du pot.

Scotché Cf. Marié.

Sec (*dry*) Avoir un As sec, c'est avoir l'As dans une couleur donnée, qui vaut tirage à couleur avec le flop, sachant que le *kicker* est d'une autre couleur. En Omaha, la main A♠-A♦-6♣-9♥ contient deux As secs et ne peut pas faire couleur quoi qu'il arrive. D'un autre côté, posséder l'As sec dans une couleur signifie que l'adversaire ne possède pas la couleur max, ce qui peut motiver une forte relance pour arracher le coup.

Second best (*second nuts*) Être second best, c'est posséder la deuxième combinaison rendue possible par le tableau. Par exemple, toutes couleurs mises à part, le tableau 2-3-8-8-K a le carré de Huit comme max, et le full aux Rois par les Huit comme second best.

Sept-zéro (*seven perfect*) En *low*, le meilleur Sept : 7-4-3-2-A.

Serré (*tight*) Se dit d'une partie dont le tempérament et le niveau de jeu des antagonistes sont de valeur proche, et de haute volée. Chaque coup est gagné *à l'arraché* (contraire : *large*). Se dit aussi d'un joueur très sélectif sur ses mains et qui les jette au premier signe lui faisant penser qu'il n'est plus favori.

Serrure Joueur serré. Ce Jean-Pierre, quelle serrure !

Servi (*pat, patsy*) Au poker fermé, annonce faite par celui qui ne demande pas de cartes neuves, se déclarant satisfait de sa main d'entrée.

Set Cf. Brelan.

Seven card stud. Cf. Stud à 7 cartes.

Shorthanded Qualifie une partie ou un tournoi où le nombre de joueurs est inférieur ou égal à 5 par table (sans équivalent français).

Showdown Cf. abattage.

Side game Cf. Partie d'argent.

Side pot Cf. Pot extérieur.

Six-zéro (six perfect) En *low*, le meilleur Six : 6-4-3-2-A.

Sky's the limit Cf. *No limit.*

Slider Cf. Pousseur.

Slow play Cf. Sous-jouer.

Solide Désigne un joueur ou un type de jeu consistant à sélectionner durement ses mains mais à jouer agressivement les coups dans lesquels il entre.

Sous-jouer (*slow play*) Quand on possède une bonne main, s'abstenir d'ouvrir ou de relancer.

Splitté (*splitted*) On parle d'une paire *splittée* ou d'un brelan *splitté* quand le tableau et la main fermée se partagent la combinaison. Exemple en hold'em, au flop : la main est Q-10 et le flop est Q-5-2 (ici, paire de Dames *splittée*).

Spread limit Variante du *limit* poker pur. Dans la partie 1-8, par exemple, les joueurs peuvent miser le montant de leur choix entre 1 et 8.

Stack Cf. Tapis.

Steal the *blinds* Cf. Voler les blinds.

Steal the pot Cf. Voler le pot.

Straddle Cf. *Overblind.*

Straight flush Cf. Quinte floche.

Straight Cf. Quinte.

Strip-poker Variante du poker à jouer en couple, face à face. Celui qui perd un coup retire un vêtement. S'il est déjà nu, l'autre lui impose un gage laissé à son imagination.

Studà 5 cartes (_five card stud_) Studoù la première carte est fermée et les quatre autres ouvertes. Encore appelé _kid_ par référence au film _Le kid de Cincinnati_, où il est mis à l'honneur.. Jeu en voie de disparition.

Studà 7 cartes (_seven card stud_) Studoù les deux premières cartes sont fermées, les quatre suivantes ouvertes, et la dernière fermée.

Studdes casinos Cf. _Caribbean stud_.

Stud L'une des deux familles de poker ouvert (l'autre étant le hold'em). Désigne tous les pokers dont au moins une carte est ouverte, sans carte commune, ce qui représente un nombre incalculable de variantes.

Studhigh-low (_stud Eight-or-better_). Autre appellation du stud _high-low_ tel qu'il est joué couramment. Le pot est partagé entre la combinaison la plus haute et la plus basse, quand celle-ci est rendue possible par le tableau, car elle doit être au plus au Huit.

Suite (_straight_). Cf. _Quinte_.

Suited Cf. Assorties.

Suited connectors Cf. Consécutives assorties.

Suiveur (_calling station_) Joueur qui suit systématiquement les relances, généralement pour satisfaire sa curiosité.

Suivre (_call, stay, stand_) Miser à la hauteur de l'ouverture ou de la relance pour se maintenir dans le coup. On dit aussi coller.

Surblind (_big blind_) Deuxième _blind_, obligatoire ou optionnel selon les parties, égal au double du blind.

Sur-jouer Ouvrir et relancer avec une main qui n'en vaut _a priori_ pas la peine, mais dans un but stratégique ou publicitaire.

Sur-relancer (_reraise_) Relancer une relance.

Sur-relancer au maximum (*jam, ram and jam*) Dans le poker *limit*, alourdir l'enchère le plus possible : ouvrir, relancer, sur-relancer à chaque fois que cela est possible.

Table Désigne une partie plus ou moins régulière, plus ou moins réputée parmi les joueurs (« La table de Bruno est de plus en plus serrée »).

Tableau (*board, community cards*) Au Texas hold'em et ses variantes, désigne l'ensemble des cartes communes.

Tapis (*all-in, short call*) Annonce du joueur qui pousse tous ses jetons au pot dans l'action d'ouvrir, de suivre ou de relancer. On dit aussi boîte. L'expression internationale est all-in.

Tapis (*stack*) Totalité des jetons possédés par un joueur, sur table.

Tarot (*back*) Dos d'une carte.

Tête–à-tête (*heads up*) Poker disputé à deux joueurs.

Texas hold'em Le poker le plus pratiqué aux États-Unis. Se joue avec sept cartes, dont cinq au board.

Tight Cf. Serré.

Tilt Cf. Cagoule.

Tirage (*draw*). Main qui forme, à une carte près, une quinte (*four card sequence*), une couleur (*four flush*) ou une quinte floche (*four card straight flush*). On distingue plusieurs types de tirages :
- tirage bilatéral (open-end straight, bobtail straight). Tirage à quinte où la manquante est à l'une ou l'autre des extrémités. Exemple: 9-10-J-Q (il manque le huit ou le Roi).
- tirage backdoor. Tirage de trois cartes : par exemple, 9-10-J est un tirage à quinte backdoor, de même que trois piques constituent un tirage à couleur backdoor.
- tirage ventral (ou par le ventre; belly buster, inside straight, gutshot). Tirage à quinte où la carte manquante se situe entre deux autres cartes. Exemple : 10-J-k-À (il manque la Dame).
- tirage unilatéral (ou par un bout; one-end straight). Tirage à quinte où la carte manquante est un 5 en haut ou un 10 en bas : A-2-3-4 et J-Q-K-A.

Tirer mort (*drawing dead*) Tirer une combinaison qui ne suffira pas, hélas, à remporter le coup, parce qu'un adversaire possède déjà une meilleure combinaison. Exemple : en hold'em, vous possédez J-10 et le flop est 8-8-9. Vous possédez bien un tirage à quinte mais même si la quinte vous rentre ensuite, vous pouvez être battu par un full.

Toothpick Cf. Cure-dents.

Top kicker Cf. kicker.

Tour de donne (*dealing round*). Unité d'action comprise entre la donne de la première carte au premier joueur et de la dernière au dernier joueur, avant un tour d'enchères. Par exemple, le hold'em comporte quatre tours d'enchères, et le stud à 7 cartes en comporte cinq.

Tour d'enchères (*betting round*) Unité d'action comprise entre l'enchère d'ouverture et la dernière enchère pour suivre, laquelle place les joueurs à la même hauteur d'enjeux et clôt le tour d'enchères. Cela déclenche le tour de donne suivant, ou l'abattage s'il s'agit du dernier tour d'enchères.

Turn En hold'em ou en Omaha, la quatrième carte du tableau.

TY Abréviation Internet signifiant *thank you* (merci).

TYVM Abréviation Internet signifiant *thank you very much* (merci beaucoup).

Under the gun (*UTG*) Joueur situé juste après le *surblindeur*, donc celui qui doit parler en premier lors du premier tour d'enchères d'un coup de hold'em ou d'Omaha (sans équivalent français).

Underpair Paire fermée inférieure au tableau. Par exemple, 5-5, avec le flop J-8-7 (sans équivalent français). Contraire : *overpair*.

Up Cf. Double-paire.

Upcard Cf. Carte ouverte.

UTG Voir *Under the gun*.

Value bet Enchérir quand vous savez, d'après les cartes et les circonstances, qu'à long terme vous serez gagnant (sans équivalent français).

Vegas Autre nom, en France, du Texas hold'em.

Verrouillé (*board-locked*). En stud à 7 cartes, qualifie un joueur dont le tableau révèle qu'il est forcément battu par un autre quelles que soient ses cartes fermées.

Vidéo-poker Jackpot vidéo où la seule action à faire est de changer une fois les cartes pour améliorer la main.

VNH Abréviation Internet signifiant *Very nice hand* (très joli coup).

Voler le pot (*steal the pot*) S'adjuger le pot à la suite d'enchères rédhibitoires, alors que l'on ne possède pas la meilleure main.

Voler les blinds (*steal the blinds*). Notamment quand on est en fin de parole, relancer les *blinds* pour les forcer à passer et ainsi les empocher sans avoir à passer au deuxième tour. Men Nguyen n'a pas arrêté de voler les *blinds* aujourd'hui.

Wheel Cf. Quinte blanche.

Wild card Valeur qui peut remplacer n'importe laquelle autre (par exemple, on décide que les Deux sont *wild*, c'est-à-dire qu'ils vont jouer en quelque sorte comme des Jokers). Tradition purement américaine, uniquement dans les parties privées (sans équivalent français).

WPT (*World Poker Tour*) Un des trois grands circuits mondiaux de tournois.

WSOP (*World Series of Poker*) Le plus prestigieux des trois grands circuits mondiaux de tournois. Une bonne trentaine de tournois consécutifs sont joués à raison d'un par jour, à Las Vegas, sauf le dernier qui est le championnat du Monde de poker et qui est un hold'em *no limit* à 10 000 dollars de *buy-in*. Il existe une série de festivals pendant l'année qui portent la même appellation et qui dépendent de la même organisation unique.

Chapitre 16

Toujours plus sur le poker

....

Dans ce chapitre :

▶ Le poker zen

▶ Plan d'apprentissage complet

▶ Des ressources incontournables

....

D'où venez-vous finalement ? Du chapitre 1 ou du chapitre 15 ? C'est vrai que nous sommes ô combien touchés par le fait que vous buviez l'un après l'autre les mots de ce *Poker pour les Nuls* (attention à l'éthylisme). Ce serait assez présomptueux de notre part de vous laisser vous imaginer qu'un seul bouquin, fût-il aussi brillant que celui-là, suffira à faire de vous le grand génie du poker des temps modernes. La vraie maîtrise du poker – et de plusieurs autres petites choses de la vie – ne va pas venir aussi vite, elle se fera en renforçant l'édifice avec les touches d'expérience que vous y appliquerez avec soin.

Le bouquin n'est qu'une fondation. On l'a déjà écrit, c'est vrai, eh bien tant mieux, on le réécrit ici. Pour aller plus haut, il va falloir poursuivre votre apprentissage. Voici encore quelques infos qui devraient vous y aider.

Le processus zen du poker

Vous pouvez apprendre le poker de multiples façons. Jusqu'à récemment, la meilleure – et la seule – était de suivre les cours de l'école des coups durs : les parties glauques, les clubs/casinos où vous attendent les renards tapis dans l'ombre pour vous délester de vos dollars. Ça coûtait cher, et certes plus la leçon est chère, mieux on la retient. Mais bon, ce n'est peut-être pas l'idéal non plus.

Il arrive qu'on apprenne encore le poker de cette manière-là. Mais la multiplication des œuvres pédagogiques consacrées au poker représente des concentrés d'expérience servis tout chauds au lecteur attentif. Il faut donc en consommer, ça vous fera le plus grand bien.

Vous pouvez apprendre le poker comme on se met au zen. Imaginez que vous mettez à plat toute la théorie du poker comme des vêtements que vous voulez empaqueter pour partir en voyage. Même si vous pouviez apprendre toute la théorie qui prévaut sur le poker, certains points ne signifieraient pas grand-chose pour vous. Il y a toujours un autre savoir à connaître pour mieux la comprendre et en faire une vraie ligne de conduite. L'apprentissage du poker est sans fin.

Ce savoir sous-jacent est une des raisons pour lesquelles apprendre les bases du poker s'avère si délicat. Il faut une base complémentaire pour comprendre et placer en perspective tous les bonbons juteux que vous avez acquis. La connaissance n'est pas très utile sans son contexte. Le poker n'est ni abstrait ni théorique. Au contraire, il requiert l'application de la théorie, car la théorie seule au poker ne signifie rien.

L'application de la connaissance dans un contexte donné est généralement appelée *know-how* (savoir-faire). Le poker est incontestablement un jeu de savoir-faire qui s'acquiert le mieux par cycles successifs d'apprentissage, de jeu et de réflexion – encore, et encore, et encore.

Un plan d'apprentissage

Tous les chemins mènent à Rome, ce n'est pas négociable. Certains sont perclus de nids de poules quand d'autres fourmillent de détours. Voulez-vous commencer le processus d'apprentissage ? La meilleure manière de devenir un bon joueur dans un temps relativement court consiste à suivre le plan de cette section. C'est une route droite, un processus de totale immersion. Vous allez entrer dans un long tunnel de lecture, de travail sur ordinateur, de simulation, d'entraînement en *live*... et de votre propre production : vos pensées propres, vos coups préférés, vos tactiques de prédilection... Peu à peu, votre style va se forger. Il y a autant de styles que de joueurs.

N'oubliez pas qu'apprendre est un processus sans fin. Même les plus grands champions, quelle que soit la discipline d'ailleurs, reconnaissent qu'ils apprennent constamment. Vous ne ferez pas exception. Il reste toujours quelque chose à apprendre sur le poker, un éclairage particulier qui vous avait échappé, un angle sous lequel vous n'aviez pas vu tel ou tel point précis, qui peut vous aider à mieux intégrer telle ou telle notion. D'ailleurs, c'est un peu comme en économie où l'on dit « qui n'avance pas recule » : si vous n'apprenez pas, vous allez régresser, c'est inévitable.

C'est tellement vrai que nous le réécrivons : SI VOUS N'APPRENEZ PAS, VOUS ALLEZ RÉGRESSER.

Donc apprenez toujours, jusqu'à votre dernier souffle. Sinon vos adversaires vont vous dépasser et vous fouler aux pieds. Après avoir assimilé les bases du poker, on arrive aux territoires étroits qui séparent radicalement les gagnants durables de ceux qui perdent plus qu'ils ne gagnent. La différence est ténue mais elle existe, et vous devez vous maintenir du bon côté. Pour ce faire, vous ne pouvez pas vous permettre de faire cadeau du moindre iota de terrain à l'adversaire.

Étape 1 : Lisez des livres pour débutants

Ce n'est pas une honte, bien au contraire. Les livres pour débutants ont le mérite de mettre en place quelques évidences. Leurs auteurs ont eu un souci pédagogique particulier. Vous avez appris l'arithmétique avant d'en venir à l'algèbre, vous apprendrez le poker des débutants avant de passer au poker de perfectionnement.

Vous lirez donc en français :

Poker, apprenez l'excellence (François Montmirel, Joker Deluxe)

Cours de poker (Urbain Faligot, De Vecchi)

Le Poker (Bob Ciaffone et François Montmirel, Bornemann)

L'Illusion du Hasard (Alexis Beuve)

En anglais :

Fondamental secrets of Poker (Mike Caro, MCU)

Theory of poker (David Sklansky, 2-2)

Seven card stud in 42 lessons (Roy West, Cardsmith)

Étape 2 : Lisez des magazines

Chose difficile car aucun magazine n'est entièrement en français, du moins pour le moment. Cela étant, vous pouvez toujours vous consacrer au magazine européen de poker *Poker Europa*, qui est trilingue. Il comprend des reportages sur les tournois, des conseils techniques, les résultats du circuit, etc. Sinon, il vous reste l'incontournable *Card Player*, en anglais, dont existe une édition européenne.

Poker Europa - www.pokerineurope.com

Card Player - www.cardplayer.com

All-in Magazine - www.allinmagazine.com

Étape 3 : Utilisez votre ordinateur en circuit fermé

Simulation. L'ordinateur est un outil sans pareil pour l'apprentissage du poker, à tel point qu'on y consacre un chapitre entier (le chapitre 13). Non seulement le logiciel adapté vous aidera à simuler de vraies parties, mais en plus vous pourrez évoluer dans des tournois.

Enregistrement. Créez vous-même vos propres tableaux d'enregistrement de vos résultats pour les parties disputées avec votre logiciel. Ces tableaux vous serviront ensuite pour vos résultats véritables en jeu réel ou *online*.

Étape 4 : Connectez-vous au réseau mondial

Simulation en ligne. Vous pourrez aussi jouer gratuitement (*play money*) en ligne sur des sites d'information de poker, dont la plupart sont en anglais. Mais il vaut mieux aller sur les sites dédiés au poker en ligne.

News et articles. Les sites d'information sur le poker vous fourniront une masse impressionnante de news et de chroniques qui viendront compléter les articles des magazines sur papier. Ces sites regorgent aussi d'articles de fond, écrits par des champions ou des théoriciens de renom (en anglais, là encore).

Bases de données. Pour compléter vos connaissances, vous pouvez fouiner dans les bases de données de joueurs et de festivals pour obtenir les palmarès ou les calendriers de tournois par exemple. L'un des sites les mieux documentés est www.hendonmob.com

Écoles de poker. Certains sites se sont même essayés à un enseignement en ligne. Pourquoi pas ? Là encore, testez-les, cela ne peut pas vous faire de mal. Le plus célèbre est www.pokerschoolonline.com mais il n'est pas conventionné par l'Éducation nationale !

Tournois télévisés. Certains tournois sont retransmis à la télévision étrangère (rarement une chaîne hertzienne française) et des sites Internet en proposent de larges extraits. Une connexion à haut débit s'impose. Les images sont toujours instructives, de même que les commentaires.

Forums de discussion. C'est probablement la fonctionnalité la plus riche que vous puissiez trouver sur le net. Utilisez-la, faites-en même un usage déraisonnable. Vous y trouverez des milliers de choses intéressantes, comme des débats autour de situations vécues. Notre conseil : grâce aux fonctions copier/coller, constituez-vous des fiches de débats sur traitement de texte qui reprennent l'essentiel des arguments. Très vite, vous en aurez beaucoup et votre connaissance sera affûtée d'autant que vous y aurez un accès rapide.

Les sites web traitant du poker

☞ En français :

Club Poker - www.clubpoker.net

Prince Poker - www.princepoker.com

Coup de Poker - www.coupdepoker.com

E-poker.org - www.e-poker.org

France Poker Tour :
www.francepokertour.com

Goodi Poker - www.goodipoker.com

Poker - www.poker.fr

Poker de Mat - www.membres.lycos.fr/club-poker

Poker News - www.fr.pokernews.com

☞ En anglais :

Hendon Mob - www.thehendonmob.com

Home Poker Games - www.homepoker-games.com

Internet Texas hold'em - www.internettexasholdem.com

Online Poker - www.online-poker-777.com

Play Winning Poker - www.playwinningpoker.com

Poker Babes - www.poker-babes.com

Poker in Europe - www.pokerineurope.com

Poker Listings – www.pokerlistings.com

Poker News - www.pokernews.com

Poker Pages - www.pokerpages.com

Poker Savvy - www.pokersavvy.com

Poker School Online - www.pokerschoolonline.com

Poker Strategy Forum - www.pokerstrategyforum.com

Poker Works - www.pokerworks.com

Rec.Gambling.Poker - www.recpoker.com

Texas hold'em Poker - www.texasholdempoker.com

United Poker Forum - www.unitedpokerforum.com

☞ Sites de joueurs et d'experts :

Michel Abécassis - www.pokerfull.com/spip

Josh Arieh - www.josharieh.com

Andy Bloch - www.andybloch.com

Mike Caro - www.poker1.com

Bob Ciaffone - www.pokercoach.us

Devil Fish Poker - www.devilfishpoker.com

Annie Duke - www.annieduke.com

Chris Ferguson - www.chrisferguson.com

Fougan - pokeralille.free.fr/phpBB2/weblog.php?w=2

Jennifer Harman - www.jenniferharman.com

Phil Hellmuth - www.philhellmuth.com

Susie Isaacs - www.susieisaacs.com

John Juanda - www.johnjuanda.com

Lou Krieger - www.loukrieger.com

Howard Lederer - www.howardlederer.com

Chris Moneymaker - www.chrismoneymaker.com

Daniel Negreanu - www.fullcontactpoker.com

Evelyn Ng - www.evybabee.com

Greg Raymer - www.fossilmanpoker.com

Rolf Slotboom - www.rolfslotboom.com

John Vorhaus - www.vorza.com

☞ Sites des circuit internationaux :

EPT (European Poker Tour) - www.europeanpokertour.com

WPT (World Poker Tour) - www.worldpokertour.com

WSOP (World Series of Poker) - www.worldseriesofpoker.com

Étape 5 : Lisez des livres de perfectionnement

N'attendez pas d'avoir épuisé Internet (si tant est que vous y arriviez un jour) pour vous y mettre. Les commander sur Internet est devenu un jeu d'enfant, alors profitez-en, même sur des sites américains.

En français :
Poker de Tournoi (François Montmirel et Tom McEvoy, éditions FM)
Le Poker (Lou Krieger, Bornemann)
Poker Pro (Phil Hellmuth Jr, Bornemann)

En anglais :
Super System 2 (Doyle Brunson, Cardoza Publishing)
Harrington on hold'em (Dan Harrington, 2+2)
Championship Table (Tom McEvoy, Cardsmith)
Killer poker online (John Vorhaus, Lyle Stuard)
Caro's Book of Tells (Mike Caro, MCU)
Championship stud (Tom McEvoy, Cardsmith)
Championship hold'em (Tom McEvoy, Cardsmith)
Championship Omaha (Tom McEvoy, Cardsmith)
Championship no limit and pot limit hold'em (Tom McEvoy, Cardsmith)

Pensez à lire ces ouvrages, mais aussi à les relire souvent. Signalons aussi qu'existe un certain nombre de DVD d'intérêt, mais qu'ils sont tous en anglais (voir sites de distribution tels que www.gamblersbook.com).

Étape 6 : Jouez au poker en ligne

Ouvrez un compte dans un des meilleurs sites indiqués en fin du chapitre 14 ou conseillés par un ami. Puis commencez à mettre à profit vos connaissances et votre expérience en parties gratuites dans des jeux payants : tournois et/ou cash games.

Chacun s'adapte comme il veut : certains ne feront que des cash games, d'autres que des tournois, d'autres encore exclusivement des *sit & go*. Concernant les variantes, certains ne feront que du hold'em *no limit*, d'autres que du stud *limit*... D'autres encore n'auront pas de préférence et joueront à tous les râteliers ! Quand on a la chance d'avoir une large variété d'offres, il faut en profiter et faire valoir son choix optimum.

Pensez aussi à bien noter au fur et à mesure vos performances, exactement comme si vous jouiez offline.

Étape 7 : Jouez en parties privées

Le jeu en réel est deux à trois fois plus lent que le jeu en ligne. Donc faites preuve de patience quand vous jouez en partie privée. Engagez-vous seulement dans des parties où se trouvent des personnes de confiance.

Étape 8 : Jouez en club/casino

C'est très différent du jeu en partie privée ! Les joueurs sont plus sérieux, les gestuelles plus strictes. Quant aux tournois, c'est là que va pouvoir s'illustrer toute votre capacité à être patient et à savoir attaquer quand il le faut. Bref, à être ultradiscipliné. Car c'est la condition sine qua non pour remporter des tournois.

Pensez à jouer dans les établissements étrangers. L'Europe en compte beaucoup. Les voyages forment la jeunesse, c'est excellent pour l'ouverture d'esprit. Pour le poker, c'est aussi idéal car on apprend à s'adapter à des styles extrêmement différents. Les clubs/casinos étrangers sont cités dans les magazines spécialisés et dans les bases de données en ligne, comme www.thehendonmob.com.

Où acheter les livres ?

Vous pouvez commander les livres dans toutes les librairies, mais il est vrai que certaines sont plus spécialisées que d'autres dans ce domaine :

🖊 **En français :**
Callways - casino.callways.com
Damier de l'Opéra - www.damieropera.com
Hector Saxe - www.hector-saxe.com
Joker95 -
www.priceminister.com/boutique/joker95
PokerShopping - fr.pokershopping.com
Rouge et Noir - www.rouge-et-noir.fr
Variantes - www.variantes.com

🖊 **En anglais :**
CardSmith Publishing - www.pokerplus.com
ConJelCo - www.conjelco.com
Gambler's Bookstore -
www.gamblersbook.com
Gambler's General Store - www.gamblersge-neralstore.com
High Stakes - www.gamblingbooks.co.uk
Masters of Poker - mastersofpoker.com
Playersbooks - www.playersbooks.com
Poker Chips Uk - www.poker-chips.net/
Two Plus Two - www.twoplustwo.com

Cinquième partie
La partie des Dix

« Tu sais, Ed, si on avait pu savoir ce qui allait se passer, on t'aurait demandé d'éviter de mélanger les cartes. »

Dans cette partie...

ous les livres de la collection « *Pour les Nuls* » se terminent par des listes de *top ten*... et la bonne nouvelle pour vous, c'est que ce volume-là ne fait pas exception. Pourquoi changer une équipe qui gagne ? Nous vous offrons donc dix façons de mieux décrypter vos adversaires et nous vous présentons dix légendes... vivantes ou mortes. Puis viennent les dix clés du succès au poker. Ensuite, les dix choses importantes à considérer avant de passer pro. Après quoi on passera aux dix manières d'améliorer votre poker. Et enfin, dix leçons de poker pour la vraie vie.

Chapitre 17

Dix façons de mieux décrypter votre adversaire

• •

Dans ce chapitre :

▶ La psychologie du poker

▶ « Lire » un adversaire

▶ Repérer les bluffs

• •

L e poker est un savant dosage entre chance, stratégie et psychologie – il semble seul dans sa catégorie. Mais comparée à la stratégie, quelle est la place de la psychologie ? Vous pouvez gagner au poker sans rien comprendre à la psychologie, certes. Mais vous ne pourrez pas gagner au poker sans comprendre la stratégie. Il est donc primordial de connaître les rouages de la stratégie. Mais accrochez-vous, car ce que je vais écrire va vous paraître paradoxal : la psychologie peut générer la majorité du profit !

C'est pourtant vrai : après avoir maîtrisé les fondamentaux du poker, vous devriez devenir un bon joueur si tant est que la stratégie suive le mouvement. Évidemment, vous pourrez vous améliorer, mais la différence entre stratégie d'excellence et stratégie parfaite ajoutera peu dans vos profits – à moins de n'affronter que des joueurs de première force, ce que nous ne vous recommandons pas. Par contre, un vrai levier vers des profits réside dans la connaissance de la psychologie adverse. Si vous arrivez à entrer dans la tête de vos opposants, vous réussirez plus souvent à les faire payer quand vous êtes le meilleur et à les faire sortir du coup quand vous êtes le moins bon en cartes.

Dans ce chapitre, vous allez faire connaissance avec un des aspects les plus puissants de la psychologie pokérienne : les *tells*. Qu'est-ce donc ? Les *tells* sont des indices qui racontent quelque chose, des signes émis par les adversaires qui peuvent vous dire, par exemple, s'ils bluffent ou non. Surveillez bien le langage du corps de vos opposants et tendez l'oreille. Vous pourrez parfois déduire avec précision ce qu'ils ont en main.

Il y a deux sortes de *tells* :

✔ Les *tells* que les adversaires émettent inconsciemment.

✔ Les *tells* qu'ils émettent en jouant un rôle dans le but de vous induire en erreur.

Donc quand vous détectez un *tell*, vous devez deviner s'il s'agit ou non d'un *simulacre*. Si c'est le cas, vous devez comprendre ce que l'adversaire essaie de vous dire et agir en sens inverse.

Vos adversaires peuvent être amenés à simuler parce que le poker les jette dans une arène qui ne leur est pas familière. Ils savent qu'ils doivent simuler pour protéger leur main mais ils ne savent pas toujours comment. C'est pourquoi les débutants agissent systématiquement à l'inverse de leur force : ils simulent la force quand ils ont une main faible et vice versa.

Inutile d'aller dans une école de théâtre pour pister les indices révélateurs. Entrez simplement dans la tête de l'adversaire en étudiant notre liste des dix meilleurs *tells*, concoctée spécialement pour vous. Chaque *tell* est à classer dans la catégorie « sincère » ou « simulé ».

La main qui tremble

Les mains qui tremblent ne sont pas le fruit d'une simulation. Une théorie prétend que, si vous voyez quelqu'un qui tremble quand il fait une enchère, c'est un signal de nervosité soudaine qui prouve que le joueur bluffe.

Cette théorie est totalement dépassée. Car si un *tell* devait être sûr à 100%, ce serait celui-là. Peu de joueurs font un effort pour simuler la nervosité, et le réel tremblement est difficile à masquer. Voici la vérité : votre adversaire a réussi une *très forte main*. La main est, en fait, imbattable ou quasi. Ce que vous voyez est le relâchement de tension qui suit le suspense créé par l'attente de la carte salvatrice.

Certains joueurs sont constamment nerveux. Ils trembleront, qu'ils aient ou non une main valable. Le *tell* dont il est question ici ne les concerne évidemment pas : on parle ici de *tremblement soudain*, d'un joueur qui ne tremblait pas jusqu'ici mais qui se met à trembler. Ce comportement est particulièrement suspicieux si le joueur essaie de faire des efforts pour réprimer son tremblement sans tout à fait y arriver.

Le tremblement soudain n'est pas le signe d'un bluff, au contraire. Les joueurs qui bluffent tentent toujours de se dominer. Ils se forcent à rester hypercalmes et ils n'y arrivent évidemment pas. Ils tendent à réaliser en eux-mêmes que tout ce qu'ils font pourrait sembler suspect à un adversaire et ils n'ont qu'une peur : déclencher ce qu'on appelle le *réflexe de payer*.

Le réflexe de payer consiste chez le joueur à suivre votre enchère de façon instinctive. Il émerge chez la plupart des joueurs qui sont venus pour « voir de la carte », qui ont une tendance foncière à suivre l'enchère plutôt qu'à jeter leurs cartes quand ils n'arrivent pas à se décider. Ils cherchent des excuses pour suivre une ouverture. La plupart des bluffeurs s'en rendent compte instinctivement et évitent de faire quoi que ce soit qui puisse déclencher ce fameux réflexe qui les tuera (logique : le bluffeur ne veut pas être suivi). Il faut donc s'attendre à ce que les bluffeurs soient de marbre et rarement animés. Le tremblement soudain n'est pas une mise en scène mais un relâchement involontaire d'énergie après avoir complété sa main. Ne suivez pas, sauf à détenir une très bonne main.

Le trac

Avoir le trac et gigoter nerveusement ne sont pas des mises en scène. Les joueurs peuvent être impatients. Par exemple, ils peuvent tapoter la table frénétiquement et en cadence avec leurs doigts, puis ils misent, après quoi ils tapotent à nouveau la table avec leurs doigts. Votre main se dirige vers vos jetons et le tapotement s'arrête !

Comment l'interpréter ? Généralement, l'ouvreur est faible ou bluffe… En tout cas, il ne tient pas à être suivi. Un joueur qui possède une très bonne main continuera le plus souvent à être détendu devant le risque d'être payé. Quand on n'arrive pas à se décider entre suivre et passer, on utilise souvent la technique qui consiste à prendre les jetons comme si on allait suivre, pour voir la réaction du gigoteur. Si son action involontaire s'arrête (en l'occurrence, le tapotement de doigts, mais ce peut être autre chose), on peut suivre car la probabilité d'un bluff est élevée. Mais s'il ne s'arrête pas, il vaut mieux passer.

Le haussement d'épaules et la voix triste

Les haussements d'épaules et les voix tristes sont des mises en scène. À chaque fois qu'un joueur hausse les épaules, soupire puis dit « J'ouvre » ou « Je relance » sur un ton exaspéré ou découragé, il est blindé et il vous faut une très bonne main pour le payer. Ce joueur essaie de vous communiquer une forme de tristesse, de renoncement, qui est totalement simulée.

Maintenant, une question : « Pourquoi fait-il cela ? » S'il avait vraiment une main faible ou s'il bluffait, le montrerait-il avec tant d'insistance ? Évidemment non. Il joue la tristesse parce qu'il espère que, dans votre tête, cela se traduira par : « Il a un mauvais jeu. » Mais souvenez-vous la base : « Faible signifie fort » quand les joueurs font du cinéma.

Les changements de respiration

Un changement dans la respiration n'est pas une mise en scène. Ce *tell* inconscient est l'un des plus puissants, d'autant qu'il n'est pas visuel mais *sonore*. Si vous êtes assis près du joueur, vous l'entendrez facilement. Mais même en étant de l'autre côté de la table, vous pourrez le discerner par des mouvements du diaphragme.

La clé ici est que les joueurs à tirage qui complètent une forte main tendent à s'exciter et ont besoin, pour compenser, d'air en plus grande quantité. Cela se traduit souvent par une respiration plus rapide et plus profonde. Les joueurs qui bluffent, à l'inverse, essaient de déguiser leur respiration – parfois même ils se mettent en apnée, c'est-à-dire qu'ils la stoppent complètement. Ils craignent que ce qu'ils font déclenche le « réflexe de payer » chez l'adversaire, aussi restent-ils de marbre, comme paralysés. C'est le *syndrome de Carare*.

L'enchère misdirigée

Une enchère *misdirigée* est une mise en scène. Admettons qu'il y ait au moins trois joueurs. Vous attendez de l'ouvreur qu'il surveille le plus le joueur qui semble représenter la plus grande menace. Si vous semblez avoir la main la plus forte, d'après les cartes exposées et les enchères précédentes, alors vous serez la cible principale.

Mais que dire d'un adversaire qui, à la place, scrute un joueur qui n'est pas la menace principale, un joueur qui s'est contenté de suivre préflop sans enthousiasme ? Que dire si l'adversaire envoie ses jetons vers ce joueur *a priori* anodin ? Vous venez d'être témoin d'une enchère *misdirigée* et vous avez toutes les raisons de vous demander : « Eh, ho ! et moi alors, j'existe ? »

L'enchère *misdirigée* signifie généralement ceci : le joueur veut vous convaincre qu'il a vraiment peur de votre main mais il essaie de montrer qu'il est encore plus fort. Si vous ne pouvez pas déceler cette autre menace, vous pouvez en conclure généralement que l'enchère *misdirigée* est une mise en scène. Ne craignez pas de jeter vos cartes. Et si vous hésitez entre suivre et relancer, penchez vers la relance.

Trop d'emphase

L'emphase exagérée lors d'une enchère est une mise en scène. C'est l'un des *tells* les plus difficiles à déceler et vous devez vous entraîner à le repérer. Il ne s'agit pas de faire des enchères de façon extravertie. Ces enchères peuvent être une incitation à suivre ou un faux avertissement pour ne pas suivre, selon l'adversaire et la situation. Ce dont on parle est plus subtil.

Observez bien la fin du geste. Si le geste est lent et se termine rapidement, comme un petit coup de doigts relâchant les jetons, c'est une emphase exagérée et cela révèle le plus souvent une faiblesse en cartes. L'adversaire bluffe ou ne se sent pas à l'aise avec sa main. Pourquoi ce brusque minigeste en fin de dépôt des jetons ? Parce que le joueur pense au dernier instant qu'il n'a pas misé assez fort. Pourquoi devrait-il s'en soucier ? Seulement parce que la main n'est pas assez forte pour qu'il se sente à l'aise.

Donc, quand vous repérez cette emphase exagérée en fin de geste, ayez tendance à suivre davantage.

Le détournement du regard

Le détournement net du regard est une mise en scène. C'est même de l'intox ! Un joueur qui détourne le regard veut se rendre moins présent, veut se faire oublier volontairement pour que le maximum de joueurs suivent ses enchères. Il est donc plus dangereux qu'un joueur qui vous regarde.

Il y a deux possibilités avec ce joueur au moment où il détourne les yeux : soit il n'est pas intéressé par ce qui se passe (mais alors, pourquoi miserait-il comme il le fait ?), soit il agit pour vous tromper. C'est évidemment de cela qu'il s'agit.

Ne tombez pas dans le panneau. Sauf si vous avez une main très forte, checkez et passez. Si vous jouez une main moyenne, attendez-vous à vous faire relancer. Et ne bluffez jamais contre un joueur qui détourne les yeux !

Les réactions après avoir vu les cartes

Quand les adversaires regardent leurs cartes, ils ne jouent généralement pas la comédie parce qu'ils pensent que personne ne les voit. À moins de craindre de ralentir le jeu, il est idiot de regarder ses cartes quand eux-mêmes prennent connaissance des leurs. Vos cartes seront toujours là plus tard, elles ne vont pas s'envoler ni changer parce que vous les regarderez dans dix secondes. Donc au lieu de les regarder quand elles vous arrivent, regardez donc les expressions des adversaires.

Si le joueur regarde immédiatement ses jetons, c'est qu'il a aimé ce qu'il a vu et qu'il s'apprête à payer. Ce *tell* est renforcé s'il se complète immédiatement par un regard alentour qui paraît neutre voire désintéressé (là, c'est de la comédie).

D'un autre côté, votre adversaire peut ne pas regarder autour de lui. Si vous ne regardez pas, vous manquerez le regard furtif sur les jetons. C'est un *tell* particulièrement puissant au flop. Regardez vos adversaires regarder le flop. Vos n'avez pas besoin de le voir vous-même tout de suite, quelques secondes de retard ne vous seront pas dommageables.

Quand un adversaire regarde plus longtemps que d'habitude ses cartes de départ, c'est généralement parce qu'elles constituent une main borderline, c'est-à-dire à la limite du jouable. Il n'aurait pas besoin de la regarder si longtemps si c'était A-Q ou J-J car ces mains sont identifiées très vite. Donc dans ce domaine : « long » signifie faible et « rapide » signifie fort.

Anticiper les jetons

Anticiper la préhension des jetons quand un adversaire est en train de miser est souvent une mise en scène. Des joueurs faibles ou des débutants peuvent posséder des mains fortes quand ils avancent leur main vers leurs jetons par anticipation. Mais quand un joueur d'expérience le fait, c'est une mise en scène, une intox.

Si vous pensez entrer avec une main moyenne, regardez si votre adversaire anticipe le fait de suivre ou de relancer. Si c'est le cas, c'est souvent un acte délibéré pour vous empêcher de miser. Donc vous pouvez jouer toutes les mains moyennes que vous voulez puisque votre adversaire ne souhaitait pas que vous entriez avec.

Faites le tri

Voici un *tell* de plus : ne vous contrariez pas. La plupart des tells ne sont pas sûrs à 100 %. Vous pouvez utiliser des *tells* pour ajouter du poids à vos décisions finales, autant que vous devez prendre en compte les cartes visibles. Les *tells* sont juste un facteur à considérer en plus de l'action stratégique qui a conduit à la décision en cours – un facteur puissant, mais juste un facteur parmi d'autres.

Finalement, ne vous concentrez pas sur trop de joueurs à la fois. Nous recommandons de vous polariser sur un seul adversaire jusqu'à ce que vous « lisiez » les *tells* facilement. Essayer de tout voir peut monopoliser vos forces et, pour finir, vous pourriez ne rien voir.

Chapitre 18

(Plus de) dix légendes du poker

*L*e poker est le seul jeu populaire d'interactions humaines où il soit possible, à n'importe quel moment, d'affronter les meilleurs du monde. Il suffit de participer aux grands tournois internationaux qui se tiennent aux États-Unis ou en Europe pour vous retrouver face à face avec un ancien champion du monde comme Scotty Nguyen, Phil Hellmuth Jr. ou Huck Seed. Vous en avez déjà entendu parler ? Et Preston ? Ce nom vous est familier ? On le connaît davantage sous le nom d'Amarillo Slim. Si Le Texas hold'em *no limit* est votre jeu de prédilection, vous pourriez bien vous faire relancer un de ces jours par Johnny Chan, un vrai champion qui fait une apparition dans le film *Les Joueurs (Rounders)*. Chan est deux fois champion du monde et possède la bagatelle de dix titres mondiaux WSOP, la série la plus prestigieuse !

Si vous visitez Las Vegas, vous pouvez affronter en combat singulier Doyle Brunson, aussi connu sous le nom de « Texas Dolly ». Cette légende vivante a été deux fois champion du monde et continue, à plus de 70 ans, d'accumuler les victoires au plus haut niveau. Allez donc dans les casinos de Las Vegas, Los Angeles, Atlantic City, Londres et d'autres villes d'intérêt pokérien, et vous verrez des joueurs qui ont électrisé le jeu et subjugué des millions de téléspectateurs d'ESPN, de Discovery Channel, de Channel 4 et de Travel Channel qui ont, entre autres, diffusé les finales des plus grands tournois.

Ce qui distingue une « légende du poker » des autres joueurs de talent, c'est avant tout le degré de performance atteint par le joueur dans le respect de ses pairs. Les légendes du poker sont respectées parce qu'elles ont généralement gagné (et gagnent encore) le maximum d'argent. Elles ont aussi gagné (et gagnent encore) les titres les plus convoités. Leur jeu est craint et admiré. Elles ont une image publique puissante auprès des passionnés, quasiment un statut de star dans le monde du poker, comme cela se voit quand elles traversent une salle de jeu pour rejoindre leur place. Ce sont des icônes, des symboles selon les différents types de jeu – tel joueur reconnu pour son jeu « hyperserré », tel autre pour son accoutrement fantaisiste, tel autre pour ses coups de gueule légendaires…

Dans ce chapitre, nous vous présentons dix joueurs professionnels. Il est possible que vous rencontriez certains d'entre eux dans votre carrière de joueur de poker – en tout cas, pas les quatre premiers, vu qu'ils sont déjà morts. Au pire, vous entendrez ces noms cités en exemples autour des tables que vous fréquenterez.

Dix légendes du poker

Stu Ungar

À la fin des années 1970, Stuey « the Kid » Ungar a explosé sur la scène de Las Vegas avec la force d'une bombe atomique. Il y a indiscutablement un « avant » et un « après » Ungar en matière de poker de compétition. Après une enfance passée à New York, Ungar est devenu un véritable cerveau à la table. Avant de devenir un joueur de poker sans équivalent, il a littéralement dominé le monde du gin-rummy. Il a même remporté 10 000 dollars dans un tournoi à 15 ans. Il avait un tel talent qu'adolescent, il ne trouvait plus d'adversaire pour oser l'affronter. Puis Ungar est venu à Las Vegas à 24 ans et il s'est immédiatement plongé dans toutes les parties de poker qu'il a pu trouver.

Il a remporté le championnat du monde WSOP et le Super Bowl trois fois chacun, quand aucun joueur au monde n'est arrivé à remporter les deux une seule fois. Mais le génie qui l'a fait l'a aussi détruit. La vie d'Ungar était faite d'excès en tout genre. Son caractère déjanté et ses excentricités ont été amplifiés par des gains astronomiques et des pertes abyssales. Aussi brillant qu'il pouvait être, Ungar était handicapé par des problèmes personnels qui étaient essentiellement dus à son comportement. Ce qui a mené à sa mort tragique en 1998, à l'âge de 45 ans.

Citation la plus mémorable : « Je ne veux qu'une seule chose : détruire ceux qui se trouvent à ma table. »

Johnny Moss

Johnny Moss a été appelé le « Grand Old Man of Poker » pour une bonne raison : il a joué au poker presque tous les jours de sa vie d'adulte, jusqu'à son 89ᵉ anniversaire. Originaire du Texas, Moss a connu les temps héroïques du circuit des salles illégales du sud des États-Unis pendant la Grande Dépression, jusqu'à gagner l'ultime respect de ses pairs comme professionnel voyageur. Moss a lancé le concept de poker spectacle en participant à ce qui restera sans doute comme le plus grand tête-à-tête de tous les temps : son duel contre Nick « the Greek » Dandalos en 1949 à Las Vegas, en stud à 5 cartes, qui a duré 21 semaines.

Moss s'est ensuite installé définitivement à Las Vegas pour régner sur la salle de poker du Dunes, casino aujourd'hui disparu, qui était à l'époque La Mecque des grands pokermen. Moss a gagné le championnat du monde WSOP trois fois (record égalé seulement par Stu Ungar). Si les WSOP avaient commencé plus tôt, personne ne peut savoir combien il en aurait gagné ! Il a disparu en 1997.

Citation la plus mémorable : « Si les événements deviennent plus durs, alors devenez plus dur vous aussi. »

Jack « Treetop » Straus

Tout le monde appelait Jack Straus « Treetop » (cime d'arbre) parce qu'il ne mesurait pas moins d'un mètre quatre-vingt-douze et portait une barbe fournie. C'était un homme adorable, une figure unique qui avait un cœur gros comme ça, avec la réputation qu'un dollar en poche suffisait pour démarrer une séance de jeu. Straus était quelqu'un de généreux qui distribuait les dollars par poignées autour de lui, des dollars qu'il transportait inconsidérément dans des sacs de papier kraft. Plus d'une fois, Straus oubliait le sac et revenait chez lui sans un sou vaillant. Il dédramatisait ces pertes avec un commentaire sibyllin : « C'est la vie. »

Straus était un pur joueur de hold'em *no limit*, certainement l'un des meilleurs de son époque. Il a remporté le championnat du monde WSOP en 1982. Pendant des années, le Frontier Casino a organisé un tournoi majeur qui portait son nom et qui attirait les meilleurs. Il est décédé d'une crise cardiaque en 1988 à Los Angeles, pendant qu'il jouait au poker. Il ne fait pas de doute que Straus est mort avec un sourire aux lèvres, car la Grande Faucheuse est passée à un moment où il pratiquait son activité préférée.

Citation la plus mémorable : « J'ai un temps limité sur cette terre et j'entends bien en vivre chaque seconde à plein. »

Benny Binion

Un des tout premiers grands patriarches de Las Vegas. Beeny Binion avait démarré en organisant des paris illégaux et des escroqueries au jeu à Dallas dans les années 1930. Binion est arrivé à Las Vegas en 1946 (la légende veut que c'était pour échapper à une accusation de meurtre au Texas) et a acheté l'Eldorado Casino qui allait à la ruine. Il l'a rebaptisé Binion's Horseshoe. Il est bientôt devenu l'épicentre du jeu d'argent de la ville. Le Horseshoe n'avait pas vraiment été construit pour le touriste lambda. C'était un endroit destiné aux « vrais » joueurs.

Pendant plus de quarante ans, l'offre de Binion a tenu : il acceptait une mise de n'importe quel montant. Plus d'un ambitieux s'est risqué à provoquer Binion dans une partie à la mise énorme, ce qui a donné lieu à des centaines d'aventures incroyables qui font partie du folklore du Binion's, comme des flambeurs entrant dans le casino avec une valise remplie de grosses coupures prêts à la jouer sur un seul jet de dé à la table de craps. Mais le véritable amour de Binion était le poker.

En 1970, Binion a décidé d'essayer de dupliquer le succès du duel qui avait opposé Johnny Moss et Nick Dandalos vingt ans plus tôt. Il a invité tous les grands joueurs de poker au Horseshoe pour ce qu'il voulait être un championnat du monde. Les World Series Of Poker (WSOP) étaient nées. Aujourd'hui, le festival n'a plus lieu au Binion's, et le jour où les bonnes habitudes ont changé, en 2004, ce bon vieux Benny a dû se retourner dans sa tombe. Mais il existe toujours et a pris des dimensions gargantuesques tout en restant le plus grand festival de poker de l'année. Il s'est en plus émaillé d'un « circuit WSOP » qui sanctifie la « griffe » WSOP comme une marque de qualité. Benny Binion est mort en 1989.

Citation la plus mémorable : « Traitez les gens convenablement et le reste coulera de source. »

« Amarillo Slim » Preston

Probablement le joueur de poker le plus célèbre au monde. Le charme naturel et la sympathie d'Amarillo Slim ont transformé son surnom en véritable nom de scène. Thomas Austin Preston est né en Arkansas et a pris son surnom bien des années plus tard, quand il a acheté un ranch dans l'ouest du Texas avec ses gains au jeu. Dans son jeune temps, Slim n'a pas gagné son argent à la table de poker mais au billard. Après un séjour dans la Navy, Slim a gagné 100 000 dollars en cash (et cinq voitures, si on en croit la petite histoire) en voyageant le long de la côte ouest.

C'est sa performance aux WSOP 1972 (où il a gagné le championnat du monde) qui le catapulte parmi les grandes légendes du poker, au même titre que Doyle Brunson, « Sailor » Roberts et Johnny Moss. Même après cette date, Amarillo Slim est resté redoutable dans les tournois, qu'il a gagnés par dizaines. En plus de ses prouesses pokériennes, le vrai génie de Slim a été de se présenter comme symbole visuel du joueur de poker, avec ses expressions colorées et son fameux chapeau de cow-boy à larges bords qui ont marqué des millions de téléspectateurs. C'est ainsi que notre homme est apparu une douzaine de fois dans l'émission *The Tonight Show* en plus de ses nombreuses interventions radiophoniques. Slim est aussi réputé dans le monde du poker de compétition en organisant ce qui est devenu le deuxième festival en importance après les WSOP, à savoir le Super Bowl of Poker. Amarillo continue d'écumer les plus gros tournois.

Doyle Brunson

« Texas Dolly » est né dans l'ouest du Texas poussiéreux, à Longworth précisément, en 1933. Il a gagné une bourse en basket-ball pour l'université Hardin-Simmons et a été entraîné par les ex-Lakers de Minneapolis. Juste avant le projet de la NBA, Brunson s'est cassé le genou et l'histoire du poker (peut-être aussi celle du basket-ball) s'en est trouvée changée. Il a poursuivi ses études et a passé un diplôme éducatif, a été de salle en salle dans les hauts lieux du jeu les plus illégaux du Sud comme beaucoup de ses contemporains, gagnant des milliers de dollars en contournant la loi et en se faisant voler lui-même au moins une douzaine de fois.

Brunson a gagné deux fois de suite le championnat du monde WSOP, en 1976 et 1977. Il a aussi terminé deuxième en 1980, derrière… Ungar. Brunson a ainsi remporté dix tournois WSOP, dont le plus récent est, en 2005, le hold'em *no limit* à 5 000 dollars. En 1999, Brunson a défié les statistiques en terminant à la table finale du premier Tournament Of Champions, auquel ont participé plus de 500 joueurs titrés. Brunson est également respecté pour ses contributions au développement du poker, notamment par son livre surnommé la « bible » du poker, *How I won one million dollars playing poker*, aussi appelé *Super/System*, publié pour la première fois en 1978. Aujourd'hui, Brunson habite à Las Vegas et joue encore presque chaque jour dans les plus grosses parties du casino Bellagio.

Johnny Chan

Connu sous le surnom d' « Oriental Express », Chan est arrivé aux États-Unis en provenance de Chine quand il avait 9 ans. Ses parents, qui fuyaient les persécutions de la révolution culturelle de Mao, se sont installés à Houston où ils ont ouvert un restaurant. À 21 ans, Chan est venu à Las Vegas pour travailler comme cuisinier au Glitter Gulch de Fremont Street. Il jouait souvent au poker après son service, parfois même il n'avait pas le temps de tomber le tablier ! Chan a fini par gagner assez d'argent pour quitter son travail de cuisinier et devenir joueur de poker à plein temps.

Il a ainsi fait la navette entre les grosses parties de Las Vegas et de Houston pendant dix ans, gagnant au passage son premier championnat du Monde en 1987. L'année suivante, rebelote : il remporte son deuxième titre. En 1989, Chan était bien disposé à remporter son troisième titre d'affilée, ce qui aurait été une première. Mais c'est Phil Hellmuth qui le battra sur le fil, et Chan finira deuxième. Depuis, Chan ne se consacre qu'aux plus grosses parties, ce qui ne l'empêche pas de tâter du cinéma, comme dans Les Joueurs en 1998, film célèbre avec Matt Damon. En 2005, Chan détenait le record des bracelets d'or WSOP, avec 10 titres WSOP dont deux championnats du monde, ex aequo avec Brunson.

Phil Hellmuth Jr.

Il se définit lui-même comme « le sale môme du poker ». C'est un des joueurs les plus intrigants et controversés du circuit. Il lui arrive de s'énerver comme un enfant capricieux à la table, au plus haut niveau, ou de jouer comme un dieu concentré et magnanime, alors qu'à d'autres moments il joue si mal qu'un débutant pourrait le battre. Originaire de Madison, dans le Wisconsin, Hellmuth est le fils d'un doyen d'université. Il a commencé à jouer régulièrement à l'université du Wisconsin, où il s'est aperçu que le poker l'intéressait autrement plus que les études.

À l'âge de 24 ans, Hellmuth a participé à ses premières WSOP. Il a étonné tout le monde en venant à bout du double champion du monde Johnny Chan et en devenant le plus jeune champion du monde, record toujours à battre aujourd'hui. Hellmuth n'a pas son pareil pour terroriser le circuit du poker avec des trends gagnants phénoménaux. En 1991, il a terminé dans le top 5 des tournois du Hall of Fame au Horseshoe. Deux ans plus tard, il réussissait le tour de force de gagner trois titres WSOP d'affilée, exploit égalé par Ted Forrest la même année. Il a aussi remporté le Hall of Fame en 1995. Plus près de nous, il s'est adjugé le championnat d'Europe PokerEM en 2000 et le premier National Heads up Championship en 2005. Curieusement, les plus gros succès de Hellmuth ont été en hold'em, alors qu'il préfère d'autres pokers. Aujourd'hui, il vit à Palo Alto, près de Los Angeles. On le voit toujours dans les plus gros tournois.

Scotty Nguyen

L'histoire de Thuan « Scotty » Nguyen est vraiment une success story à l'américaine. En anglais, Nguyen se prononce *win*, c'est-à-dire « gagner ». Il a quitté le Vietnam en 1979 à bord d'un petit bateau qui s'est échoué dans le Pacifique Sud. Il a été récupéré par un vaisseau de la US Navy et ramené aux États-Unis. Nguyen est arrivé ainsi sans un sou et s'est finalement installé à Chicago.

À 21 ans, Nguyen a déménagé pour Las Vegas où il a commencé par travailler comme donneur de cartes. À ses moments perdus, il jouait au poker dans les petites tables et s'inscrivait dans de petits tournois comme c'était courant à Las Vegas (et l'est toujours). La décennie suivante, il est devenu de plus en plus redoutable et a arrêté de donner les cartes pour jouer au poker à plein temps. Son premier grand succès a été sa victoire dans l'Omaha *high-low* WSOP en 1997. L'année suivante, à 35 ans, il a remporté le championnat du monde WSOP en battant 350 joueurs.

Chris Moneymaker

Moneymaker signifie en anglais « faiseur d'argent » – et ce n'est pas un pseudonyme ! Personne n'avait entendu parler de lui avant qu'il ne remporte le championnat du monde WSOP 2003. Moneymaker marque un tournant radical dans le championnat du monde. Du fait des satellites innombrables (tournois qualificatifs) organisés sur Internet pour participer au championnat du monde WSOP, ce tournoi accueille maintenant beaucoup plus de concurrents. Ils n'ont pas payé les 10 000 dollars d'inscription, mais certains une poignée de dollars seulement, grâce à l'effet satellite ! Moneymaker est le premier dans l'histoire à s'adjuger le plus grand tournoi du monde sans être un véritable joueur de poker *offline*, mais un fanatique joueur *online*.

Il s'est inscrit à un satellite à 40 dollars sur le site PokerStars, a gagné sa qualification et s'est donc trouvé parachuté en mai 2003, tous frais compris, au milieu du plus grand tournoi du monde. Il n'est pas seulement le symbole de la montée inexorable d'Internet, mais aussi la preuve que n'importe qui ou presque peut faire partie de l'élite. Il n'en reste pas moins qu'il a combattu cinq jours d'affilée comme les autres, battant finalement Sam Farha de Houston avec un full aux Cinq par les Deux. Son prix : 2,5 millions de dollars, dont il s'est empressé d'en donner 25 000 à la recherche contre le cancer. Il a reconnu après le tournoi qu'il avait eu beaucoup de chance, qu'il avait beaucoup bluffé mais qu'il n'avait jamais été pris en défaut. Ce que prouvent les images télévisées de ses plus gros coups.

Auparavant, Moneymaker était un comptable de 27 ans (comme Tom McEvoy, champion du monde 1983) originaire du Tennessee qui complétait ses journées avec un deuxième boulot pour nourrir sa petite famille. Depuis, il n'a pas fait d'étincelles dans les tournois internationaux. Mais il y aura un « avant » et un « après » Moneymaker.

Mentions honorables

Nous nous sommes limités à dix légendes du poker mais on aurait pu en ajouter beaucoup d'autres. Les voici donc :

T. J. Cloutier : un des plus grands, un vrai pro qui a pratiquement tout gagné à part le championnat du Monde.

Mike Caro : plus qu'un joueur, il est le « Mad Genius of Poker » et a fondé la Mike Caro Poker University.

Susie Isaacs : deux fois championne du monde féminine.

Barbara Enright : très grande joueuse avec trois titres WSOP.

Bill Boyd : connu comme le « père du poker moderne » pour ses contributions précieuses dans le management des clubs spécialisés.

David « Chip » Reese : a été considéré à un moment comme le meilleur joueur du monde.

Erik Seidel : présent à tous les grands rendez-vous, ce joueur talentueux a frôlé le championnat du monde WSOP mais a gagné à peu près tout le reste.

« Puggy » Pearson : réputé pour ses citations à l'emporte-pièce, ses cigares griffés et son titre de champion du monde WSOP 1973.

Tom McEvoy : champion du monde WSOP 1983, c'est aussi un très bon analyste, auteur de plusieurs ouvrages de haut niveau.

Robert « Harpo » Burton : un des plus grands amateurs.

Joueurs plus récents

Parmi ces joueurs se trouvent déjà de très grands, mais peu d'entre eux ont plus de dix ans de poker professionnel derrière eux.

Dave « Devilfish » Ulliott : Anglais qui fait très peur aux Américains et qui accumule les titres.

Marcel « Flying Dutchman » Luske : Néerlandais qui fait très peur aux Américains et qui accumule les titres. On le reconnaît à ce qu'il porte ses lunettes noires à l'envers.

Daniel Negreanu : Canadien qui a battu de nombreux records de gains. Propose un défi permanent : relever tous les matchs en tête-à-tête pour un enjeu de 100 000 à 500 000 dollars chacun.

Gus Hansen : redoutable Danois qui accumule les titres en hold'em no limit.

Phil Ivey : surnommé le « Tiger Woods » des tapis verts, c'est une vedette des finales télévisées.

Howard Lederer : ancien joueur d'échecs qui multiplie les performances dans les plus grands tournois.

Annie Duke : sœur du précédent, obtient de très bons résultats dans les plus grands tournois.

Jennifer Harman : joueuse dans les grosses parties de Las Vegas, c'est aussi une performeuse d'exception en tournoi.

Isabelle Mercier : Canadienne très présente dans les tournois internationaux.

Thomas Kremser : Autrichien, a beaucoup fait pour l'extension du poker en Europe, en commençant au Concord Card Club de Vienne, puis en créant l'International Poker Federation et en participant à la création de l'European Poker Tour.

Joueurs français

Chaque année, de nouveaux joueurs français arrivent à se hisser à de très bons niveaux dans les compétitions internationales. Mais il en est certains qui arrivent à le faire à peu près chaque année.

Patrick Bruel : le plus prestigieux et le plus emblématique, car en plus acteur et chanteur-compositeur (et non des moindres). Titulaire d'un titre mondial WSOP en 1998. A été le premier commentateur français de tournois internationaux télévisés (sur Canal+ en 2005).

Claude Cohen : titulaire d'un titre mondial WSOP en 1997. Exemple de sportivité et de concentration.

David Benhyamine : adversaire rude au jeu réfléchi et varié. Unique Français à avoir remporté un tournoi du WPT (World Poker Tour), en 2003.

Bruno Fitoussi : initiateur des grandes compétitions françaises, est aussi champion du monde de poker en tête-à-tête (en 2000).

Pascal « Triple P » Perrault : modèle de patience et d'agressivité sélective. Classé premier européen en 2000. Possède un palmarès brillant, dont le prestigieux EPT (European Poker Tour) en 2005.

Michel Abécasssis : bridgeur de renommée internationale et commentateur de l'EPT sur Eurosports. Obtient de bons résultats dans les grands tournois.

Paul Testud : très souvent à l'étranger dans les grands tournois où il joue toujours les premiers rôles.

Jan Boubli : vainqueur d'un difficile EPT (European Poker Tour) en 2005. Ce joueur éclectique s'est internationalisé et cela lui réussit.

Thomas « Furious Frenchman » Fougeron : une valeur montante de la nouvelle génération, un instinct hors pair en hold'em no limit.

Gilbert Gross : titulaire d'un titre WSOP en 1988. Pionnier, le premier des Français titrés à l'étranger. Même s'il joue peu aujourd'hui, c'est lui qui a ouvert la voie.

Les filles et le poker

Les filles et le poker connaissent une belle histoire d'amour… mais une histoire d'amour contrariée.

Le poker est résolument un jeu d'hommes. Il est d'ailleurs l'apanage des saloons de l'Ouest (peu fréquentés par la gent féminine) et des cercles parisiens d'antan qui n'ont ouvert leurs portes au beau sexe qu'en… 1986 ! Il n'en demeure pas moins que les femmes sont joueuses dans l'âme, comme elles sont des amoureuses passionnées. Le plus beau film sur le poker et les femmes est sans conteste *Maverick*, où Jody Foster campe une aventurière qui ressemble étrangement, par certains côtés, aux professionnelles du poker d'aujourd'hui.

En dehors de son passé social, le poker n'est pas plus un jeu d'hommes qu'un jeu de femmes. Et un jour ou l'autre, le champion du monde sera une championne. Déjà, ces dames obtiennent de plus en plus de podiums. Le plus spectaculaire a été celui gagné en septembre 2004 par Annie Duke lors du Tournament Of Champions (gain : deux millions de dollars). Les joueuses s'organisent, elles ont leur magazine : *Woman Poker Player*. Un site Internet leur est même consacré : www.WomensPokerClub.com. Il reconnaît quatre groupes d'adversaires mâles : les chauvins, les machos, les flirteurs et les... normaux, qui considèrent les femmes comme des joueuses à part entière.

Pour se faire respecter à une table de poker, les femmes doivent jouer plus agressivement que leurs adversaires. C'est ce qui ressort des témoignages de professionnelles. La grande puissance des femmes au poker ? Elles sont plus patientes et plus disciplinées que les hommes. Un homme sera toujours plus déstabilisé par le regard d'une femme qui vient d'enchérir que par celui d'un homme. Les joueuses de caractère ont donc de beaux jours devant elles.

Citons parmi les plus grandes championnes de poker actuelles :

Barbara Enright (USA) : professionnelle depuis 1994, elle possède trois titres mondiaux WSOP.

Annie Duke (USA) : sœur du champion Howard Lederer, lui-même crack aux échecs. Mère de famille, possède deux titres WSOP et le titre de Tournament Of Champions 2004. Professionnelle depuis 1994.

Isabelle Mercier (Canada) : un bloc de glace, par ailleurs sympathique en dehors des tournois. Se classe couramment dans les plus grands tournois. Professionnelle depuis 2003.

Jennifer Harman (USA) : possède deux titres WSOP. Professionnelle depuis 1995. Elle ne craint pas de se frotter aux plus grands, y compris dans les grosses parties des plus prestigieux casinos de Las Vegas.

Lucy Rokach (Royaume-Uni) : ancienne enseignante, elle est professionnelle depuis la fin des années 1990. Révélée par sa victoire au Grand Prix de Paris en 1999.

Chapitre 19
Dix clés pour le succès

• •

*L*es conseilleurs ne sont pas les payeurs ? Exact ! Mais nous sommes du bon côté de la barrière, alors nous en profitons au maximum. Comme dans presque toute activité humaine, le talent est quelque chose qui apparaît quand on commence la pratique, mais le caractère et la capacité à adhérer à la discipline valent aussi. Le poker ne fait pas exception.

« Connais-toi toi-même »

Une image particulière peut servir à certains joueurs mais peut en desservir d'autres. Certains joueurs se plaisent mieux en *cash games*, d'autres en tournoi. Connaissez-vous vous-même et vous choisirez mieux les lieux et les façons qui vous feront gagner le plus.

Soyez responsable

Ce à quoi vous aboutissez en fin de compte, c'est le produit de votre propre jeu. Si vous n'arrivez pas à vous habituer à suivre vos résultats semaine après semaine, vous ne réussirez pas.

Soyez studieux

Faites votre devoir à la maison, un peu comme un écolier. Revenez en permanence dans les bons livres. Visitez régulièrement les bons sites Internet d'information, qui s'enrichissent chaque semaine de *news* inédites.

Planifiez

Quel est votre but comme joueur de poker ? Voulez-vous juste vous amuser ou avez-vous un but financier précis ? (Par exemple, gagner 100 euros par mois en moyenne la première année.) Cherchez-vous à devenir un très bon joueur de tournoi ? Voulez-vous être le meilleur joueur de hold'em *no limit* sur la table à 200 dollars ? Si vous n'avez pas de plan pour vous-même, soyez certain que vous faites partie d'un plan adverse !

Fixez-vous des limites

Si vous prévoyez de jouer au maximum 30 heures par semaine, faites-le mais tenez-vous y. Evitez tout dérapage. Car si vous voulez vous donner le temps de lire le dernier livre paru, ce ne sera pas possible si vous explosez votre réserve en temps de jeu.

Soyez réaliste

Il est tout à fait louable de se fixer un objectif élevé, mais encore faut-il que vous puissiez l'atteindre. Un objectif trop élevé est générateur de déception et de frustration. Il vaut mieux atteindre un objectif modeste que ne pas atteindre un objectif trop ambitieux. D'ailleurs, quand on est en train de perdre, il vaut mieux se contenter de petits gains, car s'ils ne redressent pas la barre financièrement, au moins ils redressent le moral. Et un bon moral est une condition *sine qua non* pour gagner.

Attendez-vous à des difficultés

Le poker n'est pas une ligne droite dépourvue de nids de poule. Le hasard s'en mêle. Un jour vous réussirez un bon résultat, et le lendemain, *avec la même discipline et la même rigueur*, vous serez perdant. Si vous pensez que ce sera différent avec vous, essayez donc et vous verrez que c'est vrai. Ce qui compte, c'est le résultat sur un nombre important de sessions successives.

Contentez-vous de petits résultats

Vous vouliez gagner 100 dollars par jour et vous n'en gagnez que 10 ? Est-ce vraiment un échec ? Savez-vous qu'à peine 15 % des joueurs de poker gagnent ? Vu sous cet angle, contentez-vous donc de vos 10 dollars ! Il n'est jamais trop tard pour s'améliorer, alors poursuivez. D'ici six mois, ces 10 se seront peut-être transformés en 30, puis en 50... N'oubliez pas une chose : il vaut cent fois mieux un petit gain qu'une grosse perte. C'est évident, mais parfois, certains joueurs entêtés finissent par déraper, ce qui conduit à des coups malheureux qui leur font perdre beaucoup en peu de temps.

Persistez

Ce n'est pas parce que votre parcours est en dents de scie (gagnant/perdant) que vous êtes incurable. Seuls les teigneux, ceux qui insistent lourdement, arrivent à quelque chose dans la vie, si tant est qu'ils gardent leur sang-froid et leur clairvoyance. Si à un moment ou à un autre, vous vous soupçonnez de faire une erreur récurrente, testez-la immédiatement sur votre logiciel de simulation, puis rectifiez-la.

Amusez-vous

Ça peut paraître paradoxal après ce qu'on a vu avant, mais c'est pourtant vrai. Le poker ne doit jamais être un pensum, une obligation, ni un exercice obligé. Vous devez vous détendre en jouant, tout en jouant de la façon la plus disciplinée et créative possible.

Chapitre 20

(Presque) Dix choses à considérer avant de devenir pro

• •

*P*our la quasi totalité des joueurs de poker récréatifs, devenir un jour professionnel est un rêve. Se lever quand on veut, travailler quand et où on en a envie, exercer son métier pratiquement n'importe où... De Londres à Las Vegas, de Paris à la Californie, de l'Autriche aux Pays-Bas, les salles de poker vous tendent les bras. Alors qu'est-ce qui peut vous arrêter ? Seulement la réponse à cette question : « Est-ce que jouer au poker peut me suffire pour vivre ? »

Le poker n'est pas un métier comme les autres

Le poker diffère des autres métiers au moins sur un point : le salaire n'est pas régulier. Il y a même des mois noirs où vous aurez un salaire négatif, c'est-à-dire une perte ! Rendez-vous compte que même les employés payés à la commission n'ont jamais de salaire négatif, même les mois où ils ne vendent rien. Le poker est un des rares métiers où vous allez au travail et où vous pouvez en revenir moins riche. Un comble !

Un comble, mais une réalité qu'il faut être prêt à assumer dès le départ. Ça fait partie de la règle du jeu. Si vous n'êtes pas capable de l'accepter, laissez tomber tout de suite. Pourtant, chaque jour des personnes vivent du poker. Peu d'entre elles l'ont fait sur un coup de tête : c'est une décision qui doit être mûrement réfléchie. Certains se mettent au poker à plein temps quand ils ont pris leur retraite – peut-être justement parce que leur pension n'est pas très élevée et qu'ils ont tout leur temps pour attendre les bonnes cartes et gagner un complément de retraite.

Combien y a-t-il de pros ? Il n'y a aucune statistique, hélas. Mais nous sommes prêts à parier que la majorité des joueurs de poker professionnels vont arrêter avant un an parce qu'ils auront mangé leur capital de départ. N'oubliez pas que 15% des joueurs de poker au mieux sont gagnants durables. Parmi eux se trouve une bonne partie des professionnels, mais pas tous : certains n'arrivent pas à maintenir leur barque à flot, et ceux-là ne resteront pas professionnels longtemps car travailler pour perdre de l'argent n'est pérenne pour personne.

Et puis il existe deux sortes de professionnels :

- Les vedettes, les stars des grands tournois internationaux, pour lesquels jouer ne coûte rien ou presque puisqu'ils se font sponsoriser, généralement par des sites de jeu en ligne ;

- Les anonymes, les bosseurs, les sans-grade à qui on ne donne pas un euro pour jouer mais qui doivent couvrir leurs frais et dégager des profits suffisants pour s'assurer un train de vie correct.

Comment savoir si on peut vivre du poker ? Pour une profession relativement instable, le joueur régulier qui envisage le professionnalisme peut s'appuyer sur certains éléments immuables. En voici quelques-uns.

Enregistrez vos résultats

Quelqu'un qui envisage sérieusement de vivre du poker doit tenir un « journal » de résultats avec dépenses et recettes, comme un épicier. Et le faire assidûment. Même si vous êtes fatigué, si l'ambiance est mauvaise à la maison, si vous avez été bloqué dans un embouteillage et si vous n'avez pas pu jouer à votre meilleur niveau. Quand vous jouez pour vivre, vous n'avez pas d'excuse. Seuls les résultats comptent et ce sont eux qui feront foi ensuite.

Ne jouez que quand vous êtes au mieux de votre forme

Un des signes distinctifs du vrai professionnel est la façon dont il joue quand il ne tient pas la meilleure forme. Il est évident que, si vous jouez tous les jours au poker, vous n'allez pas être hyperperformant tous les jours. Si vous sentez que vous n'êtes pas capable de jouer à votre meilleur niveau, *ne jouez pas ce jour-là*. Portez-vous pâle (enfin, c'est une façon de parler). Souvenez-vous que votre activité vous libère des contraintes horaires. Donc si vous ne pouvez pas jouer au mieux, ne le faites pas. Sinon vous allez perdre et vous ne pouvez pas vous le permettre.

Obtenir de bons résultats

Si vous n'obtenez pas de bons résultats aujourd'hui, vous n'êtes pas prêt pour jouer en pro demain. Personne ne peut vous arrêter, mais sans un minimum de bons résultats, vous ne pouvez pas prétendre à devenir pro. Si vous avez une famille, aussi petite soit-elle, c'est encore plus grave : des pertes au poker rejailliront sur elle et c'est ce qu'il faut éviter. Vous devez avoir le sens des responsabilités. Les sols des casinos sont jonchés d'âmes de joueurs qui ont eu trop d'espoir et ont manqué de réalisme.

Décidez où jouer

L'endroit où vous décidez de jouer doit être près de chez vous. Vous devez vous en rapprocher et vous installer à côté. Exactement comme si vous aviez été muté dans une ville particulière pour votre travail et que vous deviez y déménager. Jouer en France n'est pas simple parce que les cercles sont peu nombreux… et que les joueurs sont peu nombreux aussi, toutes proportions gardées. Cela étant, vous pouvez aussi décider de devenir pro sur Internet. Auquel cas, l'endroit le plus éloigné de la province la plus perdue de France peut faire l'affaire, si tant est que vous puissiez avoir le haut débit (c'est préférable quand on joue en ligne). Vous pouvez aussi aller à l'étranger, Londres ou Las Vegas par exemple.

Vous vous rendez compte en cours de route que les limites d'enchères utilisées vous empêchent d'atteindre vos objectifs de gain parce qu'elles sont trop faibles ? Alors vous devez passer à la table supérieure… mais les joueurs de cette table seront en moyenne meilleurs que les joueurs de la table précédente… meilleurs, donc plus difficiles à battre, ce qui veut dire moindre rentabilité. Il n'est donc pas dit qu'en changeant de table vous amélioriez vos résultats. Si c'est un problème insoluble pour vous, laissez tomber l'idée de devenir pro.

Utilisez les statistiques pour prévoir vos résultats

Si vous pensez que vous pouvez être gagnant durable dans les tables que vous souhaitez fréquenter, essayez de déterminer votre gain horaire moyen. Vous pouvez ensuite utiliser des statistiques pour vous aider à déterminer ce que vous allez gagner sur le long terme. Ce qui implique de calculer votre écart-type (voir chapitre 9).

Par exemple, si vous jouez au hold'em *limit* à 20-40 euros pendant 900 heures, votre écart-type peut être de 20 petites limites par jour, c'est-à-dire de 400 euros par jour. Nous avons tous des écarts-types différents. Le vôtre dépendra d'un certain nombre de facteurs, dont le style de jeu, celui de vos adversaires ou le caractère actif ou passif de la partie.

Quand vous serez familier avec le concept de l'écart-type, vous commencerez à le considérer comme un outil salutaire pour qualifier et pour décrire votre gain horaire moyen. Vous comprendrez aussi que la stratégie du poker est à mi-chemin entre le jeu agressif (qui maximise votre taux de gain) et la mesure des risques (qui minimise la variance ou les écarts de votre expérience).

Déterminez votre tolérance au risque

Les réponses aux questions du genre « Comment dois-je jouer cette main ? » dépendent vraiment de votre tolérance au risque. Et vous êtes libre de choisir votre style de jeu. Il n'y a pas de réponse juste ni de réponse fausse. Vous pouvez vous sentir à l'aise en adoptant un style de jeu qui a pour but d'atteindre le taux de gain le plus élevé – et avec lui, une variance nettement plus forte. Vous pourriez gagner autant en jouant plus précautionneusement mais vous devrez rester plus longtemps à la table pour atteindre ce gain.

Si cela semble être une anomalie, pourtant il n'en est rien. C'est aussi pourquoi les joueurs agressifs – ceux qui tirent parti du moindre petit avantage pour maximiser leur taux de gain – courent un risque plus grand de tout perdre que les professionnels qui travaillent comme des fourmis avec d'infinies précautions.

Pas d'autorisation nécessaire

Il n'y a pas de patte blanche à montrer, nulle part, pour exercer comme joueur de poker professionnel. Tout le monde peut le faire, sans restriction. Et qui sait, vous pourrez réussir au-delà de vos espérances. Mais notre meilleur conseil est double : rester constamment scrupuleux sur la notation des résultats et tenir le plus grand compte de votre écart-type pour anticiper votre gain. C'est une simulation qui vous évite de gros problèmes ensuite.

Et votre statut ? Adoptez de préférence celui de travailleur indépendant. Joueur professionnel n'est pas un métier interdit par la loi : vous pouvez être déclaré et payer vos charges sociales et vos impôts si tant est que vous teniez une comptabilité sérieuse, c'est-à-dire un « journal » dans lequel vous notez chaque jour les dépenses : déplacements, repas, hôtels, frais d'inscription, pertes de jeu, achat d'un PC… Pensez toujours à conserver les justificatifs. Notez-y aussi, évidemment, les recettes : dotations de tournois, gains de jeu.

Suivez les bons exemples

Jouer au poker pour vivre peut être une expérience solitaire. Il est utile pourtant de se tisser un réseau d'amitiés, de connaissances de confiance qui n'ont rien à voir avec le jeu. Il est également utile d'avoir des amis dans le monde du jeu, des gens que vous appréciez pour leur honnêteté et leur sympathie. Essayez de vous rapprocher de personnes dont vous admirez la façon de jouer ou dont vous enviez les résultats. Essayez de les inciter à vous donner des conseils. Essayez d'en savoir plus sur leur discipline, sur leurs choix, sur leur train de vie… Certains se montreront méfiants quand d'autres seront plus amicaux. Ils vous diront comment ils font pour ne pas se « cagouler », pour tirer le meilleur parti d'une table…

En définitive, vous pourrez parler à beaucoup de joueurs différents dans les clubs/casinos, mais rares seront ceux qui vous parleront franchement, ouvertement, sans rien cacher. Quand vous trouvez une personne qui va dans le sens que vous cherchez, faites tout pour la garder dans vos amitiés. Vous pourrez ensuite partager avec elle vos problèmes, lui soumettre vos préoccupations ou des études de cas. Mais pensez toujours à donner plus que ce que vous recevez dans ce genre de relation, sinon la personne va se lasser et elle finira par vous fuir.

Posez les bonnes questions

Certains joueurs persistent à poser les mauvaises questions. Pourquoi je n'arrive pas à gagner ? Pourquoi j'endure toujours des *bad beats* ? Pourquoi l'imbécile en face de moi gagne-t-il toujours avec sa paire d'As et pourquoi pas moi ? Vous vous posez les mauvaises questions, c'est évident ! Car ce sont des questions de perdant. Elles reposent sur l'idée que la vie et la table de poker sont sous votre contrôle alors qu'il n'y a rien de plus faux, il faut être philosophe sur ce sujet.

Comme on dit en philo, changez de paradigme. Considérez ce dont vous êtes responsable à la table. Posez-vous alors ce genre de questions : comment ne jamais déroger aux règles que je me suis données ? Comment me préparer techniquement à gagner toujours plus ? Comment puis-je mieux identifier les « manques » de mon jeu et y remédier ?

Si vous vous posez les *bonnes questions*, vous trouverez d'office des suggestions *positives*. Une fois que vous imposez à votre esprit l'idée que vous exercez un contrôle sur vos actions, il suggérera des stratégies adaptées. Les gens qui gagnent le font régulièrement.

Vous connaissez peut-être le vieux cliché qui dit : « Le poker est une voie difficile pour avoir de l'argent facile. » Et c'est vrai. Être joueur professionnel exige de la discipline, de la connaissance, de la pratique, une force de caractère, une conviction qui ne sont pas données à tout le monde. Un pro sait persévérer quand tous les signaux sont au rouge. Il ne laisse pas tomber à la première difficulté. Il ne cède jamais au découragement. Moyennant quoi, en appliquant chaque jour la recette qui gagne, vous ne gagnerez peut-être pas chaque jour mais au moins vous gagnerez sur le long terme, et c'est ça qui importe. Ensuite, vous pourrez prendre du recul par rapport à votre travail tout en le faisant tout aussi sérieusement. Vous vous apercevrez que vous pouvez prendre un réel plaisir. Pas le plaisir de celui qui veut flamber, mais un plaisir différent : le plaisir de celui qui gagne. Chaque jour sera un nouveau challenge.

Chapitre 21

Dix façons d'améliorer votre poker aujourd'hui

*V*ous voulez devenir un meilleur joueur aujourd'hui ? Et pourquoi pas ? Voici donc dix petites choses que vous pouvez faire dès maintenant, et chacune d'elles vous rendra meilleur.

Privilégiez les espérances positives

Si vous n'apprenez pas, ne comprenez pas et n'utilisez pas les paramètres mathématiques du poker, vous aurez du mal à rester gagnant sur le long terme. Par exemple, vous jouez au hold'em et vous flopez un tirage à couleur. Mais vous ne connaissez pas la cote. Qu'allez-vous faire quand ce sera à votre tour de parler ?

Déciderez-vous de suivre, de relancer ou de passer ? Comment saurez-vous si vous avez une espérance positive ou non ? Trouver les espérances positives est l'essence même du gain au poker, surtout joué en limites fixes. Si par exemple vous suivez une situation classique assortie d'une espérance négative, elle vous fera perdre beaucoup d'argent à la longue si elle se répète souvent.

Prenons un exemple. Le pot est de 100 euros et vous devez miser 20 euros pour suivre. Le taux d'amélioration de votre tirage est de 3 contre 1. Donc on a :

- d'un côté, un pot qui est de 5 contre 1 (100 contre 20);
- de l'autre, une amélioration qui est de 3 contre 1.

La cote d'amélioration est *supérieure* à la cote du pot, donc l'espérance est *positive*, donc on doit payer. Si je suis mauvais calculateur et que, *par excès de prudence*, je jette cette main au lieu de suivre, je perds une occasion valable de faire du profit. Pas sur ce coup précis seulement, mais sur *tous les coups de ce genre* qui se présenteront.

Calculons combien on perd exactement :

- ✔ trois fois sur quatre, je ne complète pas ma main et je perds 20 euros, soit 60 euros en tout ;
- ✔ une fois sur quatre, je complète ma main et je gagne 100 euros.

Donc tous les quatre coups, en suivant l'enchère, je gagne 40 euros (= 100 − 60), soit *10 euros par coup*. C'est le manque à gagner dû à mon erreur. Donc, sur 100 coups de cette sorte, je perds 1 000 euros.

En admettant que cette situation intervienne tous les 100 coups, je perds 1 000 euros tous les 10 000 coups. Et si je joue 250 coups par jour en moyenne, cela signifie simplement que je perds 1 000 euros tous les quarante jours, rien qu'avec cette simple erreur !

Erreur d'autant plus insidieuse qu'elle résulte d'un excès de prudence. C'est ce qu'on appelle un *manque à gagner*.

Appliquer les mathématiques, les statistiques et les probabilités au poker peut être incroyablement profitable. Alors, de grâce : faites la chasse aux espérances négatives !

À vous de connaître vos adversaires

Combien de fois avez-vous misé de travers sans le savoir, simplement parce que vous aviez choisi le mauvais adversaire ? Ou bluffé contre un joueur qui est en fait ce qu'on appelle une *calling station* ? Dans les deux cas, ça s'est soldé par une perte du pot. Nous savons tous que c'est essentiel mais nous n'y prêtons pas toujours assez d'attention.

Si les mathématiques étaient la seule technique requise pour gagner, les meilleurs joueurs seraient des élèves de math'sup. Mais ce n'est pas le cas. Connaître vos adversaires est tout aussi important. Observez leurs actions. Analysez leurs décisions et les choix qu'ils ont faits. Entrent-ils dans tous les coups ? Est-ce qu'ils relancent avec des mains qui ne le valent pas ? Jouent-ils hyperserré ? La meilleure façon d'observer les joueurs, c'est quand vous n'êtes pas dans le coup. C'est-à-dire la plupart du temps. Si vous attendez une place pour vous asseoir, observez là encore vos futurs adversaires, vous apprendrez peut-être des choses précieuses qui vous seront utiles le moment venu, quand vous monterez au feu.

Laissez votre amour-propre au vestiaire

 Ne laissez jamais, au grand jamais, votre ego contrôler votre jeu. Pour que vous compreniez bien, nous le réécrivons :

Ne laissez JAMAIS votre ego contrôler votre jeu !

Comme ils disent dans *Le Parrain* : « C'est du business, ça n'a rien de personnel. » Si un adversaire gagne un gros pot qui vous semblait dû, inutile de le prendre en grippe et de vous jurer d'avoir sa peau. C'est le meilleur moyen de vous emballer et de perdre votre discipline. Car vous allez vous aveugler au point de rater d'autres opportunités, et quand vous déciderez de l'attaquer, vous aurez toutes les chances d'être en situation défavorable.

Dans *Hasards et Coïncidences*, un film de Claude Lelouch, un des personnages dit : « Plus le malheur est grand, plus est grand de vivre. » Donc s'il vous arrive « malheur » (toutes proportions gardées), pensez d'abord à respirer un grand coup et à vivre… c'est-à-dire, en l'occurrence, à poursuivre votre poker comme si de rien n'était.

Notez tous vos résultats – même les plus douloureux

On l'a vu, rien n'est possible si vous n'enregistrez pas régulièrement vos résultats – sur un cahier ou sur un tableur, peu importe, mais il faut le faire. Évidemment, il est humain de ne pas vouloir noter une perte cuisante pour « éviter de faire baisser la moyenne ». Mais, comme dit le proverbe, la peur n'évite pas le danger. Ce n'est pas en ignorant un mauvais coup qu'on change la réalité. Il vaut mieux, au contraire, inscrire cette réalité sur le papier, car elle ne sera qu'un nombre dans un tableau au lieu d'être une horreur qui vous pollue la tête.

Et puis, en toute logique, personne ne va vous juger pour cette perte. Vous êtes seul, totalement seul devant votre perte, donc vous êtes seul juge. Vos parents ne sont pas là pour vous taper sur les doigts. Et tout bien réfléchi, il y a beaucoup de choses qui font plus mal qu'un simple nombre dans une colonne, fût-il une perte dans un jeu qu'on pratique tous les jours…

Choisissez la meilleure partie

Désolé de vous l'apprendre mais la plus grande part de vos gains provient non de votre excellence mais de l'incompétence de vos adversaires. Alors choisissez donc la partie qui regroupe les adversaires les moins affûtés, des adversaires qui n'hésitent pas à suivre les enchères à tort et à travers par exemple, et qui de surcroît hésitent à relancer quand ils ont une main écrasante. Car si vous n'arrivez pas à battre des joueurs qui suivent trop, qui allez-vous battre ?

L'excellence, c'est vous

Vous voulez devenir un grand joueur ? Ou à défaut, un joueur qui gagne ? Alors engagez-vous résolument sur le chemin de l'excellence. Visualisez-vous comme le plus grand joueur de poker que vous ayez jamais vu. Vous ne l'avez jamais vu, et pour cause : c'était vous ! Et agissez en conséquence. Vous verrez que le comportement va changer et va de lui-même se fixer des barrières, des limites nouvelles qui relèvent du « grand » poker. Car si vous voulez gagner, il faut vous autosuggérer que vous gagnez. Vous engager à l'excellence est simple, mais il faut une sacrée dose de conviction.

Pratiquez avec un logiciel

Peu importe combien de coups vous jouez à la table mais l'utilisation d'un logiciel comme Turbo Texas hold'em de Wilson Software pour pratiquer contre des adversaires fictifs est essentiel. Essentielle aussi est l'application de simulations configurées selon vos propres préférences pour visualiser les effets sur le long terme de telle ou telle action. Vous ferez beaucoup de progrès en peu de temps.

Les ordinateurs peuvent remplir des tâches répétitives que nous autres humains accomplirions en beaucoup plus de temps, et avec des erreurs. Sans compter le côté rébarbatif de la chose. Vous pouvez lancer des expérimentations sur une vie entière de jeux, voire sur dix millions de vies de joueurs si ça vous amuse ! Cela ne fera pas peur à la machine qui accomplira vos désirs en toute docilité. Sans l'ordinateur, il serait aussi possible de faire une simulation sur une vie de joueur complète, en réel. Mais arrivé au bout, c'est le cimetière qui nous attend, et il nous resterait alors un seul espoir : c'est que l'au-delà nous permette de tirer profit des résultats obtenus !

Participer aux forums de discussion

Maintenant que le XXIe siècle est largement entamé, il est temps de vous mettre à l'heure du cyberespace et d'acquérir un ordinateur si vous n'en avez pas. Vous allez croiser sur les forums de discussion des centaines d'autres joueurs de poker qui se posent à peu près les mêmes questions que vous… et auxquelles d'autres internautes ont tenté de répondre. Tirez donc parti de ces débats hyperinstructifs qui, en plus, sont gratuits ! Et ceux qui vous apportent le plus d'éclaircissements peuvent être copiés/collés dans un document à part, que vous tirez sur papier, par exemple. À vous ensuite de compulser ce concentré de savoir.

En plus – et c'est ça le plus fort –, les concepts qui circulent et qui sont discutés sur les forums sont souvent disponibles à cet endroit et nulle part ailleurs. Parce que les forums de qualité où beaucoup de « gens à idées » se retrouvent finissent par contenir les arguments les plus créatifs, les plus inattendus qui soient. Ils fourmillent de nouveaux concepts originaux qui sont autant de pistes à explorer pour se perfectionner. Ma règle étant que, souvent, c'est au détour d'une simple phrase mal construite et bourrée de fautes de frappe que se trouve le bijou.

Focalisez-vous sur les choses qui comptent

Si vous vous intéressez d'abord aux choses inutiles, le mieux que vous puissiez espérer est d'être chanceux. Demander à changer de jeu, par exemple, ne vous aidera sûrement pas à gagner. Pas non plus à perdre, alors pourquoi vous raccrocher à cette idée ?

Les tables de poker pullulent d'histoires de bad beats, des histoires où une main gagnante s'est fait battre *in extremis* par une « main venue de l'espace ». Vous verrez que vous les aurez bientôt toutes entendues, car ce sont à peu près toujours les mêmes qui reviennent. Pourquoi perdre un temps précieux sur le malheur des adversaires ? Tous les joueurs sont logés à la même enseigne. À expérience égale, nous avons tous subi à peu près le même nombre de *bad beats*. Simplement certaines Pénélopes pleurent plus sur leur sort et veulent se faire plaindre. Ne plaignez personne, dites seulement « C'est ça, le poker » (on ne peut être plus concis et direct) et concentrez-vous sur ce qui compte.

Revenez mentalement sur la façon dont vous avez joué le coup précédent, identifiez la raison pour laquelle vous l'avez perdu et retirez-en l'indice qui vous sera utile la prochaine fois qu'une situation semblable se présentera. Phosphorer sur la chance pure, sur un changement de jeu, sur le donneur qui ne vous fournit que des cartes minables, c'est franchement improductif et ça ne fait pas aller de l'avant.

Faites face. Rien ne vous fera devenir un expert d'ici ce soir. Mais la route de l'excellence en poker est faite d'étapes, et si vous en franchissez une nouvelle aujourd'hui, ça en fera une de moins à franchir ensuite. Quand un concept est acquis, il n'est plus à acquérir.

Lisez les livres – tous !

Une majorité de joueurs ont la même pensée sur les livres de poker : « Cela fait vingt ans que je joue au poker et je ne vois pas ce qu'un bouquin de poker peut m'apprendre, vraiment ! » Ces mêmes joueurs croient généralement aussi que les cartes reçues changent quand le jeu change. Ou que le donneur leur en veut car il leur donne toujours des cartes perdantes. C'est justement parce que ces joueurs commettent des erreurs récurrentes depuis des années qu'ils sont perdants et qu'ils cherchent des boucs émissaires. Préservez ces joueurs car ce sont d'excellents adversaires : ils vont augmenter votre rentabilité. Et ne leur dites jamais qu'ils sont dans l'erreur, ils pourraient vous écouter.

Pourtant, surtout depuis ces dernières années, les livres de qualité sont de plus en plus nombreux. On n'a jamais été aussi loin dans la mise sur le papier d'expérience pokérienne poussée. Jamais les champions n'ont été aussi bavards, alors profitez-en. Les livres de poker ne sont pas une dépense, c'est un investissement (pour plus de détails, voir le chapitre 16).

Chapitre 22

Dix leçons de poker sur la vraie vie

• •

Y a-t-il un seul joueur de poker au monde qui n'ait jamais remarqué que le poker était une métaphore de la vie ? Cette métaphore explique probablement pourquoi le poker est si populaire. Le poker, c'est un peu la vie en miniature. Et si toute votre vie pouvait se résumer en un seul coup de poker ?

Une métaphore et un modèle de vie ! Si c'est vrai, il y aurait quelques leçons de vie importantes à tirer du poker. Logiquement, les joueurs de poker qui les ont bien assimilées devraient mieux survivre dans notre monde quotidien… si tant est qu'ils les appliquent comme elles le méritent.

Soyez sélectif et agressif

À vous de choisir quels combats vous allez mener. C'est une loi aussi bien dans la vie que dans le poker. Donc il vous arrivera de refuser le combat (vous jetez vos cartes et vous patientez pour des conditions meilleures) comme de vous y jeter à corps perdu.

L'histoire regorge d'exemples. Ainsi le général Robert E. Lee, grand chef d'armée sudiste de la guerre de Sécession. Quand il affrontait un ennemi supérieur en nombre, en munitions et en technologie, il préférait abandonner le terrain plutôt que de livrer un combat perdu d'avance. Il préférait choisir lui-même le lieu de l'affrontement, et quand c'était le cas, il obtenait la victoire.

La sécurité à tout prix peut coûter cher

Aux tout débuts de la guerre de Sécession, le général sudiste George McClellan refusait d'engager ses troupes quand il se sentait en infériorité... mais il l'a aussi fait quand il avait de sérieux avantages ! McClellan se comportait comme un joueur de poker qui était trop faible et qui jouait trop serré. Le général Lee passait son temps à le raisonner, à essayer de le convaincre qu'il possédait bien la meilleure main. Finalement, en abandonnant du terrain, McClellan essuyait des revers équivalents à ceux qu'il aurait endurés s'il avait livré bataille. Le président Lincoln, qui comprenait que l'homme détenait la plupart des meilleures cartes et se demandait pourquoi il ne les abattait pas – ce qui lui confisquait des victoires pourtant probables – a fini par le limoger.

Connaissez votre adversaire

Vous êtes capable de récolter des indices nécessaires sur vos adversaires pour pouvoir mieux les connaître, même dans des parties où ils font de leur mieux pour ne pas en émettre ? Parfait ! Alors vous vous rendez compte comme il doit être facile d'en obtenir dans la vraie vie, où vos opposants ne pensent même pas à les cacher... Mais relativement peu d'entre nous prennent la peine d'essayer de « lire » notre entourage. Votre patron est d'une humeur massacrante ? C'est peut-être le moment de feindre une urgence et de repousser d'une semaine la réunion sur vos performances annuelles. Vous avez une mauvaise main parce que votre adversaire est dangereux. Attendez un meilleur moment, quand il sera plus à votre portée.

On ne peut pas le nier : c'est parfois hautement romantique de côtoyer la mort et le danger. Avant d'y aller, on a les chocottes, et quand on en ressort vivant, on a envie d'y retourner. C'est le syndrome du saut à l'élastique : ceux qui l'ont fait veulent recommencer, et pourtant ils sont blancs comme des linges avant d'y aller !

Tant que vous savez qu'il n'y a pas de danger, pourquoi pas ? Mais quand vous ignorez tout de l'issue du combat, cette stratégie vous mènera à la chute. Lâcheté ? Cette citation du général Patton, grand héros américain de la guerre, jette un trouble : « L'idée de la guerre n'est pas de mourir pour sa patrie ; c'est que l'autre meure pour elle. »

Le temps peut tout

Votre patron est encore ingérable aujourd'hui ? Auriez-vous une meilleure chance de gagner si vous aviez une meilleure main ? C'est le moment d'en terminer avec un projet délicat. Concluez de main de maître la vente en cours : le client appellera votre patron pour lui dire combien vous êtes bon. Quand vous aurez réussi ce tour de force, vous aurez en main les cartes les plus puissantes qui soient — assez en tout cas pour convoquer la réunion sur vos performances annuelles.

Cette situation ressemble tellement à ce qui arrive au poker ! Quelqu'un ouvre, un autre relance, et vous préférez jeter votre main devenue trop faible. Vous attendez de revenir à meilleure fortune. Le temps est salvateur, pensez-y ! Attendre coûte moins cher que de perdre un coup.

Est-ce que le jeu en vaut la chandelle ?

Les joueurs de poker qui gagnent ne tenteront pas un tirage à couleur, qui a une cote de 3 contre 1, si le pot ne promet que deux euros par euro investi (cote de 2 contre 1). Ils vont préférer jeter leurs cartes et, quand la cote sera réalisée, ils tenteront ce tirage... au cours d'un coup futur.

Les gains de la vraie vie peuvent varier énormément. Vos investissements se font en argent ou en temps, parfois en argent et en temps. Croyez-vous que cela soit intéressant de passer une demi-journée à réussir une petite vente ? *Oui*, si d'autres ventes importantes suivent ; c'est alors un investissement, et la « cote implicite » de votre action est bonne. *Non*, si cette vente est unique car vous investissez plus que ce que vous gagnez – ou, plus exactement, le temps et l'énergie dépensés pour cette petite vente seraient mieux employés pour un client plus prometteur.

Dans ces situations-là, les réponses coulent de source. Mais en s'ingéniant à bâcler leurs choix, les gens continuent de gaspiller leur capital temps et leur capital argent. Les employés de bureau passent des heures à traiter des problèmes qui peuvent paraître urgents, mais qui ne sont en rien primordiaux.

Un meilleur management du temps vous libère des questions rattachées à de petits bénéfices. Vous aspirez au succès, vraiment ? Alors *capitalisez sur les opportunités* plutôt que de continuer à jouer petit bras avec des enjeux indignes d'intérêt.

Atteignez des objectifs

Si vous n'avez pas de « grille » pour vous indiquer quelle main doit être sélectionnée, si vous adoptez la philosophie de « n'importe quelle main peut gagner », préparez-vous à y laisser votre chemise. Le succès au poker passe par la connaissance préalable des mains que vous allez jouer, dans quelle position vous allez les jouer et comment vous allez les jouer selon les adversaires. La vraie vie n'est pas différente. Si vous n'anticipez pas, vous serez la plume ballottée par le vent. Avancer sans savoir où vous allez vous conduira forcément quelque part, mais il est peu probable que ce soit là où vous le souhaitiez.

Le poker vous enseigne à planifier et à tenir votre programme. Dans la vraie vie, si vous n'avez pas de programme, attendez-vous à figurer dans le programme des autres. Observez les gens et vous verrez que peu d'entre eux savent où ils vont. Beaucoup subissent, peu managent. Les gens deviennent vite paresseux mais qu'ils ne se plaignent pas ensuite s'ils accumulent les pépins.

Soyez responsable

Chacun, dans le petit monde sulfureux du poker, a une histoire de bad beat à raconter. Elles se ressemblent tellement qu'après en avoir entendu un certain nombre, vous aurez l'impression que ce sont toujours les mêmes qui reviennent. L'auteur pokérien américain Lee Jones en a tellement entendu qu'il a dit un jour : « Je suis prêt à écouter vos histoires de *bad beat* mais commencez par me donner un dollar. » Et malgré ça, des tas de personnes lui ont raconté leur *bad beat* ! Les gens sont prêts à payer pour qu'on les écoute maugréer. (Remarquez, si ce n'était pas le cas, beaucoup de psychologues pointeraient au chômage.)

Personne ne veut vous entendre vous plaindre dans une partie. Vous avez perdu d'une manière qui défie les mathématiques ? Et alors ? Ça arrive à tout le monde. Vous n'êtes ni le premier, ni le dernier. Et vous n'êtes pas non plus un petit enfant qui se plaint à sa maman. D'ailleurs, aucun de vos adversaires ne veut jouer le rôle de votre maman.

C'est pareil dans la vraie vie. Assumez vos décisions, mais assumez aussi les *conséquences* de vos décisions. Ne cherchez pas de fausses raisons à vos échecs. D'ailleurs l'échec aussi est formateur. Ne recherchez aucune sympathie de la part des autres, surtout quand ce sont vos adversaires. On est des millions à ne pas avoir l'argent de Rockefeller, le cerveau d'Einstein ou le sex-appeal de Tom Cruise. Et alors ? Est-ce qu'on n'a aucune chance de réussir pour autant ? La vie vous a donné des cartes, à vous de les améliorer par votre travail, de vous donner plus de chances de réussir. La plupart du temps, ceux qui réussissent au poker prennent les bons risques au bon moment parce qu'ils ont bien *préparé le terrain*. Faites de même dans votre vie.

Isolez l'adversaire

Lou Krieger est un des co-auteurs de ce livre. Quand il avait 12 ans, un de ses grands ennemis était Zimp, un gamin de 13 ans plus grand et plus fort que tout le monde. Zimp menaçait constamment Lou et tout le monde savait qu'un jour ça allait tourner mal. Et que Zimp serait le vainqueur. Mais Lou avait une carte dans sa manche. Zimp était gros et fort, c'est entendu, mais il était *lent*. C'était sa faiblesse et personne n'osait le lui dire. Lou, qui était rapide et agile, arrivait toujours à lui échapper en prenant ses jambes à son cou et en grimpant sur un toit ou dans un arbre. À moins de le coincer dans le fond d'une impasse, Zimp n'avait aucune chance d'attraper Lou.

Skinny Vinny, lui, était plus rapide que Lou à la course mais il ne savait pas se battre. Quand il rattrapait Lou en courant, l'autre arrivait à le clouer à terre avec un bon croche-pattes ou une bonne manchette.

Lou était donc favori contre Skinny Vinny et Zimp *séparément*. Mais s'ils avaient fait équipe, Lou n'aurait eu qu'à recommander son âme à Dieu. Les deux adversaires de Lou n'étaient pas de grands stratèges. Ils ne connaissaient qu'une loi : chacun pour soi. Ils en ignoraient une autre : l'union fait la force. C'est grâce à cette carence que Lou a pu rester vivant et qu'il a pu co-écrire ce livre, bien des années plus tard.

La prochaine fois que vous recevez une paire d'As ou de Rois et que vous pensez à sous-jouer votre main pour mieux la rentabiliser, souvenez-vous de Zimp et de Vinny. Ensemble, ils auraient pu battre Lou, mais pas séparément. En isolant un adversaire, en jouant en tête à tête, vous restez favori. Contre deux adversaires, votre paire peut être en danger. Contre un seul, elle est favorite.

Sortez du problème

Au début des années 1970, Georges Foreman n'était pas le grand-papa rusé, amusant, astucieux qu'il est aujourd'hui. À l'époque, les plus grands spécialistes de la boxe le considéraient comme le plus puissant et le plus destructeur des pugilistes connus.

Avant de s'attaquer à Cassius Clay *alias* Mohamed Ali, Foreman a vaincu Ken Norton et Joe Frazier, deux adversaires qu'Ali lui-même avait eu du mal à vaincre. Foreman était si puissant qu'il poussait ses adversaires dans leurs derniers retranchements avant de les estourbir avec son imparable direct du droit. Quand il a reçu ce fameux coup, Frazier a été soulevé de dix centimètres et s'est avachi au milieu du ring comme un sac à patates.

Quand Ali a vu ces combats apocalyptiques, il a compris qu'il serait le prochain sur la liste. Il a réfléchi à une stratégie nouvelle. Pour trouver la solution à son problème, il est *sorti du problème*.

Quand le fameux combat *Rumble in the jungle* a eu lieu, au Zaïre, il a commencé comme les experts l'avaient prédit. Foreman était sans merci. Il envoyait coup sur coup à Ali, qui passait son temps à les éviter en rebondissant dans les cordes. Ali a offert peu de résistance. À part quelques directs sans portée réelle, il a semblé qu'il n'essayait pas de réagir vraiment.

Ce n'était pas ce qu'attendaient les observateurs, mais c'était sa stratégie. Après quelques rounds, Foreman a montré des premiers signes de fatigue. Il n'avait pas cessé d'envoyer ses coups depuis le début contre un adversaire bondissant qui ne faisait qu'esquiver. Il était à la fois fatigué et en rogne. En comparaison, Ali paraissait frais et vif. C'est ce moment-là qu'il a choisi de réagir. Il est sorti des cordes et a commencé à danser au milieu du ring, provoquant son adversaire. Ali avait l'avantage d'être plus rapide que Foreman. Quand Foreman a décoché un crochet trop lent pour surprendre son adversaire, Ali lui a dit : « Qu'est-ce qui se passe, George, c'est tout ce qui te reste ? »

« Eh oui, a reconnu Foreman bien des années plus tard. C'est tout ce qui me restait. » Ali a été comme un joueur de poker. Sélectif (en décidant d'éviter les coups où il n'était pas favori) et agressif (dès qu'il était favori), il a fini par gagner le combat. Il s'est efforcé aussi de savoir ce qu'il y avait dans la tête de son adversaire. En sortant du problème, il l'a mieux appréhendé et a trouvé la solution *en dehors* du problème.

Quand la discrétion s'impose

Parfois, les leçons de vie ne sont pas transposables. On les applique sur place. Au Hollywood Park Casino, les joueurs de poker n'ont même pas à se lever pour parier sur un cheval. Un des joueurs à la table 20-40 de hold'em était toujours très excité à chaque fois que les courses commençaient. Il était capable de se lever et de hurler le nom de son favori pour l'encourager dans sa course. Et quand son champion gagnait, il répétait : « J'ai gagné, j'ai gagné, j'ai gagné... et vous tous, vous avez perdu ! »

Mais quand il perdait, il criait encore plus fort ! Il prenait ses compagnons de table à témoin mais ses vociférations ne changeaient rien au résultat de la course. Un jour, alors que le champion sur lequel il avait beaucoup parié a perdu la course d'un quart de naseau, il s'en est pris à un joueur qui le regardait en souriant : « Qu'est-ce que tu regardes, perdant ? De toute façon, je vais te flinguer à cette table. » C'était à prendre au figuré, évidemment.

Le joueur pris à parti n'a pas répondu. Il s'est contenté de hausser les épaules avec une expression de condescendance. Cela n'a fait que provoquer le perdant, qui a continué : « Tu te fiches de moi, c'est ça ? Personne ne se fiche de moi, tu entends ? Je t'écraserai la tête, bouseux ! »

Cette fois, l'autre s'est levé, toujours souriant, et a répondu : « Ça, ça m'étonnerait. »

Le parieur venait de réaliser son erreur. Son adversaire était un ancien joueur professionnel de football américain, ancienne gloire de la NFL qui avait passé treize ans dans le championnat. Un monstre qui mesurait 25 cm de plus et pesait 60 kilos de plus que le parieur. Il lui a dit : « Alors maintenant, tu vas t'asseoir gentiment, tu vas la fermer et on va recommencer à jouer. Tout va bien se passer si tu ne cherches pas à m'énerver. »

Certaines leçons de vie peuvent être apprises et appliquées en moins de temps qu'il n'en faut pour le dire. Le parieur s'est assis dans les deux secondes. Il était liquéfié et s'est fait tout petit sur son siège. Et tout ce qu'il a été capable de dire, c'est ceci : « Oui, monsieur. »

Index alphabétique

Disponibles dans la collection Pour les Nuls

Pour être informé en permanence sur notre catalogue et les dernières nouveautés publiées dans cette collection, consultez notre site Internet à www.efirst.com

Pour les Nuls **Business**

ISBN	Code Article	Titre	Auteur
2-87691-644-4	65 3210 5	CV pour les Nuls (Le)	J.-L. Kennedy, A. Dumesnil
2-87691-652-5	65 3261 8	Lettres d'accompagnement pour les Nuls (Les)	J.-L. Kennedy, A. Dumesnil
2-87691-651-7	65 3260 0	Entretiens de Recrutement pour les Nuls (Les)	J.-L. Kennedy, A. Dumesnil
2-87691-670-3	65 3280 8	Vente pour les Nuls (La)	T. Hopkins
2-87691-712-2	65 3439 0	Business Plans pour les Nuls	P. Tifany
2-87691-729-7	65 3486 1	Management pour les Nuls (Le)	B. Nelson
2-87691-770-X	65 3583 5	Le Marketing pour les Nuls	A. Hiam

Pour les Nuls **Pratique**

ISBN	Code Article	Titre	Auteur
2-87691-597-9	65 3059 6	Astrologie pour les Nuls (L')	R. Orion
2-87691-610-X	65 3104 0	Maigrir pour les Nuls	J. Kirby
2-87691-604-5	65 3066 1	Asthme et allergies pour les Nuls	W. E. Berger
2-87691-615-0	65 3116 4	Sexe pour les Nuls (Le)	Dr Ruth
2-87691-616-9	65 3117 2	Relancez votre couple pour les Nuls	Dr Ruth
2-87691-617-7	65 3118 0	Santé au féminin pour les Nuls (La)	Dr P. Maraldo
2-87691-618-5	65 3119 8	Se soigner par les plantes pour les Nuls	C. Hobbs
2-87691-640-1	65 3188 3	Français correct pour les Nuls (Le)	J.-J. Julaud
2-87691-634-7	65 3180 0	Astronomie pour les Nuls (L')	S. Maran
2-87691-637-1	65 3185 9	Vin pour les Nuls (Le)	Y.-P. Cassetari
2-87691-641-X	65 3189 1	Rêves pour les Nuls (Les)	P. Pierce
2-87691-661-4	65 3279 0	Gérez votre stress pour les Nuls	Dr A. Elking
2-87691-657-6	65 3267 5	Zen ! La méditation pour les Nuls	S. Bodian
2-87691-646-0	65 3226 1	Anglais correct pour les Nuls (L')	C. Raimond
2-87691-681-9	65 3348 3	Jardinage pour les Nuls (Le)	M. MacCaskey
2-87691-683-5	65 3364 0	Cuisine pour les Nuls (La)	B. Miller, A. Le Courtois
2-87691-687-8	65 3367 3	Feng Shui pour les Nuls (Le)	D. Kennedy
2-87691-702-5	65 3428 3	Bricolage pour les Nuls (Le)	G. Hamilton
2-87691-705-X	65 3431 7	Tricot pour les Nuls (Le)	P. Allen
2-87691-769-6	65 3582 7	Sagesse et Spiritualité pour les Nuls	S. Janis

Avec les Nuls,
apprenez à mieux vivre
au quotidien !

Disponibles dans la collection Pour les Nuls

Pour être informé en permanence sur notre catalogue et les dernières nouveautés publiées dans cette collection, consultez notre site Internet à www.efirst.com

Pour les Nuls **Pratique**

ISBN	Code Article	Titre	Auteur
2-87691-748-3	65 3534 8	Cuisine Minceur pour les Nuls (La)	L. Fischer, C. Bach
2-87691-752-1	65 3527 2	Yoga pour les Nuls (Le)	G. Feuerstein
2-87691-767-X	65 3580 1	Méthode Pilates pour les Nuls (La)	H. Herman
2-87691-768-8	65 3581 9	Chat pour les Nuls (Un)	G. Spadafori
2-87691-801-3	65 3682 5	Chien pour les Nuls (Un)	G. Spadafori
2-87691-824-2	65 3728 6	Echecs pour les Nuls (Les)	J. Eade
2-87691-823-4	65 3727 8	Guitare pour les Nuls (La)	M. Phillips, J. Chappell
2-87691-800-5	65 3681 7	Bible pour les Nuls (La)	E. Denimal
2-87691-868-4	65 3853 2	S'arrêter de fumer pour les Nuls	Dr Brizer, Pr Dautzenberg
2-87691-802-1	65 3684 1	Psychologie pour les Nuls (La)	Dr A. Cash
2-87691-869-2	65 3854 0	Diabète pour les Nuls (Le)	Dr A. Rubin, Dr M. André
2-87691-897-8	65 3870 6	Bien s'alimenter pour les Nuls	C. A. Rinzler, C. Bach
2-87691-893-5	65 3866 4	Guérir l'anxiété pour les Nuls	Dr Ch. Eliott, Dr M. André
2-87691-915-X	65 3876 3	Grossesse pour les Nuls (La)	Dr J.Stone
2-87691-943-5	65 3887 0	Vin pour les Nuls (Le)	Ed. Mcarthy, M. Ewing
2-87691-941-9	65 3885 4	Histoire de France pour les Nuls (L')	J.-J. Julaud
2-87691-984-2	65 0953 3	Généalogie pour les Nuls (La)	F. Christian
2-87691-983-4	65 0952 5	Guitare électrique pour les Nuls (La)	J. Chappell
2-87691-973-7	65 0943 4	Anglais pour les Nuls (L')	G. Brenner
2-87691-974-5	65 0944 2	Espagnol pour les Nuls (L')	S. Wald
2-75400-025-9	65 4151 0	Mythologie pour les Nuls (La)	Ch. et A. Blackwell
2-75400-037-2	65 4161 9	Léonard de Vinci pour les Nuls	J. Teisch, T. Barr
2-75400-062-3	65 4172 6	Bouddhisme pour les Nuls (Le)	J. Landaw, S. Bodian
2-75400-060-7	65 4170 0	Massages pour les Nuls (Les)	S. Capellini, M. Van Welden
2-75400-061-5	65 4171 8	Littérature française pour les Nuls (La)	J.-J. Julaud
2-75400-078-X	65 4188 2	Golf pour les Nuls (Le)	G. McCord
2-75400-092-5	65 4236 9	Immobilier pour les Nuls (L')	L. Boccarna, C. Sabbah
2-75400-093-3	65 4237 7	Maths pour les Nuls (Les)	J.-L. Boursin
2-87691-110-7	65 4254 2	Histoire de France illustrée pour les Nuls (L')	J.-J. Julaud
2-75400-102-6	65 4246 8	Piano pour les Nuls (Le)	B. Neely, M. Rozenbaum

Disponibles dans la collection Pour les Nuls

Pour être informé en permanence sur notre catalogue et les dernières nouveautés publiées dans cette collection, consultez notre site Internet à www.efirst.com

Pour les Nuls **Pratique**

ISBN	Code Article	Titre	Auteur
2-75400-118-2	65 4259 1	Claviers et synthétiseurs pour les Nuls	C. Martin de Montaigu
2-75400-124-7	65 4265 8	Guitare pour les Nuls (La)	M. Philipps, J. Chappel
2-75400-039-9	65 4163 5	Italien pour les Nuls (L')	S. Le Bras, F. Romana Onofri
2-75400-038-0	65 4162 7	Allemand pour les Nuls (L')	P. Christensen, A. Fox

Disponibles dans la collection Pour les Nuls

Pour être informé en permanence sur notre catalogue et les dernières nouveautés publiées dans cette collection, consultez notre site Internet à www.efirst.com

Pour les Nuls **Poche**

ISBN	Code Article	Titre	Auteur
2-87691-873-0	65 3862 3	Management (Le) – Poche pour les Nuls	Bob Nelson
2-87691-872-2	65 3861 5	Cuisine (La) – Poche pour les Nuls	B.Miller, A. Le Courtois
2-87691-871-4	65 3860 7	Feng Shui (Le) – Poche pour les Nuls	D. Kennedy
2-87691-870-6	65 3859 9	Maigrir – Poche pour les Nuls	J. Kirby
2-87691-923-0	65 3881 3	Anglais correct (L') – Poche pour les Nuls	C. Raimond
2-87691-924-9	65 3882 1	Français correct (Le) – Poche pour les Nuls	J.-J. Julaud
2-87691-950-8	65 3894 6	Vente (La) – Poche pour les Nuls	T. Hopkins
2-87691-949-4	65 3893 8	Bureau Feng Shui (Un) – Poche pour les Nuls	H. Ziegler, J. Lawler
2-87691-956-7	65 0940 0	Sexe (Le) – Poche pour les Nuls	Dr Ruth
2-75400-001-1	65 0963 2	CV (Le) – Poche pour les Nuls	J.-L. Kennedy, A. Dumesnil
2-75400-000-3	65 0962 4	Zen ! la méditation – Poche pour les Nuls	S. Bodian
2-87691-999-0	65 0961 6	Astrologie (L') – Poche pour les Nuls	R. Orion
2-75400-015-1	65 0975 6	Jardinage (Le) – Poche pour les Nuls	M. Mac Caskey
2-75400-014-3	65 0974 9	Jardin Feng Shui (Le) – Poche pour les Nuls	M. Ziegler et J. Lawler
2-75400-064-X	65 4174 2	Astronomie (L') – Poche pour les Nuls	S. Maran
2-75400-094-1	65 4238 5	Business Plans – Poche pour les Nuls	P. Tifany
2-75400-086-0	65 4230 2	Entretiens de recrutement (Les)	J.-L. Kennedy, A. Dumesnil
2-75400-082-8	65 4189 0	Lettres d'accompagnement (Les)	J.-L. Kennedy, A. Dumesnil
2-75400-087-9	65 4231 0	Vin pour les Nuls (Le)	L. Lieger
2-75400-063-1	65 4173 4	Yoga pour les Nuls (Le)	G. Feuerstein, L. Pane